第一五代
横綱

梅ケ谷藤太郎詳伝

史上最強の横綱――勝率九割五分一厘

小野重喜

海鳥社

明治９年（1876），秋月の乱。中央が梅ケ谷藤太郎，手を振りかざし賊を首巻きしている（「東京相撲秋月の賊徒を捕縛する図」梅堂国政筆，福岡市博物館蔵）

明治９年，勧進大相撲土俵入り図（蜂須賀国明筆，相撲博物館蔵）

明治16年１月場所番付。東大関。日本相撲界の頂点に立つ

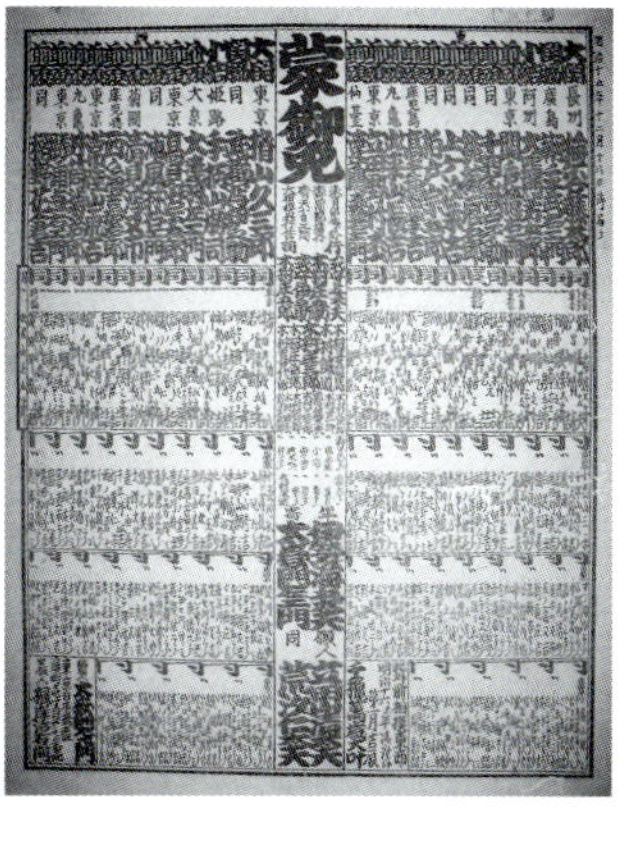

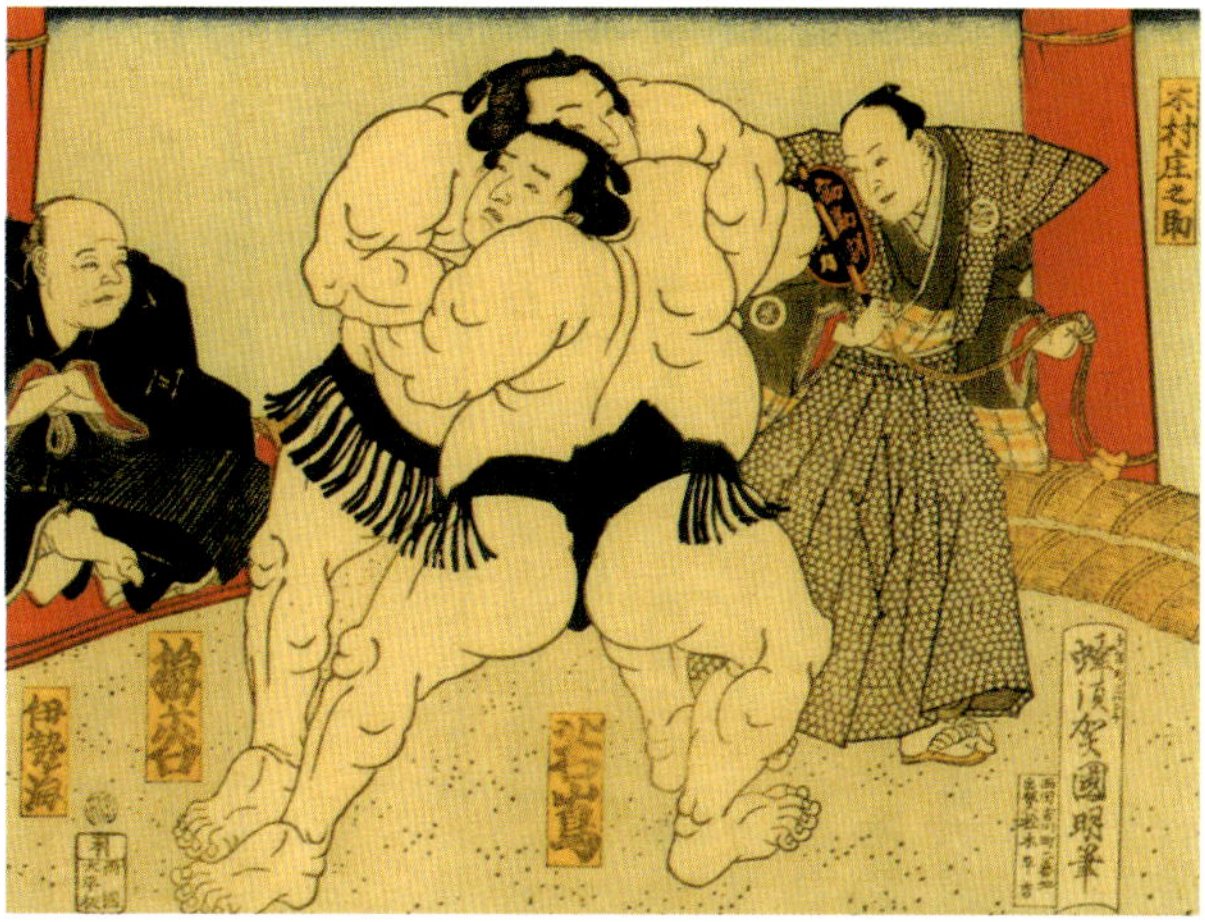

明治14年，若島との大一番，59連勝はばまれる。それでも58連勝は歴代第３位（相撲博物館蔵）

内閣顧問黒田清隆公より拝領した化粧まわし（相撲博物館蔵）

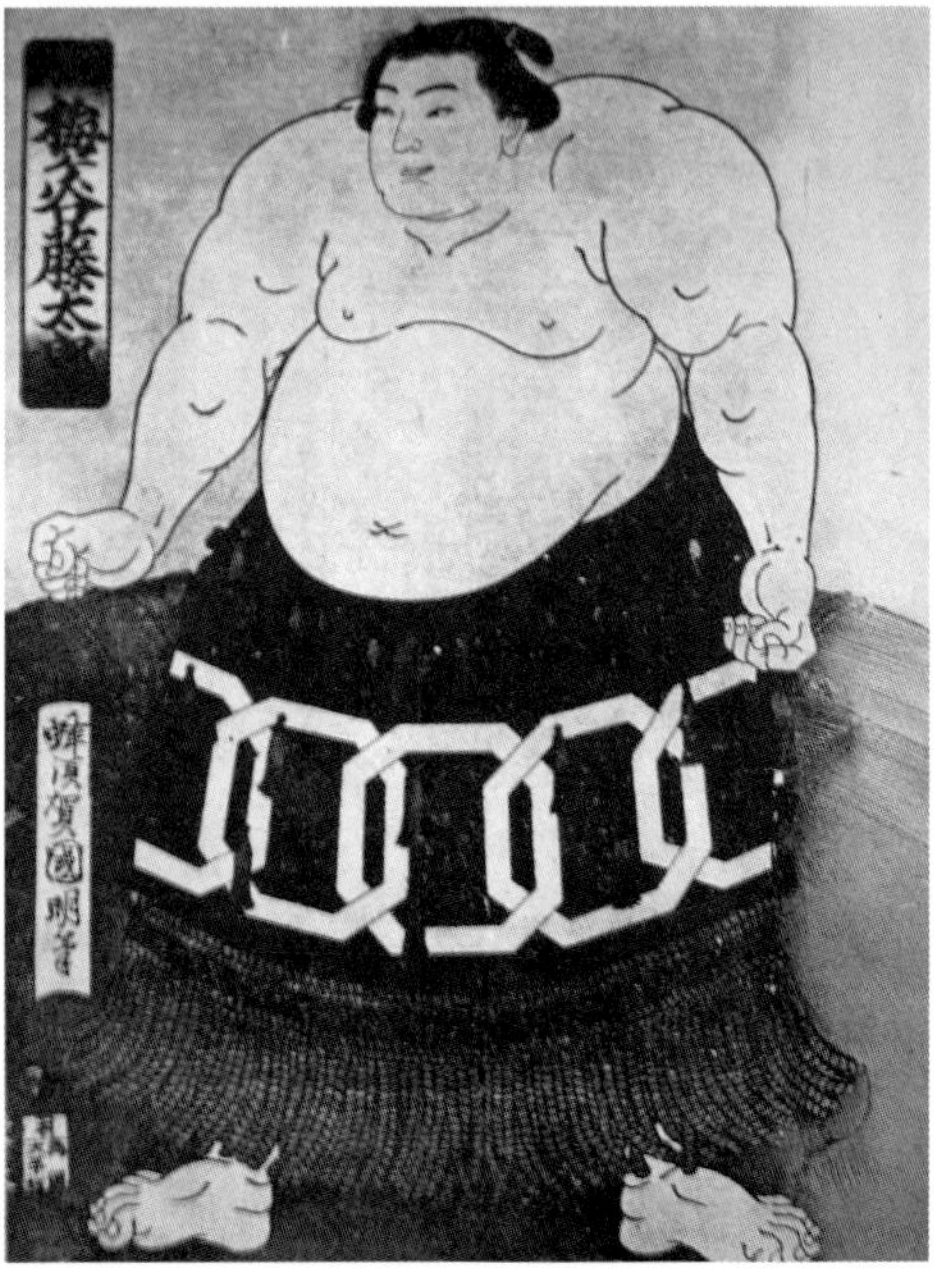

明治17年（1884）３月天覧相撲の折，毛利公より贈られた紫羅沙に並亀甲の化粧まわし（国明筆，相撲博物館蔵）

天覧相撲土俵入り。中央梅ケ谷，太刀持ち大鳴門，露払い剣山（相撲博物館蔵）

明治17年３月10日，延遼館天覧相撲，梅ケ谷の手数入り（国梅筆，相撲博物館蔵）

◀初代梅ケ谷と木村庄之助（相撲博物館蔵）

明治34年５月，大相撲横綱鏡。前列左端が梅ケ谷（相撲博物館蔵）

三役時代（相撲博物館蔵）▶

5・6回と連続最優秀成績の頃

取締在任中の肖像画。相撲道中興の祖として敬慕をもって仰がれた晩年（『杷木町史』より）

超五十連勝力士碑。58連勝梅ケ谷の名が谷風の右側に見える

深川八幡宮境内の横綱力士碑

横綱力士碑の裏面に刻まれている歴代横綱名。上段左端から２番目が第15代横綱梅ケ谷

場所中の国技館のにぎわい（相撲博物館蔵）

法界萬霊塔，相撲記者碑を建立した功労者雷権太夫・初代梅ケ谷（相撲博物館蔵）

建設委員長を務めた国技館全景と役員。梅ケ谷は上段中央右（相撲博物館蔵）

力塚内の左側奥に移設された相撲記者碑

歴代相撲年寄の慰霊のため建立された力塚

力塚内の法界萬霊塔。左は表。裏には「筑前産梅ケ谷七代（十代）目雷権太夫事」の刻字が見える（右）

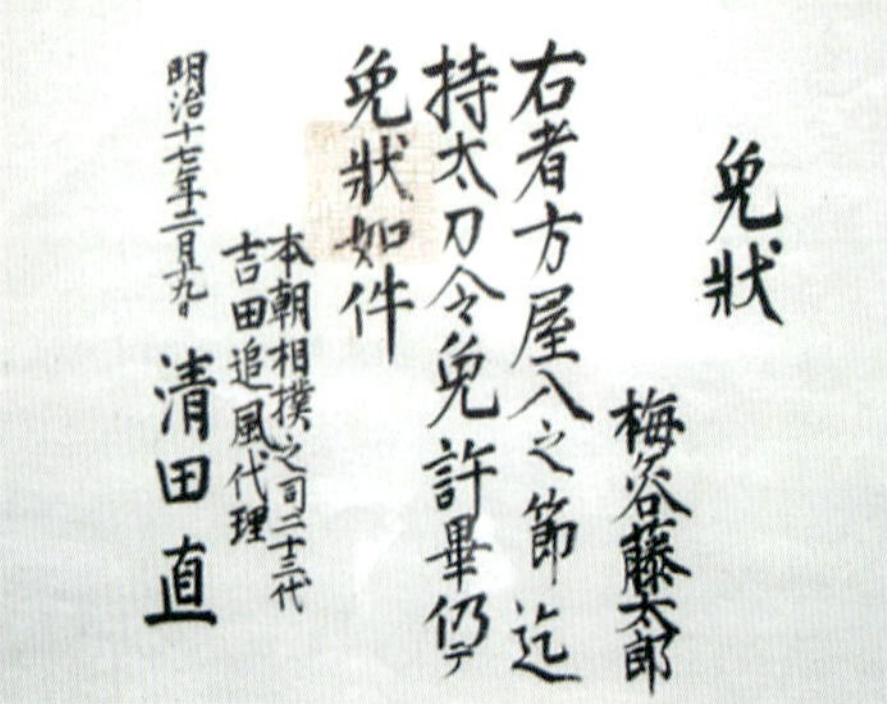
免状
梅谷藤太郎
右者方屋入之節迄
持太刀令免許畢仍テ
免状如件
本朝相撲之司二十三代
吉田追風代理
明治十七年二月九日
清田直

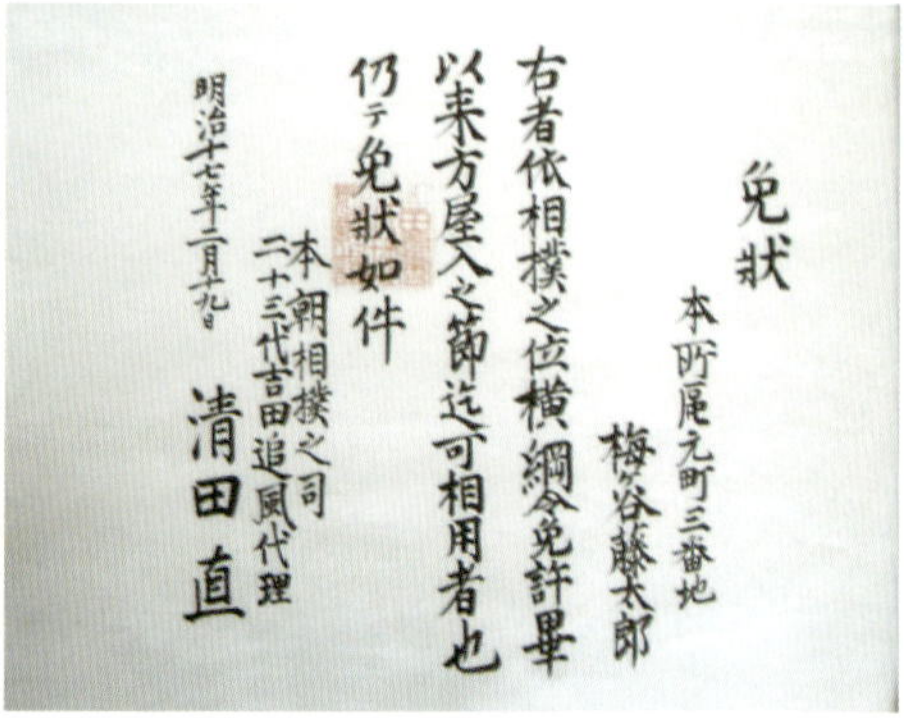
免状
本所尾元町三番地
梅谷藤太郎
右者依相撲之位横綱令免許畢
以来方屋入之節迄可相用者也
仍テ免状如件
本朝相撲之司
二十三代吉田追風代理
明治十七年二月九日
清田直

左＝持太刀免状，右＝横綱免状（朝倉市蔵）

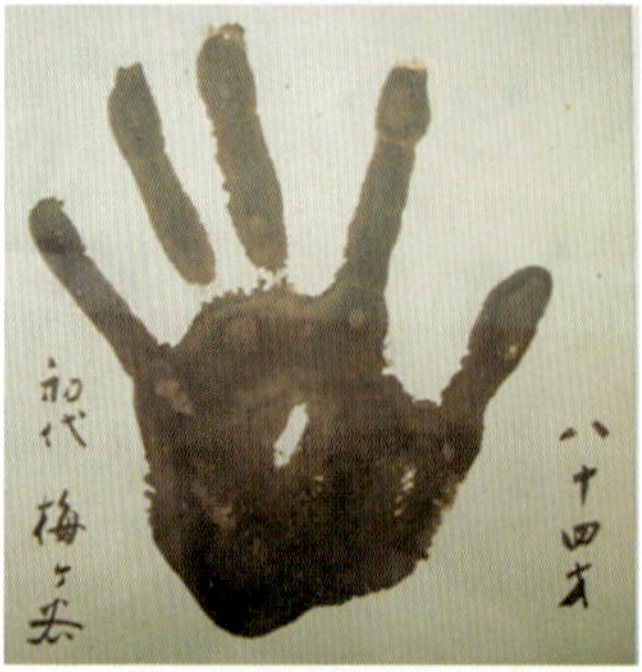

上から，雷権太夫の還暦時の直筆（明治30年代），博多の友人宛の墨筆（明治28年），84歳の最後の手型（昭和３年。いずれも相撲博物館蔵）

晩年の梅ケ谷夫婦（相撲博物館蔵）

梅ケ谷藤太郎の全体墓域。左手前は辻岸子家の墓，右手前は弟子たちの供養碑群

国道386号沿い原鶴のブロンズ像

梅ヶ谷の生家

上＝現在の生家跡
下＝生家跡に建つ記念碑と像

国道386号を左
に折れて生家へ

梅園の佳境・梅ヶ谷

梅ヶ谷公園全景

主碑の裏面

頭山揮毫の主碑

建設説明碑

時津風（双葉山）揮毫の碑標

郷土の横綱と歴史の掘り起こし

福岡県議会議員　林　裕二

ご承知のように、第一五代横綱梅ケ谷藤太郎は、筑前国上座郡志波村梅ケ谷——すなわち、現在の朝倉市杷木志波出身であります。ふるさとを愛した梅ケ谷は、ふるさとの地名を取って四股名《しこな》にしました。弘化二年（一八四五）に生まれ、赤子の頃から石臼を引き摺り遊ぶなど怪童ぶりを発揮し、大阪相撲の湊部屋に入門して、明治三年（一八七〇）に大阪大関に出世いたします。そして、東京の玉垣部屋に移りますが、東京相撲と大阪相撲の微妙な対立関係もあって、序の口というきわめて格下の番付に据えられてしまいます。従容としてそれを受け入れた梅ケ谷は、明治七年（一八七四）一二月の新入幕場所で八勝一引き分けという好成績をあげ、明治九年（一八七六）四月からは負け知らずで、明治一〇年（一八七七）に小結、明治一二年（一八七九）大関に昇進し、明治一四年までに五八連勝という大記録を打ち立てます。さらに一敗をはさんで三五連勝しながら、明治一七年（一八八四）二月に横綱免状を授与されました。

四〇歳という高齢での横綱昇進であり、梅ケ谷が努力の人であったことがわかります。明治天皇のたっての希望により行われた大達との天覧相撲は、大熱戦の末、引き分け勝負となりましたが、明治天皇は大いに喜ばれ、このため幕末明治期の混乱で陰りを生じていた相撲人気が大いに回復したといわれています。

明治一八年（一八八五）に引退しましたが、幕内通算二二場所で負けたのはわずか六敗、勝率は実に九割五分一厘という驚異的な成績でした。

引退後は年寄「雷」を襲名し、後進の指導に尽力し、なおかつ協会の取締として大相撲の発展に寄与いたしますが、その間自ら精進し、節制に努め、力士は短命と言われているのをくつがえし、昭和三年（一九二八）八四歳（八三歳三カ月）で亡くなりました。

文化（カルチャー・culture）は、「カルティベイト・cultivate」に由来するといわれます。「土を耕す」という意味です。歴史を掘り起こすことも、もちろん文化そのものです。郷土の歴史を掘り起こし、それを一つの作品に仕上げて世に示すことは、実に崇高な人間の営みです。

長年のご努力とご精進により、このたび小野重喜氏の『第一五代横綱　梅ケ谷藤太郎詳伝』がめでたく発刊されますことに、心から敬服し、お祝い申し上げる次第でございます。

待望久しかった郷土の横綱・梅ケ谷藤太郎に関するこの作品が、郷土朝倉の人々に、そしてすべての日本人に、世代を超えて読み続けられることを切望いたします。

どう生きるか。
どう生きたか。

生きるとは先の見えない人生であるが、それは誰にもわからないことであるが、
先人の一生から自分の生き方を学ぶことはできる。

今を生きるあなたに、
偉大な先達、大相撲一五代横綱初代梅ケ谷藤太郎が伝えられることはこのことである。

凡例

一　本文は原則として新字体に統一しているが、固有名詞、当時の文献の引用文などはそのままとした。
一　当時が和暦中心なので和暦を基本とし、西暦はできるだけ（）内に付記した。
一　年齢は当時の数え年とした（明治生まれまで）。したがって、その後の満年齢とは若干の差異がある。
一　出身地名などは生い立ちの背景などもあり、当時のままとしたが、わかりやすくするため（）内に現在の市町村名を付記した。
一　長さ、重量は、昭和四一年四月の「メートル法以外の禁止」以前はその時代に合わせた。
一　相撲の呼称・役職などの名称は、その時々によって変わっているので、その呼称に従った。
一　分かりにくい語彙や四股名には、ルビを付した。
一　引用文は「」で囲み、出典を巻末にまとめた。
一　引用文はそのまま用いたものもあるが、事象によってはそれぞれの筆者により若干の相違をみる場合があり、総合的・客観的に判断して文意文体を改めたものもある。
一　用字用語の表記については、常用漢字、送り仮名、現代仮名遣いに従った。ただし、相撲用語には特殊なものがあり、それらについてはその慣用に従った。また、江戸時代以前の大阪は、「大坂」と表記した。
一　記載人物には尊称・敬称を割愛させていただいた。

目次

郷土の横綱と歴史の掘り起こし　福岡県議会議員　林　裕二

凡　例

第二章　東京大相撲時代　明治四～一八年……189

第三部　取締雷権太夫、その後

第一部　うぶすな

青少年時代

第一章　両筑平野

梅ケ谷藤太郎の生誕地

歴代横綱戦績勝率第一位、第一五代横綱初代梅ケ谷藤太郎は、弘化二年（一八四五）三月三日、筑前国（福岡県）上座《じょうざ》郡志波《しわ》村字梅《うめ》ケ谷《たに》（現朝倉市杷木志波一八八二番地）に生まれた。

一　うぶすな――両筑平野

九州最大の平野・筑紫平野は、福岡県と佐賀県にまたがっている。福岡県側を筑後平野、佐賀県側を佐賀平野という。筑後平野は、東西に延びる脊振《せふり》山地と耳納《みのう》山地を結ぶ線、筑後川の久留米地峡《ちきょう》部を境にして上流部を両筑《りょうちく》平野、下流部を南筑《なんちく》平野と呼ぶ。

藤太郎は両筑平野の東部の山地梅ケ谷が産地である。両筑平野は、筑後川を中央に擁し、ほぼ三角形の平野である。北部には北筑紫山地系内の三郡《さんぐん》山地があり、山麓は東部より杷木、甘木《あまぎ》を経て二日市に至る。南側には耳納山地があり、浮羽、吉井を経て久留米に至る。そしてこの久留米から二日市に至る山麓の脊振山

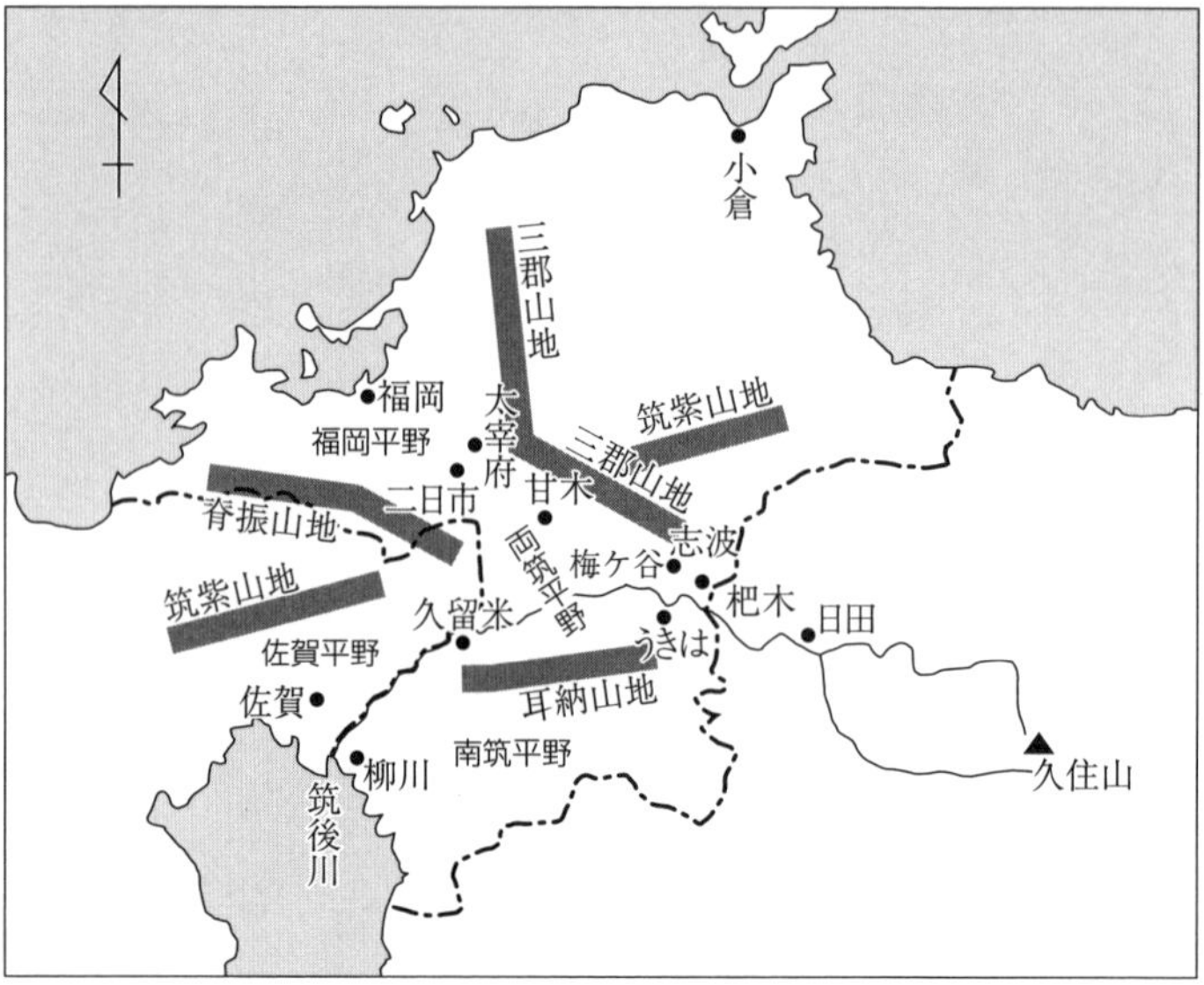

広大な筑紫平野の内部

地で限られている。

両筑平野は、三角形の二辺を断層崖で囲まれた断層角盆地で、二日市地峡部を経て福岡へ。久留米地峡部を経て南西部の佐賀平野、南筑平野の大川・柳川へと続く。一方、東部の先端部は筑後川の峡谷に続き日田盆地に通じている。両筑平野は、このように広大な筑紫平野の東部に位置し、筑後川をはさんで、大部分の北側が筑前国、南側が筑後国である。

筑前国、筑後国の呼称は古く、持統三年（六八九）「浄御原令」あたりからといわれている。筑前をチクシノミチノクチ、筑後をチクシノミチノシリと読む古訓があり、また筑前国は一五の郡に分けられ、東部に位置する朝倉地方は上座・下座・夜須の三郡からなっていて、上座をカミツアサクラ、下座をシモツアサクラといった、と「延喜式」にある。江戸末期には上座をジョウザ、下座をゲザと読むようになった。

二　筑前地方の地形

地形を語るには、まず筑後川から始めなければならない。何故なら、この母なる川の傍若無人の乱流によって、歴史は悲喜こもごも様々な変遷を経て、今日に至っているからである。

筑後川の源流は、九重《くじゅう》山系に源を発する小田川と鳴子川に始まる。全長一四三キロ、流域面積二八六〇平方キロメートルに及ぶ九州一の大河である。

小田川は、久住山の西方、西千里が浜の西端にどっしりと、しかも屹立する扇ケ鼻の山塊（一六九八メートル）の絶壁の下よりその水の一滴は産まれる。ルンゼ（岩溝）が続き、大人大の石塊の下に清水はじわじわと湧出する。それはじーっと目を凝らしておかねば分からないほどの動きである。その流れは、数メートルで姿を消し、また辺りはがれきのルンゼである。一〇メートル程下ると、また岩塊の下から水が湧き出している。こうやって一〇メートル程また下ると、それは小さな流れとなり、透明に輝く水の精は、かすかなリズムの流音を風に乗せ、沓掛《くつかけ》山塊の小さな谷あいの水を集め、瀬の本、小田温泉郷へと降りてくる。

一方、鳴子川は、大船山《たいせんざん》、清水山、立中山《たっちゅうざん》からの水を、火山地肌の黒溝に、幾筋もの水脈に集斂しながら一本の動脈となり、高原湿地・鉢窪を南から北に横切り、大船の麓を限りに西に転じて坊がつるに出る。そして、久住山、中岳、三俣山系の水を集めた源流と合流する。

鳴子川の名のとおり、登山路下をサワサワとせせらぎの音が目もさめるようなブナ、ミズナラ、カエデなど落葉広葉樹の満天の森林深く流れ込むのである。「こがねなす樹間をくだれば鳴子川照り輝きて今日を流るる」と詠まれている。

筑後川はこのようにして、二大源流により始まる。

筑後川の源流とされる小田川の支川には、南方からの源流・阿蘇外輪山北壁大観峰が源の馬場川がある。

豊富な牧草地の野草より産まれ出る露玉の水滴が、一つ落ち、また一つ落ちる。ミズチドリの群生の草原の水滴は、一つの小さな溝を伝って水溜りとなり、黒土を滑りながら、スロープの下の急峻な浸食谷へと落下していく。草原を下り、小国《おぐに》盆地を抜け、熊本県南小国町馬場で志賀瀬川と合流し、小国町宮原柏田橋下で小田川に出合う。小田川を主流とする流れは、上津江《かみつえ》の川原川、中津江の津江川など多くの支川を抱き込んで、大山川と名前を改めて水郷日田盆地へと流れ出る。

一方鳴子川は、音無川、白水川などの地下水を集め、大地を浸食し、絶壁が連なる九酔渓の名滝・震動の滝を流れ落ち、奥郷川を吸収して、広々とした淵を抱く流れとなり、玖珠盆地へと流れ込むと、その名も玖珠川と改める。

玖珠川水系はさきの小田川の大山川水系と、日田盆地の東端・小淵で出合うと三隈《みくま》川となる。三隈川はこの二つの川の合流で大河としての風貌を整え、北方より流れ来る花月《かづき》川を傘下に収め、盆地を貫流し、夜明《よあけ》地峡部を抜ける。この夜明地峡部の大きく浸食された山脚が壁となって迫る有王淵を大きく左、そして右に蛇行すると、ここから視野が開け、名実共に筑後川の名に恥じない大河の中流域となるのである。

この先の中流域こそが両筑平野であり、藤太郎の生誕と幼少、青少年期の舞台となるのである。

筑後川は、坂東太郎（利根川）、四国三郎（吉野川）と並んで、昔から筑紫次郎の名で親しみ愛称されている我が国の最も代表的な河川である。これらの河川は「暴れ川」と呼ばれてきた。梅雨期などは流量がとてつもなく多く、枯水の時季と共に流域住民の生活を苦しめ困窮させてきた。

『久留米市誌』によれば、筑後川は、河状係数（基準地点での最大流量を最少流量で除した数値）で五三五七と国有数の数値を示しており、流域の人々にとって治めにくく御しにくい川であった。

前述したように、筑紫平野の東部に位置する両筑平野、その筑前筑後の両筑に広がる平野の最先端東部、ここが福岡県杷木・筑前国（現朝倉市杷木）と浮羽・筑後国（現うきは市）なのである。「遠望の釈迦峯背にして両筑の野狭まるところ大河出で煇《ひか》る」地である。

鳴子川源流・鉢窪。上方は大船山の麓

小田川源流。上方は扇ケ鼻の絶壁になる

筑後川は、両筑平野の二つの国を真二つに割って悠然と蛇行しながら西へと貫流し、久留米、城島、大川を経て有明海へと注ぐ。

太古において、筑紫平野の大部分は海であったという。朝倉郡夜須町（現筑前町）付近までは海で、甘木辺りが海岸線であったが、気候の変動によって起きた海退現象によって筑後川は変貌していった。

有史前より営々と浸食、運搬、堆積の三大作用を営み、上流部では下方浸食が強く、谷を深く削って渓谷や峡谷をつくり、中流部では砂礫を堆積させて扇状地をつくった。流速の緩やかな下流平野では、側方浸食が著しく、蛇行すると共に運搬力が弱まり、沿岸に土砂を堆積させて自然堤防をつくり、三角洲を形成したのである。

中流域においては、永い浸食作用のため、山の高度は、古処山《こしょさん》、耳納連山など八〇〇メートル級と高くはない山地の浸食作用によって、両筑平野の内でも、北部は広い朝倉扇状地になっている。

南部に屏風を立てたように連なる耳納連山から北方・古処山地を眺めると、これら扇状地は切り込まれた無数の谷裾に見えてくる。そしてその谷あいの扇状地まで筑後川は氾濫し、右岸をうがち左岸を浸食し、あばれまわったのである。右岸の朝倉扇状地は、永い年月をかけて川岸段丘をつくり、新しい河道を形成していった。筑後国を流れていた河道は、筑前国へと、あるいはその逆となって変貌し、国境《くにざかい》争の火種となった。現在のうきは市の古川中島は筑前国側であったし、同市小江地区西方の中島には筑前国領の志波、山田地区分があった。この下流にも山田中島、上寺、恵利、城島の下田（芦塚）などがあり、国境は異様に入り組んでいた。

三　筑前国朝倉地方の歴史

黒田藩以前

筑前国東部に位置する朝倉地方には、北に筑紫山地、そして南に扇状台地と、筑後川の堆積作用によって形成された沖積低地が広がっている。

朝倉地方は、その昔、縄文・弥生の時代から、山のめぐみ、川のめぐみを受け、自然と共に共存してきた。熊襲、卑弥呼邪馬台国と時代を経て、国内だけでなく、国際的な軋轢が、筑前国朝倉の地にも押しよせて来た。

百済救援のため、斉明七年（六六一）、斉明天皇（女帝）は朝倉の地に橘広庭宮《たちばなのひろにわのみや》を行宮《あんぐう》として造営された。この行宮は朝倉社《やしろ》の杜《もり》の木を伐り払って建てられたが、朝倉社は宮の近く東方にそびえる志波の麻氏良《までら》山

（二九四メートル）麻氏良神社であろうといわれている。

老女帝の天皇は長年の労苦のためか、この年七月に病に倒れ崩御された。中大兄皇子（後の天智天皇）は本陵に改葬されるまで、殯斂地《ひんれんち》（現在の恵蘇八幡宮裏の山上と仮定されている）で喪に服され、御母皇斉明天皇の崩御後、御遺骸を朝倉宮からこの地に移され、山腹に黒木の殿舎を作り喪に籠られた。この宮を木《こ》の丸殿《まるでん》と言い、「秋の田のかりほの菴の苫をあらみわが衣手は露にぬれつつ」の御詠は有名で、「百人一首」にも選ばれている。この葬地は「斉明帝藁葬地」と記された石柵で囲まれて祀られ現在に至っている。

天智元年、百済救援軍は白村江《はくすきのえ》に戦って敗れ、大野・基肄《きい》の城を築き、水城《みずき》の大堤を築造し、国内の防禦を固めたのであるが、天智天皇は御母皇斉明天皇菩提のため、太宰府に観世音寺の建立を発願され、天平一八年（七四六）に完成した。

広大山普門院の十一面観音像（国の重要文化財）

仏教の伝来は、百済の聖明王の遣いで訪れた使者が欽明天皇に金銅の釈迦如来像や経典、仏具などを献上したことが始まりだといわれているが、天平一九年（七四七）には、僧行基によって、上座郡志波政所に広大山普門寺（天和年間に普門院と改称）が草創され、行基一刀三礼の作と伝えられる十一面観音像がある。寺は最初法相宗であったが、後に華厳宗、真言宗に改め、灌頂執行の道場となり、修行者で賑わい、唐から帰朝した弘法大師もこの寺で密法を修した。大同元年（八〇六）のことである。

大同四年（八〇九）、上座郡志波烏山《からすやま》には三原弾正《だんじょう》時勝が紫雲院を建立し、鴛鴦《おしどり》観音を本尊として、一大寺院を形成した。

この平安朝、右大臣従二位兼右近衛大将菅原道真は、藤原時平の讒言《ざんげん》により、大宰権師に左遷されて、延喜元年（九〇一）太宰府の榎寺に入った。

藤原氏の栄華も無力な公家政治のため次第に衰え、武家の台頭となり、平家一内、そして、源氏の鎌倉時代となる。源頼朝は地方各地に守護や地頭を置いたが、九州地方では源範頼を筑紫奉行とし、大友能直を豊前・豊後の守護職に任じた。能直は頼朝の子であり、大友とは母方の姓を名乗ったものであるが、後の大友義鎮《よししげ》（宗麟）につながる豊後大友家の初代である。

筑前国では中央の幕府傘下に組する者、逆らう者と、地元領主や小豪族は、その時代に翻弄されながらも、己の領域を守るため城を構えていた。その領主で、上座郡、下座郡、夜須郡の大部分を領していたのが秋月氏である。幾多の戦乱の中、豊後大友との離反や、筑後の星野、肥後の龍造寺などとの関わりの中、戦国時代を生き抜いていた。

秋月氏は原田姓であったが、建仁二年（一二〇二）大蔵春種の裔《すえ》、原田種雄《たねかつ》が軍功により将軍家より夜須一郡の支配を命じられ、秋月庄に古所《(処)》山城を築き、名を秋月種雄と変えた（この頃、志波の烏山城には松平遠盛がいた）。

その後、八女の星野胤親が元寇襲来の時の戦功として、元弘三年（一三三三）麻氏良城を拝領しているが、永正一一年（一五一四）、星野家、秋月家の談合により、筑後に有する秋月家の領土と交換し、上座・下座の大部分は秋月家の領土となった。ところが永禄二年（一五五九）、筑前・豊前の守護となり、九州探題も兼ねていた大友義鎮は次第に勢力を伸ばし、筑後への足がかりとしている秋月種実の浮羽大聖寺の拠点を叩くため、天正九年（一五八一）筑後国生葉《いくは》に三千余人の軍勢を向かわせた。秋月種実は麻氏良城まで進出し、原鶴を見下ろす香山《こうやま》（高山）に陣を張り、生葉を出て、筑後川を渡って来た大友勢、それに援軍豊後勢を相手に合戦となった。世に言う原鶴合戦であり、現在の原鶴温泉街での戦であった。

秋月勢は奇襲作戦でこの戦を乗り切ったが、翌天正一〇年（一五八二）八月、大友義鎮は秋月種実をこらしめようと、秋月本城を攻撃させたが、この戦でも戦略が功を奏して、秋月勢は勝ち抜くことができた。しかし、天正一五年（一五八七）、秀吉の九州征伐に屈し、一命は助かったが、日向の高鍋三万石へと転封となり、筑前一帯を治めることになったのは、秀吉の北の政所の甥、小早川秀秋の息・小早川隆景であった。

黒田藩以後

関ケ原の戦で東軍に内応した功により、筑前国前領主の小早川秀秋は備前岡山に移封となると、中津城主として豊前六郡一八万石を領有していた黒田長政が筑前の大部分を与えられ、福岡藩が成立した。福岡藩は筑前国のほぼ一円を領有した外様大藩である。

福岡・黒田藩は長政のあと忠之と続き、一二代長知まで実に二七〇年余にわたり在封した。長政の父官兵衛孝高《よしたか》（文禄二年〔一五九三〕致仕して如水《じょすい》円清と号する）は、秀吉の全国統一の過程で取り立てられた豊臣恩顧の大名であったが、豊臣武将間の対立から、関ケ原では家康と結び主力戦で戦った。また九州にあっては、大友の豊後奪回作戦を撃退したのち、豊前小倉に毛利勝信を攻めて壊滅させるなど、東軍側の勝利に大きく寄与し、この如水・長政親子の戦功抜群が賞せられ、筑前一五郡の大守へ加増転封となったのである。この黒田藩の如水・長政・忠之諸公と志波村（現朝倉市杷木志波）とは大変なつながりがあり、歴史的因果の展開をみせることとなる。

藩領は早良、那珂、志摩、糟屋、宗像、席田《むしろだ》、御笠、上座、穂波の九郡一円と、夜須、嘉麻、下座、遠賀、鞍手、怡土《いと》の六郡内とで構成されていた。公称高は長政の時、五十二万二千四百余石であったといわれているが、二代忠之の時、弟長興に五万石（秋月藩）、隆政に四万石（東蓮寺藩のち直方藩）を分与した。

四　両筑地方の生活《くらし》

藩の農村支配と産業

「黒田藩は慶長六年（一六〇一）から検地を行い、一筆ごとに測量し、基本台帳を作った。幕藩体制を維持していく上で最も必要不可欠の条件は、農村の支配体制の確立であったが、封建社会での財政では、米の石高で尺度とすることが多かった。少しでも田畑を増し開墾に努めさせ、少しでも多く年貢を取り立てることが、藩の財政を豊かにする唯一の方法であった。そのためにも検地は重要であり、領地面積の把握と共にその拡大に努めている。さらに人的機構を整備し、農村支配体制を作りあげていった。郡奉行を置き、その下に一〇～二〇カ村を単位に大庄屋を設け、各村には庄屋や組頭を置いた。大庄屋は庄屋中の実力者や農村の名門で農民の信望がある者の中から選び、これを任命した。

大庄屋には役員が居り、養育方、普請方、才判方、示談方がそれぞれの役務を行っていた。役務の中でも田畑の年貢米の収納は重要な仕事であった。年貢は藩庁経済の根源であり、農民にとっても、生活維持の基であった。
年貢は村々に建てられた藩の倉庫で計量し、庄屋が庄屋組頭立会で計屋の倉に一旦積み込み、秋月のほか、津出し（博多大浜の倉庫）、八又田（嘉麻郡）の倉庫まで運搬した。これは大庄屋の指図で高公役が行った。上座郡では、福岡までの米俵運搬が困難で、郡奉行の指定した商人に渡していた。この労賃として、一俵米につき二升六合を加えなければならなかった。当時、宝永七年（一七一〇）頃の庄屋として、志波村には正三郎の名があがっている。

このような物資の移動がきびしく制限された時代、長雨や干魃、病虫害などによって唯一の食糧である穀類や野菜などが全滅に近い被害を受ける場合が再三にわたってあった。江戸時代にも三五回の飢饉が記録され、特に享保・天明・天保時代のものが三大飢饉として知られている。飢饉に襲われ、行き倒れ、餓死、捨て子など、阿修羅の相を呈していたし、決して平和で豊かな生活ではなかった。

このような世情の中でも、上・下座郡、夜須郡など筑前国の住民はたくましく生き継いできた。地域の特性を生かして紙すき、櫨・蠟、菜種油しぼり、甘木しぼり、養蚕・製糸等々、これらの産業はこの地方の特産物として、高い評価を得て、日常生活を徐々にではあるが豊かにしていった」（以上、『杷木町史』他より）

筑前国上・下座郡、夜須郡の経済の中心は甘木であった。甘木は福岡と日田を結ぶ日田街道の要衝で、貝原益軒が元禄一六年（一七〇三）に著した『筑前国続風土記』によれば「毎月九席市が立ち、筑前・筑後・肥前・肥後・豊前・豊後すべて六箇国の人より来る総会の所で、諸国に通じる要路であるので、商人多く集まり交易している」とある。また、「福岡・博多・姪浜より魚塩類を多く持って来て商し、豊後・筑後・肥前の者は海味の大部分は是より買っていった。又博多より甘木間人馬の往来常に絶えず、東海道の外、比の通りのように人馬往来の多いところはない」とも言っている。「甘木は、文政一三年（一八三〇）七七五軒、三四二〇人あって、筑前第一の在郷町であった」（『甘木市史』上巻）

『筑前国続風土記拾遺』（第二巻）には甘木について、

「瓦工三戸、素焼物師六戸、絞染工九戸、薬肆《やくし》七戸外に製薬店六戸、酒屋一〇戸、木綿晒《さらし》屋八戸、蠟油屋二五戸、蒟蒻《こんにやく》屋五戸、寒具屋・饅頭屋などあり、煙草、紅花、砂糖など村中に作る。其外尋常の商は猶あまたあれど……」

とあり、にぎわいは昼夜絶えなかった。したがって、近郷より出稼ぎ、奉公などは労働力として恰好の場となったのである。

梅ケ谷の小江藤太郎親子が、この甘木藍染紺屋の相川家に奉公したのもこの頃のことである。

志波村の名の由来

「志波は昔、遠市《といち》の里と云う。斯波《しわ》氏の人居たりし故に村の名となれり」と『筑前続風土記拾遺』に見える。斯波氏とは斯波氏経《うじつね》のことで、足利尊氏に筑紫探題を任命され、豊後に上陸北上して太宰府に向かったが、太宰府はすでに南朝方菊池氏などによって占領され、戦に敗れ志波村左右良山《までらさん》（麻氏良の別名）麓に隠れ住んだといわれている。こうして志波の地名ができたという。この村もその後四カ町村が合併して杷木町に、そして現在は甘木市と合併して朝倉市杷木志波と名称変更している。

筑前の国・志波

筑前国上座郡志波は、福岡から東南東に約一一里（四四キロ）、筑前国（福岡県）と豊後国（大分県）の国境に近く、天領日田まで五里（二〇キロ）である。太宰府を過ぎ日田往還（現在の国道３８６号）を東に進むと夜須郡甘木町となるが、甘木は筑前国東部の政治経済の中心地であった。甘木より北手に二里弱入ると、西の京都といわれる秋月がある。秋月は黒田長政の第三子長興が分封して藩主となった町である。

甘木を東進すると、左手は三奈木《みなぎ》の扇状地で、右手南方は川岸段丘地でその向こうは筑後川に至る。両筑平野が広がり、櫨並木の櫨畑を通り比良松に至ると、左手に古処山系の麓に斉明天皇ゆかりの橘広庭宮跡の丘陵地が目に入ってくる。右手は朝倉西入地で一郭に桂川が注ぎ、そばに悲恋の舞台となった「綾《あや》の鼓《つづみ》」の里がある（謡曲「綾鼓」として今も伝えられている）。往還に沿って菱野を過ぎ、山裾が筑後川に迫ってくると、大楠の袂に「名乗《なのり》の関」跡が見えてくる。「朝倉や木の丸殿に我をれば名乗りをしつつ行くは誰が子ぞ」天智天皇御詠の地である。『万葉集』にも出てくる同天皇の御詠「秋の田」斉明天皇の崩御の木の丸殿跡を過ぎ筑後川の淵を左に曲がると、志波村である。その昔、碁盤の表といわれた志波は、筑後川に北川が流れ込み小さな扇状地をなし、ゆるやかなスロープで地平線は東北に延びている。

日田往還は志波の先久喜宮、杷木そして国境を経て豊後夜明を通って天領日田へと続いている。

志波の自然と歴史

志波村は東西約半里（二キロ）、南北一里（四キロ）程で、おおよそ大半は丘陵性平地である。北方に古処山系広蔵山、東に黒山・香山、西に霊峰麻氏良山と、三方を風光の美と多くの史跡を秘めた山々に囲まれ、南側が開け、九州一の大河・筑後川で限られている。

志波の扇状地をはさんで東西の山々は筑後川畔より北方にせりあがり、広蔵山の麓、黒川境稜線につながっている。南側筑後川沿いに往還が通っているが、村の西端寄りに北川が黒川境より流れ下ってきて筑後川に注ぐ。道目木《どうめき》上方、それに奥の丸上方から見て右手、二つの小さな湧水を源流としている。川幅一五メートル、延長四キロ程の小さな川である。村内にはこの一本の川だけしかなく、村人にとってはかけがえのない命の水であるが、水量が少なく、川筋の田畑の水争いは絶えなかった。田植えは村中の上方の平榎《ひらいのき》、道目木、梅ケ谷の地区から順次行われ、渇水の時に、川下の平坦地には流水の見込みがなく、田植えができない年も少なくなかった。

古来、筑前・筑後の筑後川流域は水運交易が行われ、地形的には、古処山地の志波麻氏良山麓が筑後川で遮られ、木ノ丸殿の朝倉関が設けられるなど、天然の要衛をなしていた。しかも、麻氏良山頂からは三六〇度のパノラマで、両筑平野を一望することができた。麻氏良山頂の東北側は一段低くなっているが、二反（二〇アール）程の平らな頂きで、頂きの下は急峻な山容で、絶好の山城の条件を備えていた。黒田藩主初代長政は、この天然の要塞・麻氏良城番に陪臣栗山備後利安を命じ、志波以東の宰領を任せた。為政者にとって最適の場所となった志波の里には政所ができ、麻氏良布山麓地はこの地方の政治の中心地となり、その南方台地上に一つの町が形成された。

このように、志波は山峡渓壑《けいがく》の里である。山紫水明とは言い古された言葉であるが、なぜか、いにしえから人々を魅了するものがあった。『福岡県地理全誌（四）』志波村の項では「志波町ハ後ニ左右良山（麻氏良山）アリ、前ニ千年川（筑後川）アリ。佳境ナリ。村位上。地形七分平三分山。運送の便上」と江戸末期の記述がある。明治五年（一八七二）には、上座郡九大区庁舎が笹尾に設置され、行政庁として整備がなされていった。

三原弾正時勝と金応寺

志波梅ケ谷の集落より東北部一〇町（一〇〇〇メートル）余の所に烏山《からすやま》という地がある。ここに金烏山《こんうざん》金応寺紫雲院があったという。建立したのは、大同四年（八〇九）筑後国本郷（現三井郡大刀洗町本郷）の城主・三原弾正時勝（貞吉）であった。三原弾正の金応寺建立については逸話が残っている。

時は師走、時勝が年越の詰番として、大友豊府の館に向かって筑後国本郷を出発し、かの天智天皇御詠の恵蘇宿の名乗《なのり》の関を越え、筑後川畔、志波村の東はずれ、高山の淵の男池女池にさしかかった時のことである。

冬枯れの菰群の蔭に一番《ひとつがい》の鴛鴦《おしどり》が遊泳しているのを見つけた。弓の名手である時勝は狩の興趣をそそられ、強弓で一撃のもとに雄鳥の頸を射切った。頸は水中に没したか、軀のみしか引き上げられなかった。

年明けて睦月半ば、詰番交代で帰途につき、日田に一泊の後志波高山の池の淵にかかると、女池の水面に鴛鴦が一羽淋しげに泳いでいた。時勝はまたもや弓をとり、この鴛鴦の頸筋を射抜いてしまった。引き上げようとして、得心の時勝の見たものは、昨年の暮れに射殺した雄鳥の死頸を、羽の下に抱いていた雌鳥の姿であった。

鴛乗波上観我愚　彼悔時殺感前業

再度の戯れの一矢は、はかなくも散り去った鴛鴦への殺生、慙愧《ざんき》の念に声も出なくなった時勝は、従者を本郷に帰し、自身は徒歩で豊後路をさして引き返し、臼杵《うすき》の晦蔵寺《かいぞうじ》に、日本の名僧と聞き及ぶ上人を訪ねて剃髪を乞うた。

その後、名を無方《むほう》と改め、黒染の衣、一蓋の笠、錫杖《しゃくじょう》を携え、師の教えに従って志波の辺りに一寺を建立しようと方丈を出た。

志波の村はずれ、高山の男池女池の淵を抜け、村中に入った無方和尚時勝は、土地の人を案内に、建立すべき寺屋敷を見分するのであった。一里四方の山野を歩きまわって疲れ果て、夕闇も迫ろうかとする頃、突然、前方黒山の山塊下に群烏《ぐんう》が現れ円舞を始めた。「烏は四相を覚《さと》るとか」。思案を重ね瞑想より眼を開けた瞬間であった。一むらの紫雲がたなびき、漸次群烏を包むと、辺りを金色に染めて、はるか天上に舞い上がった。

何という摂理であろうか。ありがたい仏陀の御示験に落涙し、ここここそ霊地と決心したのであった。この霊地こそ志波烏山《からすやま》であった。

早速、本郷の館より財貨を取り寄せ、大伽藍を完成させたが、決意の後の早わざであった。寺を、紫雲金烏の瑞兆に因んで、金烏山金応寺と名づけ、紫雲院と号し、本郷館はもとより寮内の巨刹の祈願所として、無方自ら開基の僧となった。

時に干時大同四己巳歳中秋吉日で施主愚禿無方とある。「鴛鴦の烏庵の臥なる善知識こころある身となすそ嬉しき」とこの時詠んでいる。爾来、禅宗金応寺は百名に及ぶ僧を抱え、門前町もでき、繁栄が続いたという。

堂所の金応寺跡。右背後が黒山

烏山金応寺の本尊鴛鴦観音（現円清寺の本尊）

この金応寺の本尊は京都の大仏師小野法眼の作で、光背に鴛鴦一番《つがい》波に泳ぐ様を彫りつけた、色彩豊かな聖観音像である。この時三体を刻ませたが、他の二体は穂坂村の園山・生葉郡小坂村の南山の堂建立と共に本尊となした。

弾正時勝・無方はその後念仏三昧托鉢に徹し、年つもり六一歳で列座皆感涙するなか、あしたの露となり成仏した。墓所は「墓の尾」（現在の墓《はかん》のん坂の上辺りか）という。

繁栄をきわめた金応寺ではあったが、山地層が花崗閃緑岩の変成した砂土であったため、山崩えが続き、さらに慶長年間（一五九六）に火災に遭い昔日の面影はなくなった。

その後も豪雨による山崩えが続き、金応寺が崩壊した時、烏山、梅ケ谷の村人たちは、辛うじて御本尊の鴛鴦観音像を取り出し、草堂に安置したのであった。

時代は移り、観音像は慶長九年（一六〇四）、麻氏良城山麓・政所に龍光山円清寺が建立された折、奉移し、この寺の御本尊としたものであると伝えられている。御本尊の光背を飾る雄雌一番の鴛鴦の舞う姿は、実に壮厳で、慈悲心あふれ、今なお我々の心をなごませ、安寧の境地に導いている。

三原弾正時勝の居城址

付記となるが、城主三原弾正時勝以後の三原氏については、鎌倉時代初期、糸島郡高祖の城主原田種直の子種朝が三原氏を継ぎ、第一三代の当主となった。鎌倉の戦乱の中、宮方となり護良親王の命を受け、九州探題や足利尊氏の軍勢と戦い、戦功をたてたが、大原合戦（現小郡市）の時には武家の少弐方であった。

天正一四年（一五八六）、三原紹心（種徳）が四王寺山岩屋城で討死にしたことで一族は離散した。ある者は黒田藩に、柳川藩立花氏に、あるいは芸州福島氏にと召し抱えられ一家をなした。一方仕官を望まない者は、従来の主従関係をとどめながら土着し農民となったが、地方の指導的役割を果たすことになる。三原城については、現在も三井郡大刀洗町本郷に城址があり昔を偲ばせている。

なお、円清寺はこの地方の名刹である。麻氏良山麓にあるが、志波北川本陣橋より北東に九町（九〇〇メートル）程の所に最初はあった。黒田藩家老栗山備後利安の開山、初祖は第翁麟久大和尚である。

麻氏良山麓・政所の奥まった所には里城（出城）があった。武士たちはふだんは里城で生活していたが、一旦争乱になると山頂の城へ立てこもり、臨戦体勢に入った。この里城の前面は武家屋敷であったが、この武家屋敷の出はずれに、栗山備後利安は円清寺を建立したのである（現在、古円清寺の地名のみが残っている）。現在の円清寺は文久年間に古円清寺より移築したもので、一八代涼洲徳禅大和尚の時である。

栗山大膳（円清寺蔵）

栗山備後利安は黒田孝高《よしたか》・長政親子の重臣であったが、関ケ原の戦ではなばなしい軍功があった。徳川幕府により長政が筑前国を拝領すると、志波以東の上座郡の宰領をまかされ、麻氏良に移封したのである。

黒田孝高が慶長九年（一六〇四）享年五九歳で逝去、備後利安は亡主に対する追思の情大なるものがあり、菩提を弔うため、この所領地・上座郡志波政所に龍光山円清寺という禅寺を建立したのである。山号・寺号もその法名「龍光院如水円清居士」に因んだものである。したがって孝高・長政の位牌や梵鐘、画像など黒田家ゆかりの品々が保存されているが、梵鐘は国の重要文化財、画像は県の重要文化財となっている。

備後利安は主君長政に請うて、六九歳で嫡子大膳利章に家督を譲った。備後利安は領地に退隠し「卜菴紹占」と号したが、寛永八年（一六三一）八月一四日、八三歳の天寿を全うして政所の武家屋敷に逝った。民政に秀れ、一代の武将として庶民にしたわれた一生であった。墓は現在、円清寺本堂西側にある。

栗山備後利安の死後、その嫡男栗山大膳利章（俗に栗山大膳という）は上座郡一帯を引き継ぎ、所領としてまかされたが、黒田藩家老職の一人に列していた（一時期筆頭家老でもあった）。

藩主長政は元和九年（一六二三）閏八月、京都に在って病に倒れ、栗山大膳に懇々と後事を遺命したのであった。長政の後を継いだ忠之は、勇猛な父の気性のみを遺伝して、父祖以来質素、勤倹であった家風もいつしか打ち忘れ、驕奢の度は次第に高まり、その極に達した。長政の遺命を受けていた栗山大膳は、このままでは藩の存亡にかかわると一計を案じ、「忠之が天下に対して叛逆を企て諫言すれば却て怒を発し、理不尽に成敗しようとするので公儀に言上仕候」と、当時九州の総目付である豊後府内の城主・竹中采女正重次に一封の書を送ったが、このことは幕府の知るところとなり、危うく黒田藩没収となるところであった。事の顚末が分かり、藩主忠之は不調法をとがめられながらも、父祖の勲功に対し許しを受け一件落着となった。世に言う黒田騒動の幕引きである。

なお栗山大膳は、南部山城守に預かりの命を蒙った後、奥州（岩手県）盛岡に移った。四三歳の時であった。以降二〇年間の余生をこの地で過ごし、承応元年（一六五二）五月二日、六二歳で没し、盛岡城東北の愛宕山の法輪院広福寺境内に眠っている。『福岡県先賢人名辞典』（文照堂書店、昭和八年）には、

「栗山大膳、諱《いみな》は利章、西木子《あ》、雖失《すいしつ》の号あり。父備後利安の後を襲ぎ三万石を領し、上座郡左右良城主たり。黒田長政に信頼せられ後事を託さる嗣子忠之、幕府の忌諱《きき》に触るる事あり、大膳身を挺して黒田家の宗社を全くす。承応元年五月二日謫所、南部盛岡広小路の家に没す」

とある。このようにして、栗山一族は全員筑前の地を退去したのであるが、栗山備後の室・栄長院千代姫は剃髪《ていはつ》し、毛利藩（山口県）豊浦郡高山村（現下関市豊田町高山）に隠宅を与えられ、九四歳の長寿を保って没している。墓は高山公会堂の裏にあるという。

栗山大膳が黒田家の窮地を救った七〇年後に、赤穂浪士の事件はおきた。大石蔵助は細川家預かりとなったが、主君に忠節を尽くし、世の鏡と称えられた。その折の本人の言葉に、

「近世で忠節を称すべきは、其身に汚名を引受けて、見事に、主の家国をとりまとめました筑前の栗山大膳などでございましょう。あれこそ真の忠臣と存じまする」

と言ったということである。

栗山大膳についてはいくつもの逸話が残っている。その一つが「大膳くずれ」である。
志波古老の伝説によると、志波には崖崩れや山崩れなど話に残る大災害が三回あったという。一つは、千代島長者一族が川底に沈んだ「千代島崩れ」。一つは前述の「烏山崩れ」。そしてこの「大膳崩れ」である。いずれも物語や伝説の中でおきた災害である。

志波筑後川のほとりに高山《こうやま》という所があり、ここに一つの池があって、常に満々と水を湛えていた。この池に年古《としふる》の大亀がいて、旅人に敵対するようになった。しかしこの高山の道は日田に通ずる唯一の道で、他に代わりの道はなく、旅人は危険を承知で命がけで通っていた。

この話を聞いていた大膳は、ある時所用があって、数人の従者と共にこの池の淵にかかった。水無月の炎天で焼かれるような暑い日であったが、ふと池を眺めると、池中の大岩の上で大亀が甲羅を干しているのが目に入った。大膳は供の者から鉄砲を受け取り、山際の大楠の根子に両足をふんばり、ねらいをつけて一発を放つと、大亀はもんどりうって池に落ちていった。当時、黒田藩最高の砲術手といわれていた大膳にとっては、手間のかかる仕事ではなかった。

大亀はというと、池は血で真っ赤に染まり、泡がぶくぶくと沸き出ていた。しばらくすると突風が吹き荒れ、晴れ渡っていた空が墨を流したようにかけ曇り、大粒の雨が降り出した。四方は漆黒となり、方角も分からないほどとなった。池の向こうは筑後川であったが、たちまち洪水に見舞われ、豪雨は容赦なく地面をたたきつけた。次の瞬間、山崩れが起こり、土砂が大楠もろとも池に流れ落ちて来た。大膳一行は間一髪難をのがれ、おびえおののく従者をものともせず、所用の杷木の池田に向かった。

所用を終え池の淵まで来ると、荒れ果てた池は静まりかえって、何事もなかったようであったが、従者に

大膳楠。右手が大池であった。
左手は大膳くずれの場所

水中を探らせ、二・三尺（一メートル）もある亀を幾頭も捕えさせた。その時の亀であろうか、円清寺には、甲羅が径三尺にも及ぶ剝製の亀が廊下の一角を今も占有している。

この時の、亀を駆逐するという大膳の意図は何だったのであろうか。時代の迷信を打ち破り、兼ねては民害をも除去しようとしたのではないか。

このように、大膳は豪邁ではあるが、事にあたっては用意周到、緻密な計画のもとに行動・実践する忠臣であったといわれている。

それにしても、当時の大楠は今も二本の幹を四方に張って、物語の語り部の役を果たしているようでもある。記録によると、周囲一〇抱えあったという大楠は「大膳楠」と呼ばれるようになったが、延宝七年（一六七九）に焼失したという。それから三百数十年、今の大楠は何代目であろうか。

この上座郡での功績ではないが、栗山大膳を忘れてはならないことがある。遠賀郡井野（現中間市）から遠賀川を分流させて、洞海湾に出す堀川（水路）の建設である。後年天保一二年（一八四二）には九六四八艘の川艜（俗に五平太船）が通ったという当地流域の産業の隆盛に多大な貢献をしているのである。

宮相撲の神社

『古事記』には諸々の神社が登場する。科学の発達する以前の大昔の人々は、ものの道理が分からず、自然現象に対して大きな恐れを感じていた。大雨での洪水、干魃、大風、大地震、悪疫の流行、火災、これら天変地災は、絶対的な力を持つ神霊による懲罰であると信じ込まれていた。そのために、この神々の怒りをなだめ、鎮める手段として、みそぎをし、神庭をこしらえ、供え物をし、神を迎え、もてなし、許しを乞い、御利益を祈念する場として、祭りというものが考え出された。そして、その天つ神に神庭を知らせる目印として、真榊を立て、注連縄《しめなわ》で囲い、御幣《ごへい》を立てた。

神が降臨する場所は、目に付きやすい所でなければならない。そのために、近くに大木や大岩があり、手短な場所である丘頂や山頂が選ばれた。一方において、森羅万象すべてのものが神が支配するところであり、それも神々の分担する所と考えていたため、山を司る山の神、海を司る綿津見《わだつみ》神、川には水神、風の風神、火の大荒神、土には埴安《はにやす》の神、雷神、貧乏神等々、あらゆる物象がそれぞれの神によって分担されているものと信じられていた。

台所の大荒神、年の回りを司る金神《こんじん》、道の辻には猿田彦大神、人々が稲作農業で豊作を祈って土の神埴安命を田神として祀った。

これら諸々の神を一緒にして、天神として祀り、一つのお宮には諸々の神の祠が建立された。それぞれのお宮では大祭が持たれたが、もう一つの大きな催しとして宮相撲があった。それは、万願相撲であり、奉納相撲であった。諸々の神社には今も相撲場が設けてある。

「上座郡神社幡」によると、文化一四年(一八一七)、杷木町の神社は式内社一、上座一九カ村の総社一、彦神社一二、その他摂社、末社の小祠《ほこら》一四八とある。

式内社は志波麻氏良布神社である。この麻氏良布神社の下宮が麻氏良山の麓、普門院の裏手にある。万願相撲は、この下宮で毎年三月一五日の祭礼の日に行われた。上座郡はもとより、下座郡、夜須郡、筑後川向こうの筑後国、そして日田方面からも多くの素人力士が集《つど》って来たが、中には賞品かせぎのセミプロの者もいた。

麻氏良布神社の万願相撲といえば、実に盛大なものであった。格式の高い神社であり、筑前国一円に知られていた。

斉明天皇の七年（六六一）、唐と新羅の攻撃を受けた百済を救援するため、中大兄皇子、大海皇子ほか文武百官を引き連れて筑紫に下られた斉明天皇は、朝倉の橘の広庭の行宮に移られた。この行宮を建てる時、この麻氏良布社の木を伐ったことが神の怒りにふれ、殿舎を壊され、宮中には鬼火が現れ多くの側近に病死者が出たと『日本書紀』に記されているが、麻氏良布神社は「延喜式神名帳」にも名を連ねる筑前一九社の内の一社であった。このように格式高い神社との認識は村の誇りでもあり、この祭司は同村宮原の宝満宮宮司が代々務めてきた。

斉明天皇は同年七月二四日、崩御された。それにしても社の木を伐っての鬼火や病の多発など、古代では自然現象が神などの超俗的な行為としてみなされていたのであろうが、太陽暦では八月下旬の暑い盛り、疫病発生の時期も重なり、六八歳の高齢ということもあったのではないか。また鬼火については、落雷など自然現象とも推察される。

村人の相撲熱は万願相撲や奉納相撲だけに限らなかった。地方巡業をする勧進相撲にも目は向けられていた。

村はずれの本陣、現在の国道３８６号線志波バス停より下山《しもやま》の共同墓地への登り口右側には、相撲の四股名の墓がある。

一つは「王襷《たまだすき》和吉墓　文政一二年（一八二九年）稔己丑《つちのとうし》九月九日　頭取喜助　當村世話人」。

もう一つは「月之松百蔵墓　天保九年（一八三八年）戌《いぬ》二月廿六日　頭取　夘平　世話人中」。

以上の二人は、藤太郎の生誕前七～一六年前のことであり、この当時つまり江戸末期において、この志波村においても熱狂的な世話人がいたことを窺わせる証である。

藤太郎の相撲修行の場

梅ケ谷藤太郎を語る時、幼少年時代の宮相撲とは、切っても切れない状況があった。彼の素質に磨きをかけたのは、まぎれもない田園の中での宮相撲であったからである。彼はその時々にエピソードを残している。嘉永年間より安政、そして文久二年まで、宮々を訪ねて相撲の修行は続けたのである。

以下、藤太郎が武者修行にも等しい青少年時代に相撲行脚した近郊の主な宮々を記してみる。

神社名	住　所
麻氏良布神社	朝倉市杷木志波政所
杷木神社	〃　杷木池田
宝満宮	〃　杷木志波宮原
日吉神社	〃　杷木久喜宮原鶴

恵蘇宿・水神社境内での奉納相撲

志波祇園社　〃　杷木志波上町
薬師堂　朝倉市杷木志波松葉
恵蘇八幡宮　〃　朝倉山田恵蘇宿
水神社　〃　朝倉山田恵蘇宿
須賀神社　〃　甘木七日町
鬼松神社　〃　相窪
福井神社　朝倉郡東峰村延田
八幡神社　うきは市小江
弓立神社　〃　高見
高橋神社（高橋大明神）　〃　吉井高橋
大原神社　日田市田島町
日田神社　〃　城町
天満宮老松社　〃　大鶴町中島
冠者神社　佐賀県神埼市千代田町崎村

これらの神社の他に、寺院、河川敷などでも開催されていたのは勿論の事である。

志波の暮らし・特産物

江戸時代においては、農業が中心となって暮らしを支えていた。農業は米穀中心の経済政策であり、農民に対する搾取政策でもあった。

江戸末期の志波の農地は、大部分は黒田藩の郡奉行が取り仕切っていたが、藩、地主に収穫の七割は納めなければならず、小作人の手元には三割程度しか残らなかった。

上座郡の政治・経済の中心地であった志波は、丘陵性平地とはいえ、農地は狭隘《きょうあい》であった。

明治初年頃の記録（『福岡県史 近代史料編 福岡地理全誌㈣』）によると、田七三町七反、畑七〇町九反、山林八八町、橋三、池八、馬一〇三頭、牛六頭、人力車二輌、荷車三輌という記録がある。人口は二四一二人で、他の村々に位べて大人数の村であったにもかかわらず、田畑の反別は他村とあまり変わらなかった。租税として米六五九石九斗、大豆一九九石、雑税として二五石七斗は住民の生活に重くのしかかっていたが、上座郡の中心地としての活気はあった。士族も三六戸と、他村にない政治・経済の中心地であり、市が毎月上旬の三日、八日、中旬下旬にもこれに準じて六度立っていた。

租税は米、大豆の実物でなく代金での支払いもあり、現金収入の少ない村内では、副業としての産業が早くから模索された。そんな中、江戸後期より明治にかけて盛業であったのは、紙漉《かみすき》業、製蠟と櫨の実の生産であった。

志波紙

志波の生活を支えている収入源としては、和紙を作る紙漉《かみすき》が主であった。他に櫨、葉煙草の栽培があったが、これらの収入も糊口《ここう》としては心もとなかった。

和紙は、二世紀の初めに中国で完成され、日本に伝わったのは七世紀初頭で、奈良朝時代、貴族の写経などによって急速に製紙技術が発達していったといわれている。

一〇世紀の初めに編纂された「延喜式」によると、太政官式中務関係の図書式には造紙手が置かれ、製紙技術をもった民戸五〇戸を支配したとある。日本では中国とは異なる原料、楮《こうぞ》、三椏《みつまた》、雁皮《がんぴ》などが使用され、独特の和紙ができていった。慶長五年（一六〇〇）、筑前五二万石を与えられ入城した黒田長政は、「宰府之紙すきに鳥の子紙申付候間、雁皮の木いずれの山にても無相違切らせ申可候、少しも異議有間敷候為其如此候也、長政」とのお触書簡を出しているし、光之の代、「上座郡の山村に楮を植えて紙を製せらる」と「福岡藩民政誌略」には記されている。光之は黒田三代目藩主で、治藩は承応三年（一六五四）四月から元禄元年（一六八八）一二月までの間であるが、この頃から植楮《しよくちよ》は行われていたのである。また、「元禄元年上座の楮圃盛栄しければ、槇惣《てんそう》太夫直国に掌らしめ上座紙奉行を設ける」と「福岡藩民政誌略」にある。

その後、元文年中（一七三六）、郡奉行味岡団右衛門短実《のりざね》に製紙を兼掌させたのであるが、彼は上座・下座・嘉麻・穂波請持の郡奉行であった。このことからして、上座郡が黒田藩製紙の中心であったことが窺える。

「久喜宮庄屋平位家文書」の中に、「紙仕組所記録」の文書がある。

「天和二年（一六八二）壬戌十月長崎より能見次右ヱ内を召抱え、楮奉行に任命、同時に、郡代川越庄左ヱ門の臣鎌田九郎兵衛、松岡作右ヱ門、志波百姓稲桝善三郎等を楮皮《ちよひ》積方に任命、天和三年春、長門国より紙漉を召し寄せ、村々の百姓に見習を命じ、紙役所を上座郡志波村里城山南表に建てたが、不便のため志波宿に建てかえた。この年より御仕組となり、京屋服部又市に役所元締、楮積渡稲桝善三郎同手附四人」とある。

志波紙の発展には足立善吉の力が大きい。善吉は殖産興業に熱心な一農夫であったが、天明二年（一七八二）志波一帯の地勢を察して、製紙に適すると認め、副業として製紙業を興さんとした。長門国より能見治右衛門を聘《め》して製紙場を設け、村内の子弟を勧誘して製紙の法を伝習したのであったが、前述するように、以前より上座紙奉行を設けて製紙業を勧奨したことが、隆盛をきわめた一因でもある。

奨励による藩の利益も相当なものであった。しかし住民にとっては、「郡代川越六之允仕組改の覚」にも記録されているが、収納・上納の取り立てはきびしかった。

ここに『杷木町史』中の田中勝人談による「志波紙のできるまで」の概略を記述してみる。

（一）原木楮《こうぞ》の収集

志波では原木楮をカゴと呼んでいた。楮はクワ科の落葉低木で山地に自生、また栽培される。葉は卵形でとがり、クワに似ている。技はまばらに出て長く伸びる。樹皮は強靭で、手では折り取れない。春、新葉と同時に淡黄緑色の花を開き、青色球状の果実をつける。樹皮は日本紙の原料として優秀で、現代では紙幣の素材となっている。秋に葉が落ちて伐り取る。原木はその年に伸びたものでないと繊維が良くない。日田大山、小国方面から多量に購入していたが、運搬は、筑後川を下る船による搬入が多かった。主として伐り取りは一一月から一二月頃行っていた。

（二）原木の釜蒸し

原木を四尺（一・二メートル）位に伐って釜に入れて蒸す。二、三時間である。

（三）皮はぎ

蒸した原木は皮がすぐにはげる。はいだ皮は吊り下げてかわかす。

和紙の天日乾燥（『杷木町史』より）

（四）楮たくり
これは黒い表皮を取り除く作業で、川につけて足で踏むなどし、表皮をかなり取り除き、あとはカゴたくり庖丁で黒い皮を削り取り、白い部分の皮だけにする。

（五）釜で煮る
①釜に入れる前に石灰のアクに浸してすぐ上げる。
②釜の中に苛性ソーダ水を入れ、その中に楮（白い部分の皮）を入れて三時間半くらい煮る。

（六）あく抜き
釜で煮た楮を水にさらしてあくを抜く。流水なら数時間で抜けるが、よどみの水なら一昼夜位置く。

（七）楮たたき
楮のあく抜きをした皮の繊維を細かくほぐすために、石か木材の上に置いてたたく。

（八）こどり、紙を漉く原料合わせ
①楮をたたいて白くしたもの
②パルプ
③紙くず、藁《わら》をソーダで煮て細かくほぐしたもの。楮だけを使って漉《す》くとコストが高く、売れないので、

①②③をまぜ合わせて漉くと原料が安くなり、量も増えてよく売れた。

（九）紙漉《かみすき》

①ノリ作り：ノリのもとになるものを「おすけ」と言う。おすけには、草おすけと木おすけがある。筑後地方には木おすけが多かった。木の皮の内側にノリのようなものがあるが、それを刮《こそ》ぎ落としてノリを作る。おすけ袋（綿の袋）に入れて、しぼるとノリができる。

②紙漉原料の小取りしたものをノリに混ぜ、舟（紙漉するための畳一枚くらいの槽で、高さ二尺五寸位）に入れる。楮・パルプ・紙くず・藁・ノリを一つの舟に紙三〇〜四〇枚くらいできる分量のこどり（小取り）を入れる。

③紙漉：水は六分位に原料のこどりをバケツ一杯、ノリ少々と、勘で調合する。一枚ごとに簀《す》を置いた「ケタ」で紙を漉く。簀を引き上げて、一枚一枚重ねていく

④水切り乾燥：重ねた紙をしぼり台に乗せ、万力で水をしぼり出す。次に紙板に一枚一枚はいで張っていくが、「ハケ」で張りつける。乾燥は天日の場合と蒸気の人工乾燥があるが、昔はすべて天日であった。

（一〇）裁断

適当な広さに裁ち切る。

明治の頃までの紙の種類は、白保紙、ちり紙（かす紙）などが多かったが、のちには、障子紙、温床紙、傘紙、袋紙（綿を入れる袋）、半紙などである。

これらの紙の仲買人は、宮舟地区辺りが多く、福岡辺りまで直接販売に行っていた。

櫨《はぜ》の生産

黒田藩には実植奉行という職があって、杉・檜など種樹の管理をさせていたが、六代藩主継高の代、元文・寛保年間に至って櫨の植え付けを藩中に奨励し、延享二年（一七四五）植立櫨見箇締役を置いて、山奉行と兼職させた。宝暦元年（一七五一）には、三奈木の黒田氏に命じて、下座郡三奈木及び上座郡大庭、下大庭、石成、入地五村の松林を伐除して、一六町七段七余を開拓し、櫨木を植えさせた。現存する地名「櫨畑」は、当時の中心地であった。

寛政八年（一七九六）には国中櫨実仕組奉行を置き、蠟座と名づけて、博多、甘木、植木（直方）などにこれを置いて、櫨蠟をその座に買い占め、大坂に送って販売していた。この櫨価は昇降が甚しく、時代に翻弄されたが、農家の現金収入の一部として、江戸時代より昭和の初期まで役割を果たしている。特に甘木に蠟座が設けられたことは、甘木を中心とした朝倉地方が櫨の主産地の一つであったことを示している。文政一三年（一八三〇）、甘木宿は交通の要所、諸物産の集積地として繁盛して二五戸に及び、蠟油屋は年平均一〇万斤（六万キロ）の櫨実を上座郡・夜須郡から買いつけていたといわれている。

明治から大正にかけて志波で製蠟をやっていたのは、上町、梅ケ谷、平榎地区に集中していたが、これより先、梅ケ谷藤太郎の幼少時には、梅ケ谷地区において、最近まで顕彰会初代推進委員長をしていた小江誠之助の曾祖父市助が事業を進めており、大坂辺りまで販路を拡げていた。

第二章　生い立ち

一　梅ケ谷藤太郎の生誕地

梅ケ谷藤太郎の生誕地は志波字梅ケ谷である。

国道386号、甘木より東に三里（一二キロ）、志波バス停を過ぎるとすぐに、志波邑《むら》の南北を貫いている北川である。この筑後川の支流・北川に架かっている本陣橋を渡り国道を左に折れる。県道588号である。この道は志波の町中へと入っていく。下町・中町・上町と町中を過ぎ、小江家（梅ケ谷の姓）の菩提寺・光宗寺の角を右、そして左に曲がって、志波小学校下へと続くが、志波の地形は、平坦地より東西の山塊が急に狭隘になってくる。志波扇状地の根元になってくる。なだらかな坂道となり、集落が、幾筋かの谷合のそれぞれに点在している。塚原、尾迫と二つ谷間の集落を過ぎると、県道は左手に曲がっていくが、そのたもとを右に折れる。そこには梅ケ谷公民館があり、「横綱初代梅ケ谷藤太郎出生地」と徳山御影石の碑が立っている。

出生地とあるが、出生地は、まだこの坂道の七〇〇メートル程先である。柿畑が山峡一面に拡がり、左手

藤太郎の生家

に北川をせき止めた堰《せき》があり、その右手の清水谷、迫の谷と二つの小谷の根元を迂回すると、昔烏山の金応寺に邑人が参詣したという大門尻跡が谷下に見えてくる。この辺りは梅林となっていて、さすがに梅の谷である。

谷あいを登っていくと道は突き当たり、ここに梅ケ谷生誕の案内石碑が建っている。右に折れ、谷水の心地よい響きを聞きながら竹林を少し登ると、すぐに屋敷が見えてくる。

今は生家は取り壊されており、屋敷跡となっている。屋敷跡には梅ケ谷藤太郎の半身大の手数入《でずい》り姿の石像がある。石像の左側には台座共に一〇尺（三メートル）超の須佐石の記念碑が建っている。道をはさんで南側も空地となっているが、当時を偲ぶかのように古木の梅が郷愁をさそってくる。

「山峡の山襞しだいに照り染めて立つ霧翳《かげ》に山堂見えくる」地である。

藤太郎生誕

藤太郎は本名を小江《おえ》藤太郎といい、弘化二年（一八四五）三月三日（一説には二月九日とあるが、戸籍簿を尊重する）、筑前国上座《じょうざ》郡志波村梅ケ谷一八八二番地（現福岡県朝倉市杷木志波字梅ケ谷）に、父小江藤右衛門（五二歳）、母トメ（三九歳）の次男として生まれたが、この時兄弥平（一八歳）、姉アサノ（一〇歳）がいた。

父藤右衛門は、働き者でがっちりとした筋肉質であったが、大柄ではなかった。それにくらべ、母親は大柄で、村内では、「梅ケ谷のトメさん」と呼ばれ、五尺三寸（約一六〇センチ）、小ぶとりの酒豪として知られていた。

藤太郎が生まれた時は、一貫三〇〇匁（約四・八八キログラム）もあって、年増のとりあげ婆さん（産婆）が「こんな赤ん坊は取りあげたことが無い」と驚いたという。

二　碾《ひ》き臼伝説

碾き臼（29.5kg）。二段重ねの上段の臼（16kg）を引きずり回した

藤太郎の生育は並みはずれており、母乳では追いつかず、飼育している山羊の乳で補給しなければならなかった。七、八カ月になると、四つ這いも速くなり、母親は野良仕事に専念できないので、夫とも相談して、碾き臼（上下二枚（一枚の厚さは七〜一一センチ位）の平たい石からなり、上段の石を回して穀類を粉にするもの）の穴に帯を通して、その帯を藤太郎の腰にくくりつけ畑に出たといわれている。帰ってみると、一六キロもある碾き臼を引きずり回し、庭から道に這い出していたことも再三あったという。

この碾き臼はその後、記念保存のためか、志波村の役場にあったが、同村が杷木町と合併して役場がなくなったため、保管者を失い、原鶴の旅館「前田荘」の主で福岡県相撲協会理事の前田正徳が適当な施設ができるまで預かることになり、同旅館の正面に飾られていたが、今は梅ケ谷藤太郎顕彰会が管理している。

この碾き臼については、もう一つのあらぬ伝説がある。藤太郎は「間引き」の運命にあったというのである。間引きのため、生まれるとすぐに筵《むしろ》にくるまれて物置に運ばれ、筵の上に碾き臼を重しとして置かれ圧殺されようとしたとの話である。しかし、当時の世状は困窮の中にあったとは言え、そのような、非倫理的な雰囲気は志波の村中では薄かった。

黒田藩では、明和元年（一七六四）、第六代藩主黒田継高が町郡浦に掟書を渡して捨子を禁じ、その後第九代斉隆、第一〇代斉清、相次いでこの法度に力を注いだ。

文政七年（一八二四）の年譜に、

「先代の遺志により、生月の法を厳にし、貧窮多児に金穀を与へ、産衣、五香を給ふ。法を犯す者は厳罰し、民庶の繁栄を計る」

とある。万延元年（一八六〇）には育児法を諭達し、

一　女は五人組相互候事

一　妊娠の者早速届出、四ケ月目生着一つ、小児の薬五香一貼宛、被下候事

一　流産は早速役所へ届出、死胎改役見分を受け、取納候事

一　殺骸並に態《わざ》と流産致候者、死罪仰付候事

「間引き」などには藩政として相当の気配りがあっており、早々に始末のできることではなく、仏教特に

儒教の思想の浸透していた当時、当地方としては、現代よりも清廉で、一般的には法の遵守がなされていたと思われる。また、藩の財政を豊かにするための生産力としての人的確保のねらいもあった。

藤太郎は清貧の内にも温かい家族に見守られていた。貧乏ではあったが、五人力を合わせての生活は活気に満ち満ちていた。

姉のアサノは常日頃子守をさせられ、背におんぶするのであるが、一〇キロを超す体重となっている藤太郎は、一一歳の小娘には長時間は耐えられるものではなかった。

小江家は代々農業を主業として生計を立ててきた。とはいえ、自作地は少なく、社寺の小作などを手がけていた。前述の三原弾正時勝建立の金応寺跡地は広大であったが、後、黒田藩の家老・栗山備後俊安が麻氐良山麓に建立した円清寺の寺領となっていた。小江家から東北に半里（二キロ）程登った所に、堂所という地がある。その堂所下の観音堂辺りの山中腹の畑作が中心であった。

当時、前述のように志波は上座郡の中心地であり、藩の収入源としての奨励もあり、和紙の生産が盛んで、紙漉が行われていた。農業を離れて紙漉を正業とする者もいたが、紙漉は冬を中心に操業したので、副業とする者が大半であった。

藤太郎の家も、副業として一時期手がけたが、雑多な工程と人手を必要とすることから、二、三人の作業では能率が悪く、しかも良質の紙製品を作ることができなかったので、家業とすることは取り止めた。そんなわけで、田畑の作業が閑期となる冬場は、他家の仕事の加勢、つまり紙漉や、生蠟のための櫨ちぎりなどにより生計を立てていた。

三　両親の甘木への出稼ぎ

農閑期となった一一月、藤右衛門夫婦は藤太郎を連れて出稼ぎに出た。出稼ぎ先は、甘木の相川染物屋（藍染紺屋）であった。村内での安定しない仕事に不安を感じた夫婦は、知人の仲介で夫婦奉公を決意したのであった。

甘木は福岡と日田を結ぶ日田街道の要衝で、福岡まで八里（三二キロ）、日田まで八里の福岡・日田の中間点にあった。また甘木は、筑後より秋月経由で豊前に至る秋月街道と日田街道との交差点にあたり、久留米まで五里（二〇キロ）、志波まで三里（一二キロ）の地点に位置していた。

甘木村は、甘木遠江守安長が建立した甘木山安長寺の門前町として発達したといわれている。正安年間（一二九九～一三〇二）の頃である。その後天正一二年（一五八四）、大友宗麟の武将、戸次道雪、高橋紹運らは、高良山、草野城を攻め、筑後川を渡り秋月領へ押し入って、甘木とその周辺を焼き払った。関ケ原の戦の後、黒田長政が筑前に入国し、元和九年（一六二三）長政の三男長興が秋月藩を与えられたが、甘木は交通の要衝として商品流通の重要な位置を占めるようになり、秋月藩の飛び地の形で福岡領として残された。甘木は元禄期には九斉市から専門の店舗を主体とする在郷町へと大きく変貌し、藤右衛門が夫婦奉公した頃は、生蠟業、甘木染、甘木絞などの染物業が最盛期を迎えていた。

甘木絞は、中津の医師三浦の妻女が絞り方法を会得し、その方法を甘木に伝えたので「三浦絞り」と俗称したといわれる。また福岡の孫兵衛を始祖とする博多絞、特に紅絞の方法が甘木に伝えられ、これを改良したものであるともいわれる。

甘木絞、藍染紺屋繁盛の一因は、土地の条件にあった。甘木川（小石原川）がそばを流れ、水質が硬度七度前後で晒《さらし》に適しているだけでなく、水がきれいなうえ、川底や洲が砂利で清潔であり、水洗や木綿を乾かすのに適していたからである。

藤太郎親子は甘木村庄屋町、甘木絞（筑前絞りともいう）・藍染紺屋の相川卯兵衛宅に奉公に行った。現在の庄屋町一七八六番地の原田歯科医院の所である。

相川卯兵衛の後裔で、現在春日市在住・相川卯太郎によると、表口は右手に吹き抜けの通り土間があり、奥の作業場に通じていた。左手は居間で、表通りに面して帳場があり、一〇畳の部屋が二つ、茶の間、台所があり、仏間、座敷と続き、次に坪《つぼ》（中庭）があった。渡り廊下を通って、隠居部屋三室、一番奥に作業場があり、小屋が二つ横に並んでいた。二階は帳場の上に八畳間が二つ、土間の上に六畳の手伝いさんの部屋があったという。染物工場としては大きい方で、番頭や作業衆の男女が繁く往来し活気を呈していた。

染物屋にもいろいろあって、問屋が染色を注文する染屋の紺屋は五軒程で、その内容は薄納戸《のうこ》、京納戸、小納戸、京地白などであった。黒の染屋は四軒で、黒、枝萩、三ツ割、金中で、茜、緋の染屋は二軒程で、茜染、広口、唐錦、緋板、目引など何十種類にも及ぶ染めをしていた。

〈キの「木綿通」や「萬覚帳」から甘木絞や甘木染の工程を見ると、まず、絞染の問屋が注文を受けて、必要とする木綿数を仕入れ、仕入れた木綿を晒屋《さらしや》に渡して晒させる。晒し終わった反物は、絞りにする場合は、下請けに渡し、絞ができたら、染物屋に廻して染色する。染色が終わったら絞の糸を抜き、さらに染色を必要とする時は、再度染色を行って問屋に納入する。絞をしないで、型付けをして染色し、問屋に納入する場合もあった。完成した品は問屋に納品され、注文主へ発送された。

これら甘木絞の取引きは、大阪辺りまで広く行われ、大阪の木綿が船で瀬戸内海を経て、中津に陸揚げされ、中津の問屋から甘木の問屋に送られていた。〈相の相川家でも、九州一円から、関西・関東まで注文を幅広く取って廻っていた（『甘木市史』より）。

このように、甘木絞、甘木染の問屋街は、高原町、庄屋町などの甘木川筋に集中していた。

藤太郎の父、藤右衛門は、雑役夫として働き、搬入される反物の木綿を倉庫に運び、注文先への搬出、大八車での近郊への送付などを手伝っていた。母親のトメは、子守やまかない（炊事）方が主な仕事であった。

奉公先の相川家は相模の国出で、代々甘木絞と藍染紺屋を営んでおり、小江家の夫婦奉公は、第二代相川卯兵衛の時代であったが、屋号を「相卯《あいう》」といった。同じ相川姓で、代々藍染紺屋を営んでいた現在朝倉市琴平町在住の相川年子は、卯平衛の娘セツ（昭和九年死去）が藤太郎の母親におんぶされていたことを聞いている。セツは当時、藤太郎と同年輩であったと思われる。また卯兵衛宅には、当時番頭が七、八人、上女中一人、下女中一人がいたことを年子は聞いている。

藤太郎は、三尺（九〇センチ）を超え、体重も四貫匁（一五キロ）超となり、セツや近所の幼児と遊んでいるその様を見て、満二歳にもならない児だと聞くに及んでびっくりして、早くも町中の評判となっていた。

藤右衛門夫婦の奉公は越年して次の年も続いた。相川家は何軒もの貸家を持っていたし、藤右衛門一家も、少し離れていた長屋で借家住まいをしていた。借家住まいに慣れてくると、トメの酒好きが始まり、藤右衛門も嫌いな方ではなく、夫婦して二升（三・六リットル）ぐらい一晩で平らげることもあった。もちろんどぶろくが主ではあったが。

藤右衛門はあまり人付き合いが上手ではなく、自分から話しかけていくほうではなかった。まじめで、与えられた仕事をこまめに遂行し、朝から晩まで身を粉にして働いた。妻のトメは誰とでも気さくに話をし、子守や炊事方、そして雑役にいそしんだので、藤太郎の足手まといも卯兵衛は大目に見ていた。

藤太郎はおとなしかったのだが、食欲だけは旺盛であった。三歳、四歳となると、同年輩の子どもの体格をはるかにしのぎ、六、七歳の体軀であった。仲間遊びの中で、小さな児が泣かされると、諫め役となり、泣かせた児からかばってやったりしていたので、大人の評判もよかった。

甘木七日町の須賀神社では、毎年奉納宮相撲が行われていたが、藤太郎はこの頃から子ども相撲に出るようになっていた。幼児の部（三～五歳）には相手がいなくて、六、七歳の子どもと取らされたが、誰一人として負けることはなかった。

父親は自分の子どもの相撲の評判に得心し、あちらこちらの子ども相撲に連れて行ったが、この藤太郎の体軀の成長や相撲をじっと見つめているもう一人の男がいた。不取川《とらずがわ》清助である。

不取川清助、藤太郎に目をつける

不取川清助は甘木の住人で、大坂の相撲頭取《かしらどり》（年寄）湊《みなと》由良右衛門の地方代理人、つまり目代《もくだい》の免状を持っていて、現代風に言えば勧進元で、スカウトの役目もしており、相撲に関しては一も二にもなく世話をしていたし、人材発掘に目配りをしていた。相撲好きは、普通、自分も相撲を取るのであるが、不取川清助は一度も相撲を取ったことはなかった。このことから「不取川」といわれていた。

宮相撲や江戸・大坂の地方巡行には必ず出向いていたし、庄屋町の相川卯兵衛とも懇意にしていた。卯兵衛は勧進相撲の勧進元の役員や町内の蛭子講《えびすこう》などの世話もやっており、広く町役をこなしていた。したがって、近郷の田舎相撲力士のタニマチでもあったわけで、不取川清助とも同じ穴の貉《むじな》でもあった。

宮相撲に出る

藤太郎六歳の時、嘉永三年（一八五〇）は台風の当たり年であった。夏の七、八月は洪水に見舞われ、三回の台風に作物は大打撃を受けた。米穀は高騰し、農民は困窮していた。

志波の中心街、上町から下町にかけては、藤太郎の生まれた年、弘化二年（一八四五）の大火（町家八八軒、郡屋、祇園社焼失）からようやく復興したばかりだったので、落胆苦悩の度合いも大きかった。

藤太郎の家は台風で破損し、田畑の水害復旧のため兄弥平の要請で親子は志波に戻ってきた。

大火の後、町部上・中・下町では麻氏良宮の例祭日三月一五日に、大火の厄払や安全祈願など万願の奉納相撲を行うのが慣行になっていた。場所は麻氏良山麓、麻氏良宮の下宮で行われた。当然、藤太郎もこの宮相撲に近所の子どもと出場した。

藤太郎の家は村の中心より東北の方向にあり、浸食されたいくつもの小さな谷あいの奥にあった。谷あいの斜面の平地七〇坪（二三〇平方メートル）程の敷地に、西向きに建っていた。玄関を入ると土間になっており、その奥が続いて炊事場である。土間の手前左手が六畳、その奥が座敷の八畳、炊事場の左手は板張りの台所、その奥が納戸になっていた。近所に七軒程の家があったが、裏の上には二軒の住家があり、その上は急斜面の段々畑になっていた。ここからは、志波の村中を一望することができた。

梅ケ谷の地域は、大手連山が高山から米山《こめやま》に連なる尾根下にあたり、眼下に町中や村の集落が点在し、その村中の向こうに、麻氏良山が一段高く急峻な山容を見せ、いくつかの小さな峰の右手には、スリムではあるが均勢のとれた高取山があった。なおも右手に目を遣ると、どっしりと、そして一段と高く聳えて広蔵山が控えている。広蔵山の前面、東西横に低く屏風のように連なる尾根が、志波と朝倉市黒川との境界で、一双の絵を作り出している。この屏風から東に目を転じると、久喜宮との境に黒山がある。三原弾正の夢の跡である。

黒山は梅ケ谷から烏山を迂回して約一〇町（一キロ）程の所にある。右手の「扇の平」、左手の「野山」に挟まれ、ぽっかりと、半月形のいかにも梅ケ谷の谷あいの帽子のように居座っている。頂上まではかなりきつい傾斜であり、古文書には「草立険阻なり」と書かれている。この山の裏手、つまり久喜宮側は平坦な山地となっていて、馬草刈りの絶好地であった。

梅ケ谷の一帯は花崗閃緑岩の風化による砂土地帯で、志波の三大山崩れの一つでもあったし、いつもどこかが山崩れし、白い地肌を見せていた。

一方、志波側の左手に眼を向けると、麻氏良山の尾根が低く、海抜三〇メートルまで落ちてくる。もうすぐそこは筑後川で、水面が陽の光を反射して、両筑平野の広大な沃野《よくや》を分断しながら、遠く田主九、久留米、そして佐賀平野へと悠久の流れを刻んでいる。

筑後川の左手は、東から西に延びる耳納連山が自然を断ち切る屏風となって、我々の夢をそそりながらその先を遮り俯瞰を終わらせるのである。

麻氏良山頂付近は険しい坂であるが、麓になるにつれ、ゆるやかなスロープの曲線を描いて、低地の北川に降りてくる。麻氏良山の麓には麻氏良神社の下宮があるが、十一面観世音菩薩及び本堂が国の重要文化財

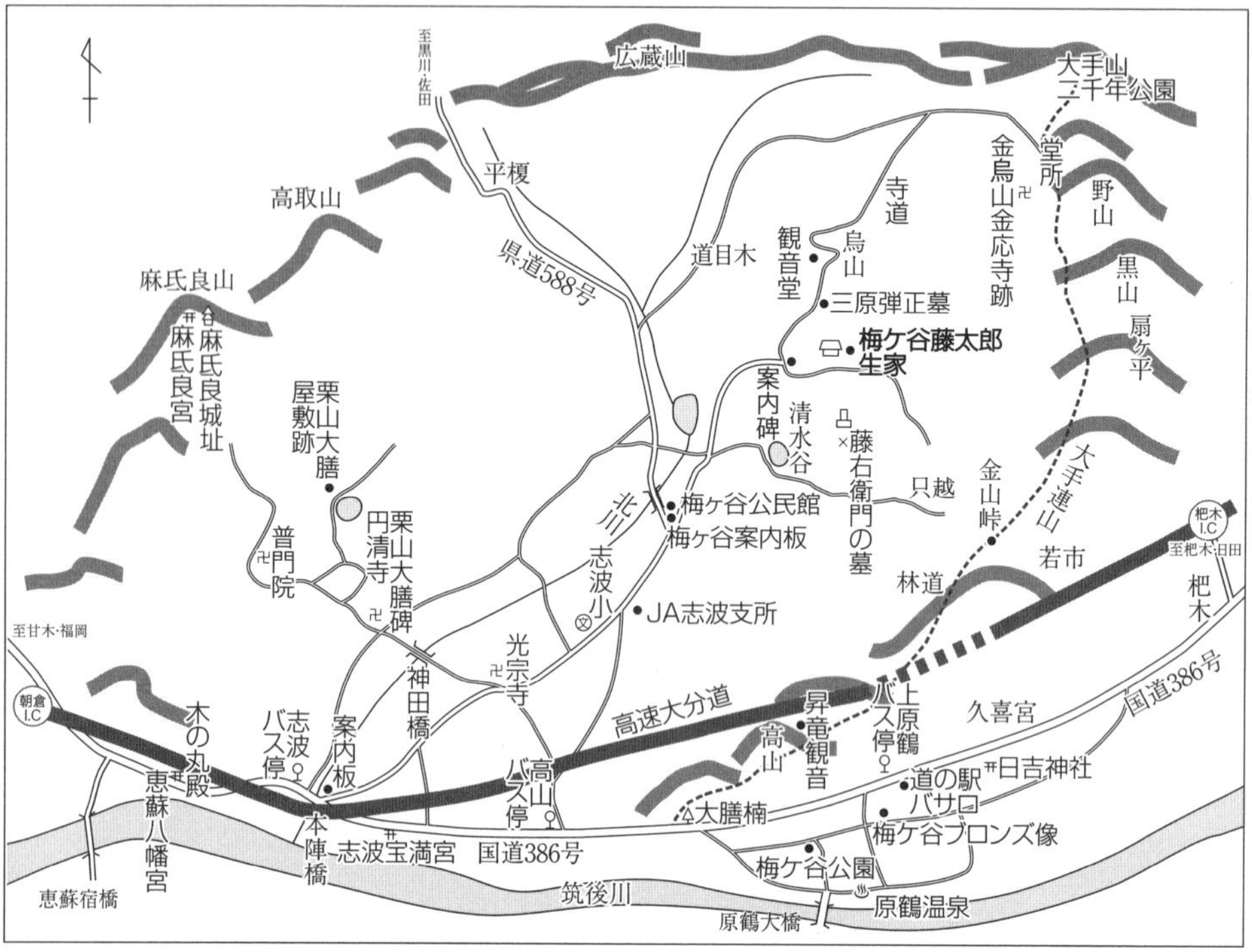

志波近辺の梅ケ谷藤太郎ゆかりの地

麻氏良下宮の鳥居

に指定されている筑前の名刹・広大山普門院の裏手で、坂を少々登った所である。

藤太郎や餓鬼友達は幟の立つ下宮を目指して谷を下っていった。北川の木橋を渡り、円清寺の山門下を通って普門院に着くと、小笹に吊したおこしじごめ（餅米や粟《あわ》を蒸し砂糖で固めた菓子）を売っている出店があった。藤太郎は金を持たなかったので餓鬼が買うのを横目で見て、本堂横の細道を下宮へと登っていった。大きな幟が道の両側に立っていて、真新しい華表《かひょう》（鳥居）をくぐって右手に折れると土俵場があり、もう村の衆や近郊からの相撲愛好者で一杯であった。まだ肌寒さはあったが、人いきれで異様な熱気につつまれていた。

使い古しの父親の博多帯を腰にくるくると巻いて、藤太郎は餓鬼友達と土俵下に行くと、勧進元・祭当番のおっさん衆が土俵の東西に手際よく子どもたちを分けていった。年齢別の取り組みがあったが、藤太郎は一〇歳組に入れられてしまった。児童若年組から順々に取り組みが始まり、九歳、一〇歳組になった。勝上がりのトーナメント方式で、決勝戦に進んだが、そこであっけなく負けてしまった。年齢別の後、五人抜き、一〇人抜きの勝抜き戦があり、子どもの部でも準優勝であった。

沢山商品をもらって家路についたが、心は晴れなかった。六歳なのに、一〇歳以上の部に組み込まれ、勝てば、あれはもっと年上の子だと負けおしみを言われるし、それに反発できない自分が歯痒いかった。

それにしても、どうしても勝てなかったあのがっちりした体格の子はどこの少年だろうと、しきりと気になった。後に藤太郎はこの少年を知ることになるのだが、志波村から程近い筑後川の対岸に住む中津留伴三郎は、この万願相撲に来ていたのである。

第三章　辛苦の少・青年時代

台風の後始末のため、藤太郎と両親は家に帰ってきていたのであるが、一段落すると、両親は甘木へ戻った。しかし藤太郎は家にとどまり、兄弥平の手伝いをして野良仕事に精を出した。農耕馬がいたが、弥平の代わりに、飼料としての馬草刈りをさせられるようになった。最初は兄に連れられて草刈りに出たが、後になると一人で行かされるようになった。まだ星のまたたきが見える暁天に起こされるのは実につらかったが、慣れてくると、自分に与えられた仕事だと思うようになった。

馬草刈りは畠の畦や溜池の土手、山の荒地などへ行った。志波には農耕用に一〇〇頭以上の馬がいて、畦道などの草は家の近くから刈り取ったので、家の周りはきれいなものだった。家の周りの草がなくなると、遠くに刈りに行かなければならなかった。最初は家の下の比較的道幅も広い「さくらの馬場」という所であった。この道を下ると北川に出るが、烏山に登る大門尻という金応寺楼門跡辺りでもあった。この辺りはみんなの目当ての地であったので、すぐに刈り取られてしまった。そんなわけで、裏山に出た。家の裏を登って右手に行くと、金山峠であった。幅三尺（一メートル）程の馬道であるが、結構人通りが多く、志波の村中の者はこの道を利用して若市、久喜宮、杷木へと峠を越えていった。この峠辺りも恰好の草刈り場であった。左手の草刈り場の横は急斜面の岩場で、岩の間から清水が流れ出ていた。ここには昔黄銅鉱があったが、採算が取れず、採掘には至らなかったという。

金山峠は、高山から連なる米山に至る大手連山の途中にあるが、藤太郎はこの一帯が馬草刈りの中心地であった。尾根伝いに山道は続いているが、尾根を登っていくと扇ケ平に出る。扇ケ平の頂上は、平らな尾根の広場であるが、下の谷からは末広がりに、丁度扇の形に見えるので、その名がついた。扇ケ平の左手が黒山で、この辺りがまた一つの草刈り場であった。黒山には、その昔、烏山《からすやま》城があったといわれているが、その面影はない。眺望は良いが、城としては、どこからも攻められる地形で適地ではなかったのではなかろうか。

堂所（例の三原弾正時勝建立の大伽藍）があったのは黒山の上から見ると右下辺りで、志波の狭い谷合の村にこんな広い場所があったのかと思われるほどである。ここには梅ケ谷地区の入会地があり、順番で草刈りに来る者もいた。ここは藤太郎の家より東北半里程の所であったが、藤太郎は、金山峠への道ではなく、家の下の道に出て、谷沿いの道を迂回しながら墓のん坂を登り、三原弾正墓の下から烏山の観音堂に出る道を利用した。観音堂付近も横幅一町余程のなだらかな勾配の広がりの地形で、この地まで堂所の伽藍から廻廊がつながれていたという。

この観音堂に手を合わせながら寺道を堂所へと登るのであるが、松林が多く、櫨が道畦に並木で続いていた。堂所はまだ七町程先であるが、そこは広大な草場であったので、草切りは能率がよく、しかもかなり平坦地なので、疲労も軽減された。星のまたたきの間に家を出て、二時間は草刈りをするのが日課であり、結《むす》手《で》（稲藁の茎二〇本程を束ねて、その二つを一つに結び縄のかわりにしたもの）で草を束ね、四把作る。二把は一段大きくして、馬の背にくくりつけ、二把は、自分で、竹の棒の両先に突きさした朸《おうこ》を肩に担って坂を降りてくるのだった。

この草刈りは男の朝食前のひと仕事であったが、かなり体にこたえる仕事ではあった。馬の手綱を取り、自分で二肥の馬草を担って坂道を降りて来るのは、坂道を登るよりも、ある面ではきつかった。手入れのされていない坂道は、馬が一頭通れるほどの細道で、度重なる風雨によって削られ、砂土は流され、処々えぐられた箇所もあり、結晶片岩のむき出した道肌が足底を襲った。爪先に力を入れ、ある時は踵《かかと》に、そして土踏まずの向きにと、体全体のバランスを取る。家に着く頃は体は汗でびっしょりになり、足にはマメができ、足なか（藁で作った足の半分くらいまでかこない藁鞋《ぞうり》）は一日でぼろぼろになった。

家に帰っても、両親の居ないのは淋しいものであったが、時には兄弥平が温かく迎えてくれた。すぐに朝飯にかかるのであるが、朝仕事を終えた後の食事であるので、昼・夕食にかわらない旺盛な食欲であった。三升釜で炊かれた米飯はまたたく間に半減し、藤太郎は一升（椀で二〇杯）以上をたいらげたが、それでも満腹にはならなかった。

一　櫨の実ちぎり

自家の田畑が少ないので、藤太郎は作男として近所の農家に雇われていた。七歳になった藤太郎は体も一段とたくましくなり、単純作業の農作業では大人顔負けの働きをした。仕事が力仕事故にすぐに空腹になり、

寒風すさぶ中での櫨の実ちぎり（『杷木町史』より）

大食漢の藤太郎には苦痛の種であったが、本能に近い「大飯《おおめし》くらい」はどうすることもできなかった。

　このことに関して、最近亡くなった、初代梅ケ谷藤太郎の顕彰会初代推進委員長・小江誠之助によれば、父徳三郎（元志波村長、杷木町教育長など歴任）の話としての逸話が残っている。もちろん徳三郎も祖母ハツから聞いた話というが。

　ハツの夫は市助といったが、志波村きっての素封家《そほうか》であった。藩の奨励もあったが、手広く櫨の商をし、製蠟業を営んだ。櫨の生産は黒田藩だけでなく、細川（熊本）、鍋島（佐賀）、有馬（久留米）、小笠原（小倉）など各藩でも大いに行われていたのであるが、筑前の櫨が特に全国的に評価を得ていたし、市助は製蠟を大坂に搬送していた。製蠟は村内で三軒程やっていたが、価格の変動が激しく、運営にはかなりの叡知を要した。

　製蠟の原料である櫨の実ちぎりは、冬の仕事であった。志波村の山間部、梅ケ谷をはじめ志波の谷々は、秋になると真赤に色づいた櫨の紅葉で目のさめる光景が続いた。寒がしまり、落葉が終わる頃から櫨の実ちぎりが始まるのである。実は灰黄色、七、八ミリの偏円形で、密生しているが、内果皮から蠟をしぼり取るのである。

　正月も迫った師走の日、藤太郎は櫨の実ちぎりに雇われたが、同じ村内の市助の家だった。櫨の木は山地の耕作地の畦や土手など耕作のできない場所に多く、急斜面に植えられている。一間から五間（三・六〜九メートル）もある櫨の木に登るのは、藤太郎は苦手であった。

この日、雇人含めて一〇人で早朝より仕事にかかっていたが、昼近くになると、藤太郎は腹が減ってしょうがなかった。それが表情にも見えたのか、ハツさんが、

「弁当があるき、あんた先に食べときない」

と言ってやった。

半時経った頃、円清寺の鐘が昼午《うま》九つを告げ、昼食をとろうと、ハツさんが櫨木の根元の弁当のところに行ってみると、弁当が一つもない。

「藤ちゃん、ここにあったあたいたちの弁当知らんかね」

ハツさんが聞くと、藤太郎はびっくりして、

「おばしゃん、おばしゃんが食べろと言ったから、おれが全部食べた」

と答えた。一〇人分全部を食べて、ケロッとしているのである。

二　村祭りでのこと

藤太郎は大食漢であった。しかし、働きについては実に真面目で、行く処々で評判であった。とはいえ、実際、あちらこちらと雇われ先を変えているが、これは「ごきつぶし（大食漢）」だからということで、普通の家で二、三日、長くて一週間が限度であった。

そんな中で、藤太郎をかわいがったのは、村社宝満宮の一七代宮司小野重安であった。宝満宮は三笠郡（現太宰府市）の宝満山より竈《かまど》門神社を分祀して、筑後川河畔の小高い丘、宮原の地に祀ったもので、初代小

野高春宮司は無位家基一二代孫で、麻氏良布神社大宮司でもあった。

宝満宮の例祭は旧九月二五日であった。例祭が近づく八月末からこの大祭の準備に入るのであるが、藤太郎はこの祭をはじめ春祭り、夏越祭、織女祭など、祭日前後にはしばしば雇われていた。

九月になると、邑々《むら》では、五穀豊穣を感謝し、初穂を神殿に捧げ、御神幸が行われていた。東隣の村、久喜宮の日吉神社の例祭は九月一九日であるが、宝満宮の宮司はこの神社の祭主でもあった。

祭主として必要な道具はかなりの量があり、しかも壊れやすい物ばかりなので、宝満宮より原鶴の東はずれにある日吉神社まで運ぶのには、大変な苦労であった。半里あまりの距離を、六尺棒に両掛けして運ぶのは藤太郎の役でもあった。拝殿は建て替えられて間もないのか、旭日に輝いて、そこだけがはなやいで見えた。

神事は朝から始まるが、主要な祭祀は神幸である。本殿の南二町（二〇〇メートル）余の所の神輿場《みこしば》まで渡御《とぎょ》するのであるが、太鼓が午《うま》正刻を一刻過ぎ（一二時三〇分）に打ち鳴らされ、第二鼓で参列者は拝殿に着座する。未刻《ひつじ》（午後二時）、第四鼓で神輿が発御し、申刻《さる》（四時）頃還御の第五鼓が打ち鳴らされる。

この間藤太郎は暇であり、神輿にお供する猿の群れに見とれたりしていた。猿とは面をつけ扮装した子どもたちであるが、ジヤガ竹を持った猿や御幣を振りまわす猿のしぐさがおもしろく、同年輩のお供に吾を忘れていた。

藤太郎の楽しみは、祭の宮座（氏神祭祀をする人々）での食膳であった。膳には馳走が沢山出されたが、変わったものでは焼鮒の味噌煮や胡椒《こしょう》コンニャクがあった。胡椒がいっぱい入れてあるので、からくて一皿食べるのは大変なのであるが、藤太郎は何でもパクパクと食べてしまった。そんな例祭の折、宮座の者からク

志波宝満宮の秋祭り（鳥越氏蔵）

久喜宮日吉神社の秋祭り，なおらいの場の食膳

レームがついた。祭をしている間、神社で用意している膳をつぎつぎと平らげるというのである。

「祭がとどこおってしまいますき……、食べてもらってんかまわんばって、程度ちゅうもんを考えてもらわんと……」

小野宮司がどう答えたかは分からないが、

「これ以上藤太郎を連れてくるなら、祭主になってもらうのをお断りするかもしれまっせんばい」

と言われて閉口したという。

これは後日談として、宝満宮二〇代宮司直世《なおとき》の話である。直世も江戸時代から続いている日吉神社の祭主を司り、昭和三八年一〇月に亡くなった。

三　寺子屋に学ぶ

藤太郎は家の野良仕事や村内外での雇われ人として方々を渡り歩いてはいたが、親や兄の勧めで手習いも始めていた。

当時、庶民の初歩的な教育機関として寺子屋があった。寺子屋は、軽格の武士、僧侶、医師、神官などの有識者が、自宅に子どもを集めて教育を行ったもので、僧侶、神官の場合は社寺の建物を使った。

村の子どもは七、八歳で寺子屋に入り、一定期間を学習にあてたが、貧しい村の子弟は、学ぶより農耕などに従事することを余儀なくされた。

「百姓は質素を相守り、農業耕作出精致すまでの事に候。通用だけの文字御授け、幼少より心得違の萌《きざし》これ無様。御教戒これ有度候」と藩の伝達にもあり、村の素封家以外、めぐまれない子どもらは、農閑期や朝食前、あるいは夜の授業を受けたりした。

幕末から明治初期にかけて上座郡の中心地だった志波村は、学究の中心地でもあった。当時、士族は三六戸あり、役所の官吏も多かったし、子弟の教育には特に熱心であった。村内には郷校文武館《ぶんぶかん》があったし、漢学者広瀬淡窓で有名な日田咸宜園《かんぎえん》にも多数学んでいる。小野幾太郎や山鹿主計は天保四年（一八三三）、良甫の子春汀は同一二年（一八四一）、相ついで学び、その後本職のかたわら後進の育成にあたった。中村塾、土生塾は政所武家屋敷にあった。権藤七作は九大区第五小区副戸長のかたわら、読み書きを教えていた、橋本範次は農業改良を指導し、里村勝次郎は教育の先駆者として、後に全国の師範学校長を歴任した。

藤太郎が、読み書き、習字、算盤《そろばん》を学び始めたのは七歳前後からであった。手習は、最初は「いろは」、「名頭」、そして「国尽《こくじん》」といった具合に、草紙の上に真黒になるまで筆を運び、陽に乾かして、またその上に練習したものであった。藤太郎は継続的に塾で学ぶことはできなかったが、勉強をして、貧乏から逃がれたいという気持ちは人一倍強かった。作男として働いている先々でも大人から多くを学び取ろうとした。

政所、龍光山円清寺では仏事がひんぱんに行われていた。藤太郎は九歳の頃より作男としてこの寺領田の作業や使い走りをしていたが、暇をみては和尚の話を聞くのが好きだった。和尚は一七世大着鞭牛《だいちゃくべんぎゅう》大和尚であったが、殊の外村の子どもたちをかわいがり、子どもたちは菓子などをもらうのを楽しみに集まってきた。

円清寺境内にある栗山大膳追慕の碑

なぜか藤太郎は、円清寺の由来や黒田藩の武士《さむらい》の話が好きだった。京都伏見の福島邸で酒の大杯を飲み干し、名槍「日本号」をもらいうけたという母里太兵衛《もりたへえ》の話など、何回も何回も聞いていた。栗山備後利安・大膳利章親子のことや、おしどり観音の民話など、梅ケ谷、烏山に関係があるとなると、地元のことでもあり胸がわくわくするのをおさえきれなかった。

本堂の周りの墓の草取りなどしていると、これは誰の墓なのかと、栗山備後利安の墓碑を指すのであった。一回では話しきれないので、仕事の合間に何回にも分けて、和尚は話してやるのだった。

利安の嫡子《ちゃくし》、栗山大膳利章の黒田騒動に話が及んだ時など、そんなこともあったのかと、栗山大膳の偉さに感服したようであった。忠臣蔵の大石蔵之助が大膳をほめたくだりなど、神妙に聞き入っていたという。

奉公や下男として、一週間、二週間と住み込みで出かけることも多くなったが、大食にはますます磨きがかかり、一升飯では足りないようになった。大茶碗で一〇杯食べてもけろりとしているので、雇主はこのことばかりは閉口していた。とはいえ、人一倍力が強く、力仕事であれば二、三人分の仕事をしたし、穏健な気性で、陰日向なく精を出すので、安心して使え、重宝がられていた。塾や寺小屋には欠席児童であったが、仕事の中でもまれながら、大人の考えや世間の常識を身につけていった。

大人たちはそうした藤太郎につけ入って、「あの子にはおまんまを食べさせておけばよい」と、給金をほんのおひねり程度しか出さず、体よく帰していた。

物心がつくようになって、大人のこのような仕打ちに藤太郎は腹が立つようになったが、自分からは決して不平不満を言うことはなかった。言おうにも、なかなか口に出しては言えない内向的な性分であり、そんな自分に腹が立つのであるが、表面には決して出さない芯の強靭さが芽ばえていた。自分のふがいなさに反発しながら、それを表現できない苦しさに自分を責めた。どんな人にも見下されない、さげすまれない、いやしまれない、そんな自分でなければならない。そのためにはどんな行動をとらなければならないか、理想と現実の中で自分をもてあましていることに気付き始めていた。

一一、一二歳の子どもにこんな考えを迫ったのは、貧困がもたらす幕末の試練として、神が藤太郎に与えたものだったのであろうか。

四　不取川との約束

藤太郎は地元での作男を数えきれないほどこなした後、断続的に奉公している甘木相川家の藍染紺屋へと帰っていった。

甘木では、須賀神社や町はずれの本町での奉納相撲、勧進相撲で、青年を相手に互角に戦えるようになり、一段とたくましくなったが、その姿に熱い視線を送り、腕組をしながらうなずく男がいた。例の不取川清助である。

いよいよ時期が近づいていると悟った目代の清助は、相川家で働いている藤太郎の父・藤右衛門の元を訪ねた。大坂相撲入りの話である。相川家の当主卯兵衛も仲に入って話は進んだ。藤右衛門は、勧進相撲の大坂相撲を今まで見てきていたし、自分も「染川」の四股名で宮相撲を取っていたので、その厳しさが分かっていた。しかし、どこの親でもそうであるように、できたら……万が一できたら相撲で出世するかもしれない。周りが推めれば推めるほど、心は揺れ動いた。母親のトメは絶対に反対であった。腹をいためた子を手元から離したくなかった。相撲取りの生活や人生を巷で聞いていると、とても自分の子どもを地獄の中に落とし入れるわけにはいかなかった。

不取川が帰った後、夫婦は話し合ったが、結論は出なかった。藤太郎はといえば、まだまだ、大坂相撲の内状はわからず、只々宮相撲に出て賞品をどっさりもらえることだけが楽しみで、嬉しかった。

不取川清助は何度も足を運んで「さかずきだけでも交わしてもらえないか」と懇請した。藤右衛門は承知はしなかったが、「藤太郎はまだ九歳だし、成長して相撲取りになるようなことがあったら、決してよそにはやらない。きっとあなたに頼む」と約誓した。

不取川は大いに喜び、持参していた徳利を取り出し、師弟の盃を汲み交わしたのは、嘉永六年（一八五三）三月下旬のことであった。

藤太郎が一〇歳になった時、藤右衛門は還暦を過ぎ、体の衰えも目に見えてきていた。足腰が弱り、肩の痛みもひどくなってきたし、卯兵衛方での仕事にも休むことが多くなった。藤右衛門は、もう潮時かもしれないと考えていた。長男弥平も嫁をもらったし、娘のカメヨも懇意にしている甘木の商家に奉公に出した。

一二月一三日は鉈投《なたなげ》の日だった。雇用契約をしていた区切の日でもあり、奉公人は暇をもらって家に帰る慣習があった。丁度くぎりかもしれないと、藤右衛門は歳の暮れに梅ケ谷に帰ってきた。帰ってきたといっても、それまでも四季折々には帰ってきていたので、特別の感慨はなかったが、肩の荷がおりてほっとした気分であった。

梅ケ谷の地は、洪水に砂地を削られた谷あいが多かったが、畦道沿いには、梅ケ谷という地名のとおり、梅の木が多かった。正月を過ぎ、径一尺（三〇センチ）もあろうかという老木の梅並木が、大門尻から馬場の原の坂道を白い蕾が飾ってくると、もう春もそこまでやってきていて、紙漉きによる天日乾かしの紙板に陽光を光らせて、東風が吹き込んでくる。どこからともなく紙漉き歌が午後の静けさを破る。ねえさんかぶりの婆さんだろうか、乾いた声が流れてくる。

名物志波紙すいたる紙は

明日は博多の柳町
紙の仕入れにゃ志波までおいで
名所原鶴梅ケ谷
赤いたすきに姉さんかぶり
娘素足はえびの色

五　弥吉酒場への奉公

藤太郎は一二歳になると、身長も体重もそこらの大人を抜いていた。本格的に奉公に出られる肉体的条件はできていた。そこに話を持ってきたのは村の有志であった。彼は広く志波紙の販売や原材料の楮《こうぞ》（かごの木）の買い付けの仕事をして、筑後・日田一円を歩いていたし、筑後川を利用して、宮原の宝満宮下の船着き場まで原材料を運んできていた。商売柄交流も広く、知己《ちき》も多かった。

藤右衛門も甘木から家に帰ってきたが、長男夫婦が家のきりもりをすれば、藤太郎はしかるべきところに奉公として出すべきだ、と考えていたところであった。

藤太郎の奉公先は、筑後川対岸、筑後国の弥吉酒場であった。酒場といえば、飲み屋のようであるが、れっきとした大きな造り酒屋であった

「弥吉家之系譜」によれば、祖は藤原鎌足で、天智天皇代に卜部《うらべ》と改め藤姓を賜る。後、祖は生葉郡下宮田村（現うきは市吉井町）に来住、郷士として代々続き、後に分家して生葉郡溝口村（現同吉井町）に移住し、

後、吉井町新町に移住。弥吉六次の代に大石村高見（現うきは市浮羽町）に居を移した。

弥吉家は吉井町時代より代々酒造業を営んでいたが、六次も親の支援を受けて、大石村高見において大々的に酒造業を始めた。六次には、岩次、一郎二人の子どもがいたが、嗣子岩次が跡を継ぎ、一緒に家業を盛りたてていたが、一郎は後に独立した。

藤太郎は、長男、岩次の酒造場で働くことになった。父、藤右衛門が岩次の酒場を奉公先として最終的に決断した何よりのよりどころは、当主岩次が政治や相撲に大変力を入れている篤志家だというところであった。

清酒が誕生したのは寛文八年（一六六八）以降ぐらいではないかと言われているが、筑後国では古くから酒の醸造が盛んであった。寛政元年（一七八九）、生葉郡の酒屋数は二五軒で、有馬藩の酒造高でも上位を占めていたといわれている。吉井町では年間二五〇〇～三七五〇石（一石は一〇斗）に達すると町史は記している。

このように盛んになった理由としては、醸造地としての条件に恵まれたためである。肥沃な穀倉地より収穫される米は、酒造りに最適の良質米であり、また、酒造米を精白する水車用や醸造用に多量の水を要したが、大石村には、巨瀬川、隈上川、赤尾川、そして筑後川よりの袋野隧道、大石水道などの豊富な清水があり、これらの好条件に恵まれて発展してきたし、幕末、明治にかけて、多くの家が製造に関わったといわれている。

弥吉酒造場は、藤太郎の家から南東約一里半（六キロ）の筑後川杷木郷の対岸、筑後国生葉郡大石村高見四〇五番地にあった。筑後川が夜明の峡部を抜け両筑平野に入る、つまり両筑平野の東端部の地である。

藤太郎が大石村高見に行くには幾通りもの方法があったが、いずれの道も筑後川沿いに行くのが最短距離であった。志波宝満宮下の渡しから筑後川を渡り、西小江に出て、その東、五庄屋で有名な大石・長野水道が交叉する隈ノ上川を渡り、筑後川を左手に別れを告げ、なお東に歩くこと半里余で大石村高見に入る。

弥吉岩次の酒場は高見の東部にあった。南は耳納連山が降りてきて、その山裾を日田街道が西から東へ抜けていた。高見の北には田畑が広がり、筑後川畔につながり、古川の渡しを渡ると筑前杷木郷で、ここを西に向かうと、久喜宮を経て志波に至るのである。これが筑前道であった。

岩次の屋敷は、縦・横三三間（六〇メートル）程のほぼ正方形であった。三反半（三五アール）程の広大な敷地は、西方に母屋があり、母屋の前を南北に道が延びていた。倉庫や仕込み倉は、屋敷の奥、東及び北側に建てられており、効率よく流れ作業ができるようになっていた。蔵裏の北東隅には祠があり、天満宮が祭られ、両脇にはいちい樫、もちの木が屹立していた。

酒造りにおいて大切なのは清水であるが、前述したように、南方耳納山地より流れ出る小河川及び筑後川袋野水道よりの三つの堀川の水が流入してきていた。幅三尺程の水路の澄みきった水面に酒蔵を映し出し、家蔵の北側を流れていた。

私どもは、酒という、一時を甘美に、そして夢にひたらせ、あるいは逃避させてくれる酔いという麻痺に身をまかせることがある。その麻痺、酒を造る過程が、その昔いかに過酷であったか、普通の人は知らない。

藤太郎の仕事始めは、米蔵に米俵を収納することからであった。業者が米を運んでくると、米俵を肩に二表右手で支え、一方の左手に一表、計三表を一度に蔵へ運び込んだ。当時の一表は三斗四升（約五〇キロ）であった。いくら怪力で慣れた仕事とはいえ、一日中この仕事というのは体にこたえた。

一日の仕事が終わると、へとへとに疲れた。唯一の楽しみは食事の時間で、ご飯だけは腹一杯食べることができた。最初の頃は、おずおずと周囲の様子を窺いながら食べていたが、「おい若造、ご飯は腹一杯食べていいぞ」と言われてからは、心がおさまって、落ちついて食べられるようになった。

米の仕入れは一〇月頃からで、米の収穫が終わってからである。銘酒蒸米用、麹用は上等米を使ったし、山つきの米がそれとされた。

一旦収納された米は、精白するために唐臼《からうす》業者に委託しなければならなかった。藤太郎は搬入の仕事が一段落すると、この唐臼の仕事に回された。五町程東に行った所に、山春村の原口という集落があるが、水車で搗臼《つきうす》をしている業者がいた。米谷といったが、米搗場を「大車《おおぐるま》」と呼んでいた。大車の水車は直径が三間余（六メートル）にも及ぶ巨大な水車であった。水は袋野隧道からの疎水で、幹線の川幅一間（一・八メートル）を流れてくる水流を、水門で調節し、水車小屋に流入させていた。水車小屋は母屋に続き、横九間、奥行き一〇間あったが、丁度小屋の半分やや右寄りに、小屋をぶち抜いて、東から西へ一間幅の水溝があり、豊富な流れを利して、ドウドウと音響を立てて大水車は回っていた。

この大水車のおかげで、当時足踏み精米の一〇倍の能率になったという。これは粗搗《あらつき》であるが、一日一六石（四七俵）の精米である。銘酒用蒸米として精白にするには、この後もう一度搗かなければならないし、米屋では搗臼二九個で、昼夜のフル操業であった。

出来上がった米は玄米時の半分ほどに精白されて、透明な小粒となるのである。この精白にする過程でも大変な神経を使った。臼の中の米をそのままに搗いていると、片搗となり、搗けたところと搗けてないところが出てくるし、佳い酒はできない。また搗きすぎると、養分のバランスがくずれ、発酵が微妙にくるってくる。

素焼の灯明皿に菜種油の火を灯した水車小屋で何晩も生活する日が続いた。もちろん別に専門の職人は居るのだが、藤太郎の仕事は米の入れ替えや運搬など雑役が多かった。水車だけでは間に合わない時には、木臼に玄米を入れ、直接それを杵《きね》で打ち、精白しなければならないこともあった。

精白するには、米に石粉（石灰岩の粉末）を混入して、精白を助けるのであるが、一日に数回「糠《ぬか》取り」をする。この時は白煙がもうもうと立ち昇り、水車小屋は真っ白になった。藤太郎を始め、働く男衆は頭から爪先まで真っ白になり、また会話は雑多な騒音にかき消されるので、喧嘩のような大声であった。

この水車小屋「大車」も時代の変遷と共に衰退していったが、米谷から、石井勝次・澤美兄弟の事業と移り、米搗は昭和三〇年に閉鎖され、当時を偲ばせるのは大きな水車小屋だけとなっ

米谷の水車小屋跡。左側の壁を打ち抜いた屋内で水車が回っていた

当時使用していた同型の水車。直径6.4m，横幅1.2m

てしまった。

精白した米は車力に積んで、一目散で弥吉酒場に戻って来ると、いよいよ酒造りが始まる。いよいよ酒蔵が活気づき、仕込み歌が聞こえてくる。

「酒屋男にゃなるなよ男　寒の師走も丸裸ー」

酒蔵は女人禁制で、酒造りは男子のみであった。酒造りに従事する蔵男を統括し、取り仕切る者を杜氏《とうじ》といった。浮羽地方の酒造りの初期は、先進地の柳川、城島《じょうじま》辺りから杜氏を雇い入れていたが、この時代には地元での有能な杜氏が育ち、酒主の信頼を受け、全責任を負って仕事を取り仕切っていた。杜氏以外の蔵男の呼称は、主だった分担の仕事名で呼ばれていた。補佐役が頭《かしら》、その他に酛方《もとかた》、麴方《こうじかた》、釜方《かまかた》、酛方《ふねかた》などがいた。

いよいよ仕込みが始まると、酒蔵の中は米を蒸す熱気で水蒸気が霧のように立ち込め、蔵男は褌《ふんどし》をしめて、裸一貫の者もいた。

酒の醸造の過程では大量の水を必要としたが、用水には井戸水と川水を使用した。井戸水は硬度が高く、川水は軟水であったので、混用された。甘口の酒造りには川水が使用された。川水は袋野隧道から貫流する疏水で、早朝三時から四時頃までに蔵裏で汲み取った。当時の疏水は井戸水に変わらないくらいにきれいであった。井戸水の場合は、まず井戸水を汲み枯らし、澄みきった新水にしてから洗米にとりかかる。洗い水は五〇回も取り替えなければならなかった。

この時期、藤太郎は酛方と一緒に、三時頃から起きて水汲みに精を出したが、山のような米洗い、蒸し、半切移し、水加えと醸酒酛《さけのもと》作りに明け暮れる日々が続いた。

水を豊富に使用できたのには、先人の智恵が大きく寄与していた。田代弥三衛門による袋野隧道開鑿《かいさく》の偉業によってであるが、久留米藩はこの事業について、

「此れ殆んど人力の能《よ》く及ぶところに非ず。後世或は之を古昔神鬼の作る所に託して、田代氏の名泯滅《びんめつ》するに至らんも亦知るべからず」

筑後川から2100mの袋野隧道を通ってきためぐみの水

と歎称している。

『浮羽町史』によると、袋野隧道は寛文一三年（一六七三）三月一〇日、隧道一八町三〇間を完成させているが、場所は山春村字三春の袋野で、事業の中心人物は吉井西大庄屋四代田代弥三衛門重栄・重仍親子である。重栄は先の大石・長野水道二堰開削の折には大庄屋として各村庄屋の上にたち、共に事業の完成に奔走尽力して疏水を完成させたが、今回の場合は、ほとんど彼独力で隧道を完成させたのである。豊後、筑後の国境である原口村（当時）袋野－獺《うそ》の瀬－から地下を迂回、岩層を貫削し、隧道七千余尺（約二一〇〇メートル）の溝渠を造り水を通した。工事のため各地から金掘人夫を集め、隧道の掘削作業に当たらせたが、工事監督のため、彼は居を荒瀬に移し、日夜となく工夫を督励して難工事を完遂させたのである。当時は掘削機械も爆薬もない全くの手掘りである。抗内はサザエの

殻に種油を入れて明りに用い、一寸刻みに掘り進んだ難工事であった。爾来、灌漑面積は二百七十余町の水田はもとより、商工業を興す基となり現在に至っているが、三春地区を始め、原口、大石地区を疎水は網の目となって流れ、大石、長野水道につながれている。

藤太郎は、冬場の酒場奉公を岩次の家で過ごした。酒造りが一段落した三月の終わりに引きあげたが、家に帰る時いくらの給金をもらったのであろうか。なにせ藤太郎は子ども、大人並みには稼げなかっただろうし、大喰い分はかなり差し引かれたのではなかろうか。

ところで、当時の酒はいくらぐらいだったのであろうか。藤太郎時代よりだいぶ前の話になるが、安永三年（一七七四）吉井町「三浦家文書」によると、上酒一升につき七二文、普酒六二文とあり、この年の冬米一俵銀一八匁五分の記録がある。現在にすると、上酒三〇〇〇円前後、普酒はそれより四、五〇〇円ぐらい安価だったのではなかろうか。

筑後川下り

藤太郎は一三歳になった安政四年（一八五七）、また弥吉酒場への奉公に出た。この年は杜氏は別として、季節労働者としては早めの要請であった。藤太郎は雇い入れには都合がよかったのかもしれない。柔順で働き者、体も一段とたくましくなり、裏表がない。それに、たいがいの場合いつでも応じてくれる。雇用者にとっては重宝者であった。

季節は闌春《らんしゅん》の頃であったが、仕事は新酒の搬送であった。筑後藩をはじめ、福岡、佐賀、そして九州一円からの注文があり、蔵出しの最盛期でもあった。当時は陸送よりも水路のほうが大量の荷物を早く目的地に運ぶことができたし、筑後川は最大の運搬手段となっていた。船は中流部で七石五斗(一一二五キロ)積み、下流部で一五石(二二五〇キロ)積みで、中流部では久留米瀬の下、または城島の内野入道淵まで往来していた。

当時、日田、そして両筑東部の農村では、商品の生産が増大し、米の他、材木、炭、薪、酒、醤油、和紙などが積み出され、帰りには、日用品、海産物、瓦、傘などを運んできていた。

これらの流通のための問屋が城島にはできていたが、藤太郎は酒樽の搬送のため番頭と一緒に古川の船着き場を出て城島に向かった。船頭は地元の百姓であった。城島までは一〇里余で、今であれば、車で一時間二〇分程で着くが、当時の船旅では小一日の長旅であった。川には急流もあれば、淀みもあった。特に山田堰と恵利堰は難所であった。

山田堰(朝倉市朝倉恵蘇宿)は、寛文四年(一六六四)頃は、筑後川本流の中にあった鳥居岩と番屋側の堤防とを結ぶ線に、仮堰程度のものであったが、寛政二年(一七九〇)に、筑後川いっぱいを堰きあげて完成した。船渡しが二つあり、南船渡しと中船渡しであった。

藤太郎たちは中船渡しへ船を進めた。通長八一間五分(約一五〇メートル)であった。中船渡しはやや斜めに造られていて、対岸の筑後側の石垣堤防に突進していく様は恐怖そのものであった。

恵蘇宿の山田堰を通過して、緩急の流れに身をまかせて下っていくと、桂川、佐田川が筑後川に合流する次の難所、恵利堰(久留米市田主丸町恵利)に遭遇する。

頼山陽(漢学者・詩人)が筑後川の菊池武光の古戦場・恵利の瀬を過ぎて詠った漢詩がある。

恵蘇宿の瀬を下る帆掛船（『朝倉町史』より）

文政之元十一月　吾下二筑水一僦二舟筏一

（文政の元十一月　吾れ筑水を下って舟筏《しゅうばつ》を雇う）

水流如レ箭萬雷吼　過レ之使三人豎二毛髪一

（水流は矢の如く万雷吼ゆ　之を過ぐれば人をして毛髪を豎《たた》しむ）

恵利堰は、頼山陽の川下りの後、正徳二年（一七一二）、三井郡・小郡市一帯の水利確保のため、改修に改修を重ねて完成した。支流の河口など地形が複雑で、筑前側の長田地区一帯の冠水・湿地化の問題もからみ、筑前筑後の土地争は絶えなかったし、死人も出る難渋さが続いた。

藤太郎たちが城島の船着き場である内野の入道淵に着いたのは、かなり太陽が傾きかけた頃だった。船着場は筑後川に山ノ井川が合流する所にあった。山ノ井川は上陽町と八女境から流れ出て、羽犬塚を通り、大木、城島を貫流し、筑後地方の物産がこの船端《ふなばた》に集積された。船端は川の合流点から少し入り込んだ入道橋界隈で、商人・問屋・市の恵比須など一番繁盛している場所であった。川岸にはいつも帆船が接岸し、瀬取船（親船に荷を上げ下げする小船）が群がっていた。

船荷の酒樽は、その日の内に倉庫に納められた。荷上げの主役は藤太郎であった。四斗樽を軽々と両手に持ち上げ運ぶ様には、さすがの船男たちもあっけにとられていた。高見の弥吉酒場からは番頭の頭がついてきていたが、この日は、入道橋横の旅籠《はたご》に藤太郎と泊った。明日から販路開拓に、この近辺の酒屋に売り込むためである。勿論城島は筑後随一の酒どころであるのは、承知の上でのことである。流通の本場になぐり込み、上撰の品質の良さを認識させたかったのである。

　翌日、番頭と藤太郎は商って回った。大八車に酒徳利などを乗せて運ぶのは藤太郎の役目であったが、それにしても城島は実に面白いところである。筑後川を挟んで飛び地（島）がいくつもある。佐賀藩側に下田、城島、浮島、道海島（大川分）があり、久留米藩側に佐賀藩の西新（三根）、坂口（三根）と島ではなく、今は陸地なのである。いかに筑後川があばれ川で蛇行していたかがわかる地域でもある。

現在の弥吉酒場跡

　二人は筑後側ではなく、対岸の佐賀藩崎村、神代《くましろ》、迎島、柳島、蓮池辺りまで足を延ばしたが、販路開拓に手ごたえがあった。ある所では、夕飯時であったこともあるが、屋敷内からおかみがばたばたと出てきて、何本もの徳利酒を買ってくれたりした。
　大石高見に帰ったのは数日後のことであったが、積荷の準備をすると、トンボ帰りにまた筑後川を下った。このようにして、酒仕込み時期が来るまで、藤太郎は酒樽搬送の仕事を続けた。

六　兵働家への奉公

藤太郎の兵働家への奉公はひょんなことから始まった。

弥吉酒場の仕込みが終わる三月末からまた、酒の大量輸送のための帆掛船での筑後川下りが始まった。久留米瀬の下、城島入道淵船端通いである。菜種の収穫が始まり、麦は色づく頃のことで、藤太郎一四歳の時である。

城島での仕事で酒樽の荷降しをしている時のことであった。番頭がしらが手招きをするので、船端の事務所に汗をふきふき入っていくと

「ちょっと話じゃが、この川向こうで、作男を探している人がおらっしゃるごたるんじゃが、お医者さんの家というこっじゃー。いやお医者さんとこちいうたって、大地主さんで、えらく米や麦を作ちゃるそうで、その取り入れの加勢をする人を探しよんなるんたい。それで、おれもおまえんことがすぐに頭に浮かんで、一人ええやつがいますと言うてしもうたとたい」

「…………」

「どげんかい。おまえがよかりゃ、おい（おれ）から弥吉の旦那にはうまいこと言うてやるき、考えてみらんや」

「はあー」

と言ってみたが、あまりにも突拍子のことで、とっさには答えが出てこなかった。

「まあ、今日はここに泊るき、考えてみらんかい」

藤太郎は川から蛾が明りを目がけて飛び込んで来るのを払いながら、横になって考えてみた。

酒屋の仕事はきつい。しかしどこの仕事に行ってもきつくない仕事はない。腹一杯めしを喰わしてくれるところならどこでもいい。いや、それにしても、相撲だけは大切にしたい。仕事で大人の中にもまれていると、どうしてもひけめを感じる。それは自分の腕の未熟さであり、要領の悪さでもある。だからいい仕事はさせてもらえない。それにしても、大人はずるい。今日も番頭がしらは自分の点数をかせいでいる。おれをおだててやがる。反撥もできないし、いつもおどおどしていなければならない自分がはがゆい。そんな中で、相撲だけは、何もかも忘れさせてくれる。相手を思いきり投げ飛ばした後の爽快さ、大人が拍手で驚きの声をあげる。その時だけ自分が解放されたのだと感じる。今度のところは相撲が取れるところだろうか。

考えは堂々巡りして、元に帰ってくる。昼の激しい仕事の疲れで、いつの間にか眠ってしまっていた。

朝になって番頭がしらが
「どうかい。考えは決まったかい」

と訊ねた。

「はあ、ようわからんばってん、行ってもよかとも思っちょります」

「そうかい。相手さんも急いではおられるようばってん、今日高見に帰るまでによう考えとかんかい。弥吉の旦那にはおいが話してやるき」

そんな会話で話は終わった。実は、城島船端での仕事ぶりに、この小僧なら作男としてもってこいだとほれ込んでいる当地の酒商い人がいて、番頭がしらに話を持ちかけていたのである。

弥吉酒場に帰って、番頭がしらは弥吉の酒が城島で評判がいいこと、大石、吉井の地元での販売よりも高価で売れること、そして、販路もまだ開拓できることを話し、最後に藤太郎の件を持ちだした。

弥吉の旦那は困った顔をしていたが、

「よし、本人がいいというなら出してもいいばい。話のあった先方さんとは懇意にしていることだし、藤太郎も外の空気を吸うのもよかろう。城島近辺は相撲も盛んなようだし、休みの日は、あれも他流試合になるかもしれんしな。大和《やまと》からは雲龍が出ているし、緑川林蔵も頑張ったしなあ、あれも将来関取りになれるといいんだが……」

このようにして話は決まった。藤太郎は一旦家に帰って、藤右衛門にこのことを告げた。奉公での長留守は仕方ないとして、遠くに遣ることに不安はあったが、本人もいやがっていないこともあるので承知した。

藤太郎が船で下ったのは、両筑平野を一面にうめつくし、麦の穂がわずかに熟れ始めた季節であった。奉公先の病院は城島の川向こう崎村という所であった。川向こうには飛び地で「浮島」地区があるが、崎村はその浮島境の西側、蓮池藩（佐賀藩より分封）にあった。

病院の医師は兵働龍潜といい、まだ若く二〇歳台かと思われた。歴代蓮池藩の藩医で、第七代目であった。

屋敷は弥吉酒場よりちょっと狭いかなと思われたが、七〇〇坪余はあろうかと思われる広大なものであった。近所の家屋に比べると、四倍にも五倍にも感じられた。表通りから屋敷は二段、ある所は三段の石垣積みで一段と地面は高くなっていて、その上に煉瓦積みの塀がめぐらしてあった。広い表坪を入ると表門があり、庭が広がっていた。右手北側には白壁の土蔵があり、樟の大木が端に聳えていた。土蔵の西側前が薬局で、控室、診療室と続いていた。この棟続きで、南側に居間や隠宅の母家とつながっていた。隠宅と病棟との間は広い中庭で、ひょうたん池に噴水が設けてあり、緋鯉や鮒が悠長に泳いでいた。隠宅の南側は渡り廊下で繋がり、一〇畳二間の離れ座敷であった。炊事場は表門を入って、左手南側にあり、土間を通して母家と繋がっていた。炊事場の南側には二階建ての土蔵があり、農作の収穫物はここへ納められていた。この土蔵の南側は広々とした裏庭になっており、裏門が設けられ、この裏通りからも表通りに通じていた。

藤太郎が部屋をあてがわれたのは、この屋敷より、表通りを北に三、四軒行った所であった。そこには龍潜の門下生が寝泊りしており、一緒の家屋があてがわれた。

龍潜は、父良仙同様、蓮池藩医津田家で修練を受けた、優れた内科・皮膚科の医師で、門下生を沢山受け入れ、医師の育成にも努めていたのである。家の道向こうには旅籠があって、泊り込みで遠く島原あたりからも治療に来る患者がいたというほどで医院は繁盛していた。

兵働家は歴代藩医であるばかりでなく、藩主より田畑を付与されており、大地主でもあった。数十町の田畑を自作するのは医業の傍らでは不可能であり、小作に出し、あるいは委託して管理をしていた。

藤太郎は早速農事に関わったが、麦の取り入れからだった。崎村では菜種作りも盛んで、菜殻を燃やす残火が夕闇に映え、白濁の煙が佐賀平野を覆っていった。崎村の集落は東の浮島との境沿いにあった。北から南へ田手川が流れてきていたが、脊振山系、福岡・佐賀藩境の脊振村に端を発し、吉野ケ里の東を流れ、神埼三田川の作水となり、道法《みちのり》五里程において田畑をうるおし、この先四・五町（五〇〇メートル）川下で筑後川に合流するのである。海抜四メートル、沖積層からなる純平旦地で、有明海からの満潮はこの川も溯洄《そかい》（逆流）していくのであるが、豪雨になると、田畑は一面冠水するのが常であった。クリークが縦横に造られ、水門があちこちにあった。この年は水害も少なく、豊穣であった。

崎村の集落は川沿いの道路に沿って南北に延びていた。兵働家の裏は一面田園で、その向こうに蓮池の集落が遠望できた。藤太郎は、小作人たちと刈り取った裸麦を土蔵に運び込むと、脱殻にかかるのである。千歯扱《せんばこき》(竹または鉄片を櫛の歯のように並べ、その歯に麦や稲の穂を引っかけ、手前に引いて穂だけをそぎ落す農具)で穂先だけをそぎ落とし、ネコダ(筵の広いもの)に穂先を広げて、ブリコ(竹の棒の先に三尺程の木の小枝を五、六本、横に結《ゆ》わえつけ回転するようになっている農具)で打ち叩いて小粒にする。唐箕《とうみ》で殻を落とし(これを「ぼし取り」と言った)、一粒一粒をきれいにしていく。この後臼でひしゃぎ、食用の麦ができあがる。裸麦は三度の食用で、米と混ぜて食べた。小麦は裸麦より小粒で、碾き臼などで引いて粉にして、団子汁や饅頭を作った。

麦取りが終わると、息もつかずに田植えの準備である。川岸の葦陰からヨシキリが、仰々しく作業を急がせて鳴きまくる。

梅雨が来て田に水があたると田植えであるが、簡単に田植えができるものではない。苗を作り、田を鋤《す》き、水をあて、水平に土地をならし、そして田植えなのである。田植えは親戚、隣近所合同で行った。干魃には、一斉には田に水があたらない。順々に高い場所から水を入れ、低地が一番あとになる。

田植えが終わると、「さなぼり」といって田植え祝をする。これが農家の一服の休養の日となる。

真夏は中耕除草を行う。毎年のように病害虫(ウンカなど)の防除は重要な仕事である。享保の大飢饉は長雨とその後のウンカの大発生が原因であったといわれているが、ほとんど稲は収穫不能に陥るほど全滅となっている。当時の小作人は一反(一〇アール)の田より上納五俵といわれ、後に残るのは良くて三俵、不作であれば、一俵も家に残らない状況であった。

仲秋の名月のささやかなお祭りが終わると、稲の収穫となる。澄みきった青空の下、あの暑かった炎天の気候は、朝夕の冷気と共に弱まり、生きる力を与えてくれる。

稲の収穫では藤太郎の腕の見せどころであった。小作人が大八車で運び込む年貢米を、土蔵に積み上げるのはお手のもので、肩に二俵かつぎ、一方の手で一俵をつかんで、一度に三俵を運び込み積み上げるので、小作人衆はびっくりするやら、やんやとおだてて一服をきめ込むほどであった。

冠者神社相撲

稲の収穫が終わると、五穀豊穣を祝って、あちらこちらの村の鎮守のお祭りが始まる。

崎村には冠者《かんじゃ》神社がある。兵働病院より三町半（三五〇メートル）程北に行った所である。素戔嗚尊《すさのおのみこと》外三神を祀っており、一〇月三日（現一一月三日）が祭日である。藤太郎は、この日は暇をもらっていて、冠者神社へ出かけた。毎年行われる宮相撲に出場するためである。

子ども相撲は一〇時頃から始まった。一四歳になった藤太郎は、まだ子どもだと言っても聞き入れられないだろうと思った。もうそこらに居る大人の背をはるかに超していたし、体重も七〇キロ強であった。しかし贅肉はなく、筋肉は隆々としていた。午後になると子ども相撲が終わり、青年・大人の相撲である。川筋の男や、城島あたりの腕におぼえのある男衆が沢山集まっていた。

飛び入りも歓迎され、藤太郎は勝ち抜き戦に出た。五人抜きに勝って、一〇人抜きに出たが、それでも勝ち抜いた。さすがに、見知らぬ若造が飛び入り、このあたりで少しは名の知れた青年を、バッタバッタと倒

冠者神社に今もある力石

していくので、観衆も色めき立った。

龍潜も診療を内弟子にまかせ、昼過ぎから愛犬三匹を引きつれて見にきていた。藤太郎が相撲ができるということは、かねがね城島の酒屋の亭主から聞いていたが、これほど強力で、相撲がうまいとは知らなかった。自分とひとまわりくらいか違わない若者が、これほど気迫を持って相撲に対峙していることに、感動さえ覚えた。自分は相撲は取らないが、血潮がさわぎ、肉体のぶつかりに異様なまでの共感をおぼえた。

ここでもう一つ驚いたことが起きた。この日の目玉である、「力石」を担いでどれだけ歩けるかの「力くらべ」の時のことである。力石は神の依代《よりしろ》で、御神石でもある。重い石を持ちあげ、肩に担いで、どれくらい歩けるか、力技を競うのである。最初は一年の豊凶、天候、武運などを占う行事であったという。今は最初の頃の主旨から多少ずれて娯楽化しているのであるが、体力に自信のある若者が次々に担いで、その距離を計った。力石は二つあって、自分の望みの力石どちらかで技を競った。

一つは二四〇斤《きん》（一四四キロ）で、もう一つは一二〇斤（七二キロ）程であったが、楕円形をした、青味がかった川石で、つるつるしているので担ぎにくかった。手に持っただけでもよかったし、とにかくどれだけ遠くまで持っていけるかの競技であったのだが、担ぐことはおろか、持ち上げることすらできない者も多かった。

この時とばかり、村の若者や川筋の漁師、そして米問屋や造り酒屋の男衆が飛入りして、力自慢を豪語するのだが、言葉ほどにはなく、旦那衆をがっかりさせていた。

藤太郎はこれらの様を目のあたりにして、「よし、一つ挑戦してやろう」という気がむらむらとおきた。力石への挑戦は初めてであるが、要領は解っている。

名前を呼ばれ、二四〇斤の力石をやにわに持ちあげ、一気に右肩にかついだ。用意された道筋はとうに歩きすぎ、勢い余って本殿の周りを一周して帰って来た。これには驚いて、審判の宮総代が中に入り、「もうええ、あんたの勝ち」と制止するほどだった。

龍潜医師は昂奮ぎみに、

「うちの藤太郎は一四歳ですもんの、力が強いでっしょうが」

と言うと、隣の年寄が
「どこから連れてきたかんも」

と訊ねる仕末であった。

かくして、藤太郎は崎村の人気者となっていた。藤太郎の奉公から一五〇年、今藤太郎が担いだ石は見当たらないが、もう一方の小さい力石はまだ冠者神社鳥居右側に横たわっている。松の木と蘇鉄が両脇からしっかりと見守っている。

なお、力石は方々、神社などに奉納されているが、福岡市では、三つの神社の力石が文化財に指定されている（「西日本新聞」平成一八年三月一七日付）。

兵働龍潜（兵働貞夫氏提供）

志賀海神社＝「芥屋町三右衛門」の名が刻まれており、漁業を生業とした江戸時代後期の住民が据えた記念碑的な供え物とみられ、一一八・二キロ。

住吉神社＝全国各地に名を残している力持ち「加奈川（神奈川）権次郎」や「稲毛平次郎」らが持ち上げたとされる附銘掛目《つけたりかけめ》三拾六貫目（一三五キロ）。福岡市中央区港の住吉神社にある。

若八幡宮＝文政三年（一八二〇）に奉納され、現在は博多駅前の若八幡宮にある。記録上で江戸の力持ちとされる「木村興五郎」が持ち上げた。現在確認できる唯一の力石。一八〇・二キロ。

崎村にはもう一つ、有名なものが芽ばえていた。『次郎物語』の作者・下村湖人である。湖人は龍潜医師の家から、一町半（一五〇メートル）とほんの目と鼻の先に生まれているが、本名を内田虎六郎といった。

　千歳川芦も静かに潮みちて　うつれる月のかげまどかなり

と詠じた湖人は歌人でもあったが、『次郎物語』は藤太郎の奉公先の医院の状況を如実に表現している。

このことを、龍潜の孫で、長く福岡市の浜の町病院長を勤めた兵働貞夫は次のように伝えてきている。

「『次郎物語』の作者下村湖人は、同じ千代田町（旧千歳村崎村・現神埼市）出身で、父や叔父竹酔とも親交がありました。物語の中では次郎は青木医院の土蔵の中で、本を読み、龍一と遊び、龍一の姉春子から菓子をもらったり、また薬を取りにきて、薬局を覗いたことなどが描かれていますが、青木医師は、祖父龍潜、春子は伯母ユウ、龍一は叔父竹酔がモデルであります」

龍潜には八人の子どもがいた。作中の春子＝ユウは長女で、龍一＝竹酔は四男であった。続けて兵働貞夫は言う。

「我が家の二階には、祖父が蓮池城登城に使用した古びた駕籠や、その折にかぶったと思われる漆塗り家紋入りの陣笠があったのを覚えています。多分出仕の折は、藤太郎も御供《おとも》したのではなかろうか……」

藤太郎は正月を前に暇をもらった。龍潜家での待偶は良かったし、龍潜とは、年齢差もあまりなかったので、医師・旦那としての敬意と節度は保ちながら、親しく接することができた。門下生と一緒に寝食を共にしているので、専門的な事柄は解らなかったが、それとなく聞こえてくる患者とのやりとりや生活の姿勢を会得していった。

それでもなお、藤太郎は莫然と、このままでいいのだろうかと自問自答していた。このまま、人の言うままに、柔順に、はいはいと言いながら生活していていいのだろうか。腹一杯食べることはできる。しかし、仕事がなくなったらどうなるのだろう。何かしっかりした仕事を見つけなければならない。そのためには、自分の腕にしっかりした技術を持たなければならない。一体、それは何だろう。そう考えると、どうしても長居はできない。家に帰って対策を立てたい。いらだたしい自分から解放されたい。親の温かい愛情にも甘えたい。

給金をもらうと、帰路は歩いて陸路をたどった。筑後川の六五郎渡しを渡って、城島、大善寺、久留米へと出た。あとは勝手知った道なので、筑後川沿いの葦陰の道を、小雪まじりの川風にさらされ、家路へと急いだのであった。

七　中津留伴三郎との出会い

老松天満宮相撲

正月が過ぎて、また藤太郎は弥吉酒場に戻った。文政六年（一八二三）のことで、一五歳の時である。弥吉酒場では、当主岩次をはじめ、酒男たちが温かく迎えてくれた。番頭がしらはその後も商でたびたび城島あたりまで出かけていたらしく、商売仲間より藤太郎の武勇伝は聞き及んでいたし、そのたびに岩次の耳にも入っていた。岩次は藤太郎を深く理解し、このまま酒男で終わる人間ではないと考えていた。そのためか、宮相撲があれば快くその相撲への出場をうながした。

筑後の近郊でも方々で宮相撲、勧進相撲などがあった。大石の弓立《ゆだち》神社、小江《おえ》の小江八幡宮にも出かけたが、小江八幡宮祭では八月一日八朔《はちさく》の日（現在は九月一日）に万年願相撲があった。八幡宮境内社の雷《いかずち》神社（八大龍王社）の行事であった。まだ堀川（大石・長野水道）がなかった頃、この小江地区は干年《ひどし》には旱魃に悩まされていたので、雨乞いとして、八大龍王に相撲奉納の万年願をかけたところから始まったという。

秋の収穫が終わると、村々の鎮守の森の宮祭の笛、太鼓の音が聞こえてくる。こうなると、藤太郎の胸さわぎも一段と大きくなる。

晩秋に入る頃、藤太郎は一日暇をもらって、日田街道を東に向かった。袋野の導水路の取水口上、筑後川舟渡しを対岸へと渡り、新しく関村より川沿いに開築された筑前側街道を日田領大肥庄《おおひしょう》（現日田市大鶴町）へ向かった。目的地は、大肥庄老松天満宮であった。筑後川沿いに東進すること一里余、夜明村の大肥橋手

老松天満宮の境内。中央の小さな赤祠が大蔵永季を祀った社殿

前から左折して、筑後川支川の大肥川沿いにしばらく行くと、石造アーチ橋があり、そこが参勤交替の日田街道の表道であった。茶屋の瀬橋といわれ、広瀬淡窓の詩にも詠まれたものである。この石造りのアーチを右手に見ながら半里程歩くと、両脇の山に挟まれた大肥川の中洲が見えてくる。前方に高塚山、岳滅鬼山を遠望し、少々開けた谷あいを進むと、左側、畔倉山の山裾に天満宮は鎮座していた。

藤太郎は万年願奉納相撲に参加するためにやって来たのであった。老松天満宮には、道路に面して狛犬と小さな鳥居があり、扁額（額束）に「天満宮老松」とある。小さな池に架かる石橋を渡り、石段を登った所に朱塗りの社殿が見える。この社殿に並んで「日田明神」（後述する大蔵永季《おおくらながすえ》）も祀られている。社殿下左手に相撲場があり、そばに欅の大木がそびえている。

『郷土大鶴誌』（郷土大鶴誌編集委員会編、平成九年）によれば、

　相撲の神様とあがめられた日田の大蔵永季は一一世紀後半、宮中での相撲節会《すまいのせちえ》に招かれた折、太宰府天満宮に参籠祈願し、優勝したら「領内豊州日田郡の大肥庄を寄進する」と誓をたてた。

　悪戦苦闘、強敵を打ち倒してみごと優勝を果たした永季は、

祈願成就の天満天神の勧請《かんじょう》を計ったが果せなかった。永季の息、新太夫宗季は父の立願成就を謝し、宮の洲中島に宮を建立するが、後に遷座して現在地に再建された（他の文献では永季本人が勧請したともある）。

由緒あるこの大肥庄天満宮老松で、藤太郎は受付を済ますと、控所でまわしをつけた。浅黒い肌にいかめしい顔の男や、白肌の肥満形の者等々、大小様々の若者がひしめき合っていた。

一回り見渡すと、さすがに相撲の神様を祀った神社の相撲だと、心の内からの実感と共に、「よーし、やってやるぞ」という闘志がむらむらと湧きあがり、思わず身ぶるいをした。

相撲の始まる前に祭典が行われた。三方に供え物が盛られ、饌米、御神酒のほか、塩、キビナゴとタヅクリの二種、その他野菜などが供えられ、神主による祝詞《のりと》の奏上があった。相撲参加者も一同低頭し、お祓いを受け終わると、いよいよ相撲大会である。子ども相撲が最初に行われた。前相撲である。

中津留伴三郎との出会い

この日は絶好の相撲日和で、燦々と照る大陽は、鎮守の森の中で木洩れ陽となり、きらめき、五穀豊穣と健康を祝う明るい話し声がそこらじゅうに響きわたり、徐々に相撲の熱気が空気をふるわせていた。宮相撲取り衆の大人相撲は、神輿《みこし》の発御《はつぎょ》の頃より始まった。さすがに相撲の神様、永季の神前での大会であるだけに、日田郡は勿論、筑前・筑後から在郷の錚々たるアマチュア力士が集まっていた。審判は厳しく、正式の免状を持った行司が来て行われた。

藤太郎は番付表の中程であったが、五人抜き、一〇人抜きを演じた。その後、東西に分かれての勝抜き戦が始まった。日田天領地は相撲の盛んな土地柄、熱狂的なファンも多かった。東西に分かれた勝抜き力士は土俵下で順番を待っていた。藤太郎は西方であったが、ひょいと東方土俵下にどっしりと控えて座っている青年に目が行った。どこかで会った気がした。なかなか思い出せなかったが、気になってしかたがない。そして、ハッとした。以前、麻氏良神社下宮の万願相撲優勝戦で敗れた、あの相手ではないかと、おぼろげに思い出した。相手も自分を見ているようで、落ちつかなかった。あの時の相撲では、あっけなく押し出されたのを思い出した。相手の相撲を見ながら、その体格と相撲の取り口のうまさに見とれながら、どうしたら勝てるだろうかと思案した。背丈は自分より低いようだが、がっちりと、岩みたいにずんぐりとして、肉付きが豊かであった。

落ちつきは益々悪くなり、目をそらし、土俵の四方に目を遣った。そしてまたまたどきっとさせられた。ここにはいないはずの弥吉の岩次旦那が、自分の右後方から、腕組みしながらこちらを見つめているのである。旦那が来ている。その横に、旦那の弟一郎旦那（この時三一歳）もまわしをはめて立っている。これはどうしても優勝して帰らなければまずい。そう思うと、体がカーッとなって落ちつけなくなった。

いよいよ準決勝がやってきた。相手は、例の麻氏良下宮万願相撲の時の彼である。とにかく、食い止めて、得意の左四つになりたい、そう思って土俵に上った。四股のあと、仕切って、行司の声と共に前に出た。すぐに左をさそうと手を伸ばしたが、相手に触れる前にバアンと顔をはじかれて、顔が上を向いてしまった。これではだめだと、左をさしに行くのをやめ、応戦第一と突っ張りに出た。もうその時、相手は一歩も二歩も前に出ており、そのまま後に押されてしまった。一か八かと引き落としに行ったが、押し出されてしまった。

頭の中は真っ白となり、何が何だか分からなく、後で考えても、土俵上で一礼をしたかどうかも憶えていない。賞品は数々もらったが、三役の印である弓、弦《つる》、矢、御幣の一つも持ち帰れない自分がなさけなかった。自分の傲《おご》りに嫌悪を感じた。誰にも会いたくなかった。どうやって帰ろうかと思案していると、旦那の岩次が近づいてきた。

「やっぱし、小桜にはまだ勝てんな」

「はあー」

と言ったが、小桜とは例の力士のことかとすぐに分かった。

「小桜に会わせてやろうか」

「はい、ぜひお願いします」

「じゃこっちについてこい」

小桜はすべての取り組みが終わって、まわしを畳んでいるところであった。

「やあ小桜、今日も優勝おめでとう」

慣れ慣れしく言う岩次旦那にあっけにとられていると、

「小桜、今日準決勝の相手・小江藤太郎たい。おまえのええ競争相手になるばい」

「はあ弥吉の旦那、おれもそう思ちょりました」

藤太郎は、

「旦那、紹介してくれませんか」と迫った。

「うん、こん人が筑後の宮相撲で連勝連勝している小桜こと中津留伴三郎さんたい。もうこん人に勝つ人はなか」

「どうりでめっぽう強い人と思いました。筑後のどこに住んじゃるとですか」

「おまえ知らんじゃったんか。それ、おれの家から西に行ったら長野水道があるじゃろ、あそこから川の土手伝いに下って丁度おまえの志波村の川向こうの小江村たい。小江村の庄屋の若旦那たい。おまい知らんかったんか」

「うすうすなら知っちょりましたが、こんな近くに、こんなえらい相撲とりさんがおらっしゃるとは知りませんでした」

「ところで弥吉の旦那、中津留さんに相撲をしこんでもらうよう頼んでくれまっせんでしょうか」

「よしよし、おれもそう思うちょった。おまえも宮相撲で終わるのはもったいない。もう一つ上を狙わにゃいかん……。というわけで、伴三郎さん一つお願いできんでしょうか」

「やあ、この人、弥吉の旦那の家で働いておられたんですか。しかしわしでよかとですか」

「そりゃー、よかちゅう段じゃねえ。ぜひお願いします」

藤太郎も千載一遇の機会の到来と小踊りして、頭を地面にすりつけんばかりに
「お願いします」

と頼み込んだ。

この日より藤太郎の人生は大きく変貌していくことになるが、誰もまだそのことは予見できなかった。

相撲の四股名小桜こと中津留伴三郎については、吉井の石井真太郎所蔵本「中津留家系図」によれば、中津留家一七代にあたる。

中津留家は源頼朝に祖は始まるという。豊後国大分郡中津留村（現大分市中津留）出身の国衆（地侍）で大友の家臣であった。建武三年（一三三六）、足利尊氏陣営として参戦し、筑前国を転戦した。長《おさ》小野民部丞の代、津江の城主となり、信員が栃原《とちばる》（現在の大山町）、次の代に山田邑（現在の日田市朝日?）、続いて、直勝・長小野五郎右京亮《すけ》も山田邑に住居をかまえた。

寛正六年（一四六五）豊後国・筑後国国堺で戦乱があり、大友軍は筑後を成敗し、輩下の長小野五郎右京亮は、生葉《いくは》郡《ぐん》隈上《くまのうえ》邑（現うきは市浮羽町）の三〇〇町余を知行（拝領）した。

この代より姓を中津留と改め、中津留家初代となる。戦国時代後期、筑後川筋は川運の覇を争っていたが、六代中津留右馬允《うまのじょう》になると、大友義鑑《よしあき》により川奉行に任じられる。

筑後川條之事如先例豊筑境限川下司之儀可任其心者也仍状如件

天文一三年九月三日　　　　　　　　義鑑　花押

（筑後川条《すじ》の事、先例の如く豊筑境を限り川下司の儀其の心に任すべき者なり、よってくだんの如し）

なお「義鑑」は大友宗麟（義鎮《よししげ》）の父である。

このように国境の警備のため、各藩では、各渡船場に船留番所を設け、譜代の侍衆に定番をさせたが、その内主要な渡津《としん》には、特に奉行を配置したのであった。

その後、大友家は除国となり、小江村（文禄年間頃、小江家村から小江村となる）は、柳川藩（蒲地）、久留米藩（有島）領と代わっていき、中津留家も武家を離れ、『浮羽紀文』（権藤弥太郎著）によれば、小早川就封の折、庄屋となった。

中津留伴三郎が、先の老松天満宮の万年願奉納相撲で優勝したのは、一七歳の時である。中津留家一六代直次、通称十助が当主で、三〇〇町余の田畑の庄屋をしており、伴三郎はその嫡男であった。十助はこの年五二歳であったが、若い頃は「染川」の四股名で名を馳せており、親子二代にわたって筑後地方を席巻していた。

伴三郎は、親ゆずりの篤志家で、明るく、物腰もやわらかで、人のめんどう見もよかったので、青年のリーダーとして一目置かれ、「中津留の若旦那」と呼ばれていた。

相撲の練磨

万年願奉納相撲の後、藤太郎は弥吉酒場から西に一里程下った筑後川沿いにある、小江村の伴三郎の屋敷に出稽古に行くようになった。昼の重労働が終わってからで、夜の稽古が多かった。

小江村は、両筑平野の最先端、袋野・関の狭隘地を抜け、筑後川が杷木・古川・久喜宮と流れ下ってきて、原鶴下から大きく北へ蛇行する地点、志波高山の対岸に位地していた。堤防沿いの低地に広がる平野部に形成された集落で、太古は巨大な台地であったが、地殻の変動によって陥没し、その結果できた沖積層平野を、東西に筑後川が貫流し、その左岸脇で、肥沃な土地に農業を主体に生活は営まれていた。

伴三郎の屋敷は、小江集落の中でも東部の小江八幡宮のそばにあった。大きな石柱の門を南方から入ると槙の垣根が続き、豪壮な二階建の家屋は、縦横に広がりを見せていた。家の西側に回ると、馬留があって、出入りの客が待機する控室がしつらえてある。水車が静かに回り、その向こうに白壁二階建ての蔵が見える。蔵の前を通って裏庭を東に歩を進めると、さすがに、と思わせる土俵が設けてあるのであった。

伴三郎は「小桜」の四股名で、筑後の雄といわれるだけあって、夕方ともなれば、近隣の若者が仕事を終えて相撲のために集まってくる。

藤太郎が訪ねた日も、二、三人の青年がもう四股を踏み、鉄砲をやっていた。伴三郎も、すでにまわしをしめ、鉄砲の最中であった。ひんやりとした晩秋のおぼろ月がかかり、灯明に照らし出された伴三郎の体からは、汗が光り、ほのかに湯気が立ちのぼっていた。

何か立ち入れないような空気の中に藤太郎は神妙に近づき、

「今晩は、藤太郎です。よろしくお願いします」

と声を出した。

「やあ藤太郎、いらっしゃい」

と伴三郎は土俵を降りてきた。

「おーいみんな、ちょっとこっちに来てくれんかね」

と伴三郎が言うと、周りに居た青年たちも土俵を降りてきて、お互いの紹介をしたが、すでになじみの宮相撲仲間であった。

青年らの乱取りが始まった頃、取り急ぎまわしをはめて、四股、鉄砲とそこそこにこなし、何はともあれ伴三郎との乱取りを始めた。

「お願いします」と一礼をして、仕切をするや、突っかけていった。得意の左差しにいったが、伴三郎そうはさせじと突き離しにかかる。一呼吸おいて、また左から攻めようとするところ右を差され、左もこじ入れられ、激しく右にひねられると、あっけなく土俵上にばったりと腹を見せて倒されてしまった。

藤太郎はあっけにとられ、何という強さだろうと改めて感じた。相手の体に触れる間もなくやられてしまう。しかも腕や足腰は鋼鉄のようでしなっている。むらむらと闘争心がわき上がり、二番三番と取ったが、亀とスッポンである。大人と子どもが取っているようで話にならない。

みじめさを感じながら屋敷を後にしたが、伴三郎は取り口については何も言わずに、次の稽古を約して別れた。

その夜は大石の弥吉酒場には帰らず、川向かいの我が家の梅ケ谷に帰った。伴三郎の家から半里余程である。月明りをたよりに家に着くと、母トメはびっくりしたのであった。我が子に逢えて抱きしめたいほどのいとおしさを感じた。

「おとっちゃん、藤太郎が帰ってきたばい」

と喜びをおさえるようにして藤右衛門を促した。夫婦は好物のどぶろくを、北川にしかけていたウケの数匹のハヤを肴に飲みながら、疲れをいやしているところだった。

「やあ、藤太郎よう帰ってきた。さあ、はようあがれ」

夫婦の喜びとは裏腹に、黙しながら藤太郎はワラジを脱ぎ、流し先で足を洗った。

「さあ、どぶろくで体を温めろ。酒屋奉公やけ、酒は飲めよるじゃろばってん」

「いや、酒はいらん。もう眠いき寝る」

「ご飯は食べたかい」

トメの言葉にも返事せず、藤太郎は床を敷いて寝てしまった。トメが心配して、そっと上布団を整えてくれた。

「何かあったんか」

藤右衛門の問いにも返事はなかった。取りつく島もなく、夫婦は興ざめして納戸に引き入った。皆が寝静まった頃、藤太郎は空腹に耐えかねて、台所に立った。残り物をすべてたいらげて、また黙って床に入った。藤太郎は翌朝明け六つ（五時）には家を出て弥吉酒場へ向かった。藤右衛門夫婦も何が起こったのかと心配であったが、なす術もなかった。何か真剣に思いつめていることだけは分かっていた。「頑張れよ！いつでん帰ってこい」と送り出すのが精一杯であった。家を出て、竹藪を曲がり、谷あいの坂を下っていく息子の姿を、トメは見えなくなるまで見送った。

藤太郎は、昨夜から息をころして考えていた。ころりころりと伴三郎に負けることの理由は何だろう。宮相撲ではあまり負けることがないのに、伴三郎にかかれば、ひとたまりもないのは何故だろう。本当は、おれには実力はないのかもしれない。自分一人で気負い込んで、上を目指しているのかもしれない。ちょっと体が大きく、ちやほやされていて、図に乗っているだけだ。だとすれば、今からどうすればよいのだろうか。今まで、「アホ」の「大飯喰いの御器つぶし」ののしられて生きてきた自分は何だったのか。歯をくいしばり、耐えてきた自分は何だったのだろうか。

宮の下の船渡しを渡らず、原鶴より久喜宮に入り、古川の渡しを渡って大石の酒場へ戻った。

二、三日後、仕事が早じまいになったので、岩次旦那に告げて、伴三郎の屋敷へと向かった。冬入り真近の西空は真っ赤に燃え、川風だけが冷たく吹きつけてきた。夕食を摂っていなかったが、それほど気にはならなかった。気持ちが張っていて、空腹のことも忘れていたほどである。それだけ気持ちは沈み、いらだっていた。

伴三郎は仕事から帰っていなかった。女中が風呂場の炊き口で焚木をくべているところだった。旦那の十助も不在で、おかみさんにお世話になることを丁重に告げ、疎水を渡って相撲場へ向かった。まだ近所の青年の姿もなかった。

蔵に行き、備え付けの塩籠と水手桶をさげて相撲場の所定の場所に据えた。高張提灯《ちょうちん》をむすびつけ、松葉箒で周りを掃き清めていると、伴三郎が馬車を牽きながら帰ってきた。使用人と思われる四〇がらみのおっちゃんと一緒であった。

「やあ、藤太郎今日は早かったな」

「はい、伴三郎さんお疲れさんです。仕事が早じまいじゃったき、早くお邪魔しました」

「それはそれは、おれはちょっと風呂で汗を流してくるき始めとって」

藤太郎は落葉を片隅に掃き寄せると、相撲の準備にかかった。鉄砲をやり、四股を踏んでいると、伴三郎が四〇がらみのおっちゃんとやって来た。

紹介によると、伴三郎の家で住み込みで農作業をやっている雇用者だという。このおっちゃんは、じーっと腕を組みながら、二人の動きを見つめている。今日は近隣の青年も顔を見せないので、伴三郎と二人の乱取りとなった。

ここ数日の苦悩と沈思熟考のおかげか、防禦に徹して、この前のようには負けなかった。ただ利き腕の左腕は研究され尽くしているのか、左腕だけをねらって攻められているようにも思えた。

土俵下で見ていたおっちゃんは途中で引きあげたが、一時間半位の乱取りの後、二人は風呂をあび、伴三郎の家の夕食にあずかった。家の者は食事は既に終わっており、二人だけであった。恐縮しつつ藤太郎が切り出した。

「伴三郎さん、ちょっと聞きたいことがあるんですが」

「何かいな、あらたまって」

「いやあ、自分がえらく情けなくなって、自信がなくなったとです。どうしたら伴三郎さんのように強くなるんじゃろかと、ずーっと悩んじょるとです。勿論、自分の努力が足りないし、力もないし、今後どうしたらよいか不安で一杯なんです」

伴三郎はすぐには答えず、じーっと藤太郎を見つめていたが、

「うーん、今後どうしたらえーかは、あんたが決めることで、わしがどうのこうの言う筋合いのものじゃなか。でもな、あんたが相撲を続けるんやったら一つだけ言うことがある」

「そりゃあ何ですか」

「あんたには、相撲の基本がない、ということたい。あんたには基礎はかなりできていると思う。ばってん、基本が全然なっちょらん」

「分かりました。その基本を教えてもらえませんか」

「わしもそんなにえらそうなことは言えんけど、少しはわきまえているつもり。あんたがよけりゃ、わし

も自分の勉強と思ってやってみましょう。今日はわしも疲れちょるき、あした来れたらそれをやりまっしょ」

「ありがとうございます。あすは必ず参ります」

藤太郎と伴三郎はたった二歳だけの開きであったが、まだまだ実力の差は歴然としていた。伴三郎には父十助が健在で、庄屋としての采配はそれほどしなくてよかったし、帝王学としての実務を学んでいる段階であった。したがって、多忙ではあったが、相撲に関しては、めぐまれた体を生かして、存分に精進できる環境にあった。相撲に関する情報や知識も豊富で、実戦的にも、筑後はもとより、筑前、柳川、山門方面にも足を延ばしていた。久留米出身の江戸相撲の雄小野川才助や、山門出身の雲龍久吉にも興味を示していたし、宮相撲や勧進相撲には、それなりの実績を残していた山門《やまと》地方の力士箕嶋《みのしま》や、伴三郎と同じ四股名小桜には、いろいろ指導を受けていたが、当時江戸相撲の大関を張っていた雲龍久吉も、地元では指導を受けた師匠の二力士であった。

まだこの時点では、伴三郎は雲龍に会っていないが、雲龍が四〇歳で吉田司家から一〇代横綱の免許を受けた文久元年(一八六二)、山門郡大和村に郷土入りした折に、箕嶋の紹介で会っている(雲龍資料館雲龍久吉年譜)。雲龍はこの折、郷里の荒人神社を建立し、祭田二反(二〇アール)を寄進し、また海童神社に石鳥居や石灯籠を奉納するなど、郷土への恩返しをしているが、伴三郎の以後の生き方にかなりの影響を与えているのではないかと思われる。「小江の歴史・小江八幡神社年表」(宮司熊抱道夫記)などを見ても、そのことはうかがえる。

しかし、藤太郎との相撲の相克に関わる夜話の時には、まだ伴三郎は直接雲龍には会っていなかった。と

中津留伴三郎の当時の住居。上は表側，下は裏手（中津留家提供）

はいえ、恩師である箕嶋の薫陶を通じて、両人は確かに未来に対する展望を共有していたに違いない。

伴三郎は相撲道に通じていたが、自分が相撲で生きることは考えていなかった。ただふつふつとエネルギーを燃焼させ、相撲を取ることで民衆に溶け込み、その中から民衆の心が何なのかを探っていたのである。

伴三郎は、行く行くは藤太郎を大相撲界へ送り出すべきだと考えていた。律儀で、決して出しゃばることなく、しかし、信念と根性を持って、忍耐強く、絶対に負けたくない、負けてたまるか、今に見ておれという、秘められた並々ならぬ闘志を藤太郎から感じとっていた。稽古に来ても、土俵の土を清め、周りを掃除し、水をまき、諸準備をぬかりなくやっている。しかし、それを誇張するでもなく、あくまで謙虚であった。

「あんたには相撲の基本がない」と伴三郎に言われた翌日、弥吉酒場の仕事が終わると、藤太郎は、おかみさんに作ってもらったにぎり飯を頬ばりながら、一目散に伴三郎の屋敷めがけて走った。にぎり飯をいくつも頻ばったが、満腹にはならなかった。

この日も、伴三郎は野良仕事から帰っていなかった。水車のガッタン、ガッタンと石臼を搗いている音だけが姦しかった。伴三郎が土俵に現れた頃には、十六夜の月があたりを照らし、灯明がいくらか薄赤く感じられる頃だった。

伴三郎が藤太郎の基本について、四股踏み、鉄砲押し、土俵周囲を蹲踞《そんきょ》でのうさぎ跳び、股割り、下半身の安定をはかるすり足の動作をと、ひと通りやってみせ、何故そういう練磨が必要かを説明した。伴三郎自身も山門の箕嶋にこっぴどく指摘され、指導された基本事項であった。

中津留家近くの八幡神社の一角

「藤太郎、四股からやってみんか」

「足の上がりが低い。もっと高く上げるんだ。そうそう、片方の足でいっとき支えるんだ」

「爪先からおろすんだ。爪先を開いて！　親指の付け根のおろしがぬるい。もっと土の中にめり込むくらいだ」

「上体が寝ている。まっすぐまっすぐ」

「だめだめ、踏む時、そげん足を片方の足に寄せちゃいかんとたい。上体がそっちに傾いたら支えの役に立たんじゃろが」

矢継ぎばやに言われるので、動作をするだけで精一杯であったが、理にかなったことであり、藤太郎はさすがに筑後の雄だと感嘆しながら一生懸命に指導に従った。

何百回と繰り返し、ひざがガクガクとなってきた頃、

「じゃあ、次はすり足の稽古に移るばい。こりゃあ、下半身の安定ば作るとに重要じゃけんきの」

二人は足裏を浮かせないで、土俵の周りを、脇を固めた腕の動作に合わせて、何十回となく回り続けた。汗が体からふき出し、びっしょりとぬれた肌を、薄明りが照らし輝かせたが、伴三郎はやめようとは言わなかった。藤太郎の一挙手一投足を鋭い目で追ってきびしく指摘した。

この日は、かなり過激な指南となった。帰りの大石村に入る頃には満月を過ぎ、ちょっと欠けた月も西の空に傾き、藤太郎は己の影に引きずられ疲れた体で酒蔵隅の床にたどり着くと、どろどろと眠ってしまった。

八　大原八幡宮、村対抗奉納相撲

伴三郎の元での稽古は、その後も基本技の、押し、突き、寄り、投げなどと進み、厳しく続いていた。めきめきと技に磨きがかかってきたが、年が明けて万延元年（一八六〇）、藤太郎は冬の酒造りが一段落すると家に戻った。

父藤右衛門は六六歳と高齢で、長男の弥平が家の切り盛りをやっていた。弥平は三三歳と男盛りであったが、一人の子があり、妻カメヨは二人目の身重で、わずかの農耕収入では家族を支えることが精一杯であっ

た。近所の紙漉きの手伝いなどで生活をやりくりして、どうにか両親のめんどうを見ている状況であった。

藤太郎が家に戻って数日後、志波町中の森高浅吉が訪ねて来た。浅吉は藤太郎より一つ上の相撲仲間である。家を離れているので、なかなか逢うことができなかった。

「やあ藤太郎、おまいが帰ってきちょると聞いたき、ちょっと来てみたったい」

「やあ、浅吉さん。元気にしちょった？　久しぶりじゃなあ」

「おまいちょっと見らんと太ったね。どれくらいあるっか」

「おれですか。近頃測ったことないばってん、えーっと二〇貫ちょっとかな」

「よーし、よかよか、それでえー」

「それでえー、ち何ですか」

「うん、今度おまい日田の相撲に出らんか」

「日田ち、日田のどこな」

「大原神社たい。実はな、近所の、日田に下駄職人で行きよるもんから聞いたつばってん。春祭りがあるげなたい。そん時、村対抗の相撲があるげな。そりき、おれ考えたつばってん、それに志波も出たらち思いよると。五人一組らしい。おまいがおるき、志波は絶対強いち思うとたい。先鋒、次鋒、中堅、副将、大将勝ち抜き戦のごたるき。おまいが大将、おれが副将。あと三人はおれが都合っけるき」

「おれはいいばってん。おとっちゃんがちょっと具合いが悪いき、はずさるるかな」

「一日じゃき、どうにかかまんぐってくれんかい。じゃ、よかとこで話を進めるき」

浅吉は一人決めして、谷を下っていった。

村対抗相撲が行われた大原神社の境内

大原神社は、大原八幡宮といい、日田郡の総社で、日田田島二丁目にあった。天武天皇の九年（六八〇）に鞍負郷《くらがたうのごう》岩松《いわまつ》ケ峯《みね》（天瀬鞍形負《あまがせくらがたう》）に示現《じげん》された八幡神を祀ったのが起源と伝えられている。後に日田郡《ぐん》司《じ》大蔵永広（宮中の相撲節会《せちえ》に召されて活躍した鬼大夫・大蔵永季の父）が来来里《くくり》（神来里）に社殿を造営し祭祀したとされる。寛永元年（一六二四）五月には、日田永山城主が現在の田島大原に遷座《せんざ》し、応神天皇、神功皇后、比売《ひめ》大神を祀った。

日田の中心地豆田《まめだ》、役所街に隣接した東の地に大原神社はある。神域の深い木立を背に聳える大鳥居には「大波羅野御屋新呂《おおはらのおやしろ》」の扁額が掲げられ、大木が林立した社叢の境内には広い庭園があり、奉納相撲大会は祭りの一環としてその一角の広場で行われた。

祭りは御田植祭の祭典で、神殿東に仮設の御田（畳一畳程の苗床）が設けられ、種籾蒔きの儀が行われた。作物の豊かな生長を祈願してのもので、巳の正刻（一〇時）より一時間程の祭りであった。

相撲の節会は四月と一〇月の初卯の日に行われるのが習慣であったが、この年は祭りの日と初卯《はつう》の日・相撲節会の日が近かったので、祭りの日に行われることになり、御田植祭と並行して行われた。

日田郡の総社だけに、近郷一円の若者がみなぎるエネルギーの発散の場所として、それこそ日頃相撲を取ったこともない者まで飛び入りで愛嬌をふりまいた。

この相撲の中で一番の賑わいを見せるのが、村対抗の団体相撲であった。大山や津江、豊後森、玖珠あたりからも出場があった。中でも、日田天領の町中、豆田地区と三隈沿いの隈地区は、覇を争って準備万端、この日のために稽古を積んでいた。どちらにしても、相撲の元祖「日田殿・大蔵永季」のお膝元、絶対に負けられない。政治・経済・文化、何かにつけ「あの地区には絶対負けるな」と、催し毎にもめごとが起きるほどであった。

例えば日田祇園祭りである。昔は山鉾が豆田・隈両地区相互に乗り入れしていたが、ある時、公の施設ができることになり誘致合戦が起こり、それから互いに反目して、相手の地区には乗り入れなくなったという。このような様相の中、まして他の村に負けるなど、天領代官所在地としてのプライドが絶対に許さなかった。試合はトーナメント方式で、一組五人の勝抜き戦であった。豆田地区と隈地区はシードされていて、決して初めの段階で鉢合わせすることはなかった。

志波村は浅吉のきもいりで、六人が揃った。一人を補欠にして、団体戦に挑んだが、勝抜き戦なので、四人が負けても、大将藤太郎でふんばり、とうとう準決勝で、本家本元の豆田地区と当たった。豆田地区は二〇代の体格の優れた若者で固めていたが、一人は遠くに仕事に出ているセミプロ級を帰郷させて、この日にそなえていた。それだけに、鳴物入りの応援団もすごかった。

志波は、例によって四人が連敗で、藤太郎は相手四人と対戦した後、大将との決戦になった。右四つになって、相手は引きつけきびしく、東土俵に寄りたてた。藤太郎は退がりながら、左手を巻きかえ、相手の腕の下にくぐらせ、双差しとなり、逆に西土俵へ一気に寄り倒した。

観衆のいきどおりは激しく、ひいきの引き倒しで罵声が飛び交った。「志波のやつの足が先に出た」、「倒れたのは志波の方が早かった」、「同体だ、取り直しだ！」と四隅の審判に数人がくってかかった。「そうだ、そうだ」とまわりは騒然となった。酔の回った年寄が一升徳利を振りまわし、箸棒でたたいている。座布団を土俵に投げ入れている。

藤太郎や浅吉は観覧席を離れて騒ぎを静観していたが、渡世人風の一団がこちらをにらみつけている。藤太郎が、

「なあ浅吉さん、こりゃあやばい。おれが足をくじいてもう試合にはこれ以上出られんち言うて来んな」

「何言うか。かもうたことはねえ、優勝戦まで頑張るぞ」

「いや、おりゃー六回戦もやってくたやけ、もう体力がねえ」

「あと一回じゃねえか」

「そればってん、もう限界ばい。それにあん騒ぎじゃー」

藤太郎は内実まだ戦えると思っていたが、あえて、足の故障を持ち出した。足をくじいたと言わなければおさまらないと考えた。そして、こんなことでけんかしても、何の名誉にもならない。もう自分の力は認められている。それでよい。

浅吉は少々弱気になってきて、

「他のもんはどう思う」

「藤太郎が限界ちゃしようなかと？」

「そうじゃけんね」

実際、藤太郎にひけ目のある他の者は、藤太郎の言うことには逆えなかった。

「よし、おれが勧進元に言ってくる」

浅吉が告げに行った。

一同は賞金や賞品を携えて、亀山公園日隈神社傍の旅籠に引きあげた。相撲の賞金で、日頃食べることのできない鯉こくや鶏の唐揚げ、茶碗むし、それに今日は無罪放免とばかりに酒をあおった。

日頃は、エネルギー発散に夜遅くまでたまり場でしゃべっているのに、この日ばかりは相撲の熱闘で疲れ果て、誰ともなく眠くなり、ある者はいびきをかき始めた頃、宿の表が急に騒々しくなった。浅吉は、はっと眼が醒めて、聞き耳をたてた。宿の親父に何か言っている。親父がしきりに制止しているようだ。

「やい親父、ここに出さんかい。志波のやつらがここに泊っちろが」

親父の制止に業を煮やした若い声が聞こえてくる。志波の六人衆は皆起きて、何ごとかと軒下を見た。そこには遊び人風の青年や、まだまだ童顔の甲高い声が息を切って流れていた。

「やいやい、志波の相撲ガッパども出てこい。まだおまえたちとの相撲は決着ついとらんぞ。おれたちの方が二倍も三倍も強いんだぞ」

「おい、藤太郎どうする」

浅吉がリーダーとしてまとめにかかる。

「どうするち言うたって、逃げよう」

「なし逃げにゃいかんな」

と年下のが言う。

「おれたちゃ相撲を取りに来たっちゃけ。もう相撲に勝ったし、用はなか。けんかして怪我でんしたら何にもならん。おれたちの強いところは、もうみんな分かっちょる。さあ、逃げるばい」

心配して二階に昇ってきたおかみさんに、「すみまっせん」と言うと、荷物を持って裏口に向かった。

浅吉や他の者もあわてて藤太郎に従った。

六人は三隈川（筑後川の日田流域をこういった）沿いに西に向かった。小さな声で確認し合い、ある所は水につかりながら、畦道や土手を一目散に駆けた。半里半程下ると、三隈川が左に大きくカーブした所に出た。花月川が筑後川に打ち出す河口で、浅瀬にサワサワと流れる音がしている。一行は、もう追手はあきらめただろうと花月川の土手に這い上がり、右手に見える星隈公園横の三郎丸橋に出ようとした。息をこらして、ひとかたまりになって進んでいくと、何やら橋のたもとで話し声がしている。

「志波のやつらはこっちに逃げてくるはずじゃ、絶対つかまえて袋叩きにしてやるぞ、よう見張っとけよ」

藤太郎は、この道筋は車力を引いて酒を運んだことがある。豆田に行く途中の日田の町はずれであることを悟った。

「浅吉さん、あん橋は渡られんばい。このまま西さい下って、そら向こうに見えている涯を登ると、道に出るき、その道を横切って山ん中に逃げ込もう」

藤太郎が言うと、皆うなずいて、無口で藤太郎に従った。道に出ると、左右に耳をすまして、物音に注意を払った。闇の中を手で合図して、道を渡り、小谷口の天満宮横の急な勾配の山中に這い入った。

街道筋は見張りがいそうで危険なので、雑木の中を掻き分け掻き分け山を登り、そして下った。ひと刻半位で夜明《よあけ》に出たが、用心深く道を見回しながら、右手大肥の中島方面へ、大肥川の土手をたどった。今山で大肥川を越えると、その先は中津留伴三郎と相撲を取った因縁の老松天神社である。このあたりになると人家も多く、目に付きやすいので、道を横断してまた山中に入った。地形からして釘原《くぎはら》らしい。

馬道は人の通りが少ないためか、ススキの茎が行く手をさえぎった。野イチゴの毬《いが》が足にからむ。疲労はだんだんと増していったが、ようやく針目山の峰が見えてきた。鍋支《なべすけ》山ともいい、擂鉢状になった右手が針目山の頂き、左手が三日月山頂である。この山の鞍部は豊後笹で覆われ、腰まで隠れる笹を掻き分け掻き分け、やっと馬道に出ることができた。

遂に筑前・豊後の境に来て、追手からの解放を実感した。うっすらと白みかけてきた山端が輪郭を現し、風のそよぎが心地よかった。俯瞰する眼前に杷木の街並が見え、その向こうに、米山、黒山、そして金山峠、江栗、高山と筑後川に向かって大手連山が降りていっている。その向こうが志波村だ。右肩あがりの麻氐良山も顔を出している。筑後川は白蛇のように蛇行しながら延びているが、杷木の渡しの左手に弥吉酒場の煙突が見えている。その向こうが伴三郎の小江の集落だ。あと二里半、足も軽やかに六人は針目山の裾を下って

逃隠の思い出の山。針目山（左），三日月山（右），筑前側より望む

両山の鞍部の峠

いった。

この逸話は、その後森高浅吉が、村内で語った話である。自慢話として語ったのであろうか。失敗談としてだったのだろうか。

九　郷士の相撲の祖・大蔵永季

藤太郎は、日田郡大肥庄老松天満宮で、そして大原八幡宮で大きな体験を積んだが、その二つとも、大きな縁《えにし》に導かれていたのか、九州の相撲の元祖大蔵永季の霊に遭遇していたのである。永季の時代はどんな時代だったのであろうか。

日本の相撲は、遠く神代《かみよ》の伝説から始まったといわれる。『古事記』には、国譲りの相撲が、出雲の伊那《いな》佐《さ》の浜（現島根県簸川《ひかわ》郡大社町）で建御雷神《たけみかづちのかみ》と建御名方神《たけみなかたのかみ》の間で行われ、建御雷神が勝って出雲の国が譲られ、敗れた建御名方神は信濃国（現長野県）諏訪に移るという神同士の相撲が記されている。

『日本書紀』には、垂仁天皇七年七月七日に大和国（現奈良県）で最強といわれた当麻蹶速《たいまのけはや》と出雲の野見宿《のみのすく》禰《ね》が天皇の御前で相撲を取り、宿禰が蹶速を踏み殺して勝ち、蹶速の領地を与えられたと記されている。

しかしこれらは、古くから語り伝えられている部族間の争いなどの話が相撲の物語になり、いわゆる神話として伝承されたのであろうと言われている。

『日本書紀』には「百済の使者をもてなすため、宮廷の衛士《えじ》を集めて相撲を取らせた」とあるが、皇極天皇の元年（六四二）の記録で、これが相撲として記録の始まりではないかと言われている。

『大相撲人物大事典』（ベースボール・マガジン社）によると、次のようにある。

「聖武天皇の代になると勅令をもって全国から相撲人を集め、宿禰が相撲を取った故事にちなみ、毎年七月七日の七夕祭の儀式に、宮中紫宸殿《ししんでん》の御庭で天覧を行っている。やがて貴族のあいだでも愛好され、大規模な宮廷行事の『相撲節会』に発展していく」

「相撲節会は天皇が宮庭において相撲をご覧になり、相撲に付随した舞楽を演じさせ、臣下に宴を賜る絢爛豪華な雅やかな儀式で、平安朝に入って毎年恒例とする大規模な相撲大会となった。そして毎年七月宮中において催され、次第にその基礎を固めていき、年ごとに制度諸式も整えられ、弘仁一三年（八二二）『内裏式《だいりしき》』（宮庭の儀式を制定した書物）の中に、相撲が制度として定められた」

「こうして豪華壮麗を誇った相撲節会も、諸事情により中止となったこともありながらつづいてきたが、やがて源氏と平氏の武士台頭の争乱のうちに政権は武士の手に渡り、高倉天皇の承安四年（一一七四）七月二十五日に行われたのを最後として、ついに相撲節会は廃絶されるに至った」

相撲節会について今少し、財津永延著「相撲の紋所と日田一族」を引用して記述してみる。

「相撲節会は奈良・平安朝には、正月の射礼《じゃらい》、五月の騎射《うまゆみ》と並ぶ三度節の一つで重要な節儀とされていた。出場力士を左右二組に分け、左方が勝てばその年の田、海の幸の豊饒大漁を、右方が勝てば畑、山の幸の豊作多猟がそれぞれ約されることになっていたからである」

「節会を開催するにあたっては、左右の近衛府が早くから部領使《ことりづかい》を全国に遣わして選抜した強豪により、一七組の取り組みがある。最強を最手《ほて》、次の者を助手《わき》（脇手《わきて》のこと）とした。相撲人は褌《たふさき》の上に狩衣をつけ、剣をはき、烏帽子を戴いて場に臨むと裸体となる。左側の髪に葵《あおい》、右側に夕顔の造花を挿し、勝者はその挿《か》頭花《ざし》を次の番の髪につけた。土俵は無く、双方二人ずつの立会が出て四隅に立ち、その中で取り組む。『待った』に当る『障《さわ》りを申す』が許されたが、仏教に帰依した聖武帝が、志賀清林《きよしげ》に命じて四八手を定めさせるまで、古法三手といって、擲《なげ》る、蹴《け》る、突くの三つで試合が行われていたため、怪我人や死者も出た」

なお、この節会では、相撲の取り組み後勝者側の立会が弓を持って勝ち舞を演じ、左右によって「抜頭《ばっとう》」、「納蘇利《なそり》」と異なった雅楽を奏したという。

さて、郷土の相撲の歴史を大鑑する時、大蔵永季という人物を抜きには話が前に進まない。木藪正道著『豊後日田氏の興亡』及び西別府元日著「日田大蔵氏の祖・大蔵永季について」を参照してみる。

宮廷での相撲節会で活躍した九州一の人物が、大蔵永季である。別称、日田鬼太夫ともいわれた。豊後国日田地方にあって、郡司日下部君の氏族が没落した後、新しい勢力として大蔵氏が台頭し、地方武士団としての発展の中、永季を中心として強化されていった。保元、宇治の乱を契機として、武士団の棟梁たちが、はなばなしく、歴史の舞台に主役として登場して来た時代であった。

永季は鬼太夫と号して、身長七尺、知力・体力共に優れ、力超倫とある。延久三年（一〇七一）、一六歳で御三条天皇勅命により宮中の相撲節会に召され、爾来四九歳に至るまで常勝一五回、一度として負けたことはなかったと伝えられている。当時の記録によると、初期の段階は助手（腋とも書く）を勤めているが、康和二年（一一〇〇）より長治元年（一一〇四）まで左最手として、最高位を保持し、関白藤原師通らの響応を受け、弓三張・長絹三疋・阿佐良皮二枚等々を与えられている。

森春樹遺稿『豊西説話』その他関係書類によると、永季が相撲節会に招かれ、勝利した模様が物語風に書かれている。

延久三年、永季が初めて宮中の相撲節会へ向かうため日田を出発して、必勝祈願のため太宰府天満宮へ参詣の途中、筑前甘木の手前相窪《あいのくぼ》そばを流れる佐田川（別名「だいこん川」とも言う）にさしかかった時、童女が一人立っていた。童女は永季に向かって、

「今度の敵は普通の力士より遙かに小さいが、惣身は鉄肉であって、唯一カ所だけ弱点がある。それは額の上の軟らかい肉であるが、誰も知らない。というのも、彼の母親が子のために願をかけて、胎妊中にはまくわ瓜を禁食して砂鉄ばかり食った。そのため、生まれてきた子の全身は鉄の膚であった。しかし炎天に焼きつけられた砂鉄がのどを通らない苦しさに、母は唯一回だけまくわ瓜を食べた。そのために子の額の上に留まって、軟らかい肉となっている。決して疑うことなく、節会の時、乾《いぬい》（北西）の方を見なさい」

と言い、忽然と姿を消してしまった。

永季は奇特なことだと深く感じながらも、天満宮に参詣し勝利を祈願した。祈願成就の上は、大蔵氏の手で開拓した日田郡大肥の庄を寄進し、天満宮を勧請することを誓った。

永季は都での相撲の時、例の天下無敵といわれる驚異的怪力の出雲の小冠者と取り組んだが、手合せすべき術が見当らない。神のみ告げに任せて、乾の方を見ると、甘木相窪の例の童女が虚空に現れ、永季に向かい右手をもって自身の額の角を押さえた。はっとした永季が右手を差しのべて、小冠者の額面を摑んだところ、果たして人肉であった。しめたと額に全力でこぶしを打ち当てると、額面が破れて小冠者は敗北した。

この物語について、前出の西別府元日は、「永季が延久三年から長治元年まで相撲人として上洛・奉仕し、後年は腋・最手として活躍し、長く貴族社会に相撲人としてその名が記憶されるような存在であったこと、

すなわち系図などに見える永興寺の創建や出雲小冠者との取り組みにまつわる伝承を除けば、その核心部分はきわめて信頼できることを確認した」と述べている。

「出雲小冠者との取り組みの物語」は多少誇張されているきらいはあるが、確かに九州における相撲道の先駆者であったことはまちがいない。

前述したように、永季は天満宮の勧請を約していたが、病のため果たせず、その息新太夫宗季が父の立願成就を謝し、分神天満宮神像、霊鏡を迎えて宮の洲に祀った。それが大肥庄の老松天満宮である。この天満宮にはその後、大友藩時代までは八〇町の社領があったというが、現在の天満宮は同大肥庄中島に遷座したものである。

現在、老松天満宮では、秋祭りの呼びものとして、毎年奉納相撲が盛大に続けられているが、藤太郎が中津留伴三郎と青春の一ページを画し、相撲人生の端緒となった思い出の神社である。

永季は天喜四年（一〇五六）、日田郡司大蔵永弘の長男として生まれたのであるが、後に父の郡司を続いで二代目となった。郡司は律令時代の地方長官で、国司の下にあって郡を治めた。特に相撲に通じ、なおかつ、日田の政治経済、文化の高揚に努め、領民からは「日田殿《どん》」と呼ばれ尊称された。

永季は長治元年（一一〇四）の節会の帰途、病におかされ高熱を発した。小倉から金辺峠、小石原峠を越えた頃より高熱は一層ひどくなり、益々症状を悪化させていた。従者の止めるのも聞かず、小石原の峠から日田の山々を遠望し、「日田の地を踏まずんば断じて死せず」と死力を尽くして頑張り、鼓、宝珠山とたどり、筑前福井庄と日田大肥庄の国境、村薄《むらすすき》峠で無念の内に力尽きた。享年四九歳であった。

墓は現在の鶴河内町字鰐《わに》（福岡県東峰村福井と大分県の県境）の鰐峠（村薄峠）にある。墓碑には、正面に

「日田鬼太夫永季墓」、右側面に「于時《うじ》文化壬申《みずのえさる》九年二月子孫再営之」、左側面に「長治元甲申《きのえさる》夭逝去」、台座石に一族関係者の名が刻まれている。これは文化九年（一八一二）に子孫が建立したものである。

墓の左横には、昭和二五年一一月一四日、第三六代横綱羽黒山参拝記念碑がある。永季は現在の相撲界においても広く知られ、相撲の元祖としてあがめられている。なお、「相撲道の神様大蔵永季最期の地」の案内板が東側山道下の広場に立っている。廟所追福の地は鶴河内明星寺である。

大蔵永季を祀った日田神社

日田神社境内の力士の名を刻んだ石柵

永季は元祖であるが、相撲道を極め、「力士道之神」として最大級の賛辞を与えられると共に、死後「日田明神」として日田神社に祀られた。場所は、日田市北豆田の昭和学園高校の対岸、花月川に架かる城町橋のたもとで、滋眼山公園の麓に永興寺と道を挟んで建立されている。苔むす玉垣には、昔日の横綱・大関の名が見え、多くの力士たちの参詣があったことが知られる。

永季が勧請した神社は数多くあり、筑前国でも朝倉市入地鬼松神社、同

日田鬼太夫（永季）墓。左側の碑は
第36代横綱羽黒山政司参拝記念碑

大蔵永季が宮中の相撲節会における出雲の小
冠者を組み敷いている扁額（大原神社蔵）

市相窪鬼松神社などが現存しているし、大分県と境を接する朝倉郡東峰村福井、永季の眠る墓の下方に建つ福井神社では今も奉納相撲が秋祭りに合わせて行われている。

　地元日田には数多くの永季にまつわる遺物がある。大原八幡宮（日田市田島）の大鳥居には「大波羅野御屋新呂」の扁額が掲げられているが、これは永季が節会相撲での勝利の恩賞として、大江匡房《おおえのまさふさ》揮毫の額を頂き、それを大原神社に奉納したといわれている。そのことを示すように、鳥居の柱には「大江匡房卿真蹟」と刻まれているが、現在のものは、江戸末期に模したものが再建されたのだという。

　また同社、神楽殿には、例の出雲小冠者との壮絶な相撲の戦の扁額が納められている。これは、若八幡宮（日田市上宮町）の扁額を模したものという。

　この広大な神域を持つ大原神社では、数多くの奉納相撲や万願・勧進相撲が行われてきたが、藤太郎にまつわる「村対抗相撲」の逸話もここから生まれている。

一〇　麦泥棒事件

この年、万延元年（一八六〇）は未曾有の大雨大水であった。普段でも、もろい花崗閃緑岩の風化した地が多い梅ケ谷一帯は、山崩れが多く、清水谷の灌漑池を埋め、段々畑の土手を崩していた。藤太郎の家の南前を流れる谷川も決壊して、谷向こうの山畑に行く里道は寸断され、金山峠へ登り出ることも容易ではなくなった。北の方、三原弾正の墓下もやられ、墓野坂は通れなくなった。里道を通って町中に通じる谷あいの馬場の春や、その下の大門尻には上流からの土砂流で田が埋もれ、土砂は北川を塞き止めて造った堤《つつみ》に流れ落ちていた。

このような状況の中、藤太郎の家でも、小作中心の生活、田畑の壊滅を考えると、小作料さえどうやって支払えるか分からない状況に陥った。まず家周り、田畑の修復が第一となり、藤太郎は兄弥平をどうしても助けなければならなくなった。大石の弥吉旦那には事情を話して暇をとり、田畑の復旧作業の毎日となった。田植えが迫っているので、田の修復は急を要した。瓦礫《がれき》を集め、決壊した場所には土手を築いた。何十間もの決壊した田畦《あぜ》の修復には時間がかかった。一日があっという間に過ぎていくが、時間の余裕はない。夜は松明《たいまつ》を焚いて、薄暗い闇の中で懸命に働いた。突貫工事である。棚田の畦からは水を張った時、水洩れしてはならない。水稲と言われるように、稲は水がなければ枯れてしまう。地面は水平でなければならない。水が行き渡らないからである。父藤右衛門が弱った体で泥まみれでこれにあたった。

山積する水害の応急処置が一段落したのは、真夏の盆が真近な頃であった。この時、最も深刻な問題が藤太郎にふりかかった。

江戸の末期、村の家々は麦・粟を主食としていた。狭隘な志波村は田畑が少なく、したがって米の収穫量も少なかった。その米も、租税にとられたり、残りは販売して、現金収入にしなければ生活できなかった。麦は裏作として、稲の収穫後に作付した。水をそれほど必要とせず雨水で十分だったので、畑でも育成できた。そんなわけで麦飯・粟飯が普通で、米粒は麦飯の中にわずかに混じっている程度であった。

麦は収穫しても、そのままでは食べられない。籾《もみ》と同じように、麦の表皮を剝がなければならなかった。表皮を剝ぐのは水車や人力で搗《つ》くことによってできた。

そんな時、どうしても人手が足りないので麦（裸麦）を搗いて欲しいと藤太郎は頼まれた。水車を使っていた家であったが、今度の水害で水車が使えなくなったので、木臼で搗かなければならなかったのである。搗く要領は心得たものであったので、段取りにしろ、搗き加減にしろ、さほど苦にはならなかった。一俵（四斗）の麦（裸麦）を昼前に搗きあげ、家に帰った。誰もいなかったので、何も告げずに家に帰ったのが世運の始まりであった。

藤太郎は昼食を済ますと、弥平兄を手伝いに山に登った。ソバの手入れであった。夕刻早めに終わったので、山を下り家に戻ると、母のトメがきつい顔で藤太郎のところに寄ってきて、袖を引っ張り裏戸の方へ連れていった。今までに見たことのない顔付きであった。

話のあらましはこうである。

藤太郎が今朝麦搗きをした家のおかみがそわそわした態度で訪ねてきて、搗いてもらった麦が一斗（約一五キロ）程足りないが「藤太郎さんが知らんじゃろか」ということであった。「知らんじゃろか」ということは、疑われているということで、単刀直入に言えば「盗人《ぬすっと》」呼ばわりされたということである。「そんなこつがあるもんか。おれは一度だって人様の物に手をかけたことはない。あほらしいが、ええ、おれがちゃんと始末する」

と、そのまま家を出た。藤太郎は村を下り、町中の浅吉を訪ねた。事情は言わずに「麦一斗売ってくれ」と言った。浅吉は何のことかとびっくりしたふうで、

「何かおまい、こん前の相撲で困ったことでも起きたんか」

と心配そうであったが、それ以上のことは訊ねることなく、穀櫃《こくびつ》から出してくれた。藤太郎はその足で例のおかみの家に行き「受け取ってくれ」と言った。おかみは聞こえないような小声で「すまんね、藤ちゃん」と言った。媚びるようなその声に、腹立たしさはつのったが無視してそこを離れた。

翌朝、またおかみが訪ねてきて、裏庭でなにやらトメと話している。

おかみの娘が言うには、「きのうの昼すぎ、兄《あん》ちゃんがそそくさとどこかへ麦を持ち出していた」というのである。「その息子はゆうべは帰って来なかったし、訊ねようもないが、例のくせが出たかと身内の恥をさらすことになり申し訳ない」と平あやまりして、かくれるようにして谷を下っていった。例のくせとは、若者が小使い銭かせぎに自分の家の物品を持ち出し、金銭に替えるのであった。息子にはそのくせがあり、夜遊びなど遊興費にしていたのである。トメは安堵の胸をなで下ろすやら腹立たしいやら、煮え切れない複雑な気持ちでこの顚末を藤太郎に話した。

藤太郎はこのことがあってから人が変わったように無口になった。家族の者ともあまり話をしなくなった。夜も悶々として眠れなくなった。重労働で睡眠時間がない時以上につらかった。「なんでこれほどまでにお

れは人に蔑《さげす》まれ、疑われなければならないのだろうか」。怒りのはけ口のなさに胸の裂ける思いだった。相撲では人に負けていないが、そして賞賛の言葉を受けるが、あれはうわべだけのおべっかなのか。大飯喰いで、定職がない渡り鳥の阿呆たれで、あちらこちらこの村でこき使われる。嘲笑われている。

この村の姑息《こそく》でいやらしい根性は絶対許せない。いやだ、いやだ。この村から逃れたい。ばかばかしい。今に見ておれ、絶対に見返してやる。いや、見返さなければならない。

この事件の後、藤太郎はまた弥吉酒場に戻った。やりきれない事件《ことがら》が続々と起きたが、何もかも払拭してがむしゃらに働き、相撲の基本稽古に没頭し、この頃から、宮相撲などには「梅ケ枝」の四股名を名乗るようになった。どうしても自己を確立させたかった。自分には相撲しかない、と強く思うようになった。

一一　揺れ動く心

文久元年（一八六一）、藤太郎は一七歳となったが、自分の将来についての考えは悶々としていて、まだ固まらなかった。相撲に対する熱情は益々たぎっていったが、今一つふんぎれないのが父の急激な衰えによる病気の心配であった。あんなに好きだった酒も、この頃はピタリと止めて、涙もろくなった。家に帰る度に、藤太郎、藤太郎と呼んで、「もうよそに行かんでくれ、家で働きゃええじゃんか」と言う。弥吉酒場へ帰ろうとすると、涙ぐんで家の坂下まで降りてくる。

これほどまで愛してくれる父母に孝養を尽くすには、郷里に留まることが本道なのか。しかし今のままで方々に雇われ、男衆として働くだけでよいのか。いや、それは自分の自負心が許さない。堂々巡りする思案の中で心の疲労が極限に達していた。

弥吉酒場での仕事の合間には、できるだけ伴三郎の相撲場に通った。伴三郎の注告は理に適い、説得力があった。何をするにも半端で終わらないその生き方に敬服している藤太郎にとって、伴三郎は師匠であり、ライバルでもあった。そのライバルである伴三郎にも、師匠がいることに気づいた。

中津留家へ相撲の出稽古二回目の日、馬車を牽きながら帰ってきた伴三郎と一緒だった四〇がらみの男衆・おっちゃんがその人である。彦山光三筆「大相撲黒白草紙――梅ケ谷初代中心時代」によれば、「おっさん」は、土佐漁師のせがれで、大坂相撲で三段目頭までなったが、訳あって相撲を廃業し、中津留家の男衆（作男）として働いていた。この「おっさん」が伴三郎の指南番であり、相撲の極意を伝授していたというのである。しかしこの「おっさん」については、確たる証拠というか、地元の話にはまったく出てこない。詮索はともあれ、相撲通の男衆がいたのは間違いないのではないか。なにしろ、二代にわたって相撲好きの親子の家柄、類は類を呼び相撲通の人物はいたであろうと想像してもおかしくない。

おっちゃんは仕事じまいの後、時々土俵に現れてはちょくちょく声をかけ、伴三郎を通じて欠点を指摘してくれた。もう一人の指南役は伴三郎の父十助であったが、十助はほとんど顔を見せなかった。庄屋としての仕事に没頭しているためか、もう年のせいで相撲に興味がなくなったのか。おそらく前者のためであろう。

この年の九月、大きなニュースが飛び込んできた。江戸大相撲の雲龍が吉田司家から第一〇代横綱の免許を受け、一〇月場所後、郷土入りをするとのニュースであった。伴三郎は例の箕嶋関から連絡を受け、ぜひ会いたいと返信を出したところだった。郷土の大大関（横綱は一種の名誉称号であり、まだ番付表には名称としては出てこない。番付表では大関が最高位であった。正式に番付表に横綱が載ったのは、明治二三年〔一八九〇〕五月

雲龍が寄進した海童神社の鳥居（雲龍資料館蔵）

雲龍久吉の肖像（雲龍資料館蔵）

場所、初代西の海からである）で、横綱になるのは、福岡・久留米・柳川・小倉の諸藩では最初であり、民衆の関心も非常に高かった。

雲龍の帰郷を聞くと、まだ一回も見たことのない江戸相撲、それも横綱という称号を持ち、最高位の大関という関取りを是非見てみたいとの願望はつのった。しかし、秋の収穫を終え今から酒造業は本番となる。岩次旦那に言える話ではない。藤太郎はこの件については弥吉酒場で一言も話さなかった。

その後、伴三郎は雲龍の山門の郷土入りを直に見聞してきたのである。郷土入りでの地元の人たちの大歓迎の様子は、鳥肌の立つほどの景観であったし、鳥居や石灯籠の奉納という信仰心強く、地域への感謝の表示は、人としての生き方を伴三郎へ改めて教示したのだった。伴三郎は、行けなかった藤太郎の心情を思いはばかって、多くは語らなかった。お互いに雲龍の栄進と名誉については語らなかったが、藤太郎の心の内に相撲への傾斜が加速しているのは事実であった。それは一つの賭けであり、ある意味では貧乏からの脱却という羨望でもあった。自分の身の周りの者が皆自分と同じ境遇であるとしても、その中で自分の境遇が良い方だとは思っていなかった。したがって、横綱雲龍がどんな苦労の中からはい上がってきたか、その環境についても知る由もなかった。

雲龍は天保二年（一八三一）、疫病によって両親を一度に亡くしてしまった。身よりの少ない彼は、三人の弟の面倒を見なければならなかったが、九歳という未熟な少年は、一家の大黒柱として、日夜父、母親二役をこなさなければならなかった。糊口を凌ぐ毎日、家が有明海に近かったので、魚業や田畑の耕作、そして人夫として重労働に耐え忍ぶ末の、相撲道への転進だったのである。

一二　甘木の大坂相撲

明けて文久二年、藤太郎は一八歳となった。

この年江戸・大坂合併相撲が筑前の甘木町に巡業で来たのは晩春のことであった。江戸相撲の梅ケ枝（この年改め両国）、天津風両関を迎えての三日間の興行であった。

興行はどこで行われたか定かでない。甘木須賀神社の三浦宮司によれば、須賀神社の東あたり、または庄屋町の南、現西鉄電車甘木駅の東あたりだったのではないかという。

藤太郎は興行二日目、前相撲の飛び入り相撲に、宮相撲仲間と出場した。出場にあたって、四股名のある者に対しては四股名で呼び出しがあった。ここ一、二年「梅ケ枝」を名乗っていたのだが、番付東大関が梅ケ枝の四股名であることを聞き、恐れ多く感じた藤太郎は、同じく参加していた伴三郎の意見も取り入れ思案のあげく、郷里の上座郡大字志波字梅ケ谷の字名を取って「梅ケ谷」で呼び出してもらうことを願い出た。

この時の状況を、「角力新報」（三号、角力新報社）は次のように述べている。

「甘木町の大相撲興行場へ行き他の宮相撲と共に飛入して相撲《すまふ》ひし時も大坂大関梅《うめ》ケ枝《え》と云ふものありし

を以て梅ケ枝と名称《なの》りて土俵に出づるを顕《あらわ》さざれば梅ケ枝の藤太郎は字梅ケ谷の名を取りて梅ケ谷と名称りつゝ土俵に顕はれ大坂組の四五十目《め》の（当時大坂力士は大関にて七十目止りなりしと）（現今東京大相撲幕下三段目に相当すべし）力士等は藤太郎の梅ケ谷と取組しも勝つ者とてはなかりしかば梅ケ谷の名は四方に響きあれ強のものよ関取よと人口《ひとぐち》に嘖々《せきせき》と伝へられしかば（略）」（原文のまま）

この時、藤太郎は身長五尺七寸（一七一センチ）余、体重二二貫（八二・五キロ）強で、筋肉質、ひきしまった均勢のとれた体軀で、敏捷な相撲を展開したのであった。

「角力新報」（三号）の記述の中で、「大坂大関梅ケ枝」とあるが、この番付大関はこの地方巡業での番付（当時は全力士が地方巡業に参加しているとは限らなかった）で、当時の大相撲では西幕下三枚目（現十両三枚目）、四股名はこの年梅ケ枝玉吉より両国梶之助と改名している力士と思われる。とすれば大坂相撲でなく江戸相撲での力士ではないか（甘木での相撲は江戸・大坂相撲の合併相撲であった。ちなみに、その後両国は関脇にまで昇進している）。

大坂の四〇・五〇目とは番付三段目あたりで、誰一人として藤太郎に勝てなかったと言われている。大坂相撲では、その時の力士の給金で呼称しているが、四〇目は四〇匁《もんめ》、五〇目は五〇匁のことである。

当日の藤太郎の飛入相撲での実力は、周りの者をびっくりさせると共に、藤太郎自身にとっても、ゆるぎない確信となって心をゆさぶるものがあった。この日の相撲を食い入るように見ていたのは、伴三郎一人ではなかった。例の大坂頭取湊由良右衛門の目代不取川清助が、スカウトの目を光らせていた。

伴三郎はこの日甘木に宿泊するつもりであったが、藤太郎を同道して、藤太郎の家に向かった。道程三里（一二キロ）、二人の足どりは軽やかで、今日の相撲の取り口をお互いに批評し合った。途中伴三郎は藤太郎の身の振り方については何も言わなかったが、志波の麻氏良山や高取の山々が見えてきて、木丸殿の秋の田のあたりまで来ると、伴三郎は「実はなあ藤太郎」と話しかけた。

「志波の方に来たのは、あんたに決心してもらいたいから来よると」

「何の決心ですか」

「うん、あんたに大坂相撲に入ってもらいたいと」

「やっぱりそうじゃったんですか。どうして一緒に帰ってきてくれさっしゃるとじゃろかと思っちょったとです」

「このまま、あんたの家に行って親父さんやおっかさんを説得したいと」

「それはありがたいことです。わしも今日の相撲でかなり自信がつきました。でもおとっちゃんが近頃体の調子が悪くて、めそめそ泣いたりするし、家におってやらんといかんなあとも思っちょるとです。それに兄ちゃんにゃ子どもができたし、自分たちの生活だけで精一杯のごたるし……」

「そりゃー、ようわかる。ばってん、藤太郎の生活を見ていると、相撲で立派にやっていけるち今日はつくづく思ったし、雲龍だって横綱になった。雲龍は両親が早うなくなって親孝行はできとらん。ばって村のためには色々なことをやっている。あんただって、しっかりがんばれば、大関や横綱になれるし、それは親も喜んでくれさっしゃることとうけあいで、それが一番の親孝行ではないかなあ」

「…………」

「まあ、今日おやじさんに会って、おれから話してみろ。あんたなら立派な関取になれるちゃ」

二人が梅ケ谷の家に着いたのは暮れ六つ過ぎであった。藤太郎の父藤右衛門夫婦は、伴三郎の突然の来訪に驚いたが、かねがね世話になっていることは藤太郎から聞いていたし、宮相撲で見かけたこともあったので、わだかまりはほとんどなかった。ひと通りの挨拶のあと、伴三郎は来訪の目的を告げた。

「とにかく本人はわかっていると思いますばってん、今日の大坂相撲の飛び入りはみごとでした。大坂相撲の中堅どころを総ナメにしましたし、他の飛び入り衆にはない相撲でした。これはあたし一人の見方ではないと思いますが、いずれ目代の不取川さんがいらっしゃって、大坂相撲に入れるようお願いの話があると思いますけ」

「そりゃあーまことにもったいない話ですが、藤太郎もずうたい（体格）はええんですが、なにしろ、田舎相撲でのこと、全国から集まっている大坂相撲で通用するかどうか……。そりゃあ、あたしにはわからんこって、えらい心配でしてな」

「そりゃあオトッサマ、オッカサマにとっては、目に入れても痛くない大事な息子さん、ご心配もごもっともなことです。でも藤太郎さんには藤太郎さんの人生があるのですから、そして、これだけの素質を持っている者は筑前・筑後の国には居ないわけですから、ぜひやったらいかがでしょうか」

「正直なところ、ものになりまっしょうか」

「そりゃあオトッサマ、はばかりながらあたしと藤太郎さんは兄弟のようなもん、ここ数年ようー藤太郎さんとも相撲を取ってきました。一番知っちょるのはわしじゃなかでっしょうか。藤太郎さんは生まれつきの骨太、そして筋肉質できっちり体がしまっちょります。それに山仕事の馬草刈りでは枴《おうこ》（両端が尖《とが》って荷物を突き刺し、担う天秤棒）で草を担《にな》い歩いているせいか、バネがすばらしいです。重い荷のため爪先に力を入れてふんばるように歩きますからでっしょうね。もう相撲を取る基礎はできちょります。一番あたしが感服しちょるのは、ねばりといおうか根性といおうか、こりゃあ日頃見ていて恐ろしいほどです。この根性がありますき、きっとどんな苦労にもへこたれんち思います。先般山門で雲龍関に会ってきましたばって、あん人は早う両親を亡くし三人の弟の面倒を見てふとっちょりますし、大坂相撲から江戸相撲に出て去年は立派な横綱になって、地元に帰ってきちょりました。あたしゃ藤太郎さんにも横綱になって欲しいとです」

「わかりました。おい藤太郎、おまいはどう思ちょるとか」

父親は自分の気持ちがまとまらず、息子の方へ言葉を向けた。

「うーん、おどん（自分）はおとっちゃんたちの言うとおりでええ」

「何言うちょるとか。おまいのことじゃねえか。おとっちゃんたちのことは何も心配せんでええ。弥平夫婦《みようと》がいるしおっかしゃんもまだ元気だし、何も心配せんでええ。おれはだいぶ弱ってきちょるが、おまいが出世してくれりゃ、そりゃ嬉しい。おまいに散々苦労かけてきたが、そんこつが申し訳ない」

少ししんみりとした雰囲気となってきたので、伴三郎は

「まあ今日の今日では心の整理もつかんでっしょ。できれば前向きに考えてみて下さらんか。――じゃ藤太郎さん、あしたも甘木に行ってひとあばれしようかな」

伴三郎は春にはめずらしく夜空の澄んだ暗闇を、下げ灯提を借りて馬道を降りていった。麻氏良の方に向かって北斗七星が輝いている美しい夜だった。

三日目も藤太郎は大坂相撲中堅どころと相撲を取ったが、相変わらず一人として負けることはなかった。不取川清助は番付表を左手に持ち、右手の筆を動かしながら何やら書き込んでいる。ひと時もじっとしてい

ることなく、眼が左右に行き交っていた。藤太郎はそれを無視しながら相撲を取った。土俵の周りでは、地域びいきというか、本職の力士を負かす度に大きなどよめきと共に拍手喝采が起こった。ひいきからは纏頭《はな》やまわしが贈られ、藤太郎の喜びも頂点へ達した。

一三　大坂相撲への勧誘

大坂相撲の甘木興行は大盛況で、勧進元も大満足であった。次の興行地に移動のための準備を進めていた取り組み終了後、不取川清助の傍に天津風がやって来て、「圧倒的な力を見せたあの若者は誰か」と訊ねた。「以前から目に付けている小江藤太郎で」とその力量を天津風に伝え、「できれば大坂相撲に遣りたいと既に湊由良右衛門には話している」と告げた。

藤太郎の活躍は、その日の内に志波村に知れ渡った。藤右衛門、トメ夫婦もこの時ばかりは心底から喜びが沸き上がった。例の素村家で生蠟業の小江市助も、さくらの馬場の坂道を酒徳利を抱えて祝に登ってきた。麦泥棒騒動のおかみは、例によって、近所の女衆と口きたなく「なあーに田舎じゃえらい剣幕ばって、本職にゃ太刀打ちでけやあせんが。ここいっ時が関の山じゃろうな」と吾が息子と較べ、あまりにも上出来の近所の息子に歯ぎしりしながら嫉妬していた。

不取川清助が藤太郎宅を訪ねたのは、大坂相撲一行が甘木を去った二、三日後の事であった。不取川目代は早速、大坂相撲へ上坂することを切り出した。不取川とは、嘉永六年（一八五三）春、相川藍染紺屋奉公の折に「藤太郎はまだ九歳だし、成長して相撲取りになるようなことがあったら、決してよそにはやらない。

きっとあんたに頼む」と約したいきさつがあり、藤右衛門はいよいよ時期到来かと腹を据えなければならなかった。勿論、中津留伴三郎の来訪の後腹は決まっていたのであるが。

母トメは反対であったが、それは、母親としての動物的本能からのものであった。しかし事ここに至り、トメとしても、この志波に留めても藤太郎を幸せに自活させていく目途は考えられなかった。腹を痛めて産んだ子。自分に似て芯のすわった素直な子。そして骨太で自分の体格を受け継いで立派に育っている子。この子ならきっと後世にこの母親トメという者が産んだ子だという証を残してくれるかもしれない。藤右衛門と夜な夜な話し合った末の結論は、トメの心の中でも固まっていた。

一方藤太郎の気持ちはというと、これも中津留伴三郎の来訪の翌日の夜、藤右衛門夫婦、兄弥平夫婦、藤太郎と家族会議を開いていた。この日は藤太郎も常日頃の自分の思いを全部はき出した。

自分が今までやってきたこと。幼い頃の甘木相川藍染紺屋でのこと。弥吉酒場や佐賀崎村の医院での生活。村中での数知れない屈辱。「御器潰《ごきつぶし》」（大飯喰い）とののしられ、体よくこき使われてきた憤懣やるかたなしの日々、そうやってぶっつけてきた相撲へのはけ口、徐々に昂まってきた相撲への傾斜、同じ苦労をするなら相撲で身を立てたい。そのために大坂に行きたい。何が何でも頑張って日本一になりたい。ここ志波にいても、ちっぽけな親孝行しかできない。おとっちゃんたちの三反（三〇アール）百姓では、奉公奉公と人さまに頭下げの毎日。自分の親孝行は世の中のみんなの人が喜んでもらえるものでありたい。みんなに喜んでもらうには、それは相撲で日本一になるしかない。

藤右衛門は悶々として何も言えなかった。この子の言うとおり。小さい時からずーっと奉公に出しっぱなしだった。申し訳ないと心底から思った。しかし、そうしなければ生活は成り立ってこなかった。奉公に出

白梅の里・梅ケ谷

たのは藤太郎だけではなかった。村の若者は大なり少なり糊口を凌ぐために苦労をしてきている。家族のことを思うなら、ささやかではあるが藤太郎には今のままでいてもらいたい。それがささやかな家族の幸せだと思ってきた。でもそれでは藤太郎にすまない。藤太郎が言うとおりだ。藤太郎の言うとおりだ。そう心に決めた。

藤右衛門が口を開こうとした時、トメが先に口をはさんだ。

「藤太郎には本当に苦労をかけた毎日だった。今からは自分の道を進め、あたいたちはどうにかやっていける。おまいはすばらしい技を持っちょる。かわいいおまいだけど、日本一の関取になっておくれ」

トメの目には涙が光っていた。兄の弥平も口を出した。

「藤太郎、うちのことはまかせとけ。おれたち夫婦で、おとっちゃまおっかしゃまは守る。この志波におったってらちはあかん。誰でもできることじゃあねえけん、おまいは大坂に上れ。日本一になれ!」

この家族の結論を踏まえて、と藤右衛門は取不川目代に会いに行くつもりであったが、不取川の方から足を運んできてくれたのであった。したがって話はすぐに決着した。

不取川の持ってきてくれた酒で決め酒の盃《さかずき》を済ますと、不取川は今後の段取りとして、「大坂相撲頭取湊由良右衛門と連絡を取り、今年中には上坂できる手筈を整えたい」と言って谷坂を降りていった。

晩春、連なる谷あいの梅木には新しい芽吹きの薄緑が、午後の陽を浴びてまぶしく輝いていた。

第四章　大坂相撲へ

上坂の話が決まったのは、文久二年（一八六二）歳の瀬も迫った一二月上旬のことであった。甘木の不取川清助は、藤右衛門家の快諾を受けた後、早速大坂の相撲頭取湊由良右衛門へ書面を送った。湊一門は大坂相撲六月場所（この頃は年一回の興行）後、巡業に出ていたので返辞が遅れていたが、「明けて文久三年早々に来るように」との連絡があった。不取川はこの旨を藤右衛門に伝え、正月前に地元梅ケ谷を発つことを予定したらどうかと今後の計画を話した。日程が決まった以上、一刻も早くという双方の思いはあったが、問題は引率同伴をどうするかであった。全く知らぬ大坂への長旅に一人送り出すことは、度胸のある藤太郎とはいえ、親として忍びなかった。

例の生蠟業を営んでいる近所の市助に、近い内取引きなどで大坂方面に行くことはないかと尋ねたが、今のところ予定はないということだった。そのことを不取川に告げ、甘木方面で誰かいないだろうかと頼んだのである。

しばらくして不取川は、甘木町の紙商松屋重兵衛が紙の取引きのため大坂方面に上るということだが、それに同道ではどうかと言ってきた。

そこで話は決まり、松屋重兵衛の商いの一二月下旬と日程が決まると、藤太郎は弥吉酒場と中津留伴三郎を訪ね、暇乞いをした。

弥吉酒場では、岩次以下酒男衆がしこみ蔵より出てきて、藤太郎万蔵、万蔵と両手を挙げて見送ってくれた。帰りしな岩次旦那は、旅費の足しにと包みの餞別を手渡して言った。

「どんなことがあっても今の初志を貫け、おまえの気魄と根性は痛いほどわかっちょる。わかっちょるき言うが、唯にも負けるな。日本一を目指せ。日本一になるまで帰ってくるな」

藤太郎の手を両手で包み切々と言った。藤太郎は、日頃何も言わなかった岩次が、本当は一番よく自分のことを理解し、助けてくれていたのではないかと思うと、涙がポロポロと落ちた。

涙を拭き拭き、丁重に頭を下げ、次の挨拶先の中津留家に向かった。

岩次旦那は「日本一になるまで帰ってきてはならぬ」と言った。もうこの筑後路に足を入れることもできないかもしれない。振り返ると、筑後川左手高く三ケ月山、そして鍋《なべ》すけの曲線がせりあがり、針目山が見える。ふっと大原神社での相撲のことが頭をよぎった。夜を徹して逃避行した懐かしの山々、あの山頂からはこの弥吉酒場の煙突がよく見えた。やっと母親のふところに帰れたとの思いがした。

足元には袋野からの疎水がまぶしく光っている。その向こうに米谷の水車が回っているはずだ。今思えばあの時の苦しみがうそのようだ。精白した米を臼よりすくい出しながら俵に移し移し、睡魔におそわれた真夜中の労働、あんな苦しみから抜け出せるのだろうか。大坂ではどんな困難が待っているのだろうか。体の向きを変え、藤太郎は期待と不安を胸に足を速めた。

高見を過ぎ、糸丸、そしてとうとうと流れる堀川の大石・長野水道を右に折れ、筑後川沿いに原鶴の対岸角間、小江村へと入った。枯嵐が筑後川を渡って容赦なく顔面をたたいた。道端のすすきが行く手に邪魔であったが、意地になって突き進み、雷神社横を抜けて中津留家に入った。

伴三郎は家に居て年末の帳簿の整理をしていた。いよいよ上坂の日程が決まったことを告げると

「いよいよ来ましたか、雲龍に負けない横綱を目指して頑張らんば。まだ黒田藩からは一人も横綱は出ちょらんきな。わしもあんたが大坂に上る日を今か今かと待っちょったきね。ばってあんたが居なくなると、筑前の横綱がおらんごつなるき、張り合いがなかーごとなるばい。取り納めに一番やるかね。もう今日は用件はしまえたっじゃろ……」

「今日は挨拶に来たんで、まわしを持ってきちょらんとですが……」

「心配いらんて」

と言うと、伴三郎は雲斎織りの例のまわしを持ってきてくれた。例のというのは、藤太郎が最初に伴三郎家を訪ねた時、貸してくれたまわしであったからだ。きれいに洗濯し保管していてくれたのである。

「さあ藤太郎、かけ引きなしの相撲ばい。大坂に行っても絶対八百長はだめだ。あんたへの信頼は全部なくなってしまう。やったら破滅ばい。相撲道を窮めて欲しい。それがわしの餞《はなむけ》ばい。絶対忘れんどって。こんまわしは、今日終わったら持って帰って。粗末になるかもしれんばって、今後使える時は使ってやって。わしのお守りと思ってな」

「ありがとうございます。伴三郎さん、ご恩は決して忘れません」

二人は立て続けに何番をも取った。かけ引きなしの真剣勝負であった。土俵に上がれば、先輩であろうが、

恩師であろうが、勝負は神聖なものでなければならない。恩師に勝つことが、弟子としての恩返しである。

伴三郎の取り口は今日が一番激しいものだと藤太郎は感じた。伴三郎の思いがひしひしと感じられ、胸が熱くなった。伴三郎と取るのも今日が最後かもしれない。伴三郎の容赦しない仕掛けに、藤太郎も喧嘩に似た張り手を出すなど動物の咆哮《ほうこう》のように咆え狂った。

二人共、涙していた。叶えられない夢をお互いに抱きながら、まだ見えない未来の目標に、一生をかけて頑張ることを誓い合う儀式にも見えた。それは言葉での等閑《なおざり》の誓でなく、血判にも似たものに思えるのであった。

相撲のあと、伴三郎は見立ての馳走を用意していてくれた。初めて祝酒がおいしいと感じた。豪壮な三間続きの座敷での見立てに身震いを感じ、中津留家を後にした。

一　出　立

藤太郎がお世話になった人々にお礼と出発の挨拶を済ませたのは、一二月の二〇日を過ぎた冬枯れの日であった。その日の内に出発したが、藤右衛門・トメの両親と兄弥平が甘木まで同道した。何かと世話してくれた市助や、兄嫁のカメヨが二歳になった長男の弥太郎を抱いて、谷下まで見送ってくれた。村内の者もそれと知って、軒先に出て来て「頑張れよ」、「体に気をつけてね」と激励の拍手で送ってくれた。記念すべき出発の日であったし、村内の者はそのことを知ってはいたが、大々的に見送るだけの余裕はなかった。正月は近づいていたが、麦蒔きがまだ終わらず家族総出で、櫨の実ちぎり、紙漉きの準備、楮《かご》の木の切り取り、原木の釜蒸し、皮剝ぎと、老人から子どもまで働けるものはすべての仕事をしており、見送りたくても、極端に言えばその段ではなかったのであった。

朝日が麻氏良山の頂きや高取山を照らし始め、麓の影の部分は徐々に明るさを増してきていたが、まだ梅ケ谷の集落には陽は届いてこなかった。谷間の田畑畦や路傍に点在する梅の木々は所々早咲きの花を咲かせ、一行の門出を祝福するようであった。

志波宝満宮眼下の筑後川と両筑平野

藤太郎は、六八歳になり足腰の弱った藤右衛門をかばいながら谷を降りていった。町中を過ぎ、筑後川端の村社宝満宮に立ち寄って道中の安全を祈願した。一段と高台に金比羅宮が祀ってあり、そこに足をのばすと、宮舟の渡しの向こうに伴三郎の邸宅が見えた。藤太郎は人目はばかることなくそっと手を合わせた。

お宮を下って村の西はずれ、本陣橋まで来ると扇状地となった志波の村奥が一望できた。東と西の山峰が狭まった谷奥右端に、黒山がどっしりと見えた。自分の家はいくつかの小さな谷の稜線が落ち合った只越の森にかくれて見えなかった。何故か藤太郎は、もう見納めになるのかもしれないと一瞬思った。どうしてそう思ったのかわからなかったが、その一瞬は決定的な一瞬に思えた。

甘木への道中はゆっくりと両親に合わせたものだったが、別れを惜しむ親子の親密なひとときの道中はそんなに疲れを感じさせるものではなかった。櫨の並木道の十文字を過ぎ、佐田川を渡った所、地蔵茶屋で昼食をとった。久しぶりの水入らずの外食であった。

甘木の不取川の家に着いたのは、それから半時程後のことであった。不取川は事の成就を心から喜び、大坂相撲の頭取湊由良右衛門への添書と、金十両を旅費として与えた。その足で藤太郎は兄と一緒に、同道してくれる紙商松屋重兵衛を訪ねた。父親と一緒に訪ねるつもりであったが、三里の歩行に疲れが重積して、兄弥平が代わりにお願いに訪ねた次第である。

重兵衛に丁重に同道を頼むと、藤太郎のみごとな体格に満足したのか姑息なまでの微笑を浮かべて、

「やあ、どんな方かと思っとりましたらこんな立派な体のお方、安堵しました。実は播州三木に用件がありましてな、急ぐ用でしたのでちょうどよござぃました」

「実は……」

と言いながら、玄関先にある荷物を指さして

「この荷物を持っていってくれさっしゃれんかな。私としても大助かりになるとですたい。なにしろ急な注文でして、困っちょるところでした」

その荷物はと見ると、柳行李（コリヤナギの枝の皮を除いて乾かしたものを麻糸で編んで作った荷物入れ）三重ねの油紙包みだった。一瞬、藤太郎は弥平と顔を見合わせたが、弥平が目配せをしてわずかに顔を横に振った。ちょっと間を置き藤太郎は我に返って、

「はいっ、よござす。お願いします」と頭を下げた。

柳行李は五貫目（一八・七五キロ）の荷物が普通だが、この日の荷は三重で一五貫目（五六・二五キロ）程

を背負わなければならなかった。重兵衛の家を出ると憤懣は爆発した。

「なんでおれがあんな三重もある柳行李を運ばにゃいかんと。いいかげんにもほどがある。なんでおりゃあここまで馬鹿にされにゃいかんと。今まで村中でも、この郡《こおり》でも、体よくこき使われて、おべっかを言われておれがわからんとでも思ちょるとか」

弥平と二人だけで木枯しの吹く人通りの絶えた町中を通り抜けて行きながら、藤太郎は荒れていた。

「藤太郎、おまいの気持ちはようわかる。ばってそれを抑えきらにゃ男じゃねえ。その気持ちを持っちょることがわかって兄《あん》ちゃんはうれしい。まちがいはねえ。耐えにゃ。耐えきらにゃ大物にゃなれん」

藤太郎は兄に言われるまでもなくわかっていた。今まで無理難題に耐えてきたのは何のためか。ただ一つ「初志貫徹」あるのみ、と耐えてきたのではないか。もうよそう、この晴れの門出に両親や兄にこれ以上の心配はかけまい。親もわかってくれている。ここで憤慨すれば、親は自身のふがいなさと己を責めるだろう。今ここで親を自責の念に追いやってはならない。

旅籠に帰った二人には祝膳が待っていた。皆そろって大好きな酒に舌つづみを打ったが、四人そろって早めに床についた。


翌朝六つ時（六時）に宿を出た一家は、重兵衛の家に行き、改めて道中のことを頼んだ。甘木に嫁いでいた姉のアサノも見送りにきてくれていた。

藤太郎が柳行李を山ほど背負って出てきた時、両親はその異様な出で立ちにびっくりしたが、弥平が、前に出ようとする二人をそっと手で制した。藤太郎は、

「じゃ」

とひとこと言って重兵衛の先に立って歩き出した。顔は青白くこわばっていた。あまりのあっけなさに一家は呆然としながら「体に気をつけるとよ」という母トメの言葉が響くだけだった。アサノも「がんばって」と言って手を振ったが、藤太郎は振り返らなかった。藤太郎ははりさけるような寂寥感でどうすることもできず、金縛りのまま歩を進めるだけであった。

秋月の野鳥《のとり》を過ぎた頃、ようやく朝日があたりを染めてきた。段空庵《だんごあん》の八丁川の岩を伝う水の音が、ここらで「一休みしませんか」と誘いをかけているようだった。秋月より二里弱、八丁峠までは急峻な坂が連なった難所が続く。あまり話すこともなく、藤太郎は、重兵衛の話しかけに「はあ」とか「そうですか」と単語で語らうので話しづらそうであった。段空庵で足を止め、荷を肩からおろし清水で顔を洗うと、顔はカアーッとほてってきた。秋月の町並みが眼下に広がりはじめていた。

小休止の後、坂登りのために、着物の帯やわらじの紐をきりりと締めなおし、八丁峠を目指した。

「ゆっくり行けば後から遅れは取り戻せる。最初に無理すれば後がバテてしまう」

負けおしみを言ってはみるが、羊腸の山道・秋月街道は、重兵衛にとっては難儀な所であった。世にきこえた難所中の難所とはいえ、藤太郎は山道に慣れていたし、重兵衛の負けおしみの言葉が癪であったので、歩幅を広めて先に進んだ。右手に秀峰古処山を仰ぎ峠にさしかかると、さすがに藤太郎も疲れてきた。が、それよりも腹がへってしようがなかった。自分から「休憩を」とも言えず重兵衛が登ってくるのを待った。

街道は峠から左手に下っているのが見えたが、太陽が真上に来るまでには間があった。眼下に広がる秋月、夜須郡、そして筑後平野を俯瞰したが、この広大な豊饒な自然がある中で、何故自分は貧乏なのだろうかと思った。切ないが、今は相撲という夢を大切にしなければならない。何が何でも相撲で大成しなければならない。とすれば、今ここで重兵衛につんつんと突き当たるのも得策ではない。まだまだ道中は長い。それにこの先行ったこともない大坂までの道中、ここは我を張る場合ではない。どうあっても重兵衛に従って大坂堂島に着かなければならない。

やっと峠に着いた。この峠は旧八丁越の峠である。下秋月の手前札の辻で藩の通行許可を得ているので、新八丁越の遠回りはしなくてよかった。

八丁峠。右手に下るのが古八丁越である

小休止した後、今度は峠下の急坂に入っていった。下りで楽のようであるが、前傾になる体や柳行李を支えて転ばないようにするには、足の爪先に力を入れて体のバランスを保たなければならない。ここでも相撲のすり足の癖が役にたった。

今か今かと待っていた昼めしは、峠を下りきって筑豊の平野端にあたる千手《せんず》の宿場の茶屋であった。茶屋ではかけそばとご飯をたら腹食べさせてもらったので、疲れは一遍に吹き飛んだ。わらじがボロボロになったので、茶屋軒先に掛けてあるのを買って履き替えた。

雲行きが悪くなってきた。まだ今日予定の道程の半分程度なので、先を急がなければならなのない。重兵衛は「申し訳ないのお」と言いながら先に歩き出した。大隈の宿場町を過ぎるとまた坂道になった。八丁越えほどではなかったが、大隈峠を越え猪膝の峠の茶屋で一服した。見えかくれしている陽はだいぶ西に傾き、心細くなって藤太郎は「あとどれくらい歩けばよいのか」尋ねてみた。あと二里余りという返事で今日はだいぶ遅くなるなあと思った。

香春の宿場町に着いたのは暮れ六つ（午後六時）の頃で、あたりは暗くなっていた。香春岳の白肌がうすぼんやりとシルエットを残していた。釣り灯籠の灯が金辺《きべ》川に影を落とし、暗くなった師走の町中の往来はまばらだった。

『香春町誌』によれば、香春町は細川氏の支城・香春岳城の城下町として形成された。本格的な整備は慶長六年（一六〇一）、細川忠興《ただおき》の末弟孝之が香春岳城二万五〇〇〇石の城主として入部し、城郭の建設を行ってからであるといわれている。具原益軒の「豊国紀行」にも「香春町は嶽（香春岳）の南に有り、上香春町是はいにしへなし。近代なり。馬駅也。町の家よからず。道は嶽の南の下にあり」とあるように、一ノ岳の中腹に構営された「鬼ケ城」より一〇〇メートル下の麓集落として形成された。殿町、職人町、馬駅《むまつぎ》の支城下町であり、また小倉街道と秋月街道、田川道への交通の要地ということから、宿場町としての機能も持っていた。元和元年（一六一五）、幕府が一国一城令を発し、香春城が廃城となり、支城下町の機能がなくなり、一層宿場町としての名のみが知れ渡っていたのである。

旅籠で重兵衛は宿代を持つといったが、藤太郎はそれをことわった。それではと、膳に酒をと銚子を持って来たが、明日の道中に差しつかえるとそれも丁重に辞退した。部屋は同部屋であったが、ここでは遠慮することなくさっさと寝てしまった。

翌朝は昨日よりは多少遅く出発した。ここからは小倉街道となり、金辺《きべ》峠を越えればかなり平旦地となって小倉津が近くなる。右手に平尾の雄大なカルスト台地の絶壁を仰ぎ見ながら、呼野《よぶの》、徳力《とくりき》の宿場を過ぎ紫川に出た。紫川に沿って小倉津の常盤橋袖の宿に着いたのは、陽の落ちる前であった。

宿に落ちつくと、重兵衛は大坂に上る帆前船の手続きに出ていった。当時の瀬戸内海航路の港は、小倉近辺からは、この小倉津（紫川口）、大里、そして門司などが主で、一旦関門海峡を渡って、下関から帆前船を利用するのが一般的であった。

二人の小倉から大坂までの行程がどのようであったか、確たる資料がない。過去の藤太郎に関する著者及びその参考となっている「角力新報」（明治三〇年）を手がかりに、当時の江戸末期の瀬戸内海旅日記などを検証しながら、小倉より大坂堂島の相撲頭取湊由良右衛門宅にたどりつくまでを推究することとする。とりわけ『江戸参府紀行』（シーボルト著、斎藤信訳）、『小田宅子《いえ》の東路日記』（田辺聖子著）を参考にした。

シーボルトは文政六年（一八二三）、長崎の出島商館医員に任じられ、七月六日長崎に着いたが、当時二八歳であった。文政九年（一八二六）一月九日、商館長に従い長崎を発ち瀬戸内海を航海して江戸に向かい、同年六月三日長崎に帰着したのであるが、この時の詳細な紀行文が『江戸参府紀行』である。参府の主たる目的は、自然科学、地理学、民族学などのための日本調査であった。オランダは開国のため日本の地理の状況を探っていたが、藤太郎上坂三十数年前のことである。

小田宅子は、天保一二年（一八四一）正月一六日にお伊勢参宮に出発している。五二歳、商家の主婦であるが、他三名の隣人女ばかりの参宮である。帰着は四月二一日のことであるが、大坂まで二四日間かけている。海路、陸路、途中下船もいいところ、錦帯橋、宮島、讃岐金毘羅等々と廻っているが、その折々の活写は参考になる。

『江戸参府紀行』にしろ『小田宅子の東路日記』にしろ、藤太郎の上坂より多少以前のことにはなるが、

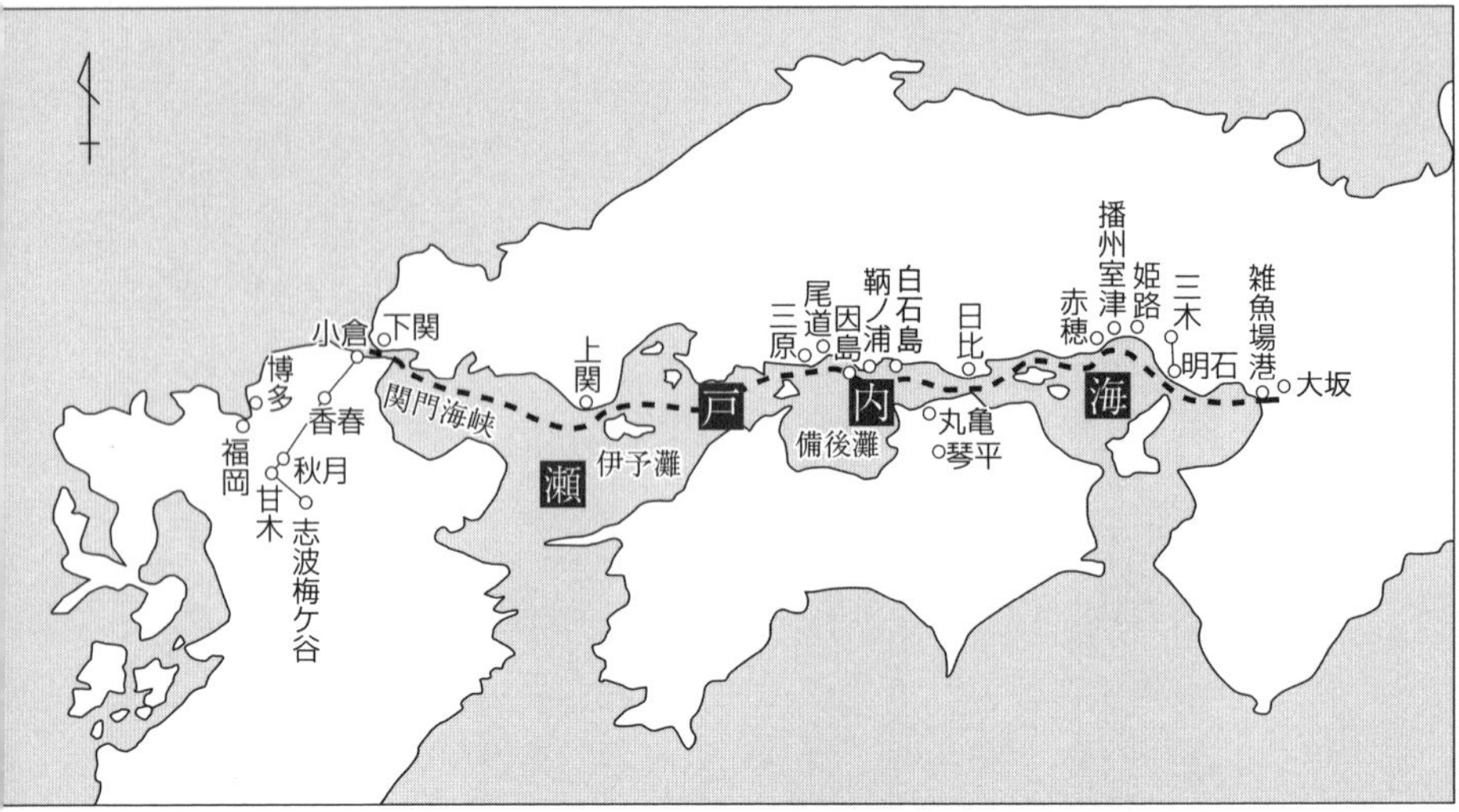

梅ケ谷藤太郎上坂行程図

幕末の尊王攘夷、争乱の蠢動《しゅんどう》を窺わせる影がひしひしとしのびよってくる頃、一方は権力社会の表、一方は庶民という裏のそれぞれの世情を垣間見ることで当時を推し量ってみた。

二　瀬戸内海航路

小倉津の宿で一泊した翌朝は好天に恵まれた。重兵衛、藤太郎二人は港に出て、下関に向かう小船に乗った。いろいろな船が出入りするこの河口は、砂で浅くなっているので小船しか出入りができなかった。帆はよく風をはらみ、漕ぎ手の声もはずんで大瀬に入っていった。大裡（大里）を過ぎ巌流島の（舟島）側を通り過ぎると、前面に港町下関が見えてくる。赤間神宮の甍《いらか》や、右手に和布刈《めかり》の社の赤の色彩が飛び込んで来た。早鞆の瀬の早さに驚き、物めずらしく四方に見とれている間に、三里の船旅は下関の赤間関港にと着いた。漁船には旗がひるがえり、大小多くの帆船が列をなして係留されていた。少し高台には幾門もの砲台が並んでいた。藤太郎にはそれが何なのかわからなかったが、重兵衛が、「ペリーというアメリカの偉い人が大きな軍艦四隻を引きつれて浦賀という所に来て、日本の港のどこにでも停まれるように言ってきたばって、日本はそれを許すとアメリカ、イギリス、フランスなどの国に占領されてしまう恐れがある。それでいやだと大さわぎになっているが、イギリス、フランスの国もしつこく入国を言いだした。外国の大きな船が港に入ってきて戦争になったら、あそこにある大砲で相手の船を打ちこわすんばい。今、あっちこっちの藩が準備を進めている最中で、それを攘夷《じょうい》と言うとたい」と得意気に話し出した（実際、一年後の元治元年（一八六四）には、下関戦争で四カ国艦隊の攻撃がすさまじく、長州藩は大打撃を受けることになるのである）。

藤太郎は「なるほど、このおやじ、あっちこっち仕入れに行っているので、世間の移り変わりに詳しいわい」と、悔しいが少々見直した。

周防国下関の船宿に一泊し、番所で通行手形を提示したあと、重兵衛が予約していた帆前船に朝早く乗り込んだ。正月を真近に控え、陸路より海路を選ぶ客が多く、船内は立ち込んでいた。

船は満潮と西風に乗って順調であった。港を出るとすぐに赤間神宮が見える。ここはあの壇之浦の決戦場・早鞆ノ瀬戸で、この関門海峡でも一番狭い海域である。

赤間神社は明治以前は阿弥陀寺といって、安徳天皇の怨霊を鎮めるために建立されたが、『平家物語』のゆかりの地として有名であり、八歳の幼帝が祖母二位の尼に抱かれて入水されたくだりを忍んで、例の小田宅子は

白波の底の都はいづこぞと　見る目に散るは涙なりけり

と詠んでいる。

ところで、藤太郎の下関からの出帆について、前述の「角力新報」（第三号）の原文を記してみると、

「周防国下ノ関へ到着し同地にて一泊したるが其翌夜の事なりし暴風吹荒みて船舶沈没するもの枚挙に遑あらざりしかば重兵衛、藤太郎の乗込み居たる帆前船も大に風波に揺られければ人々は意外の事に周章狼狽して生き居る心持ぞなかりける程に乗合ふ僧侶は一心に読経をなせは其他の人々は之に従ひて念仏やら題目やら唱ふるものもある中に柔弱き婦人の泣叫ぶ声は怒濤の音に和して一時に阿鼻叫喚の修羅場を現出したる如き物凄き云ふ斗《ばか》りなし此時藤太郎は泣叫ぶ人々を制し騒ぐな〳〵人々よ何程騒ぎたりとて此の暴風の静まるものでなし此上風が募り来らば碇綱を引切て捨小舟のまゝ船の行く処に任せん運は天にあり牡丹餅は棚にあり古人の云はれし事もありと洒々落々と少しも驚く様子なく見へしが藤太郎は突然船舷に駈付け足踏掛けて金剛力にて踏付け予て父藤右衛門より出発の際護身の為めに与へられたる大刀を引抜き氷滴る秋水を閃かして今や碇綱を切断たんと空合を見詰めて佇み居たりしが折柄空の一方より月顕れたると思ふ間に風は藤太郎の両膚脱ぎて捩鉢巻せし威勢に恐れやしけん追々風威を弛めて波静かになりしを四方より救助にと此の機を外つさず漕付けんとあせる楫取水兵の力も及べばこう中々本船には漕付かず彼所此所に助け船〳〵と声を限りに呼叫ぶを藤太郎は不愍に思ひ大音揚げてオイ旅人の惣嫁（旅人惣嫁とは船中にて淫を鬻《ひさ》ぐ婦人）を助ける事最と安き事なれども斯る汚らはしき化者を助けなは此の藤太郎海神の怒に触れん事を恐れ援くる事は愚か其の急場に一人にても乗合ひの少なきこそよからめれと怒鳴り此後如何なる難風に逢はやも計られねば若し其際他船と衝突なしなば此の乗合ふ人々の一生にも係られば开《そ》は由々敷大事なりさらば今より直ちにハヤに乗替へよ（ハヤは早船の事なるべし）と叱したれば惣婦の五六人は一斉に梅ケ谷藤太郎の権幕に恐れ悄然として早船に乗替へたりしと云ふ斯て同船は播州明石に着し有名なる鴨越を廻り重兵衛と共に播州三木へと安

着なしけるが（略）」

となっている。藤太郎が暴風雪に巻き込まれたのはどのあたりか定かでないが、当時の船の運行状況からして、周防上関《かみのせき》あたりの伊予灘ではなかったか。当時の船旅がいかに難渋であったかがしのばれる。宅子の伊勢参宮でも、赤間関で風待ちのため九日間逗留している。急用の者にとっては悠長でこんな長い間の逗留はできないし、多少の危険を冒してでも出帆したのである。この時の帆前船はどれくらいの大きさだったただろうか。一般的には長さ八～一八間（一四～三二メートル）、幅四間（七・二メートル）位だといわれている。そして大嵐などの時にはこの堅固な帆前船に、周りの小舟や漁船が救助を求めて集まってくるのである。風波に揺られ阿鼻叫喚の修羅場の中で、藤太郎はといえば意外と冷静にふるまっている。周りの者に気を配り、いざという時には碇綱《いかりづな》を切る覚悟をするなど、沈着で大胆な度胸はもうこの時にはそなわっていたのである（多少誇張の点があるかもしれないが）。

それにしても、惣嫁（春を売る婦人・遊女）に対しては、乗船してもらっては船が汚れ、神の怒りに触れ難破するかもしれないと、潔癖と純粋さを吐露している。

惣嫁については、街道筋や港には娼家があり繁栄していたことが諸書に見える。シーボルトの『江戸参府紀行』の下関滞在の記では、人口が男の数に対して女の数が少ないことに触れ、

「遊郭の中にいて調査の際に計算にはいらなかったおぜいの娼婦がいたことで説明がつく」

と述べている。そしてこれらの女性について、

「これらの女たちはわれわれの耳には異様に聞こえるかもしれないが、この土地では特別の尊敬を得ている。すなわち日本における遊郭の起源をあの壇ノ浦の海戦のせいにし、戦いに敗れた後、内裡や赤間関にと

どまった平家一族出の女官や貴族の娘たちは、戦勝者のいうなりに身を任せる以外におのれの身を守り、生活の資を得ることができなかったのである。それゆえ、今日に至るまで、われわれの国で美しい貴族の令嬢というのと同様に女郎（Jarō）と称してもよい特権を受けている」と述べている。同様に、当時古川古松軒は誇り高い下関の遊女町・稲荷町の遊女を見て、

「倡家多数にて、はんじやうの遊里なり、相伝ふ平氏没落の時に数多くの宮女せんかたなくも、身を遊君となして世をおくりし事なりとて、今に其の遺風此の里に残りて客をば下座におらしめて、遊女上座に居す。他国になき風俗というべし」

と記している。しかし、このように誇り高い遊女ばかりではなかった。御洗港のうかれめ（遊女）などは沖に碇泊する船に小船を漕ぎ寄せ春を売っていたのである。宅子と伊勢参宮に同道していた桑野久子は、

うかれめが浮きていくよを渡るらん　よるべさだめぬ波のまくらに

と詠み、幕末の野村望東尼《ぼうとうに》の歌にも、

唯も世をうきて渡らぬなけれども　舟に身をうる関のうかれめ

とあるが、幕末はもとより、昭和三三年（一九五八）売春防止法制定まで女性差別は続くのである。

藤太郎の乗っていた船は、風波のおさまりと共に瀬戸内海を東進し始めた。遅れを取り戻さんがため、船頭は夜を徹して船を進めたが、今度は引き潮の逆流にあい難渋していた。多分、安芸三原あたりで停泊したのではなかろうか。

シーボルトの参府では、三原沖に夜一〇時頃錨を降ろし、夜明けと共に帆をあげ、福山南方一〇キロの阿《あ》伏《ぶ》兎《と》岬を通過、田島と弓削島の間を通って備後灘に出ている。

余談であるが、藤太郎の場合は阿伏鬼岬では岬の突端に立っている。阿伏鬼観音に、道中の安全を祈願して供え物をしたのではなかろうか。普通、一二の小銭（一つをひと月分として一年分にあたる）で信者はそれを小さな板切れに結んで、経文を唱えながら海中に投げるのだという。

シーボルトと言えば、引き潮で流れが急になり航行は好都合であった。白石の南を通り塩飽島を過ぎ、日《ひ》比《み》近く児島の東（現玉野市）に錨を降ろす。日比は塩田の盛んな所であるが、この場所で自然、地理、民族など児島半島を観察測量する。翌朝出帆しようとするが、風と潮流にさからっているので三〇隻の引き船が必要だが、調達できずに入江を出た所で錨を降ろす。翌朝夜明けと共に錨をあげ、引き船で海上に出る。八時頃、西南の順風にめぐまれ、引き船は返す。正午頃、家島の西に近づき、北風が烈しくなり室《むろ》津《つ》の海岸の沖合一里の所まで進み、引き船が助けに来て港に入った。ここでのシーボルトの室津の描写は実に見事であるので引用してみる。

「室津より遠くにも近くにも島が見える。小豆島・前島・家島・淡路島の一部分、さらに数え切れぬ島々がわれわれの眼前にある。それらの島は距離の関係で輝く緑や青の色にも濃淡があり、遠く背後には四国のまだ雪におおわれた山々の峰が、金色や銀色の光を浴びて輝いている。白帆は数え切れぬほどそここに見えて、沈んでいく太陽に誘われて、どんどん大きくなって港に近づいてくる……」

藤太郎の上坂の航海もこんなふうではなかったろうかと想像するが、「角力新報」では、嵐の後の記述はすぐに明石到着となる。一方シーボルトは、室津よりは陸路になるが、姫路を過ぎ曾根で降雪に見舞われる。

ここでの話に力士の話が出てくるが、オランダ人に対していつも開いてくれる酒宴の話である。三カ月前、例の力士が巡業か所用で長崎に行った時、シーボルトをはじめ出島の吏員を招待したことがあったが、シーボルトはこの曾根で、この度も招待を受けたのである。この敬意あるもてなしに感激し、みやげものを探し力士に届けるのである。これがシーボルトの二月二日の日記に出ている。この力士はどんな人物かわからないが、察するに大坂あたりの相撲の頭取あるいは年寄などではなかったか。

ところで『東路日記』の小田宅子一行はというと、沼隈郡鞆の浦より讃岐多度津郡丸亀・善通寺・金毘羅などを悠々自適、日数をかけての名所めぐりの日々である。数日後出帆するが、風が荒くて、船が播磨の国赤穂の浜に着いたのをしおに船を捨て、それより陸行することになる。一泊の後姫路を過ぎ、こちらは曾根村に泊り、高砂の浦・明石へと旅を進めている。

こう見てくると、昔の船旅は、都合によっては船を降りての陸行もあったようである。今日のように夕方九州を発ち翌朝には関西に着くようなスピーディーな航路の時代ではなかったのである。いずれにしても昔の瀬戸内海の船旅は以たりよったりの難業の旅であったろうと推し量るのである。

明石に着いた藤太郎は鵯越《ひよどりごえ》を廻って、重兵衛の要請で一緒に播州三木へと向かった。三木までは約五里半の道程である。重兵衛は紙の商いで四、五日間の間逗留しなければならないし、藤太郎はまた柳行李三重、一五貫の荷物を背負っての同道であった。

難業の道中もあとわずかで大坂到着という所まで来たが、筑前の志波村を師走の下旬に発って、二週間が経っていた。正月も船の上であったが、正月らしい気分にもなれず、藤太郎には、早く大坂堂島に着きたいという気持ちと、このまま九州に引き返したいという、期待と不安が交錯していた。どんな生活が待っているのか。貧しい日々ではあったが、これまでは耐えて来られた。見知らぬ土地で見知らぬ人々の中に、裸一貫で飛び込んでいかなければならないど素人の田舎人が、西も東もわからない大坂の大都会でやっていけるのか。「ごきつぶし」と大飯喰いをののしられた日々。いやだいやだと逃れるように出てきた筑前志波郷、まとまらない思考の中で、思いは二転三転、堂々巡りをしていた。

二人が訪ねた三木は、明石の真北に位置する大工道具鍛治の町であった。中世末期に別所長治が城を築いて以後城下町として栄えたが、天正八年（一五八〇）豊臣秀吉による包囲ののち落城した。江戸時代には中国地方の製鉄を得て大工道具を中心とする金物業が発達し、「三木金物」の名で全国に知られるようになっていた。

松屋重兵衛が播州三木まで行ったのは、金物、特に刃物を包装する油紙の商いに目をつけていたのであった。大坂あたりまではちょくちょく行っていたのであるが、商売敵が多くなると、誰もがまだ手をつけていない地方都市にも販路を拡げていたのである。筑前の甘木を中心にして、大坂近郊には蠟商人や染物屋、その中でも豪商として知られていた佐野半平・弥平親子などがひんぱんに上方に往来していた。後に弥平は大坂で貯蔵倉庫・生蠟問屋醤油醸造業並びに海運業を手がけるなど、大坂近郊は疎遠な地域ではなかった。松屋重兵衛はそんな甘木商人の一人であった。

播州三木で柳行李三重の品々はさばかれたが、特注の品々を正月早々得意先に短期間で届けることができ、重兵衛は大満足であった。二人は再び明石へ戻り、そこから船便で大坂雑魚場港《ざこばみなと》の旅人宿へ到着した。一泊して紙商松屋重兵衛と別れた後、教えられたとおり堂島の大坂相撲の頭取《かしらどり》湊由良右衛門を訪れ、不取川清助からの紹介状を差し出し入門を乞うた。

この藤太郎の相撲人生で記念すべき日は、故郷を出発した翌年、文久三年（一八六三）一月一〇日正午頃だと伝えられている。

三　幕末の世の動き

藤太郎が大坂に着いた文久三年は、国内外共に騒然とした状況を呈していた。前年に起きた生麦事件によって尊王攘夷の気運は一気に昂まっていたが外国の執拗な開国要求は周到な計画で進められてきていた。シーボルトは医学において、日本津々浦々に門弟を持っていたが、医学以外で日本の地理・地図の収集も行っている。それはオランダ政府の命によるもので、綿密な調査を行うことができたのは、多くの協力者を日本の国内に得ていたからである。例えば『江戸参府紀行』では、下関からの瀬戸内海の水深や各島々の位置など綿密な調査を行っているが、その裏には日本の全面開国のための調査の意図がうかがえるのである。天文方高橋作左衛門の協力による蝦夷《えぞ》など詳細な日本地図などの持ち出しを図り、御構《おかまい》（入国禁止）で長崎を追放されたのは参府紀行の三年後のことである。これら幕府の隠密・目付などによる摘発との戦々恐々とした駆け引きによって、開国の機運は昂まっていった。

なお、藤太郎の上坂のいきさつについては、昭和四〇年代福岡市博多区千代町に住んでいた料亭「常盤館」の女将紫田タカの言によると、藤太郎は福岡の西公園東の湊町の造り酒屋加世（加瀬か？）屋重兵衛方に酒男として働いていたが、加世屋と密接な関係があったタカの父麴屋治吉がしきりと相撲取りになることをすすめ、門司か小倉の港まで送っていき、海路上坂させたとのことである。

真疑のほどはわからないが、造り酒屋への奉公は浮羽、大石の弥吉酒場との関係で、短期間の出張奉公があったのかもしれない。藤太郎も相撲での井の中の蛙にあきたらず、他流試合で、福岡近郊に出ることに興味を示していたのは事実である。毎年、江戸相撲・大坂相撲は博多での巡業を繰り返していたし、地元の力士との申し合わせの相撲は盛んに行われていた。その過程で麴屋治吉との接触があったのであろうか。このことは彦山光三筆「大相撲黒白草紙——第一部梅ケ谷初代時代」による。

第二部　大阪・東京相撲時代

第一章　大坂相撲時代　文久三年〜明治三年

一　大坂湊部屋

藤太郎が大坂堂島新地に到着して入門を請うべく、訪ねた大坂相撲の大御所頭取《かしらどり》湊由良右衛門宅で受付の弟子に目代不取川からの紹介書状を渡した。その書面を読み終わるとすぐに、湊は弟子に居間に案内するよう命じた。藤太郎は緊張の面持ちで、居間の長火鉢に片手を置き応接台の向こうにあぐら座にしている湊頭取の前に進み出て正座した。

湊由良右衛門は五一歳の男盛りで、大坂相撲きっての大部屋の宰領として相撲界に君臨していた。堂々と落ち着きはらい、ギョロッと見つめられた藤太郎は、一瞬ハッとしたが、極力平静を保ち言葉の端々まで力を込めてありのままで応答した。

郷里でどんな稽古をしていたかと尋ねられ、

「宮相撲にはよく出場して、筑後の宮相撲大関中津留伴三郎宅で稽古をしていました。特に昨年、地元筑前国甘木での東京・大坂合併相撲の、梅ケ枝・天津風関一行が巡業に来られた時、飛び入りで四、五〇目の力士の方々と取らせていただきました。甘木には不取川清助という目代の方がおられて、今日持ってきました紹介状がその方からのものであります。どうかよろしくお願いします」

と答えた。由良右衛門は、

「おまえさんのことはこの書状でよう分かった。去年の甘木での巡業でのことは弟子どもから聞いとる。まあ、甘くはないが、明日から稽古に出るがいい。その時に皆の衆には紹介しよう。部屋はあとで言いつけとくさかい、今日はそこでゆっくり休むがよい」

と、まんざらでもない様子で言った。

翌一一日（「角力新報」では一二日になっている）、早朝由良右衛門は弟子らを集めて、筑前国から小江藤太郎が入門したことを披露した。それから早速、朝稽古が始まり、弟子たちの中に入って基本から乱取りへと移っていったが、弟子の中で三段目中程の者は誰一人として勝てなかった。一六歳時、五尺七寸（一七一センチ）、二二貫（八二・五キロ）であった体軀も、一九歳となった今はかなり大きくなっていて筋肉質で敏捷さには益々磨きがかかってきていた。

師匠由良右衛門は「これは掘り出しものだ」と感嘆しながらも、ぎこちなささや身のこなしの固さ、若さに似合わない慎重さ、これらを直してやらねばと、雲早山《くもさやま》という弟子を指南役として藤太郎につけることにした。雲早山とは頭取湊由良右衛門の四股名をもらったもので、名を最十郎と言った。尾張国出身で、藤太郎が弟子入りした年の文久三年（一八六三）の六月中相撲では二八枚目（十両から幕下上あたり）だったという。

彦山光三筆「大相撲黒白草紙」（第一二回）によると、湊由良右衛門はかつての四股名を雲早山鉄之助ととなえた力士であった。出身は阿波（徳島県）美馬郡半田町日開野、医者の長男として生まれ、入門前は医者を志していたというが、詳しくは分からない。大坂では先々代にあたる湊由良右衛門の門に入って矢筈山と名乗った。のち江戸へ出て境川浪右衛門に弟子入りし、雲早山と改めた。

　天保一五年（一八四四）冬、幕下に付け出され、三年目の弘化三年冬、二枚目に上がり、翌四年冬には貧乏神（十両格筆頭）にのぼった。翌五年春一月にはみごと幕尻に進んで、三勝二引き分けの土つかずの好成績であった。年齢は三五歳であったが、この時代の力士は四〇歳前後まで現役でいる者もかなりいて、円熟期を迎えていた。とはいえ、同じ五年冬場所はなぜか貧乏神に落とされた。やけになったのか、それだけの実力だったのか、一勝四敗一引き分けの不成績であった。翌嘉永二年春には、再入幕幕尻二枚目。以後二年冬、三年春と前頭五枚目、三年冬六枚目に降下、四年春五枚目に戻った。この場所では西大関鏡岩同小結常山を破る大活躍をしている。同冬は同位置、五年春三枚目、同冬二枚目と躍進した。

　それから安政二年春まで五場所の間三枚目の地位を保持し、同年一〇月江戸大地震のため休業。この年をもって引退したが、四二歳の時である。引退後は大坂へ戻り、さきに湊を継いでいた八代目の横綱不知火《しらぬい》諾《なぎ》右衛《え》門《もん》（雲早山にとっては兄弟子）が前年安政元年、この年の改政前の嘉永七年七月死去したあとを受けて湊由良右衛門の名跡を継いだ。藤太郎の入門九年前のことである。

　この雲早山鉄之助の幕内在位は一四場所、成績三八勝二五敗三二引き分け一預かり、勝率六割三厘、優勝相当成績一回である。身長一七六センチ、体重一一二・五キロ、藤太郎に似た筋肉質の体軀であった。没したのは明治八年六月三日、享年六二歳であった。

　彼には有名な逸話がある。「待ったなしの雲早山」と呼ばれ、後年の双葉山に通じるものがあり、絶対に「待った」をしなかった。その反面、前記成績にも表れているように、立ち上がってからの取り口は消極的で防戦一方、引き分けが大変多かったという。

「角力新報」にあるように、前代師匠の遺言により雲早山は大坂に戻った。帰坂後、頭取・湊由良右衛門を襲名してからは指導力を発揮し、秘蔵子の梅ケ谷藤太郎、熊ケ嶽庄五郎、山響光五郎、大錦大五郎らは幕末・明治初頭の湊部屋で育った力士である。

二　不知火諾右衛門のこと

藤太郎の師匠湊由良右衛門の先代、不知火諾右衛門《なぎえもん》（諾をダクとも読む書あり）は、肥後国（熊本県）宇土郡轟村栗崎（現宇土市栗崎町）の出である。出生は享和元年（一八〇一）一〇月で、近久信次と言った。生家は南北朝時代、南朝方名和氏に従って九州に移り、主家が大内氏に滅ぼされてからこの地にかくれて帰農したと言われている。住家は宇土城址の近くにあるが、父嘉平は農業のかたわら郡の小役人をつとめていた。信次一六歳の時に父が死亡。信次は若輩ながら敏捷で質実剛健であった。妻を迎えて二児をもうけ、平穏な生活を送っていたが、二三歳の時傷害事件にまき込まれ、殺人事故をおこして、やむを得ず妻子を残して出郷しなければならなかったという。

血気盛んで体力にめぐまれていた信次は、一大決心のもと、単身上坂し湊部屋門人となった。初め白川と名乗ったが、入幕して戸立野（白川が後との説もある）と改めた。激しい稽古の甲斐あって大関に進み、黒雲龍五郎と改名した。ここで「過去の禍根を払拭するためにはもっと自分を磨き、上を目指さなければならない。今の相撲界は大坂相撲より江戸相撲に人気が集中し、合併相撲でも江戸の力士が番付の上位を占めている。江戸で大関にならなければ、一流の力士とは言えない」と考えた彼は師匠を説きふせ、文政一三年（一八三〇）江戸に出て浦風の門に身を置いた。雲州藩のかかえとなり、その冬西幕下へ付け出された。時に三〇歳になっていた。

その初土俵は七勝一敗、翌天保二年春幕下一九枚目九日間全勝で頭角を現し、その後三場所好成績だったが、番付はなかなか上がらなかった。天保七年冬貧乏神、八年春ようやく西前頭四枚目と昇進し、濃錦里諾《のぎのさと》右衛門と改めた。この後は番付運が良く、天保九年一〇月の前頭筆頭から翌一〇年三月には一躍大関に昇進した。雲州藩を辞していた彼は故郷の熊本藩細川家にかかえられた。しかし戦績不振に陥って関脇に下り、ここで郷土八代海の名物、自然現象不知火にちなんで不知火と改名した。一一年春、大関に復活して八戦全勝二休の優秀な成績をあげ、一一月には吉田司家から第八代横綱免許を受けたが、休場欠場などで再び関脇に降格された。横綱が関脇に降格されるはずがないと言う人もいるが、降格されたのは事実であり、当時の横綱は一種の称号にすぎなかった証拠であると言える。一三年冬には三たび大関に返り咲いた。次の天保一四年九月二五日、将軍家慶《いえよし》招請上覧の栄にあずかり、大関剣山を破って弓を得た。弓には将軍が詠んだという次の歌が添えられた。

横綱のしめし力やまさりけん　西の最手《ほて》こそ弓は取りけれ　（徳風）

その後、彼は天保一五年春、四四歳で引退した。引退後、大坂に帰って旧師匠湊由良右衛門の名跡を継いで頭取となり、大坂相撲再興に尽力し、江戸相撲で活躍した不知火光右衛門をはじめ、門下の養成に力を注いだ。数奇な運命に翻弄された彼は、嘉永七年七月二四日、当大坂で静かに息を引きとった。墓（宇土市指

郷里宇土市栗崎町に眠る不知火諾右衛門の墓

定文化財）は宇土市栗崎の出生地屋敷跡近く、つづら折の坂を四つ程登った小高い山の中腹道の左手に、郷里を見渡すように、桜の大木と共にあり、上部が少し前かがみになった墓石の右側面には「不知火のかちたる為」と前書きがあり、一二代将軍家慶より賜わった前記の「横綱のしめし力やまさりけん」の一首が刻まれている。この歌の短冊は永く子孫佐久間家に秘蔵されていたが、今はないという。墓は六代目佐久間俊次《としつぐ》が守っている。平成四年一二月には「追悼墓前祭」（熊本相撲甚句会）が結成され、平成五年九月五日、初回の墓前祭が行われた。

不知火諾右衛門が藤太郎の入門した湊部屋の先代の頭取であったことは、目に見えない縁の糸にたぐり寄せられた不思議さと共に、心強さと誇りを藤太郎に与えたのであった。

この時期の相撲界を見ていくと、八代横綱不知火諾右衛門（天保一一年）、一〇代雲龍久吉（文久元年）、一一代不知火光右衛門（文久三年）と相ついで熊本・福岡から横綱が輩出しているのである。しかも三人共大坂相撲で修業を積んでいる。このことを藤太郎は郷土の中津留伴三郎から聞かされていた。

三　大坂相撲での激しい稽古と初土俵

湊部屋に落ちついた藤太郎は、師匠や雲早山最十郎のもと、激しい稽古を積んでいった。三〇番、五〇番と続けていくうち足腰はガクガクとなり、意識もうろうとする中、耐えに耐える毎日であった。その猛稽古の甲斐あって、兄弟子四、五人を除く外は皆彼の風下に立つに至ったと言われている。

伊藤房太郎著『一五代梅ケ谷藤太郎』によれば、大坂に上って五カ月が過ぎた文久三年六月、大坂薬罐屋町の興行に藤太郎は梅ケ谷の四股名で初土俵を踏んだ。

「名を三五に署せられ（三五は江戸番付の本中にあたる）上坂以来初めての出場なるが、一〇日の興行中只七日目に糸ケ浜に負けたのみ、其余は勝ち続けたる成績に一躍して大坂番附五〇目（江戸番附の幕下なり）に上《のぼ》り、同年秋、難波新地の興行に又も連勝を得たりしかば大坂番附七〇目（江戸の幕の内の末尾）に進み、声誉《せいよ》籍甚《せきじん》たりし僅々一歳《ひととせ》の内進級ここに至る彼が技倆の非凡なる似て見る可し」

と記している。

また、「大相撲黒白草紙――梅ケ谷初代中心時代一三回」では、

「文久三年六月『番付』外で取ったため、もちろんその名はない。彼の名がはじめて『番付』に載ったのは、翌元治元年六月からであった。すなわち『番付』の下から二段目の尻から二五枚目……」

と記している（ただし、同記載の番付写真では下から二段目尻一三番目あたりに×印で表記されている）。

一方、池田雅雄筆「初代梅ケ谷藤太郎伝（上）」には、

「この年（文久三年）六月は天満砂原屋敷で興行し『三五』の位置に梅ケ谷のしこ名を記したというが、東西千二百余りの力士名をつぶさに調べたが、該当者はいないし、次の元治元年（文久四）六月興行の番付にも名は見当たらない。翌年の慶応元年（一八六五）五月、東方番付の二段目二四枚目に初めて梅ケ谷藤太郎の名が出てくる。この時の大坂番付は上段に前頭一二枚ずつ、中頭四五枚ずつ並べ、その下の二段目は九三枚あって、その上位二四枚目に梅ケ谷が付け出されているとみるべきであろう。江戸番付でいう三段目二四枚目あたりと解釈してもそう間違いはなかろう」

と記している。

当時の梅ケ谷の後日談が現在残っている。

「次の場所の番付が発表された時に、さっそく番付をひらいて自分の名をみつけようといたしましたがみあたりません。不思議に思ってだんだん上の方へ目をつけていきましたら、四〇目をとびこして五〇目にござっしたので、あんまり上の方なので自分でおどろきました」（三木愛花筆「一二代横綱梅ケ谷藤太郎」『角力雑誌』）とある。

またこののち、相撲甚句《じんく》が作られ巷で大いに歌われるほどだった。

三五ひととび　　梅ケ谷
はだか稼業の　　修業のさなか
肌さす寒気も　　なんのその
花のさきがけ　　いさましく

はやくも三分　咲きにけり
かおりは冴えて　かんばしく
あたりをはらって　すがすがしい
やがて満開　そのあかつきが
待ちどおしいやら　しんどいやら
鳴きたいうぐいす　かず知れぬほど（後略）

文久三年の初土俵から慶応元年にかけての梅ケ谷の番付は、記録者によってまちまちである。そこで、ここに多少整理をしてみる。

梅ケ谷藤太郎自身が言う三五目より五〇目に上ったのはいつだったのだろうか（ここでいう「目」とは匁《もんめ》のことである。匁とは銀目の称で、江戸時代、小判一両の六〇分の一である）。

文久三年（一八六三）六月には、大坂天満《てんま》砂原屋敷及び同薬鑵屋町でも行われている。天満砂原屋敷での興行は江戸相撲との合併相撲であるが、この相撲と薬鑵屋敷町どちらかの相撲が初土俵であったのはまちがいない。初土俵はまちがいないとしても、番付外で番付表上には現れていない。

翌元治元年（一八六四）前後、大阪相撲は、五・六月頃江戸相撲を迎えて本場所興業を年一回開催していた。大坂相撲の人気はこの時期江戸に移っており、合併相撲が主流で、毎年江戸相撲との合併相撲が大坂では行われていた。しかし年一回の興行では財政的にも立ち行かないので、勧進相撲や花相撲、そして地方巡業は年中を通して行われていた。

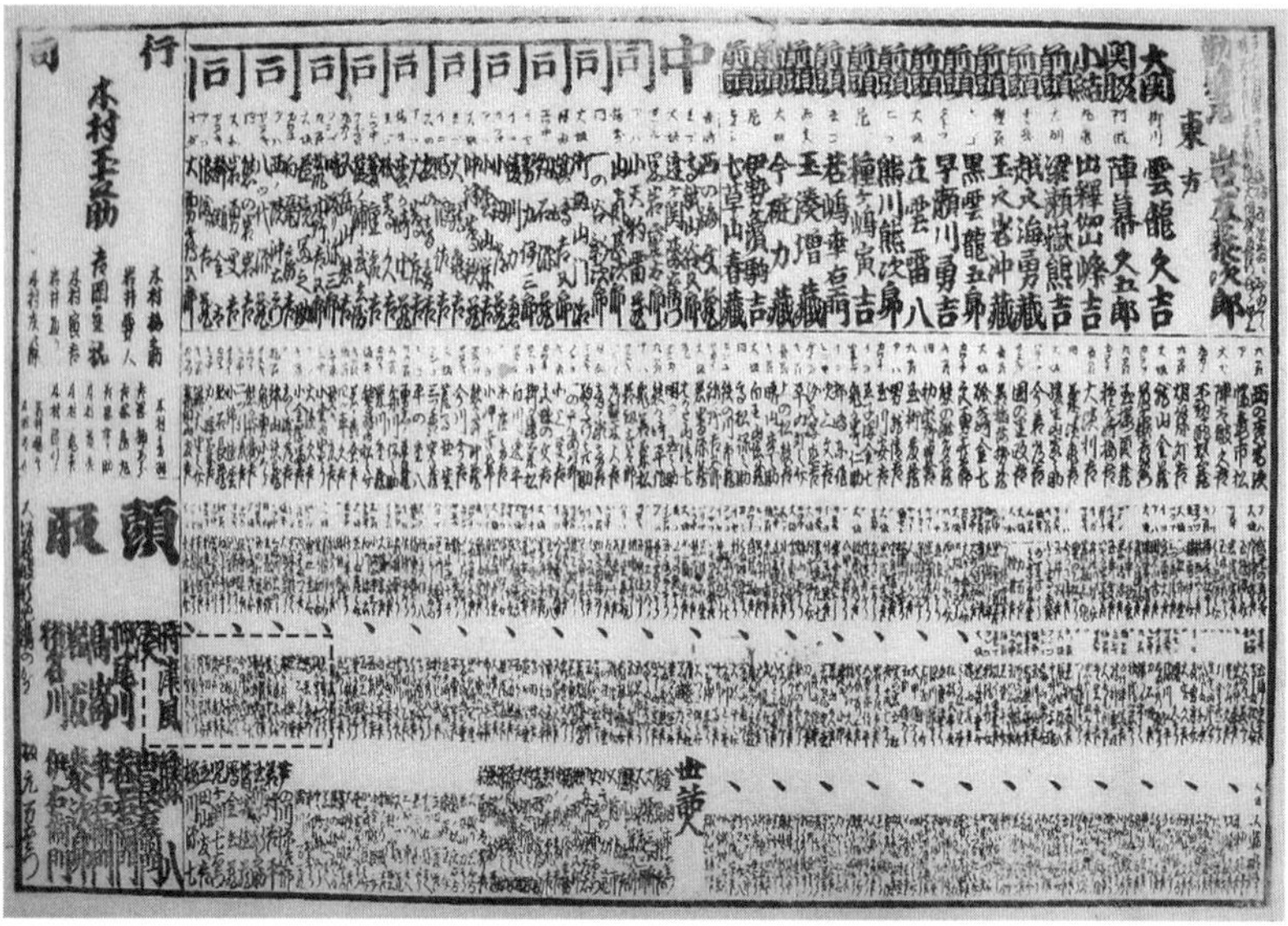

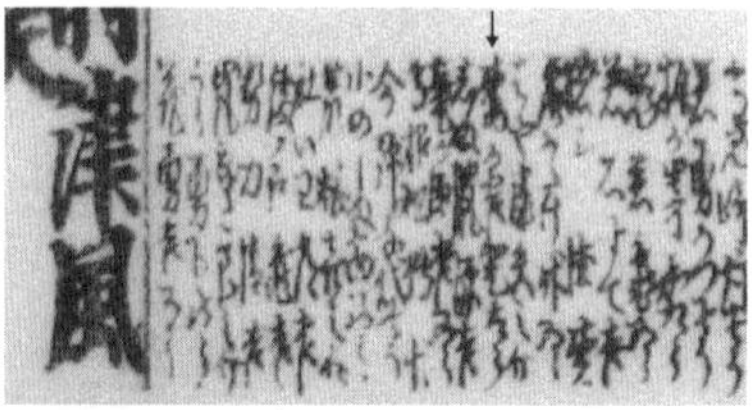

▲元治元年（1864）6月，大坂相撲番付（相撲博物館蔵）
◀梅ケ谷藤太郎の名が下から2段目左から13番目に見える

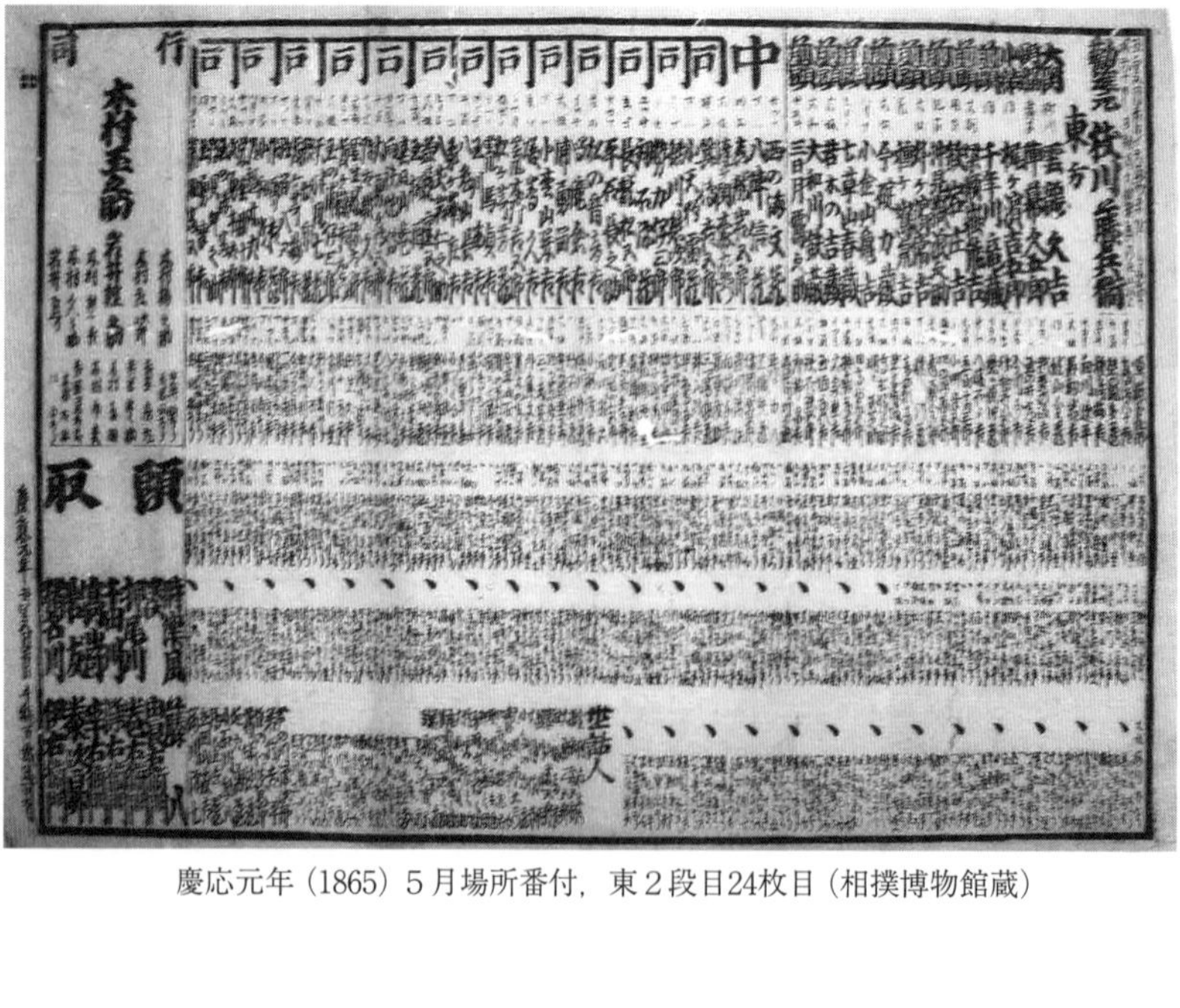

慶応元年（1865）5月場所番付，東2段目24枚目（相撲博物館蔵）

元治元年六月、天満砂原屋敷では江戸相撲との合併相撲が行われている。この時の番付表の三役は東方雲龍、陣幕、出釈迦山、西方不知火（光）、小野川（才）、梶ケ浜で、すべて江戸相撲の三役級で占めている。日本相撲協会相撲博物館所蔵の元治元年六月の同天満砂原屋敷での番付表をみると、東方番付表下から二段目、尻から一三枚目に梅ケ谷藤太郎のくずし字での四股名が小さく載っている。番付に掲載されたのはこれが初めとしていいのではないか。

明けて慶応元年閏《うる》五月、大坂での合併相撲は、大方の著書の番付記録で一致している。五段枠東方二段目二四枚目に躍進している。ただ前記したように、当時はいくつもの興行相撲があっていて、一つの主催興行系統に限定するのが難しい。極端な場合、地方巡業では、その巡業地出身の力士を幕下であっても大関の番付に置く場合も見られる。したがって、梅ケ谷藤太郎が三五目から五〇目に昇進した時期が著者によってまちまちであるのはやむをえないのかも知れない。

『日本相撲史』（酒井忠正著）の「あとがき」で「関西関係の資料を完璧に蒐集することは予想以上の困難を感じた」と述べられているように、梅ケ谷藤太郎の場合でも、この時期までは期日・場所を断定することは難しいので、ここでは併記にとどめる。

いずれにしても、文久三年正月、大坂相撲の湊由良右衛門に弟子入りして五カ月、六月には番付外とはいえ、初土俵を踏んだ梅ケ谷の大相撲人生はここに始まったのである。

大坂相撲では、江戸番付と違って東西二枚、横長五段枠縦書の番付であった。多い時には東西で二〇〇〇人以上、梅ケ谷が入門時でも一二〇〇人前後の力士がいたといわれている。したがって、新米の前相撲（番付外）は深夜零時頃から始まることもあったという。

四　呼称の違う大坂番付

『日本相撲大鑑』（窪山紘一著）、「初代梅ケ谷藤太郎伝」（上、池田雅雄著）などによれば、梅ケ谷の番付で三五匁、四〇匁を飛び越し五〇匁などと出てくるが、大坂力士の持ち階級はその力士の持ち給金の金額（匁）で呼ばれていた（以降、「目」は「匁」で表記する）。

一方、江戸相撲の江戸末期の番付表では、上段・二段目・三段目・四段目・五段目と称し、番付は三役と序列を示すにすぎず、三役以外はすべて前頭とされた。明治になって五段枠の格付は、上段＝幕の内（横綱〈明治二三年以降〉・大関・関脇・小結・前頭の幕内格）、二段目＝幕下格（十両は特に区分けして表記されなかった）、三段目＝三段目格、四段目＝序二段格、五段目＝上ノ口格（序ノ口）というような画然とした呼称があった。

非常にややこしいのであるが、当時、大坂相撲の梅ケ谷の「三五匁（目）」は一日三五匁の日給ということである。幕末の頃の一匁はだいたい一六五文で、一両が六〇匁に当たる。一日三五匁で十日間興行に皆勤すると、一場所三五〇匁の給金で六両程度の収入となる。六両で白米五俵程が買えた勘定になる。

大坂相撲番付の昇進方法は、二段目の三五匁でスタートし、四〇匁、四五匁、五〇匁と昇り五匁の端数がなくなり、六〇匁、七〇匁、八〇匁、九〇匁、一〇〇匁となり、この一〇〇匁が最上位で大関関脇が九〇匁、小結が八〇匁だったという。

大坂相撲番付は上段の前頭は横番付なので三役を除いて東西六、七〇枚ずついたが、嘉永七年（一八五四）

から、寛政時代に用いていた前頭の下位で江戸の幕下相当の「中頭」を復活させて、前頭四一枚ずつ、中頭一五枚ずつに改編している。そして年ごとに前頭を削減して、逆に中頭を増やし、一三年後の慶応三年（一八六七）には前頭四枚ずつ、中頭五二枚ずつというように前頭の数が極端に少なくなったという。

梅ケ谷は元治元年（一八六四）六月、東方下から二段目尻より一三枚目、虫めがねで見なければわからないほどの番付が、翌慶応元年（一八六五）五月になると、東方二段目の二四枚目となっている。この時の大坂番付は上段に前頭一二枚ずつ、中頭四五枚ずつであるので、梅ケ谷は東中頭六九枚目である。この慶応元年には、九月京都相撲で西方二段目一〇枚目、七勝〇敗の優れた記録も残っている。

慶応二年五月には東方中頭三枚目に躍進した。この時が三五匁から一気に五〇匁に昇進した時期ではなかろうか。二段目二四枚から上段中頭三枚への昇進というと、少なくとも東西合わせて一五〇人は飛び越したことになる。いずれにしても、千人有余の大坂相撲力士の中で、僅か三年間余で大関を含めて東方一三枚目にランクされるということは、実にすばらしい成績であり、艱難辛苦の歯をくいしばっての壮絶な努力の賜物であるとしか言いようがない。

大坂での活躍の模様は、甘木の不取川清助目代の耳にも入っていたし、梅ケ谷の父藤右衛門にも知らされていた。藤右衛門はかなり体力も弱り、自分の身の周りのこともままならない状況になってきていたが、せがれ藤太郎の活躍を伝え聞くにつれ涙を流して喜んだ。活力も出てきて、精神的にも晴れ晴れするものがあったのか、かなりの健康の回復を見せてきていた。

この慶応二年、梅ケ谷は、三月京都相撲に参加、西方二段目の三枚目で六勝〇敗であった。五月の大坂相撲の成績は不明であるが、六月の中相撲として京都天神での興行では東関脇で二勝八休の成績を残している。

慶応三年六月の大坂相撲では、東方中頭四枚目と前年より一枚下げられている。とはいえ、この年前頭は、前年東西各々七枚枠から四枚枠に削られているので、前頭が中頭に降りてきたということで、実質的には二枚上がったことになる。

この慶応三年六月は、番付表はあるが、成績が不明である。何が起きたのであろうか。

梅ケ谷の身辺にはただならぬ深刻な事態が待ち受けていた。個人的な事情もさることながら、相撲界でもただならぬ動きがあった。それは幕末という政情とも関係がないとは言えなかった。

慶応三年は尊王攘夷の政争の真只中であり、尾張・越前・土佐の三藩を中心とする公議政体論と、武力討幕路線の薩摩・長州藩との交錯競合する意見の対立の後、戊辰《ぼしん》戦争への危機は急激に高まっていた。

薩摩藩は東寺に営所を置いて鳥羽街道を固め、長州藩は営所を大仏・東福寺に置き、伏見街道を守った。一方幕府側も、鳥羽方面へ桑名藩を先峰として、見まわり組、新撰組などを配し、伏見方面へは会津、浜田、高松、鳥羽藩（志摩）などが向かっていた。

このような状況の中、庶民の生活は一日一日と困窮の度を増していた。一つは戦争の切迫によってであり、一つは天候の悪化による農作物の凶作によるものであった。急激に物価が上昇し、米の価格は二倍三倍と上がり、慶応三年暮れには八倍にも達した。このような世情混乱の中、あちらこちらで俗に言う「世直し一揆が頻発し、騒然とした大阪の町中では、豪商や米屋・酒屋などに貧民が打ちこわしをかけ、その数は一万人を超えた。

折も折、大坂相撲界では一つの異変が起きていた。江戸相撲の大関陣幕久五郎が、千年川、山分その他の力士を伴って、大坂相撲に加わったことである。慶応三年暮れのことである。彼は前年一月、五条家より横綱を許され、一〇月には吉田司家から正式に免許（一二代横綱）を受けた江戸相撲の、れっきとした大関なのであった。

陣幕が何故大坂へ移ったかについては諸説があるが、勤王思想に深い共感を抱いていた彼は、慶応三年暮れの幕府側の薩摩屋敷焼打ち事件を京都に在留中の西郷吉之助（のちの隆盛）に知らせるために駆けつけたが、そのまま留まったとか、力士間のいさかい説その他、江戸に嫌気がさしたのだと言われている。不仲説とは、鬼面山との関係である。鬼面山は慶応元年に大関に昇進したが、陣幕とは江戸相撲の双璧であった。同じ阿波藩のお抱えであったが、藩政改革の必要上、一時抱え力士を全部召し離すことになり、両人とも他藩には召し抱えにならないという約束を破って、陣幕が出雲藩、そして薩摩藩抱えと鞍替えしたことに起因するとも言われている。

このような世情、相撲界の中で、大坂相撲の頭取衆は興行の危機を深刻に受けとめていた。とても近畿界隈での興行は無理と見て、比較的世情の安全な地方巡業を模索していた。

五　九州巡業と父の死

頭取湊由良右衛門は九州方面への巡業を決意し、慶応二年（一八六六）からその準備を進めていた。彼が一門を引きつれて九州へ発ったのは、幕長戦争が停戦になった後の慶応二年一〇月の頃であった。

巡業は豊後・豊前と廻り、明けて慶応三年門司・小倉、そして筑前の国に入った。梅ケ谷は自国ということもあって、番付表で大関に座ることもあった。梅ケ谷が大関番付ということで、郷里の志波の村中では大騒ぎであった。いよいよ博多に興行が移って来た四月、父藤右衛門は、もう居ても立ってもいられず博多に向かった。藤右衛門は七三歳となり、老衰も激しく足腰もおぼつかなくなってきていたが、吾が子の晴れ姿をひと目見たいと、長男弥平を催促した。妻トメ、それに弥平が付き添ったが、大八車に乗せての運搬であった。

宿泊を請うたのは、博多古小路《ふるこうじ》町の煙草商治郎吉方であった（一説には金物商・油屋の松下久吉方ともある）。古小路町は博多七小路の一つで、現上川端店屋町の冷泉公園（当時は妙行寺）東側通り辺りであった。豪商の町として知られ、間口の広々とした土蔵造りの町屋が居並んでいた。

治郎吉は梅ケ谷の宮相撲時代からの贔屓《ひいき》客で、大坂相撲が巡業で来博するのを今か今かと待ちわびていた。

博多の興行で、梅ケ谷は大坂本相撲番付どおり、東中頭四枚目で出場したかどうかわからない。おそらく大関だったのではないだろうか。後の巡業地での番付では大関に座っている事実がある。

トメと弥平は、梅ケ谷の土俵上の晴れ姿とあっぱれな勝負強さに満足しながら、二日程経って博多を後にした。ただ、藤右衛門は梅ケ谷のたっての頼みによって、博多に留まることにした。相撲好きな父親にこちら博多に居る時だけでも、もっと本場の相撲を見せてやりたかった。それに、藤右衛門はかなり弱ってきていたので優れた医者に診療させたかった。それがせめてもの親孝行だと考えた。

湊部屋一門は博多の興行の後、近郊を廻って、地域の要望もあって六月には、博多に戻ってきた。一方、父親の方は逗留を続けていたが、医者による処方によって体もかなり改善してきているように見えた。断っていた好物の酒も、息子の好成績に気持ちも晴れてか、少々いけるようになってきていた。それに贔屓の客や相撲関係者からの差し入れもあり、慌しく日々が過ぎた。

藤右衛門に異状が起きたのは六月二一日のことであった。突然頭痛が起こり、嘔吐して意識がもうろうとなった。梅ケ谷は興行中で、治郎吉のおかみはびっくり、どうしてよいかわからず、おろおろするばかりだった。騒ぎをかぎつけて近所の人々も駆けつけてきた。医者も呼ばれたが、「脳内出血で絶対安静が必要だ」と言った。梅ケ谷にも使いが出され、治郎吉の家に着いた時には、かすかに呼吸はしていたが意識は既になかった。その日の内に郷里の志波に連絡しなければならなかったが、あいにく知り合いがなかった。

その内、相撲観戦に来ていて知ったという志波の若者がやってきた。泊る予定だった若者に無理を言って、早速帰って小江家に連絡してもらうことにした。博多から志波までは東方へ約一一里（四四キロ）の道のりである。使いは夜を徹して志波に向かった。明けて二二日、報を聞いたトメは吃驚仰天、まず一刻も早くということで長男弥平を出発させた。

梅ケ谷はこの日相撲に出るつもりでいたが、湊頭取より強く止められて父の枕元に付くように命じられた。梅ケ谷は頭取の温情に感謝しながら、医者にはできる限りのことをしてもらうよう懇願した。既に藤右衛門の息はほとんど外見からはわからなくなっていた。足に触れると指先の方は冷たくなっていた。梅ケ谷は気が気ではなかった。早く身内の者に来て欲しかった。トメや兄・姉には一刻も早く来て欲しかった。医者は今日がやまだと言った。日頃から体が弱っていた父親を長く慰留させたことに、梅ケ谷は悔を感じた。良かれかしとしたことが悪い方へ向かっていっている。一人悶々としていたが、時間は止まったようにして変わらない。

詰めの看護婦が異変を感じて医者を呼びにやった。医者はすぐにやって来て、そっと手首に触って脈を見

父藤右衛門の墓

ているようであったが、ゆっくりとその手を胸元に持っていった。おもむろに梅ケ谷の方に膝を向けると、「ご臨終です」と頭を下げた。梅ケ谷は頭の中が真っ白になった。何も見えなかった。何の考えも浮かばなかった。何も見えない、真っ白の空間の中に身動きもできず、自分が自分でないようなもどかしさを感じていた。

　この日の昼過ぎ、弥平、そして夜遅くトメが到着したが、既に藤右衛門は黄泉に旅立っていた。お互いの気持ちがそれぞれに悲嘆の爆発となり、嗚咽を繰り返したが、その時以外は夜のしじまは破られなかった。梅ケ谷は、この博多に慰留するにあたって贈った絹ものの羽織をそっと父にかけてやった。

　後日、父の着物について、この時の模様を梅ケ谷が自身語った言葉として、三木愛花筆「横綱一二代・梅ケ谷藤太郎」（「角力新報」）に次のように記されている。

「この時父は七三歳でありました。わしは自分の着ていた絹ものの衣類を父に贈って着用させたいとおもいましたが、国禁で博多帯のほかは平民が絹ものを着用することはできませんでしたから、領主黒田家の家老にねがいまして、とくべつの許可を請いましたところ、父も七三歳といい、その子が出世して孝行をつくしたいというのならば黙許することにいたそうと申されました」

　この年、慶応三年六月の梅ケ谷の番付表は中頭四枚目で一枚下がっている。この時の成績は不明であるが、この時期は物理的にも相撲出場は不可能だったのである。

慶応三年六月二二日死去、蒸し暑い日々が続き遺体を志波梅ケ谷に運ぶのは困難であった。博多で密葬を済ませ、数日後遺骨は梅ケ谷の住家へと帰っていった。菩提寺は志波上町の光宗寺である。ずっと後になるが、弥平の長男弥太郎（梅ケ谷の甥）によって墓が建立され、生家の前の谷川を渡って谷上の南側の丘陵地中腹に、はるかに両筑平野を見おろして現在もある。

大坂相撲の地方巡業はこの年一年を通じて行われていた。大政奉還のうわさが流れ、騒然とした近畿地方にくらべれば、九州の世情は若干穏やかではあった。湊部屋一行は大坂にも還れず、巡業は糸島・唐津・伊万里と続き、佐賀に入ったのは九月の頃であった。藤太郎は父の初七日が過ぎるとまた巡業に復帰していた。地方巡業は一カ所で一〇日間のところもあれば、二、三日間あるいは一日の場合もあった。不入りで揚高（入場料）が少なく採算が合わなければ、時には打ち切りもあった。

六　兵働龍潜との再会

佐賀の相撲場所がどこであったかはわからないが、佐嘉神社域を中心としたところではなかったであろうか（明治になっては佐嘉神社の東側新馬場で行われている）。

大坂相撲の湊部屋一行が佐賀に入ることを相撲好きの兵働龍潜が知ったのは、興行の数日前のことであった。湊部屋で快進撃を続けていることは、梅ケ谷の便りでわかっていた。梅ケ谷が医院兵働家の奉公を辞してから丁度一〇年目である。龍潜は梅ケ谷とは一〇歳程の違いであったが、弟のような感じがしてならなかった。仕事に忠実で、日頃の生活態度に誠実さがあった。一年足らずの奉公であったが、何事にも手抜きがなく、一四歳の子どもだとは思えない気魄に圧倒されたことを憶えている。村の鎮守、冠社神社での奉納相撲がある度に、梅ケ谷の怪童ぶりを思い出すのであった。近頃は本業の医療が忙しく、めったに外に出れなくなっていた。麻疹《はしか》や赤痢などの疾病や皮膚病で来院者が多くなっていた。人柄と腕前を見込んで、島原あたりから泊り込みで来る患者も居ることは前述したとおりである。

兵働龍潜が住んでいる鍋島藩の支藩・蓮池藩下の崎村は、佐賀の東方三里弱の所にあった。龍潜はこの度の梅ケ谷の相撲が見たくて、医業の日程をやりくりし、弟子に診療をたのんで半日を相撲観戦にあてた。

梅ケ谷は入門の頃の五尺七寸（一七一センチ）、二二貫（八二キロ）から、身長はともかく体重はかなり増えているように見え、力士としての風格も堂に入ってきたように思えた。取り組みの後、再会を果たした龍潜は、特別に金蒔絵のすばらしい重箱を引出物として贈った。

この時の顚末を、龍潜の孫にあたる例の兵働貞夫は次のように記述している。

「私の耳に入る祖父の話は断片的なものでしかなかった。水戸徳川家から蓮池藩主のところに輿入れされた姫様が大病に罹られた時、祖父龍潜が懸命な治療を行って無事快癒され、面目を施したことや、その時藩主から金蒔絵の重箱を拝領したこと、下男として働いていた藤太郎が後に梅ケ谷と名乗って力士として大成し、故郷に錦を飾った時に、その拝領物を引出物として梅ケ谷に贈ったことを懐かしく母が話していたこと（略）」

このようにして、龍潜と梅ケ谷の絆は深まっていった。とはいえ、まだまだ大成の域には程遠い梅ケ谷にとっては、自分の現状に満足するものではなく、そのことは心に固く秘めていて、決して表面に出すことはなかったが、相撲の気魄は第三者にも自ずから伝播していくものがあった。

七　郷里恵蘇宿の相撲

梅ケ谷の亡き父に対する思いは、相撲に没頭すると共にやわらぎ、「己の道を進むしかない」と一層勝負にこだわるようになった。佐賀を引き払い、九州を東進して、再び筑前の国に入り、上座郡山田村恵蘇宿水神社境内で興行があったのは、慶応三年（一八六七）卯一一月中旬、晴天の日であった。

山田村（現朝倉市朝倉山田）の関屋政隆家には、この恵蘇宿興行の時の板木番付表がある。曾祖父忠市の時代で、忠市は明治二一年一月九日に六〇歳で亡くなっている。六尺（一八〇センチ）の大男で、自身宮相撲を取っていたが、組頭（地元の世話役）をしていたし、力士が興行中多数泊っていたという。

板木は桜の木で作られているが、縦二三・五センチ、横三四センチで、中央に行司木村伊之助他七名の氏名、その下に頭取湊由良右衛門の名前がある。板木の文字は左右逆で、三段目が差し込みになっていて、上下二枚を継いで一枚の紙に写し取っていた。紙に写し取ると、右側が東方、左側が西方になるというわけである。

番付表を見ると、

東方		西方	
大関　御国	梅ケ谷藤太郎	伊勢	勢力伊三郎
関脇　同	名取松毎《ママ》吉	中ツ	矢車弥五郎

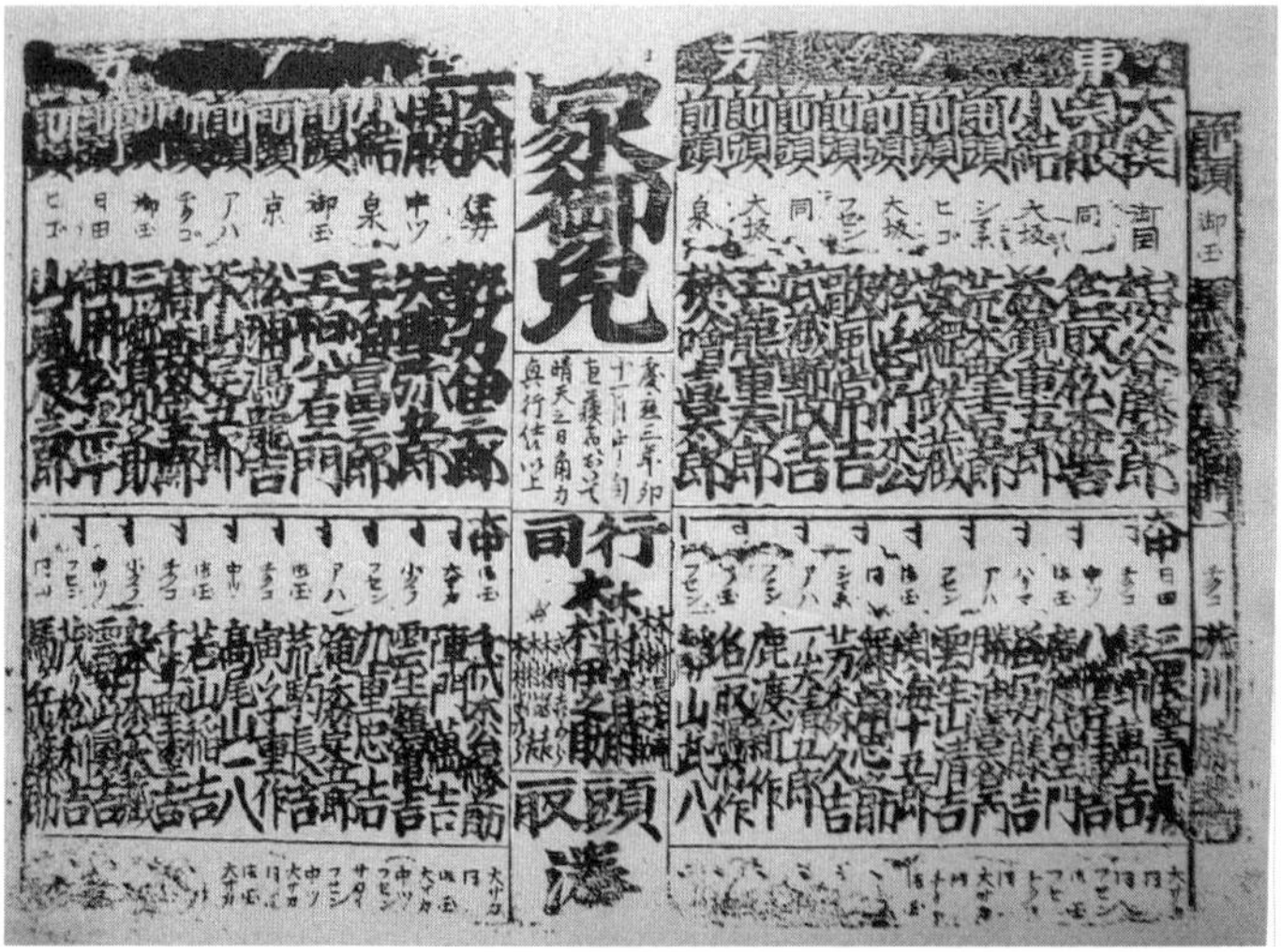

慶応３年（1867）11月，恵蘇宿水神社での大坂相撲番付（関屋政隆氏提供）

小結　大坂　益鏡重五郎　　泉　玉海富三郎

以下、東西それぞれ前頭七枚ずつ、同じく本中一四枚ずつとなっている。この年、慶応三年六月、大坂場所番付表で梅ケ谷は東中頭四枚目であるので、この恵蘇宿の番付は、その興行地出身の力士を上位に据えたと思われる。それにこの巡業が湊一門主流の興行であり、大坂相撲力士全員が参加しているわけではないことにも因る。東方大関梅ケ谷、関脇名取松と、筑前出身を大関・関脇に据えており、九州出身の名が一段目だけで、筑前五、肥後二、豊前二、中津一、日田一、筑後一、島原一と、一三名が名を連ねている。六割五分が九州勢であり、このような番付表が当時の巡業では一般的であったようである。巡業でもてるのは当然郷土出身力士であり、興行上の気配りが窺える。

恵蘇宿は天智天皇の木の丸殿、そして斉明天皇崩御の地であり、その丘下御詠の「秋の田」を東に見ながら、筑後川のほとりの水神社の境内で相撲が行われた。志波村の西境からほんの五町程の所であったので、村内の者はこぞって観戦に馳せ参じた。

一番太鼓が鳴り響いて午前七時頃から稽古が始まり、相中本中と下方の力士から始まり、地元の子どもたちと関取の稽古、相撲甚句や漫才にも似た初《しょ》っ切《き》りなどの後、午後にはいよいよ梅ケ谷の土俵入りや、堂々とした大関相撲に割れんばかりの拍手が送られ、歓声は筑後川をはさんで対岸の筑後側にも達していた。おらが郷土の英雄として、桟敷からひねりの祝儀が投げ込まれ、酒に酔った年配の男が、花道を帰る梅ケ谷に走り寄って、届きもしない肩に手をばたばたと当てようとしたりした。

日程の関係上興行は一日であったが、梅ケ谷は前日の夕方実家を訪ね、父藤右衛門の真新しい位牌のある仏壇の前で深々と頭を下げた。トメをはじめ、弥平親子、親戚の歓待を受けたが、その日の内に宿泊の部屋へ帰った。「秋霜もって自ら粛む」のたとえの如く、自分を律しなければと考えていたし、今は宴会・歓待に浮かれる時ではない。自分の目標は一つ。

「日本一の大関・横綱になること」

「脇見してはならない。誰がどう言わうと、どんなに罵られようと、かまったことではない。己が道を突き進むのみである。何のために今まで耐えてきたのか。どんなことがあっても耐えなければならない。ごきつぶしとあざ笑われ、体よくあしらわれ、つばをかけられ、この侮辱に耐えてきたのは何故か」

もりもりと闘志が湧き上がってきて五体がぶるっとふるえた。

恵蘇宿の興行は大成功を収め、地元組頭の関屋忠市も面目を保つことができた。その日の内に巡業の一行は次の巡業地に向かった。興行は川一つ向こうの筑後国吉井の巨瀬川のほとり、高橋大明神の境内であった。夕暮れ時、力士たちはハネ立ち（早く終わった者から次の巡業先へ出発すること）で、それぞれの手荷物、それに関取の明け荷をかついで、恵蘇宿瀬の下の渡しを対岸へと向かった。藤太郎も例にもれなかった。志波の衆は、打ちあげに梅ケ谷一行を歓待しようと、馳走を作って待ち受けていたが、肩すかしを喰った形となった。梅ケ谷にとっては誠にありがたいことであったが、ここでちやほやされることは本望ではなかった。初志貫徹のためには村衆の温情を素直に受けとることはできなかった。

吉井の巡業には、弥吉酒場の岩次・一郎旦邦と中津留伴三郎が駆けつけて来ていた。岩次旦邦は自家の銘酒「千歳《ちとせ》の寿」の樽を、そして伴三郎は化粧まわしを贈った。

岩次は五十路を過ぎて白髪がちらほら見えてきていたが、酒業界の重鎮として益々活躍していたし、一方伴三郎は、大政奉還、王政復古へと移行されようとする時世、大庄屋の地位も定かでない世情となってきていたが住民の信望は厚く、着々と新時代に対応するため、順次父親からの地位の移譲を受けていた。したがって、小桜の四股名で勇名を馳せていた相撲からも徐々に手を引き、政界への進出を計っていた。それにしても五年ぶりの再会、お互いの健闘を称え一層の精進を誓い合ったのであった。

八　中津留伴三郎のその後

梅ケ谷との再会後、伴三郎の政界への進出ははなばなしかった。明治一二年（一八七九）、生葉・竹野二郡の民選による連合郡会議員に挙げられ、続いて、千歳・福永・橘田《たちばんだ》三カ村の戸長（村長）として村政に尽力した。一七年区画改正により解職となったが、その後千歳村の名誉助役、郡会議員、郡の水利、土木・山林・農業各委員、筑後川改修工事委員などを歴任した。この間、明治二二年七月五日前後、大洪水に見舞われ筑後川沿岸八郡は一大湖となった。筑後地方も堤防が決壊し、田畑の損壊著しく、家屋や穀物の流失、流死多々、その惨状はすさまじく、この世とは思えない地獄であった。この惨状にあたり、伴三郎はその復興のため即刻立ち上がり、惜しみなく私財を投げ出して被災者を救った。

晩年の中津留伴三郎（中津留家提供）

このような数々の善行に見られるように、自己を犠牲にして住民のために全力を尽くした一生は皆々におしまれ、記憶にとどめられながら、大正一一年三月三日、千歳村小江の地で大往生をとげた。墓は子息勝三郎によって筑後川のほとり、フナト中島の堤防南下に己の村、そしてはるか耳納山脈を眺望する地に建立された。現在、彼の屋敷より南に出た堀川の道端に頌徳碑があり、最近「解説文碑」の銅版プレートが関係者により設置された。

九　大坂相撲の頂点に立つ

湊部屋一門の九州巡業は慶応四年（一八六八）正月まで続き、その月の内に大坂へ帰ってきた。近畿地方は鳥羽・伏見の戦で薩長勢力の大勝に終わり、幕府の廃止、王政復古が宣言され、戦乱の小競り合いは江戸の方へ移っていった。戦の後の混乱はあったが、大坂商人の町では早々に争乱の傷跡は癒えていった。

この正月の下旬、大坂天満神社興行の相撲（中相撲）があったが、番付表で梅ケ谷は大関に据えられている。ところが成績不明であり、地方巡業からの帰坂すぐのことで、興行が行われたかどうかわからない。しかしいずれにしても、この時点で一流の強豪力士として実力を発揮していたのはまちがいないところである。

江戸の横綱陣幕久五郎が来坂して二年目、慶応四年、彼は大坂相撲を独立させ、年二場所の興行にし、江戸相撲に対抗させようと番付を編成した。この年六月場所の番付は既にできあがっていたのであるが、陣幕や同伴してきた力士によって上位が占められ、番付が紙によって貼り替えられた。東大関に陣幕、関脇千歳川、小結に山分といった具合であった。

梅ケ谷はこの六月場所で西中頭筆頭に位置した。前頭になってもいい実力であったが、陣幕以下来坂組の上位の占有によって、それにこの年も前頭は東西三枚ずつと極端に少ない枠組により、中頭と不本意な結果となった。とはいえ、現代でいえば当然前頭四枚目に位置し、三役目前まで位置を押し上げていた。この場所の成績は九勝一敗と抜群の成績で実力のほどと存在感を遺憾なく示したのであった。

この後九月場所が組まれていたが、九月八日明治元年と改元され、世情の混乱の中、相撲興行は中止となった。この番付でも梅ケ谷は西中頭筆頭であった。

明けて明治二年三月、番付より東西の横番付を江戸風にならって一枚縦番付に改正した。当然、下方の力士は一枚番付に掲載できないので、「此外中前相撲東西二御座候」と左隅に断り書きするようになった。

この明治二年三月番付で、梅ケ谷は平幕前頭を飛び越して三役東小結に抜擢された。当然の帰結ではあるが、梅ケ谷の実力からすれば遅きに失したというところである。この場所の成績は六勝一敗一引き分けであったが、実力が認められるにはそれだけの時間を要するということなのだろうか。世の中は刻々と変化しているし、相撲界の動きにも激しいものがある。しかし不変なものは、その実力と誠実さ、そのために耐え抜くという強靭な精神力である。彼のその後の人生を観ても、このことは生涯を通じて不変のものであった。

明治二年三月場所の勧進元は湊由良右衛門、差添人（保証人）三保ケ関喜八郎であった。三役は東西順に大関陣幕久五郎・千歳川龍蔵、関脇山分万吉・八陣信蔵、小結梅ケ谷藤太郎・高越山《こうずやま》谷五郎で、幕内前頭は八枚ずつであった。梅ケ谷は六勝一敗一分で、一敗の相手は熊ノ岩、引き分けは高越山とであった。

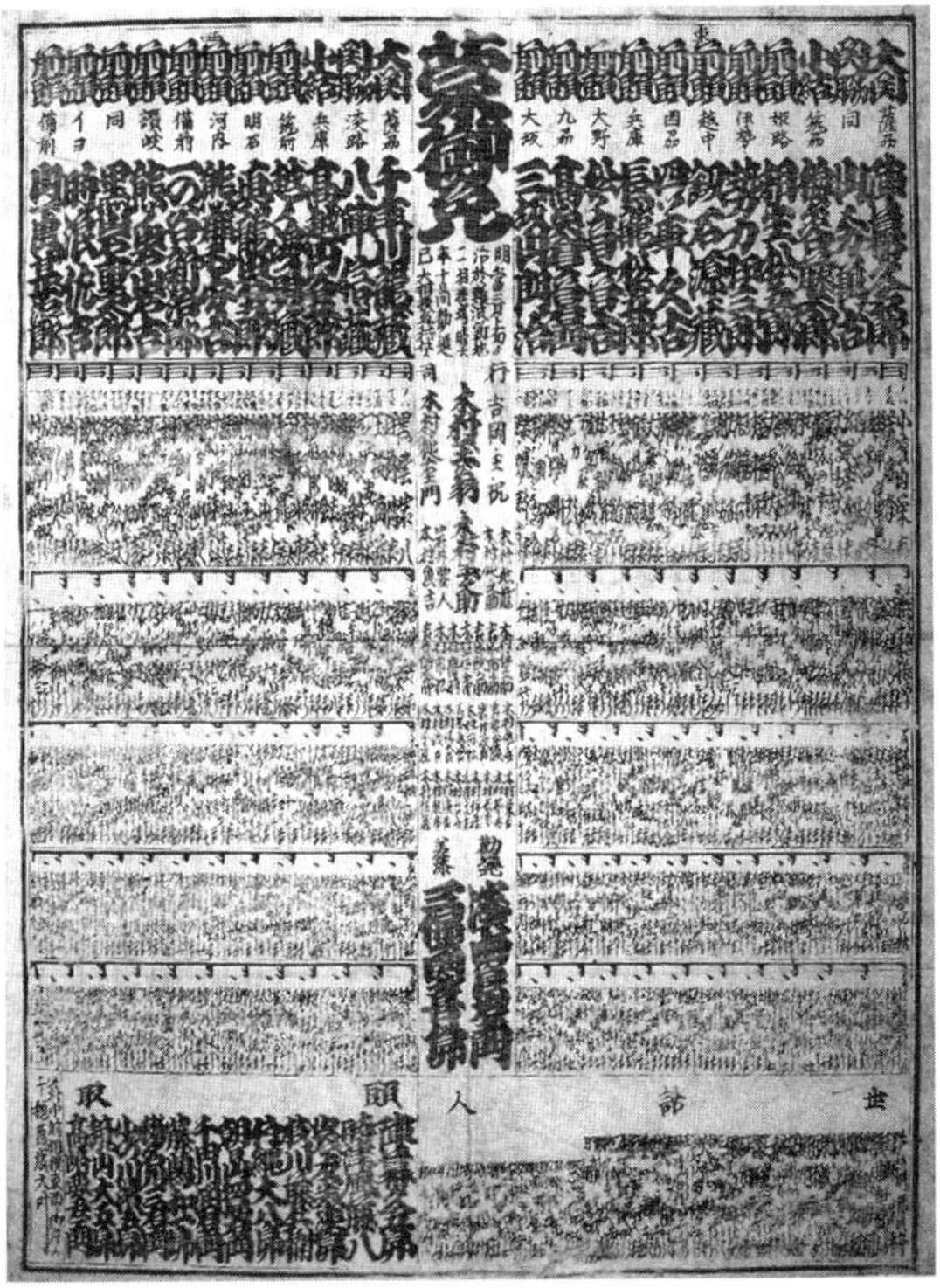

明治２年３月，大阪相撲番付。東小結（相撲博物館蔵）

次の場所は同二年八月であったが、梅ケ谷は東関脇に進んだ。この場所は難波新地であったが、勧進元は陣幕久五郎、差添人は朝日山四郎右衛門で、大関陣幕は引退し、その名前のままで大坂相撲頭取総長となった。北江戸垣一丁目に稽古場を設け力士の養成に力を注いだが、後に北陣と改名した。

三役は東西順に大関山分・八陣、関脇梅ケ谷・高越山、小結勢力・甲潟で、幕内前頭八枚ずつであった。この場所、梅ケ谷は西大関八陣信蔵と引き分けているが、六勝一引き分け三休で最優秀成績者（優勝）となった。いよいよ相撲も充実してきており、頂点が見えてきた場所となった。

なお八陣は明治二年八月に大関昇進を果たし、四年七月、京都五条家から大坂力士として初めて横綱を免許された。既に晩年に入り、七年六月（一〇月）、三都合併本場所を限りに引退し、頭取小野川信蔵となり数多くの弟子を育成した。その間、取締の要職を長年務め、永世取締を認められた。明治三二年六月限りで隠居し、三五年一月九日に没した。享年六四歳であった。

明治三年三月の番付で梅ケ谷は念願の東大関に栄進した。薩州抱えの大関山分万吉が土俵入りだけつとめて欄外に置かれたためではあったが、大阪相撲に入って八年目、初志貫徹、やっとつかんだ頂点であった。時に梅ケ谷二六歳で

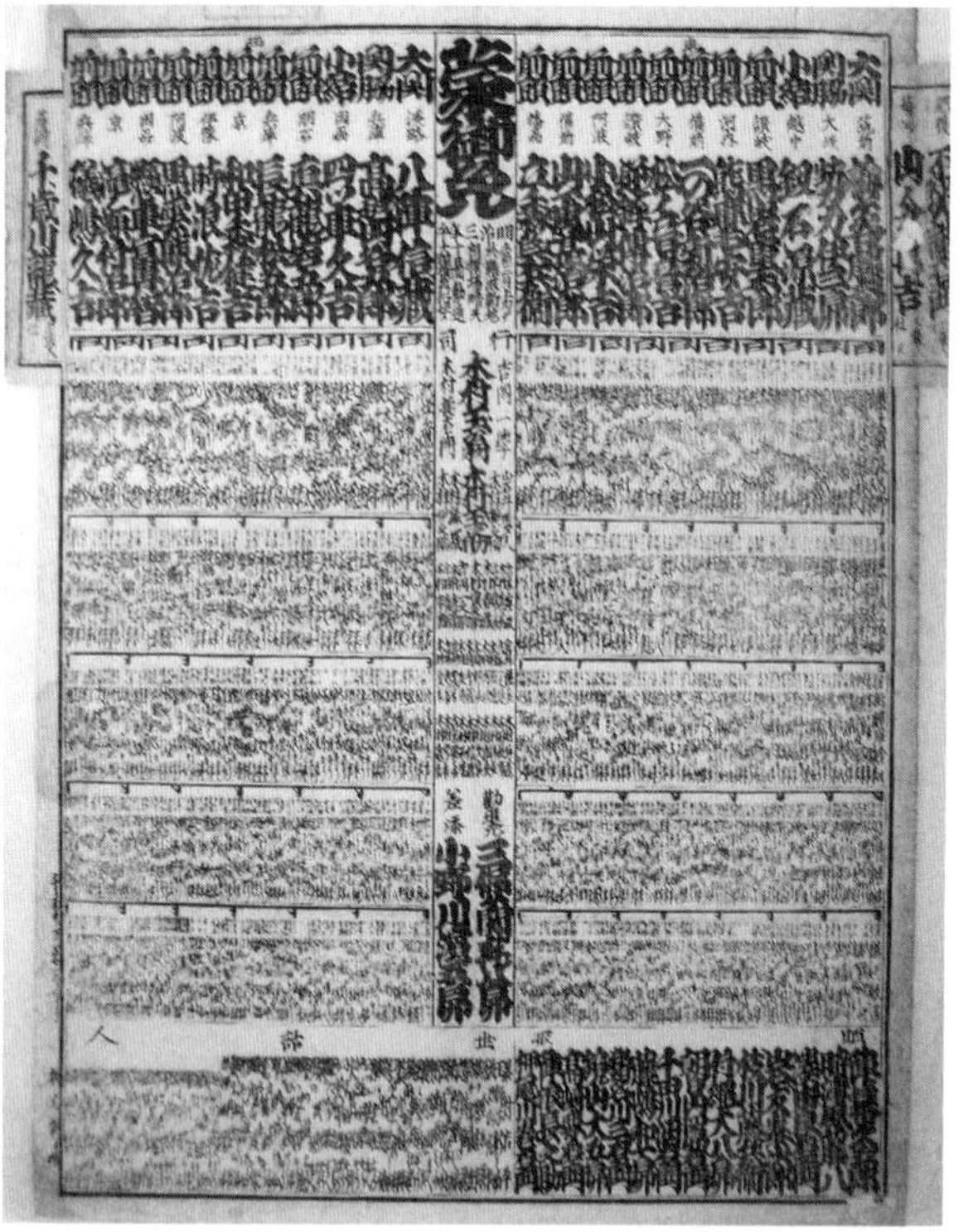

明治３年３月大阪相撲番付，東大関。大阪相撲の頂点に立つ

ある。

なおこの場所は休場力士が多く、大阪方が東に廻り、京都力士が西で取った。番付には東張出に不知火諾右衛門（前場所限りで東京相撲横綱を引退し、大阪に帰り、不知火光右衛門という名を不知火諾右衛門と改めた）が出ていたが、「横綱土俵入仕候」と土俵入りのみで、また東京相撲の薩州抱え千歳川もこの年大阪に来て土俵入りのみに出場した（したがって三人の土俵入りのみとなった）。大関は東西に梅ケ谷と八陣、関脇は勢力と高越山、小結は剣石と四ツ車、幕内前頭は八枚ずつであった。

番付の頂点をつかんだ梅ケ谷であったが、一事が万事塞翁が馬で、病魔に見舞われ、返す返すも残念ながら休場を余儀なくされた。復帰後名誉挽回とばかり同明治三年九月、京都・大阪合併相撲（京都北林拝領地での十日間。勧進元勇山源右衛門、差添人鯨波与兵衛）に西大関で出場し、九勝一預かり（嵐山。一預かりは一敗ともある）であったが、これが梅ケ谷の関西場所での最後の土俵となった。

梅ケ谷の大阪相撲の戦績を「雷権太夫之伝」（「角力新報」）により総括すれば、この大阪に出てきてこの方初土俵七日目糸ケ浜に敗れた他、その後八陣信蔵、熊ノ岩の二人にしか負けていない。梅ケ谷の直話として、熊ノ戸（熊ノ岩のこと）には二度負けていて、どうしても勝てん、と述べている。この件に関して、「武俠世界」（臨時増刊・相撲号、大正六年一月）から転載する。

「わしがまだ大阪にいたときの話でっすが、熊ノ戸（熊ノ岩岩吉＝明治二年三月、西方前頭五枚目で東小結梅ケ谷に勝っている）という力士がおりまして、どういうものかこの人には一度も勝てまっせん。差して寄ろうとするとその差し手を取ってとったりをうたれ、いつも負けでござっす。残念ともくやしいともいいようがない。ところが、熊鹿毛（明治二年三月場所五日目の相手）という人は、その熊ノ戸にはわけもなく勝つ。右を差したまま、ま一文字に寄り切ってしまう。それを見てわしはこれは右を差すにかぎると思いついた」

「いったいわしは左差しなのに、右差しを一生懸命にけいこして、さあこれで右差しが大丈夫できると自信がついたところで、あの熊鹿毛のもとへ出かけていき、ちょいとたのみたいことがあるといって外へ連れ出し、あるうちで酒を飲みながら、女をさがらせたうえ、一つ知恵を貸してくれ、あの熊ノ戸にゃわしはどうしても勝てんが、お前さんは造作もなく勝っとるばい。どげんしたらええか、一つその手をおしえてくれんしゃい」

「何を梅関いわっす。お前さんがわしから相撲をおしわるわけおますかいな」

「いやそうじゃなか。人には得手不得手があるもの。熊ノ戸には、わしどうしても勝てん。それをお前さんはあっさり負かしおる。それにはそれだけのわけがあるにちがいなか」

「そりゃそうや。じゃわし話しまひょう。お前さん右差しできるやろか」

「そこじゃ。わしはさきごろから一所懸命右差しのけいこした。大丈夫のつもりばい」

「うむ。そんなら造作ありまへん。おっと立ってお前さんが左を差すから、その左を取ってとったりをうとうとする。その腕《かいな》をぽんと右でたたきあげて、そのすきに右を差してぐっと寄んなはれ。それだけであっさりや」

「わしはおもわずうなった。ぴかっとあたまのなかでひらめくものがあった。それからその場所、顔があったとき、おしわったとおりにやりまっすと、まるで相手がいないみたいにむこうの二字口へ寄り切ってしまうことができまっした。それからのちわしは熊ノ戸に一番も負けんようになったでござっす。こんなぐあいに自分ひとり考えたってだめなこともありまっすから、他人の説を聞くことも決して無益なことじゃありまっせん」


この逸話一つとっても、梅ケ谷が実に研究熱心で一番一番の相撲を大切にし、その後の対戦にそなえる日頃の精神、そしてあの宮相撲時代中津留伴三郎に教えを乞うたように、他人の説を頭を下げても聞く謙虚な態度は、抜群の成績を得る源泉であったとも言えるのである。現代流に言えば、松下幸之助に似ていると言えるかもしれない。目下であろうが、雇人であろうが、わからないところをわからないとわきまえ、誰彼なく教えを乞う生粋の職人気質は実にあっぱれであり、大道をきわめるにはそうしたど根性が必要であった。

一〇　郷土出身力士との別れ

梅ケ谷が大阪での最後の場所となった明治三年九月京都場所では、二人の郷土出身力士との別れとなった。京都相撲横綱小野川才助と大阪相撲の大錦大五郎である。

小野川才助は梅ケ谷の生まれた筑前国志波より西に六里程下った筑後国、筑後川中流域左岸の地の出であった。

小野川才助について、明治二六年三月善導寺町津遊川《つゆかわ》に建立された記念碑文を基に、『大相撲人物大事典』（ベースボール・マガジン社）、『久留米郷土研究会誌』などを参考に足跡をたどってみる。

小野川才助は文政一三年（一八三〇）、筑後国山本郡高畠村（現久留米市善導寺町）に生まれた。本名は森光幾蔵、父は伍平のち川村姓となる。軀幹長大で、一九歳時では身長六尺三寸膂力《りょりょく》（筋力）抜群であった。最初、京都相撲の都灘弥吉の門に入り、大見崎（大岬）大五郎と名乗った。弘化二年（一八四五）五月、頭取都富士定吉の徒弟となり、嘉永二年（一八四九）二月、二〇歳の時江戸に出て、頭取追手風喜三郎の門弟となる。虹ケ嶽杣右衛門と改名し、同時に阿波藩抱えとなる。この頃鬼面山、陣幕、大鳴門と共に阿波四天王とうたわれた。

安政三年（万延二年とも）二七歳の時、本国久留米藩抱えと変わり、安政五年一一月入幕、文久元年、小野川才助と四股名を改めた。一〇月小結、文久二年（一八六二）一一月関脇、その後関脇、小結を上下したが、慶応三年（一八六七）一一月場所、東関脇を最後に引退した。

善導寺境内の小野川才助顕彰碑

その後慶応四年春、弟子（徒弟）百余名を連れて京都相撲に加わり、当年二月、京都相撲初代横綱免許を五条家より受け、横綱土俵入りを披露した。同時に京都相撲頭取となった。前述したように、明治三年九月、京都北林拝領地での京都・大阪合併相撲では土俵入りのみ務めた。この時梅ケ谷は西大関を務め、九勝一預かりで最優秀成績者となり、郷土の雄小野川才助の横綱土俵入りに花を添えたのであった。

明治六年小野川才助は羅疾し、正月一三日惜しまれながら四四歳の若さで没した。妻・常は師匠追手風喜三郎の娘である。二子の内、長男幾太郎は西京、次男喜三郎は義叔父の家を継ぎ塚島に住んだ。

小野川才助の地元顕彰碑は、「日本第一力士小野川之碑」と銘して発起人八ケ峰勇吉、走船庄蔵、小野ケ濱萬吉、荒馬秀吉、世話人森光磯吉他六名によって生誕地近くの善導寺町津遊川に建立されたが、平成になって、町の中心地域にある名刹大本山善導寺内の奥まった本堂の前、南側に移設され現在に至っている。山北石の切石で竿取《さおとり》一間半余の碑には当時の徒弟緑川、虹ケ嶽、大文字、熊ノ森など六十数名の名が刻されている。

もう一人の郷土の傍輩《ほうばい》大錦大五郎は、弘化四年（一八四七）、筑後国生葉郡吉井朝田村折敷町《おしき》（現うきは市吉井町折敷町）に佐々木儀三郎の次男として生まれた。青少年時代、中津留伴三郎の相撲場で梅ケ谷が相まみえて練習に励んだ一人である。中津留庄屋屋敷からは目と鼻の先、南東半里足らずの集落で青少年時代を過ごしたが、中津留率いる宮相撲のメンバーの一人であった。当時、中津留に四歳、梅ケ谷に二歳若かった。青少年の二〜四歳とは体力・智力とも格段の差があったが、身長だけは両人に並びかけていた。

大阪上りについては様子がわからないが、最初白山国五郎の徒弟（弟子）となり、大野森三郎と名乗ったが、その後梅ケ谷と同じ湊由良右衛門の徒弟となり、四股名を大錦大五郎と改めた。明治二年三月、難波新地の大阪相撲では二段目の中頭で名を連ねた。この時、梅ケ谷は東小結で六勝一敗一分の成績であったが、大錦には猛稽古をつけていた仲であった。

大錦は着々と実力をつけ、明治四年には前頭に昇格した。梅ケ谷は前年、明治三年暮れ、再会を約しながら、一段上を目指して東京相撲へと発っていった。

明治六年に大錦は、新入幕を果たし明治七年一〇月（六月興行予定だったもの）、東京相撲が来阪し合併相撲を行った折二人は再会した。二人は東京方・大阪方と相対することとなったが、大錦（大阪方前頭三枚目）は五日目に梅ケ谷（東京方西前頭五枚目）と対戦した。進境著しい二人は相譲らず、特に大錦は先輩に恩返しをと死力を尽くしたが、雌雄決することができず引き分けとなった。この場所の戦績は、大錦四勝一敗一分であったが、大錦の活躍を梅ケ谷は大いに喜び、今度はライバルとして、天下を取ることをお互いに誓い合って別れた。

明治八年九月、二人は難波新地の合併相撲でまた相対したが、完成に近づいた梅ケ谷の相撲に大錦は完敗した。一〇月の京都興行で、大錦は西小結へと昇格した。

折しも大阪力士の中には、相撲改革をとなえ、改正組を組織し、関西に根拠を置いて東京相撲に対立していた高砂浦五郎の意に賛同している者も多かった。筑後出身の熊ケ嶽庄五郎もその一人であったが、京都興

大錦大五郎肖像画（佐々木一喜氏提供）

故郷うきは市折敷町の大錦の墓

行の後、この改正組に加わって東京に出、神田龍栄寺に一時身を置いた。

大錦は九年一〇月（六月分延期して）の大阪相撲では西関脇となった。この頃、会所の改革の意見の相違で、大阪相撲界は真っ二つに分かれてしまった。大錦は黒岩、山響の大関を筆頭に百余名と共に「開花組」に属して脱走したが、その後両派は仲裁により和解し合体した。しかし難波新地の大阪場所では別々の取り組み表が作られた。一一年九月（実際は一〇月上旬）、大錦は念願の東大関へと昇格した。脱走復帰組の大関となったのである。

惜しむらくは、せっかく東京相撲の梅ケ谷（東京方片番付関脇）がこの東京・大阪合併大相撲に来阪したのであるが、脱走組の熊ケ嶽と一緒に九州巡業に出ていたため、大錦は和解に間にあわず、その後各地を巡業して廻った。

不運は続くもので、明治一二年大錦は病に倒れ養生に徹したが、翌一三年九月一二日、不帰の客となった。三四歳の若さであった。墓は郷里、現福岡県うきは市吉井町折敷町中の坪の、雄大な耳納山脈を眺望する両筑平野田園の一角にある。現在、四代目佐々木一喜が折敷町の地で墓を守り続けている。

一喜が祖父恵吉から幼い頃に聞いた話として、大錦が帰省の時は、帯刀して馬に乗り威風堂々と現れるのを村内総出で迎えたという。

九州北部には不知火諾右衛門、同光右衛門、雲龍久吉、小野川才助、そして後に袂を分かつことにはなるが大錦大五郎、熊ケ嶽庄五郎など、志を立て自分の道を着々と築いていく大先達、朋輩《ほうばい》がいて、梅ケ谷も競争心むきだしで、一心不乱に初志貫徹を目指していたのである。

一一　青春の思いと上京

明治三年三月の大阪場所で梅ケ谷は東大関に昇進しながら、病気を理由に相撲が取れなかった。病気とは何だったのか。そのあたりの状況については記録がない。この年の九月の京都・大阪合併相撲には西大関で出場している。その後また病気で兵庫の「林や」（料亭）にしばらく逗留するのであるが、何らかの異変があったのはまちがいない。

兵庫「林や」については、梅ケ谷にとって私的な青春の思いが込められた療養だったようにも思われる。この件については「大相撲黒白草紙――梅ケ谷初代中心時代」（彦山光三筆）に詳しい。

発端は昭和三八年初場所中、立原恭平が彦山光三を訪ねての話による。立原は志波の隣村久喜宮出身の祖母関本なつより、郷里のことや初代梅ケ谷藤太郎のことを、事こまやかに聞いて育ったという。なつは一八歳の時、筑前秋月藩（黒田藩の支藩）の江戸留守居役の屋敷に女中奉公に出、その後縁あって同家出入りの大工棟梁の息子と夫婦になった。なつの亭主も父親の稼業を継いだが、東京北多摩方面の事業運にもめぐまれ家業も繁栄した。その立原が彦山に語った秘話である。概要はこうである。

「兵庫の『林や』は武庫水門《むこみなと》西柳原にあった。『林や』の大おかみは博多の湊町生まれであった。梅ケ谷は少年時代、同じ湊町の加世屋という造り酒屋に一時奉公していたが、その時見初めた近所の娘ひさが『林や』の養孫として来ており、その関係でも『林や』には心を惹かれていた。しかし養孫は請われて、東京日本橋本町の豪商木綿問屋のせがれに嫁いでいった。

一方『林や』のなじみ客として大阪船場の『島倉や』という木綿問屋の旦那が博多筥崎《はこざき》出身で、『林や』と『島倉や』は、将来を嘱望されている梅ケ谷を同郷のよしみとして大贔屓にしていた。

『林や』の養孫は東京に嫁いでいったので、これさいわいと『島倉や』の旦那は自分の娘を梅ケ谷にめあわせようとした。この魂胆を湊頭取に相談し、湊頭取は仲の取り持ちを快諾し、梅ケ谷にこのことを告げた。しかし梅ケ谷は『林や』の養孫のことが忘れられず、きっぱりとことわり、それから湊師匠との仲はぎくしゃくしたものとなった」

このことがあって、梅ケ谷はどうしてもあきらめられない養孫への思慕と、大阪相撲に飽き足りなさを感じ、東京相撲への挑戦魂がむらむらと湧き上がってきたというのである。

梅ケ谷の上京については語らなければならないことが沢山あるが、まず上京の決意をなした理由は何だったのか、前述のこともあるが、「波乱の人たち・梅ケ谷藤太郎」（北川晃二筆「夕刊フクニチ」）には、

「江戸相撲と大阪相撲は昔から格がちがうといわれていた。事実大阪で大関をはっていても、合併相撲をすれば江戸の平幕上位に負けることが往々にあった。したがって、江戸相撲は大阪方の力士と互角にとることを承知しなかった。藤太郎（梅ケ谷）が東京に走った最大の原因もそこにあった。大関と威張っていても、このざまではなんにもならん、ほんとうに相撲とりになるにはやはり江戸でとらなければいかん」

と記されている。

幼少の頃から梅ケ谷の信念は一貫していた。郷里を離れる時、弥吉酒場の旦那岩次は言ってくれた。そのことがいつも頭をよぎる。

「どんなことがあっても今の初志を貫け、おまえの気魄と根性は痛いほどわかっちょる。わかっちょるき言うが、誰にも負けるな。日本一を目指せ、日本一になるまで帰ってくるな」

ふしくれだった藤太郎の手を両手で包み切々と言ってくれた言葉、そして郷里恵蘇宿から次の興行先に向かった折、見送りを振り切って筑後川を渡った思い、「日本一の大関になる！ 横を見てはならない。振り返ってはだめだ。誰がどう言わうと、どんなに罵られようとかまったことではない。今まで何のために耐えてきたのか、御器《ごき》つぶし（大飯喰らい）とあざけ笑われ、唾液《つば》を飛ばされ侮辱に耐えてきたのは何故か」。

諸々の過去の生きざまが事あるごとに脳裡をかすめていたし、北川晃二の筆も一理あろうと思われる。

この上京の動機については、諸紙・誌においてはあまり触れられていない。明治三年、病気がちだった梅ケ谷は九月場所以後中国路の巡業に出るが、途中より兵庫へ引きかえし、例の『林や』に滞在して療養に努めている。これは事実であろうが、師匠の元を離れて、ひそかに上京の機会をさぐっていたのではないか。どのような形で上京することが得策かと考えていたに違いない。第一は、如何に湊師匠の許しを得るかということである。大阪相撲の大看板であり、大黒柱にのし上がった今、簡単に上京を許してくれることはないだろうと思われた。

この時持ち上がったのが、備後の鞆《とも》の津《つ》（広島県）の旧公卿上田楽斎の『林や』への訪問である。この時の模様を梅ケ谷は後日こう語っている（三木愛花筆「横綱一二代梅ケ谷藤太郎」）。

「わたくしは少々からだが悪かったので兵庫に行って『林や』というので療養しておりました。そこへ備後鞆津の天竜院（上田楽斎のことか）という坊さんが、鞆の平（この時点ではまだ梅ノ森）をつれてまいりました。このうえ名をあげるには江戸へ出るにかぎるからとすすめられましたので（略）」

「私は師匠のゆるしを得るひまもなく鞆の平をともない天竜院とともに江戸へ出ました」

となっている。一方、「一五代梅ケ谷藤太郎』（伊藤房太郎筆『古今名誉力士伝』）では、

「かねて己れを贔屓にする上田楽斎翁に就《つ》きて出府の事と謀《はか》りたるに、楽斎翁は快く承知し、みずから携へて出府する事とせられければ、梅ケ谷は大いによろこび師匠由良右衛門より暇を請《こい》受け大阪力士梅の森（後に鞆ノ平と改む）を連れて楽斎翁に従って出府せしは明治元年（実は三年）一二月の事にて有し」

と記述している。

梅ケ谷は、上田楽斎から勧められて上京を決意、あるいは自分の決意を楽斎に伝えての上京かと、著者によって異なった記述になっている。「湊師匠の許しを得ないまま」となっている記述もあるが、しかしどんなことがあっても梅ケ谷は事の顚末をはっきりと湊師匠に話し、決して恩義を忘れないことを誓って上京した。許しが出たかどうかはわからない。師匠の湊にとっては、どうしても手離したくない逸材であったが、過去の自分の歩んだ道、そしていずれ東京・大阪相撲は合併する運命にあるという予感の中で、梅ケ谷の大成を心の中で願っていたのは確かである。

第二章　東京大相撲時代　明治四～一八年

一　玉垣部屋入門

梅ケ谷、梅ノ森そして引率の上田楽斎翁の一行は、明治三年（一八七〇）師走の下旬、楽斎の知るべだった京橋区三〇間堀のうなぎ商「狐や」方へ到着した。

丁度八年前、寒風の吹きすさぶ中、瀬戸内海を渡って、甘木の紙商松尾重兵衛と大阪雑魚場港橋に着いた時のことを思い出して、梅ケ谷は感慨深いものを感じていた。あの時は西も東もわからない商人の町、そして己がどうなっていくのかまったく雲をつかむ思いの将来のこと。よく耐えてきたなあと、一山越えた安堵の気持ちと、また始まるであろう東京での苦難の人生。そして郷里の母や兄弟のこと、親孝行もできずに過していく二六歳の若造の自分。堂々巡りの思考に疲れて「狐や」での眠りに落ちていった。

一行は数日「狐や」に滞在したのち、翁は本所区松井町大久保邸に居宅を設け、梅ケ谷、梅の森とともに引き移った。この場所について、「一二代梅ケ谷藤太郎」（三木愛花筆）の梅ケ谷の言として、「天竜院（楽斎）は本所松井町の大久保屋敷というのを買って居所としましたので、私と鞆の平も一時そこにおりました」

となっている。

やがて楽斎は、原庭町松浦邸に住んでいる玉垣額之助に二人の入門を願いだてした。玉垣額之助は当時、江戸・東京相撲会所の筆頭《ふでがしら》（文久三年〔一八六三〕冬より正取締〔現在の理事長〕）であったが、楽斎の周旋を承諾し、めでたく梅ケ谷と梅の森は入門を果たすことができた。明治四年二月のことである。

東京に着いて一ヵ月程のブランクがあるが、このあたりの様子を「大相撲黒白草紙――梅ケ谷中心時代一七回」（彦山光三筆）の中で、松内則三が「昔ばなし・うろ覚えの記」として記述している。松内は当時（昭和三九年頃）、NHKの相撲放送の名アナウンサーとして知られていた人物である。

松内の家はもともと浅草で武士の家柄であったが、明治維新前後の騒々しさに武士に嫌気がさした。一家は祖先以来、代々これも名主をしていた稲垣家の世話で浅草馬道から浅草寺観音へかけての、梅村という名主の株を譲り受けて、名主梅村七郎左衛門の名義をついで、父親が名主の当主となった。浅草寺境内が仁天門をくぐるとすぐで、左門側に梅村家の玄関があった。その後明治元年の名主制度の廃止により梅村家は松内姓に戻った。

仁天門脇の名主梅村の玄関に詰めていたのが、かの有名な初代新門の辰五郎（江戸火消し「を組」の組頭）であるが、土地では新門の頭とか、新門の辰頭と呼んでいたという。

その頃、相撲年寄玉垣額之助といえば、相撲会所の筆頭（取締）として君臨し、大いに権威をふるっていて、本所原庭に部屋を構えていた。この筆頭が八代目玉垣額之助で、松内の家とは特に親交があった。玉垣は先妻を亡くし、二度目の妻女が迎えられたが、この妻女と松内の母親とは仲が良かったという。この玉垣の妻女と新門の辰頭の女房と松内の母親三人は、よく往き来をして互いに気心を知り合っていたらしい。浅草寺と本所原庭とは隅田川をはさんでほんの川向こう同士、吾妻橋を渡りほんの一またぎの間柄だったという。

松内の述懐にはこうある。

「大阪で得た大関の位置をなげ捨てて、ただ一途にこのうえとも相撲の大成を念がけて上京した梅ケ谷藤太郎、八代目玉垣額之助を頼っての上京であったが、梅ケ谷の部屋入りに際しては、その取り扱いには相当に参酌を考慮したに違いない。そこで思いついたのが、当分梅ケ谷の仮りの宿を私ども松内の両親の名主宅と考えたのではなかったのではなかろうか。そこでかねて親しい仲の玉垣妻女と私の母との間に話し合いがついていたことだろうか。私は後年母から幾度となく梅ケ谷の大阪からの初上りに、私の宅で初めてわらじをぬいだ事実を聞かされている。この点は万々間違いないことと思える。とにかく明治三年暮れも押しつまって江戸（東京）へついた梅ケ谷は、そのまましばらくは私どもの両親宅に滞在したらしい。むろん玉垣部屋はつい隅田川を向こうへ越しただけの近か間のこと。けいこにも繁く通ったことだろうし、諸所へのあいさつ回りにも、その都度原庭の部屋をとおして通ったことだろうことはいうまでもあるまい」（原文のまま）

「明治ご維新前後は世情まことに騒然たるものがあり、江戸（東京）の町々には、各所に物盗り、強盗が押し入り、実に物騒千万だったらしく、私ども名主宅にも盗賊が押し入ったことから、玉垣部屋から若い者が二、三人ずつ毎晩交代で用心棒として寝泊まりしてくれたことがあったそうだが、およそ玉垣部屋との付き合いはこうした親密なものだったらしい」

以上から推察すると、旅装を解いたのは高橋三〇間堀の「狐や」であったようである。しかしこれは仮の宿であり、その後の松井町大久保邸については、これも仮の宿ではなかっただろうか。玉垣筆頭と話がまとまり、入門するまでには色々な問題が横たわっていた。玉垣にすれば、大阪相撲の湊頭取が上京を許していなかったとすれば、その点の解決なしには入門を許すというわけにはいかなかったのではなかろうか。時間をかけて、万端その見極めをしなければならないため松内家での滞在となったとの見方もある。

もう一つ、これは不遜かもしれないが、かつて松内名主の玄関に詰めていた新門の辰五郎の存在である。徳川慶喜の警護も務め、俠客の元締的存在であった辰五郎が居れば、仮に湊頭取から、あるいは会所からクレームがついてもその取りなしをしてくれるのではないかという思惑があったのでは、ということである。このことは彦山光三の推理である。

この新門辰五郎は、後日梅ケ谷の熱烈な後援者となるのである。死後（明治八年九月、浅草馬道の自宅で死去）小説、あるいは芝居や浪曲などで、その生きざまが取り上げられているが、梅ケ谷との初期の関わりについて、相撲小説『俠艶出世幟』や浪曲「梅ケ谷江戸日記」などでは、彼の人物を見極めようとするくだりが描かれている。それは、人としてあるべき人間性や、相撲道の究極の姿を希求する二人の姿である。

明治四年二月、玉垣額之助（八代目）の部屋に入門するまでの梅ケ谷藤太郎の足どりは以上のようであるが、それぞれ諸誌・筆・著者によってニュアンスが違う。中にはまったく相反しているところもある。しかしそれぞれの筆者が調べた真摯な筆なのでそれを尊重していくが、後は読者の判断を仰ぐほかはない。

二　師匠玉垣額之助

「大相撲黒白草紙」（彦山光三筆）及び「梅ケ谷藤太郎」（北川晃二筆）によれば、玉垣額之助の名は代々の年寄が名乗っており、梅ケ谷の師匠は玉垣額之助の八代目にあたる。原庭に住んでいたので「原庭の御前」と呼ばれていた。

玉垣は肥前国平戸（長崎県）出身で、平戸藩主松浦静山（壱岐守清）の小姓として仕えた。幼児の時より才気に富み人気者であった。藩主松浦静山は相撲通で、玉垣勘三郎（朝の雪＝原庭玉垣の養父）の大パトロンであった。そういうわけからか、原庭玉垣は玉垣部屋に入った。相撲歴については実説がない。幕内筆頭どまりだったともあるが、それ以下だったともある。いずれにしても強い力士ではなかったらしい。しかし教養人であったらしく、書道、茶の湯、俳諧などに通じていたという。天保一四年（一八四三）、養父朝の雪の跡を継いで玉垣額之助となった。原庭玉垣が初めて筆脇（現在の副理事長）になったのは文久元年（一八六一）冬であった。筆頭（理事長）に任じたのは三年後の元治元年のことであったが、途中交替があり、慶応三年（一八六七）から一二年間一九場所、その職に君臨した（明治二年冬と六年冬の二場所だけ伊勢の海）。

玉垣は力士としては平凡であったが、相撲界の年寄・筆脇・筆頭としては、この上ない手腕を発揮し、独善的とも言える相撲会所の運営に勢威をふるうのである。

三　東京本場所初登場

池田雅雄「初代梅ケ谷藤太郎伝」（上、『相撲』昭和四八年四月号）に、

「明治四年三月梅ケ谷は本所回向院《えこういん》の土俵を踏んだ。この時期の東京相撲は上方《かみがた》（近畿地方）相撲を極端という程に軽視していた。寛政以後江戸力士が大阪へ登って上位に列し、大阪本場所興行が開かれるという長年の慣習が、大阪に乗り込んだ陣幕による京阪相撲の独立で破られ、この行為に立腹し憤慨のおさまりがつかない東京相撲会所（現相撲協会）の年寄連は梅ケ谷らに対して冷酷むざんな取組を作成した。大阪大関といっても実力の程はわからない。規則通りに番付外で取らせろと衆議一決、『本中《ほんちゅう》』付け出しで取ることになり、梅ノ森は本中の下の『相中《あいちゅう》』で取らされた」

とある。

この時の梅ケ谷の身長は五尺八寸七分（一七六センチ）、体重二七貫（一〇一キロ）であった。

「相中」は前相撲で所定の成績を収めた者の位置づけであり、さらに所定の成績を収めれば「本中」にあげられる。共に番付外であって、番付の下段左隅に「此外『中』前相撲東西に御座候」とある。相中・本中の中がこの「中」のことである。明治期になると「相中」は廃止され、以後「中」は「本中」だけとなった。「本中」で所定の成績をあげれば「序の口」に進められる。「序の口」にのぼって初めて次場所番付の一番下段にその名を列せられるのである。

いよいよ本番、梅ケ谷は本中力士と初日、二日と取らされたが、本中力士とは実力において格段の開きが

あった。誰が目にも疑うことのできない圧倒的強さ、三日目からは幕下格で扱われ、幕下上位と対戦となった（当時上方上りの力士は、このように扱われるのが通例であったようである）。三日目真崎、四日目藤戸、五日目達ケ崎、六日目投石、七日目玉風、八日目武蔵潟、九日目達ケ関、十日目甲と十日間の取り組みであったが、七勝一敗（一、二日目の番付外の取り組みは除く）で無類の強さを発揮した。この取り組みでの一敗は八日目、七尺（二一〇センチ）の巨漢武蔵潟との一戦であった。この一戦について梅ケ谷は、「勝っていたが理不尽な物言いで勝敗を逆転された」と後年漏らしている。「自慢話を絶対にしたことがない梅ケ谷も、東京初土俵のこの場所における冷遇はよほど骨身にこたえたのであろう」と池田雅雄は「初代梅ケ谷藤太郎伝」（上）の中に記している。

前述の梅ケ谷の憤懣やるかたなさは、彼が後年大雷《おおいかずち》といわれるようになって漏らした「思い出話」によるという。

藤太郎は言っている。

「わしは大阪相撲で大関まで取りすすんでから東京へまいったのでございますが、そのころは大関でもなんでも大阪相撲はすぐさま東京の幕内には決して入れません。今では（大正はじめ頃）大阪の三役ならば東京へきても、いきなり三役格で取らせるのですが、そのころは、全部幕下つけ出しというのですからたまったものじゃござっせん。おまけに〝ちらし〟（番付外）まで取らせるのですからほんとにひどうござした。ですが、わしは不平も何もありまっせん。強くなって勝ちさえすればよいと覚悟きめて〝ちらし〟のときでもなんでもかまわずがむしゃらに一生懸命取りました」

「当時大阪のぼりと申しますと、東京じゃ目のかたきのようにいじめたものでござっす。ふだんはもとよりのこと、土俵場の上などでは、たとえばわしが勝った相撲だって、もしからだがはなれずに倒れでもするとすぐものいいがつく。ものいいならまだようござっすが、行司は勝った大阪力士にうちわをあげずに、負けた東京力士にうちわをあげる。現在勝っている方を負けとするのでござっすから、乱暴とも無法ともいいようがないのでござっす」

「そうそうわしがはじめて東京の土俵場で取った八日目でござっした。相手は例の大男武蔵潟。星取表じゃわしの負けとなっていますが、これもわしが寄り倒して同体に倒れたのを行司がうちわを武蔵潟にあげまっした。実はわしの勝ちなのにだれもものいいをつけてくれまっせん。四本柱もひかえ力士もみんな腕をくんだまま、だまりこくっていますので、そのままわしの負けとなりまっした」

「それでわしはこんなものいいや、不公平のないように、自分は決して倒れないで勝つことに努力いたしまっした。今から考えれば、とてもおもいもよらないことでござっしょう」

「こんな風に大阪のぼりはいじめぬかれたものですから、わたしはふだんだまっていても、一たん土俵場へあがったらおもいきって相手をぼん投げてやりまっした。土俵の上じゃいかになんでも文句をつけることができませんでごわっしょう」（以上、『武侠世界　臨時増刊・相撲号』大正六年一月五日より）

　初土俵場所での大阪出身力士いびりは、衆目の一致するところとなったのか、鈴木彦次郎の相撲小説『侠艶出世幟』の題材でも扱われている。事実とかなり異なる点はあるが、小説ということで日時とかは特に大幅なずれなどでぼかされている。しかし暗に登上人物が誰なのかは計り知ることができる。例の新門辰五郎も登場するが、乞食《おこも》に梅ケ谷の人間性をさぐらせる。回向院近く、乞食は取り組み後の梅ケ谷が帰路につくのを路傍で待ち受け、貧乏徳利を前に突き出し、「贔屓《ひいき》の心祝と思って一杯飲んでおくんなさらんねえか。

それとも乞食の盃なんどけがらわしいと云いなさるかね」。梅ケ谷は「嬉しく頂戴いたしますぞ」と一気に飲みほすのであるが、この様子を古びた碑の陰から見ていた辰五郎は、梅ケ谷が立ち去った後乞食に言うのである。

「いやあ、おれも思わず涙がでた。伊達や酔狂じゃあ、あの真似はできねえ。全くよくできた男だなあ。あんな立派な関取を贔屓にしなきァ、江戸ッ子の恥だぞ」と乞食に礼を言って別れるのであるが、「今日から新門辰五郎、親身になって梅関の後楯になるんだ」と翌日から相撲会場の回向院門外で支援活動を始めるのである。

辰五郎は、自分で乞食になりすましたり、小説のように他人を使って梅ケ谷の人物像を探らせている。小説とはいえ、このように作家が幾人も採りあげるということは、現実の梅ケ谷の実像がそれに限りなく近いことを物語っている。なお、ラストに出てくる「おきみ」は、梅ケ谷の後妻となった貴美を暗示させているようにも思える。

四　梅ケ谷藤太郎、初めて番付に載る

明治四年（一八七一）一一月場所、梅ケ谷の名が初めて東京大相撲の番付に載った。西十両格（幕下一〇枚目下の格）に張出としてであった。

「ようやく十両格につけ出されまっしたが給金は三両ということでござっした。すると高砂や勝ノ浦がそれと知って、あんまり気の毒だしといろいろ心配し周施して五両ということになりました」（三木愛花筆「横

綱一二代梅ケ谷藤太郎」)。

ここで「番付」について、窪寺紘一『日本相撲大鑑』に従い記してみる。

「江戸番付は初め七段あって本中・相中前相撲の名前も載っていた。のち五段・六段の番付が一時行われたが、最終的には見やすい五段番付に落ちついた。江戸相撲の五段番付を示すと、上から上段・二段目・三段目・四段目・五段目と称し、当初の番付は三役と序列を示すにすぎず（三役以外はすべて前頭とされた）、幕内・十両・幕下・序二段・序ノ口の呼称はなかった。上段は大関・関脇・小結・前頭の幕内格で横綱が番付面に記載されるのは、明治二三年（一八九〇）以降である。二段目は幕下格で十両はとくに区分けして表記されなかった。以下三段目格、四段目は序二段格、五段目は出世の上り口という意味で上ノ口格（『序ノ口』

東京相撲，明治４年３月場所。梅ケ谷藤太郎初土俵（番付外で表に出ていない。相撲博物館蔵）

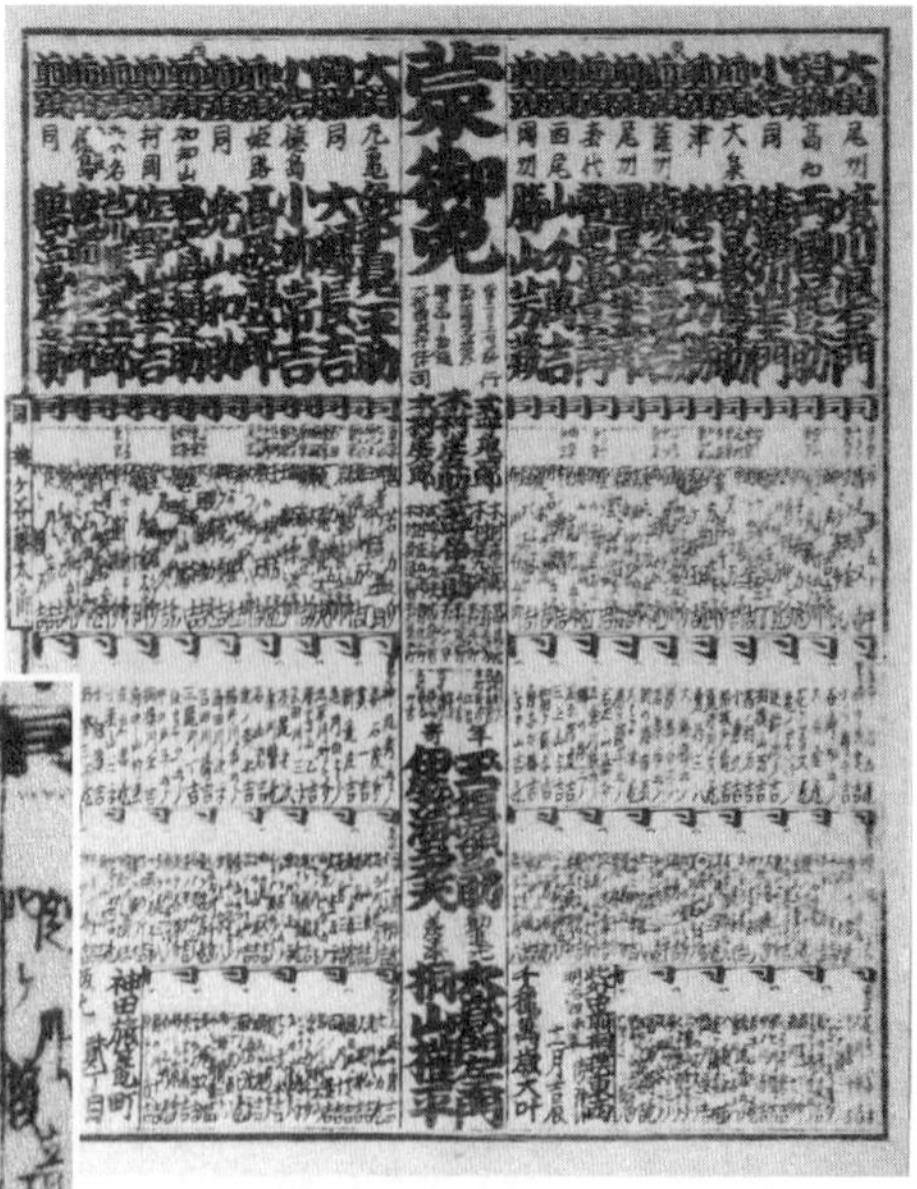

東京相撲，明治４年11月場所番付。梅ケ谷は西十両格張出として左端に目える（相撲博物館蔵）

と書かれるのは明治になってからである）であった」

「三役以外を前頭としたのは、前相撲の頭という意味であった。前相撲は力士見習いであるので、その上位の序ノ口以上はすべて前相撲の頭ということになる。また幕内（一般に「まくうち」といわれるが、正しくは「まくのうち」と読む）は将軍上覧相撲のときに上位力士は幕の中に控えていたからその名があり、幕下はその幕下の下位力士という意味である。その幕下の頭一〇人ほどが関取格の待遇十両を扶持されたので十両の名が生じ、明治二一年から幕下の一〇枚目までが太字で書かれるようになった。階級としての三段目は文字どおり番付の三段目に、さらに序二段は番付の序（一段目）から二段目に、序ノ口は番付の地位の最初である最下段に記されたことに由来する」

それにしても一体この番付編成は誰が行っていたのであろうか。当時は年寄の中の筆頭、筆脇など役員によって極秘に行われたという。当然師匠の筆頭玉垣もいたわけであるが、梅ケ谷については、当時の周りの情勢には逆らえなかった。かえって師匠であるが故に厳しい処偶にしなければ示しがつかなかったのかもしれない。梅ケ谷が十両格ということは、本来であれば価十両の給金を支給されてよいのであるが、十両格つまり十両の位置に相当するということで、給金三両として他の関取十両給金と差をつけたというわけである。

それにしても、三両とは十両の三分の一程で、その差別性をつき、親方連中に周施した高砂や勝ノ浦の行動は誰にでもできることではなかったのではないか。自慢話を絶対にしない梅ケ谷が、ずっと後、老境に入った時代になってもそのことを語るというのは、当時の苛酷さが窺い知れるものである。なお、高砂はのちの「改正相撲」騒動のリーダーとなる人物であるが、この明治四年一一月場所は西前頭筆頭であった。

梅ケ谷が東京に上って二場所目、明治四年一一月場所は七勝一引き分けと負けなしで、引き分けは武蔵潟との取り組みであった。

梅ケ谷は相撲の基礎・基本を毎日の稽古の中心に据え、全身全霊を傾け、歯をくいしばって土俵上をかけずりまわった。上位力士はもとより、下位力士に対しても力を軽減することなく、技の取得と相手の癖の見極めに全力を注いだ。

五　全勝あとの挫折

明けて明治五年四月場所には西幕下九枚目（十両格九枚目）に付け出され、みごと九戦全勝した。

同年一一月場所で蓋を開けてみると、一枚しか昇進せず、西幕下七枚目（十両格七枚目）であった。初日から東大関境川にぶっつけられ、二日目高砂（東前頭筆頭）、三日目投石であった。三日連続して敗れ、四日目から休場した。三日連続して敗退するなど、この後の公式相撲においてもなかった出来事であるが、本人のショックは大きかった。しかも後六日間の休場なのである。

十両七枚目（番付表「幕下七」の表示であるが実質十両であるので、この後十両と表記する）の力士が初日から大関と対戦するということが、現代であり得るだろうか。この大関境川とはその翌年四月場所、次の一二月場所いずれも初日に対戦させられている。連続三回の対戦である。勿論この頃の大関の初日は大事をとって、相手には対戦して負けない力士をあてた。したがって十両と合わせるのが常套手段であったし、前頭は東西各々七枚ずつと少なかったことにもよるのであるが、梅ケ谷の人気をも考慮して対戦相手として抜擢したのではないか。

この一一月場所での初日から三連敗はあったとしても、その後の休場というのは何があったのか。当時の対戦を見てみよう。

梅ケ谷は日本大相撲界の頂点に立つ東大関境川と対戦することに異常なまでの闘志を燃やしていた。自分としても、大阪相撲大関の意地があった。大阪相撲の自分がここで負けたら、それでなくとも冷遇され虐待されている有形無形の差別を肯定させると共に敵を増長させることになる。初日の大関には万一をおもんぱかって十両力士は負けるのが礼儀とされていたことも念頭には置かなかった。故郷を出る時、中津留伴三郎から「決して八百長はやってはいけない」と諫められてもいた。

大関境川との相撲は大一番となった。梅ケ谷は左下手を取って自分の得意手になった。寄りの応酬となったが、境川は梅ケ谷の差手を片閂《かんぬき》に絞り込み、その力は徐々に梅ケ谷の腕をしびれさせていった。その極《き》めは厳しく、二人は激しくもみ合いながら土俵を左に廻り込み、土俵際に激しく倒れ込んだ。藤太郎の左腕はがんじがらめに極めつけられ、そのまま左腕を下に倒れたのであった。同体のように思われたが、軍配は東に上がった。梅ケ谷は左手が自分の手ではなく何となく重たく感じ、一札して控部屋に退いていった。

この時の様子は誰にも言わなかったが、腕はみるみるのうちに腫れあがった。きわどい戦であったが、負けたとは思わなかった。それでも軍配は東に上がり、境川に負けたことが悔しかった。激痛で我に返り手ぬぐいを水に濡らして腕関節を冷やした。

翌日は出場できる状態ではなかった。しかし何がなんでも土俵に立ちたい。立たねばならない。大阪相撲の意地を見せねばならない。今が一番大事な時だ。大阪相撲は意気地なしと言われたくない。給金を上げる手助けをしてくれた高砂、勝の浦に申し訳ない。しかも相手は高砂である。勝って恩返しをしたい。そんな思いで土俵に立ったが、結果は惨敗であった。左手はほとんど使えなかった。腕の異状に気付いた高砂は「明日から休んだがいい」とアドバイスしてくれたが、翌日の投石との一戦にも出場した。ここでも負けて三敗となったが、さすがに師匠の玉垣も見かねたのか、「これ以上続けたら次の場所も休場だ。将来のことを考えんか！」と一喝された。梅ケ谷は万事窮すと休場を申し出たのであった。幸いにも対戦相手の休場もあって少しは心の重みがとれた気がしたが、この場所を教訓に怪我をしない取り組みに心血を注ぎ、以後怪我での休場はほとんどなかった。

明治六年四月場所番付は西十両五枚目となった。二枚上がったことになる。前場所三敗六休ではあったが、若干番付は上げていた。この場所の成績は六勝二敗一引き分けで、境川（東大関）、武者ケ崎改め手柄山（東前頭六枚目）に敗れ、達ケ崎と引き分けであった。

同年一二月場所番付は西十両四枚目と一枚上げであった。この場所も六勝二敗一休の好成績であったが、敗れたのは初日の境川（東大関）、二日目の雷電（東関脇）であった。この時の雷電はかの有名な大関雷電為右衛門（一七六七〜一八二五年）ではなく、梅ケ谷より三年前の生まれで、雷電の再来とうたわれ、明治五年から三年六場所間は負け知らずの好成績をあげ、四三連勝を記録した兜山改め雷電震右衛門である。後に年寄阿武松《おうのまつ》和助となった。

大関境川の名は浪右衛門で、明治三年四月に大関に昇進した。上背こそなかったが、腹が出ていたので、腹櫓《はらやぐら》を得意とした。常に相手十分に相撲を取らせてから勝ちに出るため、その土俵態度は対戦相手から好感を持たれた。引き分けが多いのもこの相撲ぶりのためであったという。九年一二月五条家、一〇年二月吉田両家より横綱免許を受け、引退後先代境川の年寄を襲名した。

六　相撲の近代化と高砂組脱退事件

この六年一二月場所は、大関境川・綾瀬川、関脇雷電・小柳、小結大纏・朝日嶽で、高砂は東前頭筆頭であったが、この番付表で小柳、高砂などの四股名は墨で塗りつぶされていた。東京相撲つまり東京相撲会所を除名されたのである。

江戸幕府が倒壊し、明治維新によって世の中は大きく変わり、相撲にも深刻な問題が生じて来た。長年諸大名の愛顧を受けていた相撲年寄、お抱え力士たちは、諸藩の版籍奉還のためにその扶持を失った。江戸時代、お抱え相撲で有名だった藩主——仙台の伊達、盛岡の南部、陸奥の津軽、徳川三家中の尾州や紀州、高松の松平、丸亀の京極、雲州の松江、徳島の蜂須賀、播州姫路、出羽庄内の酒井、薩摩の島津、肥後の細川、久留米の有馬、因州鳥取の池田、その他出羽、土佐、長州等々互いに勢力を張り、これらお抱え藩の入れ込みは激しく、自分の配下の侍衆を相撲場に派遣し、抱え力士を監督・保護し、勝負にも口出しをするなどがあった。したがって引き分け・預かりなどで勝敗をごまかしていた。何よりも有力力士の勝利は、そのまま藩の威光であったのであるが、その藩が解体されたわけであるので、経済的な支援はなくなり、その打撃は大きく、不安定な生活に陥ったのである。年寄によっては力士の扶持米や給金を自分のふところに入れていた者もいたし、力士の窮乏は日増しに厳しいものとなった。一方、相撲好きな江戸の住民も不況に見舞われ、相撲観戦どころの騒ぎではなくなっていた。

この不況に追い打ちをかけたのが、明治新政府の一部の西洋崇拝の官僚たちであった、文明開化、欧化万能の世相を背景に、相撲は封建時代の遺物であり、公衆の面前で裸になって取り組む姿は野蛮な裸踊りだとまで非難するありさまで、「非文化廃止」の強硬意見も飛び出してくる始末であった。

明治一〇年代の鹿鳴館時代に象徴される「脱亜入欧」を志向する文明崇拝の風潮によって、相撲禁止論の時流には抗する術もなく、相撲は沈滞期を迎えるに至るのである。勿論、維新新政府の中には、黒田清隆、伊藤博文、後藤象二郎、板垣退助らの好角家《こうかく》もいたが、相撲会所では、明治九年に力士を役立てるため、「消防別手組」（消防分団）を組織するという奇抜な策で社会貢献をアピールするなど、相撲への強い風当りを和らげようとした。またこの時期、各地では旧幕臣たちによる反乱が起こった。筑前秋月の叛乱鎮撫に協力し、梅ケ谷が大活躍するのは明治九年（一八七六）一〇月の「秋月の乱」である。

このように世情に表立った動きはあったが、相撲界の内情は依然として旧幕時代からの専制が尾を引いていた。相撲会所は筆頭玉垣額之助、筆脇伊勢海五太夫、そして一部の年寄たちの絶大な権力に支配されていた。本場所などの利益金などの収益損失は不明瞭で、収益がある時は大部分を自分のふところに入れ、損失がある時は、これをほかの年寄に押しつけて分担させる。勧進元もただその名を連ねているにすぎない。番付編成に至っては、実力主義には程遠く、年功序列制度が根強く、たとえ実力があってもなかなか出世できず、不平不満などは公に主張できないのが実情であったという。

梅ケ谷が明治四年一一月、十両格給金三両について、高砂や勝ノ浦（この時の四股名は鬼若）が待遇改善を求めたのは、新時代に対応すべき変革の動きが高まりつつあることを物語っていた。

明治六年四月場所後、大関綾瀬川、関脇小柳前頭筆頭高砂らの一行は、東山道《あずまやまみち》（近江国勢多駅を起点として美濃、飛騨、信濃、上野、下野、陸奥、出羽からなり、幹線路として駅家《えきか》が設置された）の美濃路を巡業して廻っていた。この時、日頃大相撲の体制の危機を感じていた高砂は、主立った同僚に語り改革の賛同を得た。そこで高砂はまず自ら血判を押して「盟約書」を作成した。

一行が美濃を去って伊勢路に入り、桑名興行の折、一行力士は衆議一決して、ただちに行動に移った。高砂は力士と共に名古屋に移り、大関綾瀬川は数人の同志と共に東京へ帰り、東大関境川の同意を得て、回向院相撲会所に出向いた。筆頭玉垣、筆脇伊勢海、そして年寄などと面会し、多年にわたり積もり積もった弊害を一掃しないかぎり、相撲道は衰退し世の共感も得られないだろう、と説きたてた。それでなくても西欧文明崇拝の時世、相撲禁止論の高まりを抑え、日本伝統文化の相撲道を守りきることはできないだろう、と迫った。

ところが返ってきた返辞は「ノー」だった。きっぱりと拒否され、逆に綾瀬川は会所側から説得され、東京に留まることになった。大関という重責から簡単には改革に踏み込めない複雑さ、そして自分の将来性を考えると、どうしても優柔不断にならざるを得なかったのであろうか。

この後、思案にくれている時、前述の六年一二月場所の番付表が墨で塗りつぶされて、高砂の元に届いたのである。黒く塗りつぶされていたのは、名古屋に残留していた東前頭筆頭の高砂はもとより、西関脇の小柳、それに獅子ケ嶽、一力、柳野、一文字、松ケ石、新竜らであった。ここに至って高砂の腹は決まった。歴史に残る新組織「改正相撲組」を愛知県令鷲尾隆聚《たかむら》の許可を得て立ち上げた。高砂と小柳が大関になった自分たちだけの番付を作って、名古屋で興行を開いた。明治七年のことである。

東京、大阪、京都の各相撲国に対抗して、高砂は獅子奮迅の頑張りを見せた。小柳は彼のもとを離れて東京に帰ったが、途中京都から加わった熊ケ嶽、西の海（後の横綱初代西の海）や高砂の直弟子響矢（高砂を襲名のちの年寄阿武松）ら四十余人、そして行司木村誠道（のち一七代木村庄之助）らは最後まで苦難を共にした。

改正組はこの陣容で関西、中国方面まで巡業し、明治八年には東京に進出して神田（現千代田区）龍閑町に本拠を置いた。両国と目と鼻の先にあたる秋葉原で興行するなど、真正面から相撲会所と対立することになった。

（以上、北川晃二筆「梅ケ谷藤太郎」〔『夕刊フクニチ』〕、加藤隆世著『明治時代の大相撲』、彦山光三筆「梅ケ谷初代中心時代」〔『大相撲』〕、『大相撲人物大事典』〔ベースボール・マガジン社〕より）

明治六年一二月、高砂が名古屋で「改正相撲組」を立ち上げた頃、梅ケ谷はどのように身を処していたのであろうか。彦山光三が例の立原恭平から聞いた話として、「なつ」が話すには、当時梅ケ谷の大パトロンであった浅草の大親分新門辰五郎から、高砂の叛乱について梅ケ谷は身の処し方を問われ、

「自分はどんなことがあろうと相撲を強くなりたい。脇目もふらず毎日一生懸命稽古に打ち込み強くなりたい。強くなれば相撲は見捨てられることはない。相撲のもめごと、めんどうくさいことについてはええあんばいに高砂関が一際やってもらっているから、自分が頭を突っ込む無駄はしたくない」

「どんなことがあってもこの気持ちは貫く覚悟であり、筆頭玉垣師匠にそむくことはありません」

と語ったという。西十両四枚目の彼の立場では精一杯の決断であった。

七　華燭の典

梅ケ谷藤太郎にはこの時期、もう一つ大きな人生の節目が待っていた。それは本名小江藤太郎としての個人的なものであったが、相撲会所の長老大嶽門左衛門の娘「行《こう》」との縁談が持ちあがっていた。

大嶽は静岡県榛原《はいばら》郡金谷《かなや》町の出で、現役時代は平凡な幕内中堅力士であったが、引退後にその手腕を発揮し、取締まで昇格した。四代目追手風喜太郎（黒柳改め）の門人となり、初め東川久八の名で天保七年（一八三六）一一月序ノ口に付き、一四年正月二段目に上がって和田ケ原甚四郎と改名した。二段目にあること一〇年、長い間の苦労が実り、嘉永六年（一八五三）一一月晴れて入幕、安政三年（一八五六）正月鏡岩、岩見潟の大関関脇を破り、正月の二枚目を最高位として前頭中堅で活躍した。万延二年（一八六一）二月に玉垣一門の大嶽紋右衛門の名跡を継いで年寄となる。大嶽の婿養子となり、下の名を門左衛門と変えた。明治初めより頭角を現し、当時の筆頭玉垣、筆脇伊勢海の参謀格とあり、すぐれた才能を発揮した。

この後の相撲会所では、玉垣が引退した（明治一二年夏場所）後、明治一三年に筆脇になった。筆頭には伊勢海が昇格した。一六年に筆頭、筆脇の名称は取締、副取締と改められ、それぞれ高砂浦五郎と境川浪右衛門がこれにあたった。この頃の権力争いは激しいものがあり、一七年夏場所より元に戻って、伊勢海、大嶽の体制となった。一八年夏場所より大嶽は正取締、副は宮城野馬五郎となった。一九年夏、根岸治三郎、境川浪右衛門に譲った。二〇年、大嶽は一〇月四日に病没した。七三歳であった。

大嶽門左衛門の愛娘・行との縁談が持ちあがったのは明治六年冬場所の頃であった。かねがね大嶽は筆頭玉垣一門の年寄として大番頭的な存在で、玉垣を支えていた。したがって、一門の力士にも目を光らせていたし、彗星のごとく現れた梅ケ谷には特に注目していた。六年四月場所、六勝二敗一引き分けと優秀な成績をおさめた梅ケ谷を、自分の娘婿にと真剣に考え始めていた。「梅ケ谷は十両五枚目ではあるが、入幕はもう時間の問題、いずれ東京相撲を背負って立つ人物になるだろう。第一、精神がしっかりしている。大口をたたかないが言うべきところは言う。不言実行の典型ともいえる。それに力士仲間からもしたわれている」。

大嶽はどうしても行を梅ケ谷と一緒にさせたかった。そして自分の跡目を継がせたかった。それが自分の身の安全につながる。

そんなこともあり、大嶽は娘の行を回向院の本場所に誘った。女性が相撲を観戦できるようになったのはつい先年の明治五年からで、高野山など霊山における女人禁制が解かれたのと同時であった。ただし相撲の場合は二日目以降である。そんなわけで、まだまだ女性の参観者はまばらで、桟敷の後の方から遠慮がちに行は母親に連れられての立見であった。母親は意図的に梅ケ谷の相撲の様を行に見せ、何かと話題にした。行はほっそりとしてやや病弱気味であった。目に入れても痛くないほどの両親の溺愛的な育て方にその理由があったかもしれないが、成長するにつれそのひ弱さは取れつつあった。気立てのやさしく、気配りのできる、二十歳《はたち》を少し過ぎた娘盛りであった。

藤太郎もこの頃は出稽古に行く度に大嶽部屋で垣間見るようになり、かすかに周りの狭ばまってくる気配を感じ取っていたが、あの福岡湊町でのひさとの電撃的な出会いとは程遠かった。小江（梅ケ谷）藤太郎も二九歳となり、女性を観る目も二〇歳そこそこのあの野獣的な一昔前とは変わってきていた。

明治七年三月場所、梅ケ谷は七勝二引き分け全勝で、いよいよ入幕は確実となった。この頃、大嶽は玉垣筆頭にそれとなく梅ケ谷の気持ちを尋ねさせた。梅ケ谷は郷里の母や兄夫婦にこのことを伝え、意向を尋ねた。「家柄も申し分ないし、おまえさんが気に入っているのであれば何も言うことはない。わたしも六七歳となり、あと行き先も短い。早くおまえさんのお嫁さんが見たい。でも、東京までは逢いに行けないので親方様によろしくおたのみします」とは母トメの返辞であった。

玉垣筆頭が親代わりとなって正式に見合いをしたのはこの後まもなくであった。話はトントン拍子にまとまり、九月京都での東京・大阪・京都の三都集会合併大相撲の後、京都で華燭の典をあげた。京都での相撲には東京方西前頭五枚目として出場し、六勝一引き分け（立縄）と負けなしの成績であった。土つかずは大阪方の松尾崎と二人だけで、心おきなく結婚の儀に臨むことができた。

母トメが梅ケ谷の無事を祈って参詣を続けた烏山の観音堂

秋の紅葉の京都には、母トメをはじめ、兄夫婦の弥平・カメヨ、その長女のソメ、長男の弥太郎、姉のアサノ夫婦、あの素封家小江市助も参列した。上田楽斎翁に連れられ上京した梅ノ森改め鞆の平（この時、十両格を含んで西幕下一三枚目）、そして主だった知己、相撲力士の重鎮たちも祝福してくれた。人気力士の成長株とはいえ、まだまだ名も売れていない梅ケ谷であったが、玉垣、大嶽という大部屋の祝典ということで披露宴は盛大なものとなった。

梅ケ谷の母トメは宴の末席で涙を流して息子の晴れ姿を見つめていた。「自分の腹をいためた子。貧しさ故に何もしてやれなかった子。四貫余

（一六キロ）もあるあの碾き臼に括りつけられ、それでも苫屋の庭を引きずり、這いまわっていた乳飲み児のわが子。ただただ怪我をしないように、無事でありますようにと、烏山《からすやま》の観音様に手を合わせて一心に祈ったあの子……」。

人知れず風呂敷に包んで持って来た夫の位牌、昨年やっと七回忌を済ませたその残香の位牌。藤太郎（梅ケ谷）の博多の巡業の折特別に仕立てくれた絹の羽織を着て、はしゃぎまくった夫。せめて一目見せたかったこの晴れ姿。もう思い残すことはない。これで安心して夫の元に逝ける、とトメは思った。

梅ケ谷の日々は充実したものであった。新妻との京都でのひとときは新鮮で、あっという間に過ぎていった。床を温める暇もなく行を東京へと帰した。三都合併相撲が終わってひと月、東京・大阪合併相撲が始まったからである。成績は四勝一引き分けでここでも無敗を続けた。梅ケ谷の取り組み数が少ないのは、参加力士の数が多くて毎日は出場できなかったのだ。それでも、前相撲は深夜の零時頃から始めなければならなかったという。

八　待望の入幕

ほどなく一二月場所の番付が発表されたが、梅ケ谷は西前頭六枚目と待望の入幕を果たした。待ち望んだ東京相撲での初入幕で、故郷を出て丸一二年、実に長かった。だが、今は充実した毎日が送れている。あっという間の一二年間だったとも思える。

心身共に絶頂期に近かった梅ケ谷は、体が実に軽くて思う存分に相撲が取れ、誰にも負ける気はしなかった。実際、八勝一引き分けと幕内最優秀成績者（現在の幕内優勝者）となった。引き分けは雷電（関脇）とであったが、他は取り組み順に朝日森（幕下一三）、投石（幕下筆頭）、境川（大関）、佐ノ山（前頭一）、若島（前頭五）、四海波（前頭二）、勝ノ浦（前頭三）、荒虎（前頭七）に勝ったのである。

星取表（「第一五代横綱初代梅ケ谷藤太郎東京大相撲本場所取り組み全成績表」四一〇ページ参照）から見てもわかるように、梅ケ谷は西方であったので、東方の大関をはじめ、幕内一〇人中七人と対峙し、一引き分けの外は全勝という実力を示しているし、充分三役級の実力を持っていることを証明したわけである。なお、初日などは、格下級と取らせるのがならわしであった。

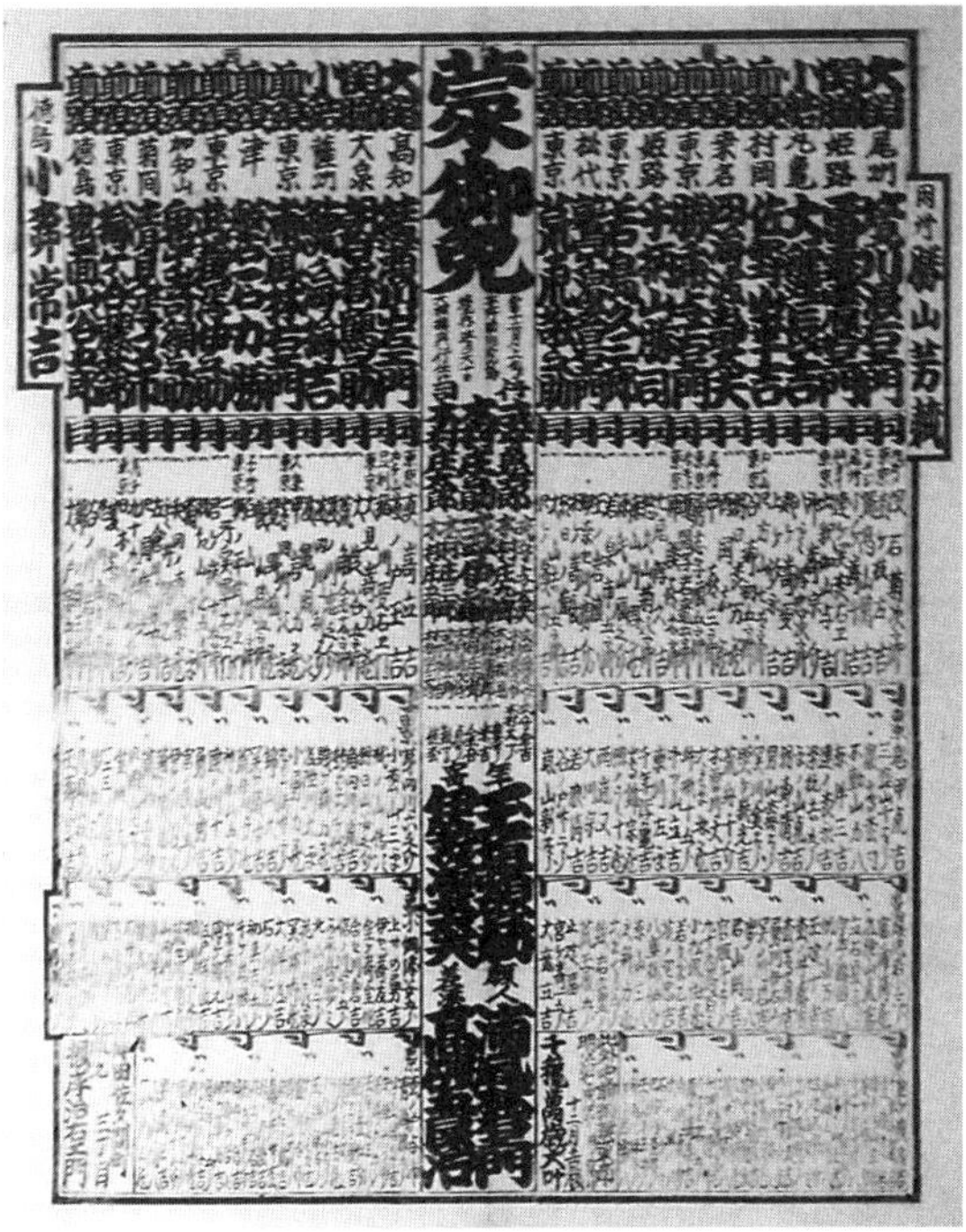
明治７年12月，東京相撲初入幕番付

明治七年のこの場所三〇歳になっていたが、梅ケ谷が東京相撲に参入し、初土俵の十両格から入幕するまで七場所、四二勝八敗四引き分け、勝率八割四分の高率で、十両七場所足かけ四年という処遇は、初入幕とはいえ三役力士に負けない力を示した実力からすれば、誰の目から見ても不自然で不当な扱いであった。大阪相撲出身という力士に対する当時の東京相撲の優越した認識からであったが、もう一つは、高砂の「改正相撲組」による相撲改革に対する警戒心もあった。

九　忍従の季節

明治八年四月春場所の番付発表では当然上位進出が期待された梅ケ谷であったが、一枚上がっただけで、西前頭五枚目であった。成績は六勝一敗二休、一敗は勝ノ浦（前頭三）で、それ以外は大関そして前頭一～五枚目まで総ナメにした場所であった。

同年九月、大阪での合併相撲では、八勝一引き分けと東西併せて第一位の成績（最優秀成績者）であった。

自分の評価が低いことは常々わかっていることではあったが、梅ケ谷は決してそのことで不服を表面には表さなかった。いつまでこの状況が続くのだろうかと不安と焦燥に駆り立てられることもあったが、初志貫徹、今は技を磨き、一人一人対戦相手の得意技を研究し、打倒の構図を作ることに腐心した。なせば成る。この世にできないことがあるもんか。今に見ておれ、きっときっと自分の春が来るはずだ。梅ケ谷の相撲の稽古は、ここに及んで一段と激しさを増した。

九月、大阪合併相撲が開催され、ここでは東方前頭筆頭で八勝一引き分けであった。一〇月には続けて京都合併相撲が行われ、同じく東方前頭筆頭で出場、二勝〇敗の成績であった。

家庭的には第一子の誕生という喜びが小江家にもたらされた。女の子であったので「セン」と名付けた。梅ケ谷にまた一つ喜びが加わった。家庭の大黒柱として、一家を賄うという責任を感じたが、自分の二の舞は決してさせてはいけないと思った。みじめな自分の半生、娘には精一杯愛情を注ぎ、すこやかに育てたいとしみじみ行と語り合うのであった。

明治八年暮れには東京相撲（冬場所）が行われる予定であったが、大阪合併相撲、続いて京都合併と関西での興行が続いたため、延引して九年正月興行となった。梅ケ谷はここでも番付は一枚上がっただけの西前頭四枚目であった。我慢忍従が続いているが、体力も充実しているし、好成績が何よりの味方だと一枚上がったことを喜んだ。

実際、六勝一敗二引き分けの上々の成績であった。一敗は前年夏場所に負けた勝ノ浦で、今場所は梅ケ谷と同じ前頭四枚目であった。梅ケ谷が二場所連続して負けるのはめずらしいことである。勝ノ浦は梅ケ谷が十両格になった時、給金のことで会所に注文をつけてくれた親友であったが、梅ケ谷は決して相撲の勝負の中に私情を持ち込むことはなかった。その証拠に、その後勝ノ浦とは何度も取っているが、一度も負けることはなかった。

この明治九年正月場所に前後して、年間スケジュールが発表され、それぞれの一門を単位に巡業も組まれていた。玉垣一門では、秋に九州巡業が組まれていて、その中に甘木での興行もあった。梅ケ谷は上京して一回も里帰りをしていないこともあって、巡業前に行をつれて志波に帰りたいと思った。それに昨年暮れに生まれたセンの産姿《うぶ》も見せたかった。息つく暇なく猛稽古に明け暮れる毎日が矢の如く過ぎた。

九年四月、春場所が始まり、ここで梅ケ谷は二枚上がって前頭二枚目に付け出された。遅々とはしているが順風満帆というところか。ところが場所の結果は三勝五休一引き分けであった。投石、荒角、小野ケ崎と勝って、四日目雷電（関脇）と引き分けとなる。この後体調をくずして五休とした。

場所後、体の養生に努め、涼しくなった一〇月、九州巡業へ出発した。これは主として玉垣一門の力士で編成された。総勢八〇名を超す大所帯であった。東京相撲はこの九年の暮れにはなく、明治一〇年正月に開かれることになっていた。

九年四月場所後、梅ケ谷が前頭筆頭以上になることは確実だという巷のうわさがあった。しかし梅ケ谷自身は、三勝五休一預かりというかんばしくない実績のため、番付が上がることは考えていなかった。己を信じて全力を尽くすのみだと胆に銘じて、油断大敵と自分を諌め九州の郷里に向かった。

一〇 秋月の乱で大活躍

福岡県甘木に入って、巡業が大人気を博していた時、大事件が起きた。秋月の乱である。

世は廃藩置県の跡仕末で混乱が続いていた。明治六年一〇月、征韓論は破れ、西郷隆盛は職を辞して鹿児島に帰り、翌七年二月、江藤新平は佐賀において兵を挙げた。しかしこの佐賀の乱は失敗に帰した。八年五月、千島樺太問題、九月の韓国江華事件後日韓修交条規締結、国内では地租改正の不評による大規模な農民一揆が突発した。明治六年頃からのことである。

明治九年、当時福岡県秋月では旧秋月藩の士族・年長の磯淳・宮崎車之助をはじめ土岐正澄、宮崎伊六、宮崎哲之助、益田静方《よしみち》、白根信太郎、白根益之進らは度々会合を開き、「時弊を矯華する」方法を話し合い計画を練っていた。没落した士族は財産を食いつぶし、生活が困窮し、現政府の政策への不満が沸騰してきていたのである。これらの動きは秋月だけでなく、長門《ながと》の萩の前原一誠、熊本の神風連の太田黒伴雄、同じく学校党の池辺吉十郎、鹿児島の大西郷党、佐賀の江藤の残党、福岡の越智彦四郎の一党、久留米の小河源之允の一派、柳川の永松祥次郎、豊津の杉生十郎、豊後竹田及び鶴崎の同志、これら各地の憂国の志士は互いに情報を交換し機運を窺っていた。特に肥後の神風連、長州の前原一派と秋月党は最も緊密な提携を結んでいた。

熊本では九年一〇月二四日夜、神風連の主将太田黒伴雄によって誉兵宣言が発せられ、熊本鎮台襲撃を開始した。この報をキャッチした秋月党は、機が熟したと観て謀主益田静方は白根信太郎、牟田止才雄らと相談して挙兵することを断固決して、かねて青年一同が嘱望している今村百八郎を迎えて首領とした。今村百八郎は宮崎車之助、哲之助と兄弟であったが、幼児藩主黒田長元の側室久村直子の跡を嗣いだので今村姓となっていた。

一〇月二五日

秋月党全軍指揮官今村百八郎は深夜、非常召集令を飛檄した。新士族（旧卒）を主とした同志は下秋月村田中天神社に集まり、西福寺（下秋月）を本陣と定めた。総勢およそ二百数十名、三箇隊に分け、一隊六〇名、別に抱砲隊《かかえづつたい》、輜重隊《しちょう》、食糧係、弾薬及び器具係、会計係各々若干名。

一方宮崎車之助、磯淳など旧士族の中でも高禄者七八名は秋月学校に集まった。そこで今後の方針を話し合ったが、急進論者、漸進論者、穏健論者ありで意見がまとまらない。その折、県第七大区副区長（当時は正区長は欠員）江藤良一からの「暴発を止めて欲しい」との懇請があった。宮崎車之助は指揮官今村百八郎を諭すが、聴き入れないので、学校組のみ一応解散した。

一〇月二六日

宮崎車之助ら及び学校組の幹部は「事ここに至っては同志壮年者が国家のため蹶起《けっき》するを座視するは忍びない」と今村隊に合流する。この時の宮崎車之助の心情は、西郷隆盛の苦渋の後の決断に通じるものがあった。

一同厳かに西福寺に夜営したが、謀主益田静方は同志の志気喚起のため佐賀に向かったが、縛束され福岡へ護送された。

一〇月二七日

秋月党の義旗は挙げられた。一隊は午後三時に夫婦石《みょうといわ》そばの明元寺を出発した。甘水谷《あもうず》を上り、本隊と合流し瀬畑、泉河内、高畑を経て千手《せんず》村（現嘉麻市）に出た。秋月党の戦略は、豊前に出て豊津の同志を糾合し、小倉を経て下関の海峡を渡り、長州に入り萩の前原党と提携し目的遂行に至らしめんとしたのである。

千手村より大隈を経て猪膝《いのひざ》村（現川崎町）で民家に分宿した（このルートはかつて梅ケ谷が大阪相撲を目指して甘木を出発したルートと同じである）。

一〇月二七日

油須原村（現赤村）に宿営。

一〇月二九日

油須原村を出発し、仲津郡続命院《ぞくみょういん》村を経て午前一一時頃豊津に入る。豊津錦原の小松原に屯集する。ここで豊津藩士の裏切りに遭う。鎮台小倉分営大隊長津下少佐一隊（分営指令は乃木希典少佐）が到着、秋月党との間に激烈な合戦となる。

夕刻血路を開き、秋月党は退却のため、南方城井谷《きいだに》（現犀川《さいがわ》町）を上り英彦山に向かう。野峠を越えて英彦山中（現添田町）に露営。

一方、福岡の鎮台兵の一部は甘木より小石原に向かい、巡査二五名は佐田口に防禦に当たり、秋月に出向した鎮台兵もまた進撃の形勢であった。

秋月党はやむを得ず英彦山を下り、小石原を経て江川谷の要害に拠り、栗河内（現江川ダムの上流小石原と上秋月の境、広見橋付近）の一民家に退却したが、党士は僅か七、八〇名に激減していた。途中、小石原浄満寺では残党士の傷の手当をし、粥をふるまったといわれている。

一〇月三〇日

終日この江川谷に滞陣して軍議を尽くしたが衆議紛々、この江川谷の要害で鎮台兵と戦うべきと言う者、秋月の鎮台を逆襲し最後の決戦を試むべきと言う者、或いは各地に潜伏して熊本、萩の動静を察し、これと連合して事を決すべしと言う者あり、事ここに至り三一日、各々その嚮《むか》う所に従って行動することとなった。

この三〇日、甘木の二日町でこの日まで興行していた東京相撲の梅ケ谷ら一行のところに、福岡県庁の役人が訪ねてきた。主旨は、「秋月党の賊徒が豊前を追われ秋月に帰ろうと英彦山を経て、江川谷、古処一帯まで下ってきているが、福岡・小倉・鎮台兵だけでは全部が全部逆残徒を討ちとることが無理である。必ず散り散りになって落ちのびてくるだろうし、甘木・秋月方面の警察は人数が少なく十分な警備もままならぬ状態になっている。敗走してきた賊徒がどんな無法を働くやもしれないので、無理は承知だが助太刀できないか」ということであった。

相撲巡業は玉垣部屋を中心とした総勢八十余名であったが、頭は東小結大纏長吉で、西前頭二枚目梅ケ谷藤太郎、西前頭七枚目鷲ケ浜音右衛門（四月場所後引退）の三人だけが幕内であったが、大見崎（十両格筆頭）、大淀（同二）、稲川（同三）、神崎（同四）、長山（同五）、佐倉川（同九）、鞆ノ平（同一〇）、春日野（幕下）などが主だった（注＝番付は九年四月番付による）。

一同を集めた中で梅ケ谷は趣意を話し、

「けんかや争いに力をもって処することは相撲道に反するが、世話になっている甘木、秋月の町の人たちの迷惑は見捨ててはおけない。東京では消防別手組を組織して世の中、人様のために貢献しようとしている。こんな時期だからこそ世の人のためになることであれば、まして賊を取り押さえるという大義名分であれば、協力すべきではないだろうか」

と問いかけた。一同誰も反対する者はなかった。

梅ケ谷はこの時の心境を、

日の恵み選り出されたる谷の梅

と詠んでいる。

一〇月三一日

警察頓所からあるだけの日本刀が貸し与えられたが、足りない力士は丸太棒を手にして数隊に分かれ、甘木・秋月街道、小石原方面への上秋月、佐田方面への日向石《ひゅうがし》、矢野竹《やんたけ》などの要所についた。警察の役人が付き添ったが、梅ケ谷は力士の総指揮をとった。そして、「できるだけ手荒なまねはしないで、取り押さえること」を厳命したのであった。大纏、鷲ケ浜をはじめ大淀、大見崎等々力自慢の若力士は、世間衆のものめずらしさも気にしないで、山々・谷間の上方をにらんでいた。

一方、今村百八郎率る秋月党は軍議の決定により行動を開始した。特に幹部の首領である宮崎車之助は、事これまでと未来ある若者たちにこれ以上は戦をやめ自首していくことを懇々と諭して回った。

この時、別に説得に回っていた一人の警部がいた。反乱を鎮めようと派遣されて、巡査隊を率いていた穂波半太郎警部(二九歳)である。彼は必死に説得に努めていたが、賊に捕えられ安川村(現朝倉市安川)の明元寺に引き立てられた。宮崎車之助は縄を解いて退散をすすめたが、頑として首をふって説得を続けた。結果として若い叛徒たちに斬殺され殉職した。彼が福岡県警察職員殉職者第一号だという。明元寺の境内に今も慰霊碑がある。

その後叛徒たちは、散り散りばらばらになり秋月方面へ敗走していったが、異様な大男に行く手の前に立ちはだかられると、戦意をなくして刀を投げ出した。あるいは一振り二振りした叛徒も、ものともしない力士連に取押さえられた。この日力士は一日かかって、五十数名の叛徒を捕える手柄をたてたが、力士側には一人の死者も出なかった。

一方、秋月党の幹部七士宮崎車之助・哲之助兄弟、磯淳、土岐清、戸原安浦、戸波半九郎、磯平八は、こ

の三一日真夜中それぞれ家人に遺書を認めた。特に七士の連署をもって、秋月の長《おさ》士族吉村直晴、第七大区副区長江藤良一《よしかず》（秋月出身）の両名宛所懐を述べ、後事を託し、また従軍諸士へ寛大な処置を乞う旨を認め、密使をたてそれぞれ届けさせた。

七士は終夜訣飲《けついん》、各々辞世の詩歌を賦し、従容として自刃《じじん》した。なお今村百八郎は最後まで抗戦し、三箇山、栗田、宝満山、箱崎、芦屋、佐賀と逃げのびて再び筑紫路に戻り、山隈村で捕縛されたのは一一月二四日のことである。

このようにして秋月の乱は終息したが、梅ケ谷藤太郎一行の奮戦ぶりは大きな反響を呼び、その活躍の模様をいちはやく「郵便報知新聞」は一一月一〇日付の新聞で報じた（なお、当時の新聞記事は、首都圏以外は新聞記者などの配置も少なく、書状などによる連絡が多く、幾日も後の記載が多かった）。

「相撲取仲間より同じ仲間へ来りし書状の写しなりとて寄する者あり左に記す」と前述して「一〇月廿四日頃より筑前甘木宿と申所に興行致していたところ、一里半程隔て秋月と申所より五百人ばかり士族来り大騒ぎにござり候、夫《それ》より兵隊繰込小倉道にて戦争始り右五百人者逃げ候に付、当所屯所より卅日の夜相撲取をお頼に付鶩ケ浜を頭として拾八人御用相勤申候、卅一日夜より梅ケ谷を頭として四拾人御用相勤、賊徒六拾人余り相撲取の手にて生捕巡査へ引渡申候、乍去り相撲取は一人も怪我なく無事に御用相勤め、本月一日お暇を戴き同国直方新町へ乗込申候、余は帰宅万々、十一月二日認め」とその概要を報じている。

さらに一カ月遅れて一二月一五日付の「読売新聞」は「筑前甘木の叛乱鎮撫に梅ケ谷一行協力」のニュースを行司木村五郎の手紙として報じた。

それぞれの報道により掲載された期日のぶれ、そして文章の内容なども不確かな報道であるが、大筋は把

東京相撲秋月之賊を捕縛する図。右，鉢巻き姿が梅ケ谷
(「筑前国秋月暴動記」大蘇芳年筆，福岡市博物館蔵)

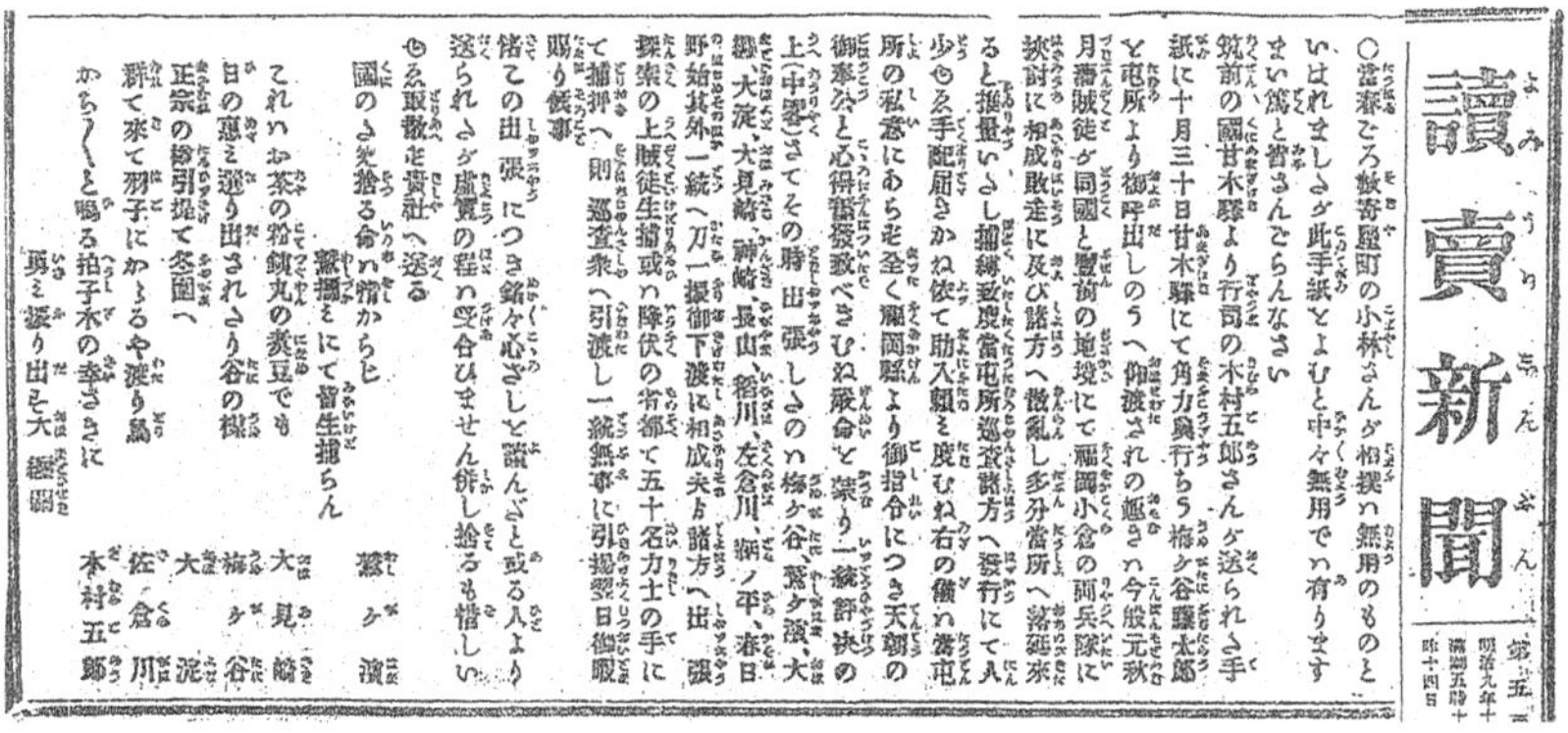

讀賣新聞

○澁谷ごろ鍛冶屋町の小林さんが相撲ハ無用のものと
いはれましたが此手紙をよむと中々無用でハ有ります
まい篤と皆さんごらんなさい
筑前の國甘木驛より行司の木村五郎さんが送られた手
紙に十月三十日甘木驛にて角力興行ちう梅ケ谷藤太郎
と宅所より御呼出しのうへ仰渡されの趣きハ今般元秋
月藩賊徒が同國と豐前の地境にて福岡小倉の兩兵隊に
挟討に相成敗走に及び諸方へ散亂し多分當所へ落延來
ると推量いたし捕縛致度當宅所巡査諸方へ發行にて人
少なゑ手配屆きかね依て助入頼ミ度むね右の儀ハ當宅
所の私意にあらず全く福岡縣より御指令につき天朝の
御奉公と心得指揮致べきむね嚴命と崇り一統評决の
上(中略)さてその時出張したのハ梅ケ谷、鷲ケ濱、大
纒、大淀、大見崎、神崎、長山、稻川、左倉川、獅ノ平、春日
野始其外一統へ刀一振御下渡に相成夫々諸方へ出張
探索の上賊徒生捕或ハ降伏の者都て五十名力士の手に
て捕押へ則巡査衆へ引渡し一統無事に引揚翌日御暇
賜り候事
偖この出張につき銘々心ざしと讀んだと或る人より
送られたが感覺の程ハ受合ひませんが捨るも惜しい
もゑ取敢ず貴社へ送る　　鷲ケ濱
國のゑ矢捨る命ハ惜からじ
熊掴みにて皆生捕らん　大見崎
これハお茶の粉鉄丸の炒豆でも　梅ケ谷
日の惡を追り出されたり谷の梅　大淀
正宗の鞘引抜て冬囲へ　佐倉川
群て来て羽子にかゝるや渡り鳥
からくと鳴る拍子木の幸さきに
頭を張り出した大纒關　木村五郎

明治9年12月15日付「読売新聞」

握できるところである。

またこの事件の武勇伝は三枚続きの錦絵に刷られ、「東京相撲秋月之賊を捕縛する図」（他の画筆あり）として売り出された。中央に徒手空拳の梅ケ谷が二人の賊をねじ伏せる勇壮な姿や、右手に鎗左手に刀で、宮崎車之助に対している様など、相撲界における彼の存在感を一段と上昇させるものであった。

当時、相撲界は維新後の旧物破壊の思想、つまり一種の反動思想のため、衰退を来している時期であったが、梅ケ谷たちのこの殉国の精神が伝えられてから、相撲に対する人々の考え方が次第に改められ、相撲ブームを巻き起こす契機となった。

梅ケ谷は甘木での興業を任されていて、それが成功裡に終わったので心身共に爽快であった。幼少の頃父母に連れられ世話になった奉公先の甘木染紺屋、相川卯平が亡くなって墓参りもできていなかったので、仏前に手を合わせるなど、近郊の旧知の面々に挨拶を済ませると、甘木を発って次の巡業地直方新町へ向かった。

再会を喜び、別れを一番惜しんでくれたのは、七〇歳の母トメであった。嫁の行や満一歳になった孫娘センに逢えたひとときもあっという間に過ぎ、別れは格別つらいものとなったが、前途洋々とやって来た息子の晴れ姿に、気持ちの混乱をおさめながら見送った母の姿があった。

郷里志波では、明治六年の地租改正や百姓一揆、徴兵令の布告など混乱と不安な社会情勢の中、梅ケ谷の活躍、そして秋月の乱で快挙と、村民にとっては一服の清涼剤であった。梅ケ谷には、郷土の支援を背に感じながら自分の時代がやってきたんだという実感がわいてきていた。事実、秋月の乱での相撲力士への統率力は、相撲関係の幹部にも存在を認識させるに十分であった。

この年結婚三年目、家庭も落ちつきができ梅ケ谷は戸籍を東京へ移した。一つには、兄の弥平が隠居して、その子弥太郎が戸主になったことにもよるのである。東京での新戸籍は、

明治九年四月廿日
東京府武蔵国本町元町弐番地に転居ス
父藤右衛門次男

弟　藤太郎　弘化二年乙巳三月三日生
亥年三十一

となっている（ここでの弟とは兄弥平が戸主であったため）。

一一　梅ケ谷全盛時代始まる

明治10年代，最優秀成績を連発した頃の梅ケ谷（相撲博物館蔵）

明治一〇年春場所は一月に始まった（この年より一月・五月の二回興行制度に改めている）。

前年の暮れに番付発表があったこの一月場所は、西前頭筆頭と一枚上がった。一、二日目は上ケ汐、荒角と前頭十両との対戦で段違いの実力発揮であった。三日目から勝ノ浦（前頭四）、ライバルの若島（前頭筆頭）、浦風（関脇）、一日休んで清見潟（前頭六）、小野ケ崎（同五）、投石（同七）と、終わってみれば八戦全勝一休の最優秀成績者で、二回目の優勝である。大関境川、小結大纏との組み合わせはなかったが、堂々の幕内優勝であった。

もはや梅ケ谷は向かうところ敵なしの実力をそなえてきていた。良き伴侶行の内助もあって、精神的にも体力的にも一番充実してきたのではないか。

一二　三役入り

明治一〇年五月場所（引延して六月二日より晴天十日間興行）、梅ケ谷は待望の西小結になった。日本相撲界には自分より上に五人しかいない。嬉しさと共にまだ頂上までは五合目だ、と自分に言いきかせた。思えば故郷を離れて一五年、今は唯々前に進むだけだ。誰にも負けたくない。いや負けてはならない。そのためには一日としておろそかにはできない。誰よりも先に起きて四股を踏み、鉄砲押し、すり足、土俵周囲の蹲踞《そんきよ》、うさぎ飛び、両足を一杯に開いての股割り、そして二人だけで相手を替えない三番稽古、勝抜きで交替する申し合い。最後の仕上げで行うぶつかり稽古。朝四時からの若手に混じっての稽古には、一つとして手抜きはしなかった。幕内力士が稽古に出てくる頃には、体は汗土まみれ、頭髪はざんばら阿修羅王となって、眼球だけがぎらぎらと光っていた。

梅ケ谷新小結の初日の相手は白山（十両）、二日目上ケ汐（同）で二連勝。三日目勝ノ浦（前頭三）とは双方がっぷり四つに組んで勝負つかずの引き分け。一休のあと、五日目は同時に昇進した東小結、最も警戒を要する若島との対戦であったが、接戦を制して中日を終えた。翌日、四海波（前頭四）、そして浦風（関脇）に連勝し、八日目東大関の境川。この境川には明治五・六年と十両時代三場所連敗した相手である。前年の九年一二月、第一四代横綱免許を受けた相撲界の第一人者である。梅ケ谷はこの横綱には八年春四月場所に対戦し、勝利を収めた。もう十分に取り口を研究し尽くした相手であった。体重はやや境川の方が重いが、身長では若干梅ケ谷の方が上だった。境川は上背はなかったが、腹が出ていて「腹櫓《はらやぐら》」が得意であった。それに相撲は慎重で、勝機をうかがい、不利とみると引き分けに持っていく。実に全取り組みで七一引き分けという記録を作っている。梅ケ谷のこの後の幕内全取り組みを含めても一八引き分けに比べれば、その取り口がわかろうというものである。

この境川との一番、梅ケ谷は速攻で一気に勝負を決めている。気力十分な梅ケ谷の力が横綱境川を圧倒した一番であった。九日目投石（前頭七）に勝って、千秋楽には慣例により幕内力士すべて出場せず、幕下十両以下だけの取り組みとなり梅ケ谷の出番はなかった。

この六月場所は七勝一引き分け一休で、幕内三回目の最優秀成績者となった。先場所に続きの連勝という快挙である。

一一月、九段招魂社で合併相撲があったが、五勝一敗二引き分けであった。この合併相撲は勧進相撲であり、正式な東京相撲ではなかった。

明治一〇年一二月、冬場所（翌一一年正月にずれ込んでいる。一月・五月興行制度のためか）。

梅ケ谷は西関脇に昇進した。飛ぶ鳥を射落とすが如く、ハイピッチでの出世である。ライバルの若島も同時に東関脇となった。若島には過去六戦して負けなしであるにもかかわらず、どうしても若島を超えることができない。若島は梅ケ谷より三歳年上で、毎場所好成績は残していた。

梅ケ谷の取り組みは白山（十両格）、藤田川（同）、上ケ汐（前頭七）、藤ノ川（同六）、清見潟（同四）、六日目若島（関脇）、勝ノ浦（前頭二）、境川（大関）、浦風（小結）であったが、あっぱれ、九日間負けなしで四回目の最優秀成績者となり、四回目の幕内優勝となった。しかも近年稀な三連勝の偉業である。実にみごとな優勝であるが、その陰には梅ケ谷の忍従と根性、土性骨からくる発奮があった。古今を問わず、逆境からの発奮するエネルギーこそが、秀れた人間を作りあげる。しかしながら凡人である多くの人々は、そこで挫折してうずもれていくのであろう。

梅ケ谷にはこの明治一〇年一二月場所の前、つまり六月場所が終わった時点で大関になれるチャンスがあった。六月場所が終わって、一二月場所番付が発表された時、空席になった西大関に西関脇の朝日嶽が居すわった。六月場所では朝日嶽五勝三敗一引き分け、一方梅ケ谷は西小結で七勝一引き分け一休で、しかも幕

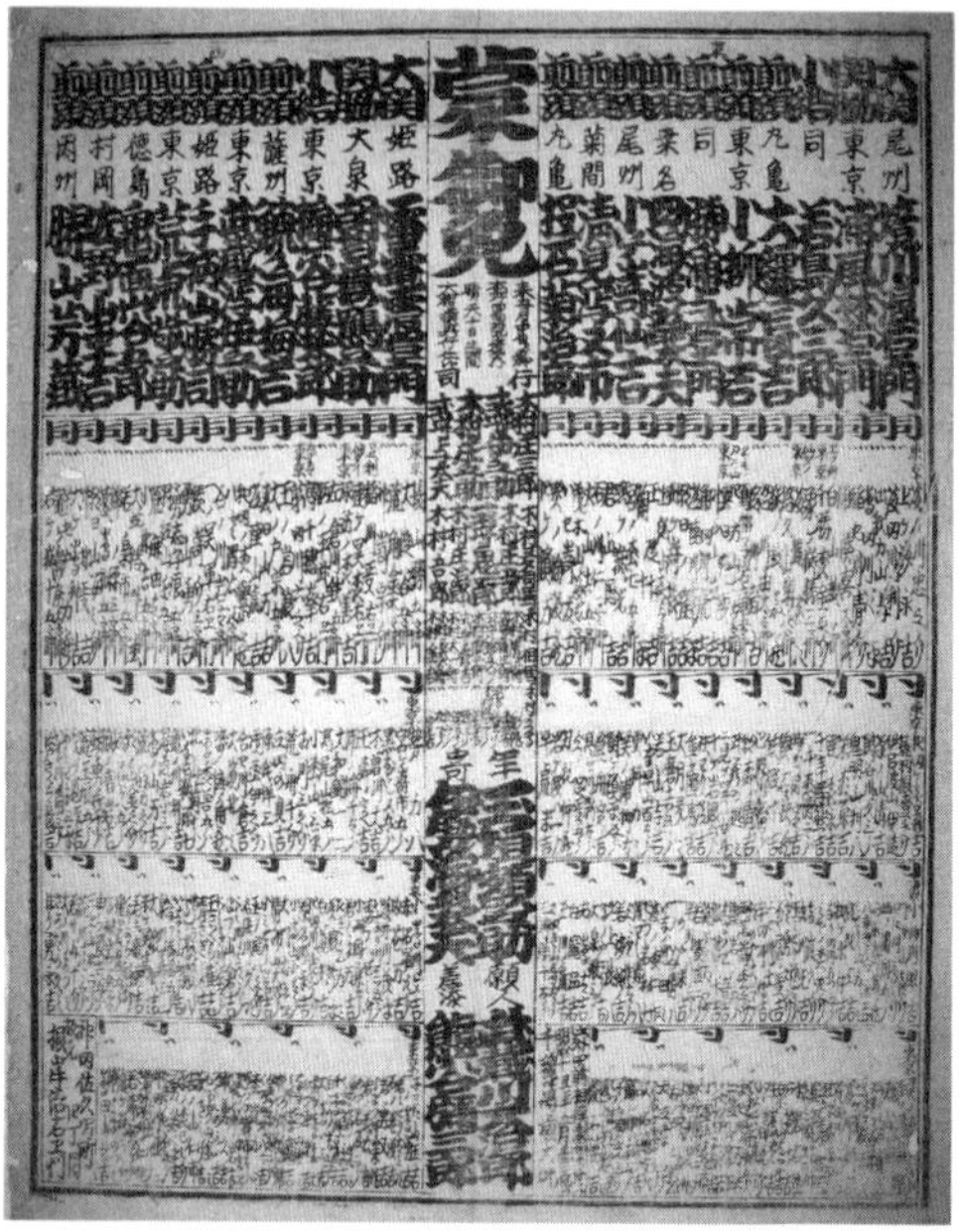

東京相撲，明治10年５月場所番付。新西小結（相撲博物館蔵）

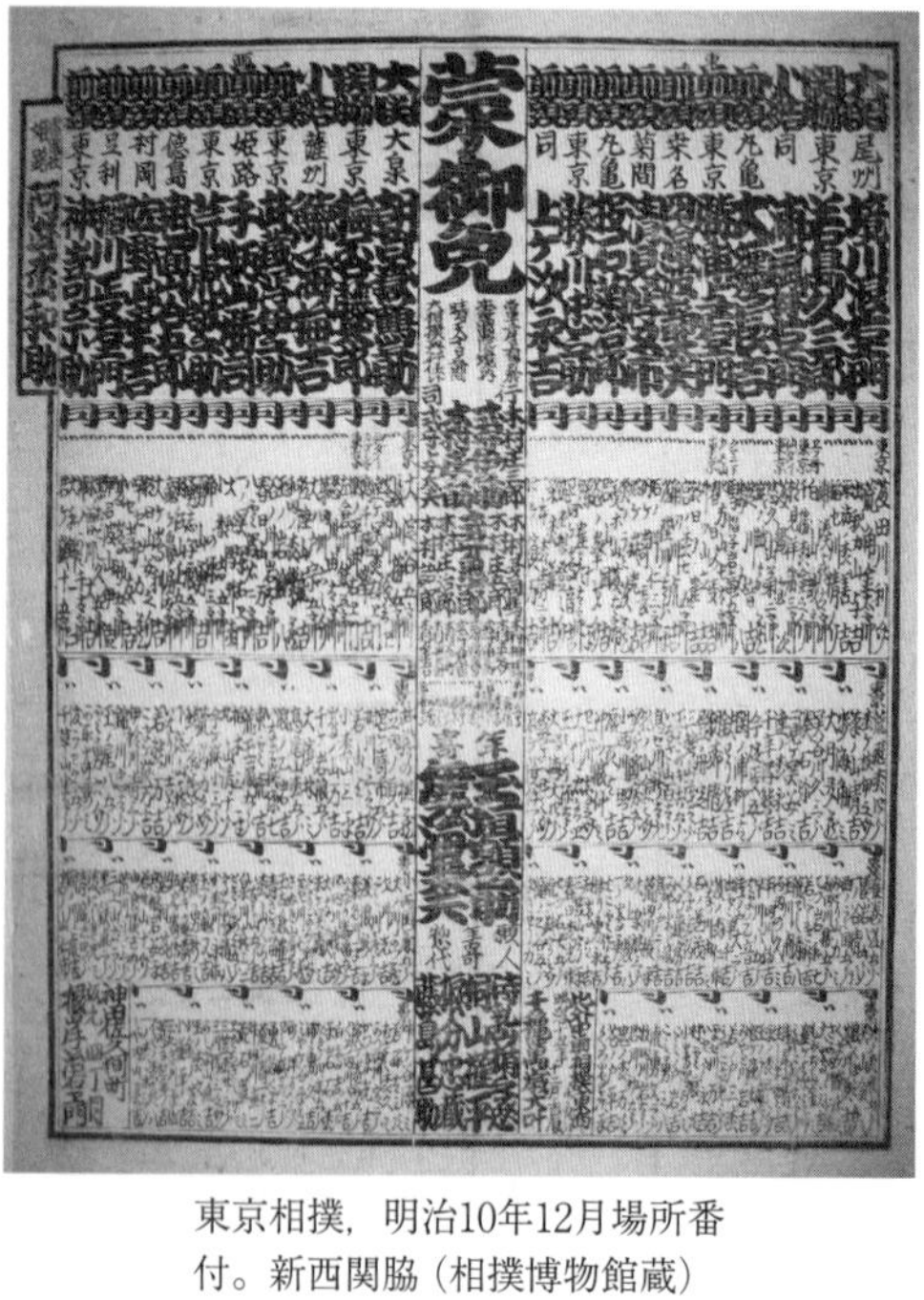

東京相撲，明治10年12月場所番付。新西関脇（相撲博物館蔵）

内二連続幕内最優秀成績者であったのである。この実績からすれば、朝日嶽が関脇であるとはいえ、梅ケ谷が大関に繰り上がってもおかしくなかった。

この時の心境を彼は次のように述べている。「一二代横綱梅ケ谷藤太郎」（三木愛花筆）によれば、

「その折朝日嶽は成績が芳しくなかったにもかかわらず、次の場所（一〇年一二月）大関にのぼりましたので、わしは役員たちにものいいをつけにまいりまっして、一たい相撲取りは勝ったのが下にいて、負けたのが大関になるのが例でござっすかーと申しまっした。その時はいずれあいさつするということで引きさがりました」

と、梅ケ谷としてはめずらしく抗議をしている。昔と違って言うときにははっきりものを言うという自信が身に付いてきていた。それは九年暮れのあの秋月党の乱での統率力、それに対する外部からの信頼に対する自信からでもあった。


明治一一年六月六日より夏場所が始まった。梅ケ谷の番付は同じく西関脇であった。大関境川・朝日嶽、関脇若島・梅ケ谷、小結浦風・鯱《しゃち》ノ海という布陣であった。朝日嶽は相変わらず西方大関であったが、二勝一敗三引き分け三休と実に振るわない成績で引退かと思わせる成績であった。最後の花道として会所は居据えた感じがしないでもない。東方大関（横綱）境川も老境となり、三勝一敗三引き分け一預かり一休、関脇若島は五勝二敗一預かり一休、それに位べ梅ケ谷は四勝一引き分け一預かり三休であった。境川とは預かり、若島には勝ち、西方とは取り組みがないので、上位陣では第一の実力を示したのである。

この場所の最優秀成績者は響矢の六勝一敗一引き分け一休であった。彼は西幕尻格に付け出されていたが、

これには訳があった。

一三　相撲会所と改正組の合体

例の高砂率いる「改正組」が名古屋を本拠地として活動しており、帰京し神田竜閑町《りゅうかんちょう》を拠点に興行を行い相撲会所と渡り合っていたが、明治一一年二月五日、警視庁による「相撲取締規則」が出された。

第一条「角觝《すもう》及び行司たらんと欲する者は其区戸長並組合取締の奥印を以て警視本署へ願出鑑札を受く可し」

第三条「角觝及行司は東京府下を一組となし角觝は年寄、行司は重立たるものにて年番を定めて組合取締をなすべし」

取締以下役員、力士・行司各々は警視庁へ鑑札届けをしなければならないこと、東京府下では一組しかできないこと。このことからして、相撲会所と改正組は合体するか、一方が解体するか二者択一を迫まられた。

行政府は裏面で合体を勧め、一一年五月二四日両者は合体し、「角觝営業内規」を作成した。この角觝営業内規は一二条からなり、封建的な運営の在り方を正し、組織の明朗化と会計、興行損益金、番付、給与、年寄などについて、今日の日本相撲協会の運営の基礎を築いた。この相撲会所の運営改革は、改正組をリードした高砂浦五郎の主張する相撲改革に沿った形での近代化のはしりでもあった。

ここで、前記の響矢（最優秀成績者）の西幕尻格という番付の話に戻る。東京相撲は会所と改正組の合体により、改正組の力士は急遽会所の番付表に組み込まれることになったが、明治一一年六月場所には間に合わなかった。この時急場をしのぐ策として、二枚番付表の作成となった。したがって、改正組二七名は別の番付表となり、年寄高砂浦五郎以下幕下上之部前頭四名、幕下之部前頭九名、三段目之部前頭三名、上二段目之部前頭四名、序ノ口之部前頭三名、行司二名木村誠道・木村秋治郎、以上の陣容であった。したがって響矢は西幕尻格として記録されたのであるが、響矢については高砂の強い要求があったようでもある。

一四　最愛の妻・行逝く

明治一一年の六月夏場所後、梅ケ谷には待望の大関昇進が予兆された。当然その器であったが、西大関の朝日嶽が引退して大関枠が空席になったことにもよる。頂点まであと二人というところまで登り詰めてきたのであるが、そんな彼に神は無慈悲であった。

最愛の妻・行が病に倒れ、九月二八日忽然としてこの世を去った。まだまだ死ぬに死なれない二八歳の若さであった。

行が死去したこの九月、大阪相撲（難波新地）と京都相撲（八坂神社北林御免地）が東京相撲を迎えて行われていた。梅ケ谷にとっては東京相撲の頂点に立つことをアピールする重要な月であった。大阪はかつて梅ケ谷を育ててくれた場所であり、贔屓も沢山いた。心待ちにしていたタニマチがいた。大関になれる晴れ姿をぜひ大阪の人々に見て欲しかった。

早朝四時には起きて、歯をくいしばり、涙と汗で土にはいつくばり稽古に励んだ大阪時代。取的（幕下以下、俗にフンドシカツギ）として関取衆の柳行李をかついで宿に、そして会場へと運んだ下積みの時代。やっと東京での成功を披露することができる。そう思い込んで乗り込んで来た京阪の地であった。

一方、速達便できた行の急病のしらせを受け、びっくりしながらも、早く行の元に帰ってやらなければとのはりさけるような心情を胸に秘めて、大阪八日間の相撲を終えたが、六勝二敗一休で優勝は大阪脱走組の響矢（七勝二敗）に奪われた。京都は七日間五勝一敗（磯風）一休であった。

東京本町元町に帰って来たのは九月末のことであった。驚いたことに行の病状は思ったよりひどかった。そして梅ケ谷の顔を見て安堵したのか、その日の内に目を閉じ二度と開かなかった。

愛娘おセン（本名はセンであるが、普通愛称として「お」を付けて「おセン」と呼ばれていた）は四歳になっていた。いつも一緒に歌っていた童謡を歌ってもらおうと、床の母の手をとって起こそうとするが、体は重く、冷たくなった手はそれに応えてくれなかった。初めて自分の要求に応えてくれない母がいた。そして母が自分の願いをきいてくれない存在となったのだと実感した。おセンはわけがわからなくなりワーッと泣き出した。

梅ケ谷の家族にとって初めての不運であった。悲嘆の一〇月となったが、打ち沈んでばかりではいられなかった。不振が続く相撲界で、一人気を吐く梅ケ谷の存在は、東京相撲の看板であり目玉として必要不可欠の人材となっていた。地方巡業に出る一〇月一一月には相撲会所の要請を断ることもできなかった。初七日を済ませ、遺骨を浅草新寺町実相寺に納めると、心を残して巡業に出た。

菩提寺は浅草より大正一二年（一九二三）に移築され、現在は東京都大田区池上の実相寺であるが、境内に生前に梅ケ谷が建立した幽深な墓に彼と共に眠っている。

諡号《しごう》大車院妙遊日行信女　明治一一年寅年九月廿八日

この年、輪廻と言おうか、二代目梅ケ谷となる押田音次郎が富山県中新川郡西水橋町大町（現富山市水橋町）で産声をあげた。後に、梅ケ谷と行の間にできた一人娘おセンの婿（養子）となる人物である。

一五　待望の春、大関を獲る

明治一二年（一八七九）一月一八日、東京相撲春場所が始まった。

あれほど渇望し、初志貫徹しようと目標にしていた大関の地位を獲得したのに梅ケ谷には感激が湧いてこなかった。何か屋根に上ってはしごをはずされたような孤独感が押し寄せてきた。部屋の者から、そして両国界隈、浅草と道を通れば「梅ケ谷関、おめでとう」とあちらこちらから声がかかる。郷里からは母トメが、たどたどしい文字で喜びと祝いの言葉を書き送ってきた。郷里の相撲ライバルであった中津留伴三郎や弥吉酒場の岩次も便りを寄せてくれた。中津留は生葉・竹野二郡による郡会議員として郷里で頑張っていることを伝えてきたし、「目指す道は違うけれども、互いに初志を貫こうではないか」と、ライバルとしての檄を記してきた。

梅ケ谷は行の死を、それも相撲道を突っ走れば走るほど自分を問責した。そして今から来るであろう歓喜と悲哀との予感が一月場所への闘魂にブレーキをかけるのであった。

一月春場所は、会所・改正組合体により、それに角觝《すもう》営業内規など民主的な運営の促進により、除々にで

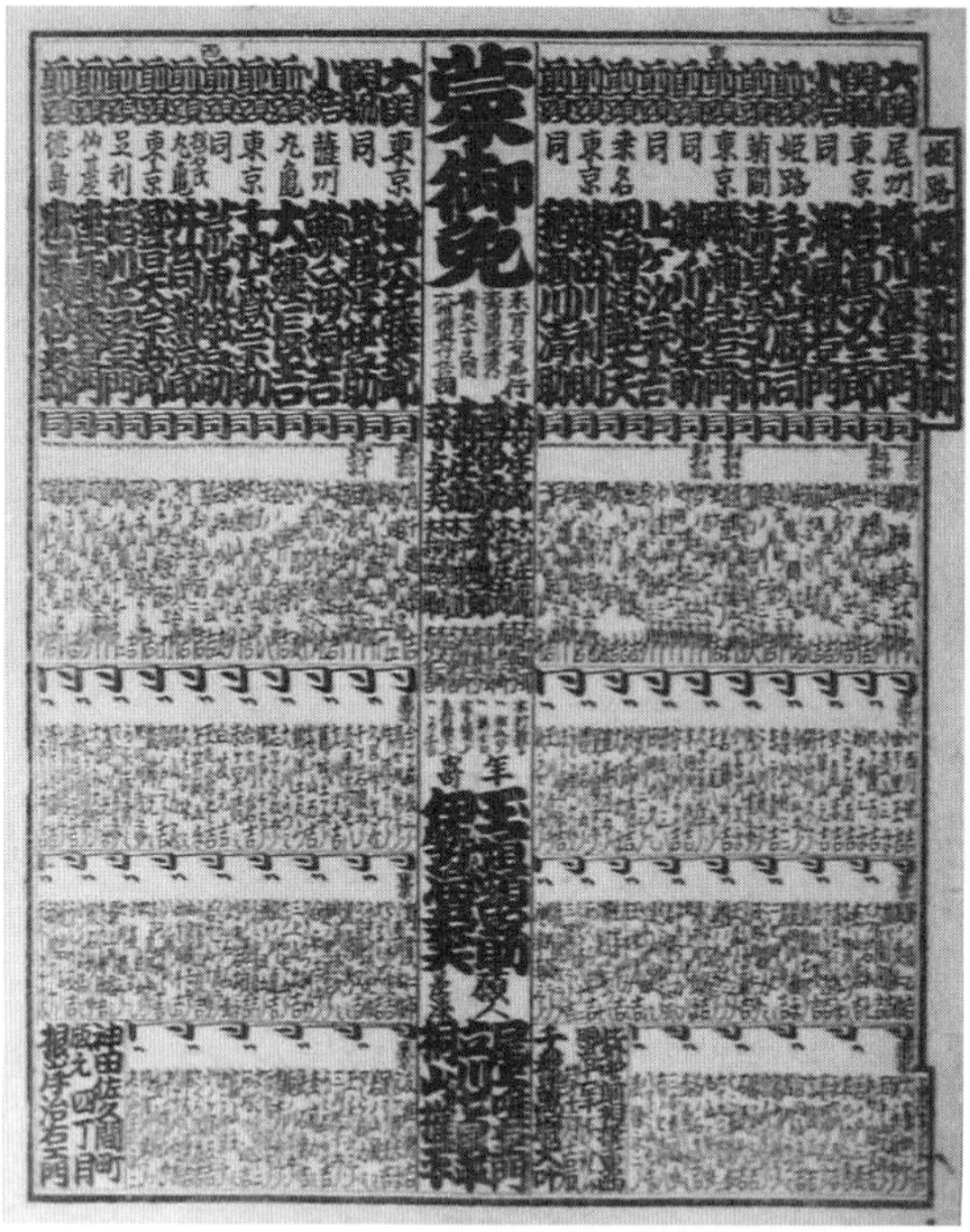

東京相撲，明治12年１月場所番付。新西大関（相撲博物館蔵）

はあるが活気を帯びるようになってきていた。

梅ケ谷は初日、昨年夏場所と同じ荒角であった。格違いの実力を示し快勝、二日目藤田（前頭七）と引き分け、三日目上ケ汐（同五）、そして藤ノ川（同四）、三役格雷電改め阿武松、手柄山（前頭筆頭）と撃破、七日目、ライバルの若島と引き分け、八日目小結の浦風を破り、九日目は東大関境川と引き分けた。境川は老境に入り防戦一方で、かろうじて引き分けに持っていった感じであった。

梅ケ谷の成績は六勝三引き分けで、最優秀成績者にはなれなかった。七勝二引ひ分けの成績で西関脇武蔵潟が手中にした。梅ケ谷にとっては大関最初の場所、ぜひ優勝したかった。悶々の内に場所を終えた梅ケ谷は、むらむらと勝負への闘争心が湧きあがってくるのを感じた。やらねばならぬという大関としての自覚と責任ものしかかってきた。

明治維新前後、絶対的な権威を誇っていた東京相撲会所筆頭、そして梅ケ谷の師匠でもある玉垣額之助が引退を決意した。明治維新という激動の時代、相撲禁止論や、高砂一派の改正組の旗揚げ離脱、そして相撲興行の慢性的な欠損続きの財政のやりくり等々、心身共に疲弊の度合はひどかった。改正組との合併相撲会所の民主化など、そして梅ケ谷という看板力士の台頭、徐々にではあるが、相撲人気も上向きしてきたこの期にと思ったのではなかろうか。

当然持ち上がってくるのは、後継者は誰かということになる。結果的には同門の長山勝五郎が現役で襲名して、長山額之助と改めた。この長山は、力士としては十両貧乏神（筆頭）どまりであった。部屋には、大関梅ケ谷藤太郎を筆頭に、千羽嶽宗助（前頭二）、緋縅《ひおどし》（十両）などの先輩がいて、当然梅ケ谷にも白羽の矢が立ったのである。

このあたりの顚末について、「大相撲黒白草紙――梅ケ谷初代中心時代」（彦山光三筆）は玉垣の息女（養女）以勢の話として、

「梅ケ谷さんはあちら（大阪）からきた人でありますし、ああいう謙遜な人でしたから、部屋のことは万事大纏《おおまとい》さんをたてていました」

「玉垣の名は梅ケ谷さんにゆずろうとしまして、父が梅ケ谷さんを呼んで、そのことを話しましたところ、梅ケ谷さんはおことわりになりました」

と述べている。

梅ケ谷は、自分はもっと相撲道に打ち込まなければ、もっと経験を積み重ねなければ中途半端の人間で終わってしまうと考えたのであった。もう一つ上がある。東大関までどうしても登り詰めたかった。

この時期、一門の年寄には、武蔵川、花籠、片男波など先輩年寄がいたが、勝山の尾車を後見として、部屋頭は大纏（前頭筆頭、明治一五年春年寄出来山を襲名）ということで部屋は一応収まることになった。

明治一二年六月夏場所、梅ケ谷は春場所と同じ西大関であった。東大関は、大関在位一九場所目の強豪境川である。梅ケ谷はこの場所初日より三日連続休場となった。相手の休場もあったが、彼自身体調をくずし

ていた。この当時、「おこり」つまりマラリアが流行っていた。梅ケ谷はどうやらこのマラリアに羅患したらしい。四日目藤田川、五日目響矢、そして順次勝ノ浦、阿武松、武蔵潟と五勝し、九日目境川とは激戦の末預かり相撲となった。依然土つかずで五勝一預かり三休で全勝記録を伸ばしてはいたが、最優秀成績者は六勝二引き分け一預かりの西関脇若島に持っていかれた。

一六　マラリアに負ける

明治一三年一月春場所、梅ケ谷は四引き分け五休とさんざんの成績になった。こんな長い休場は明治五年一一月場所以来であった。この場所、マラリアがひどく相撲が取れる状況ではなかった。悪寒に襲われ、軀がガクガクとふるえた。しばらくすると四〇度を超す高熱となり、見るも無惨な姿を呈していた。

成績は初日より五日連続の休場。六日目より九日目、四日間全部引き分けであった。この一三年一月場所の最優秀成績者は、六勝二敗一引き分けの関脇阿武山であった。梅ケ谷の休場明けの取り組み四日間は、場所終盤でもあり、番付上位陣との取り組みで、実に苦闘の毎日であった。特に八日目武蔵潟との一戦は、もう引き分けももたないという一番であった。相手は名に負う巨漢である。体重三七貫、身長七尺で、一尺（三〇センチ）も上背が高く、見上げるような大男であったので、梅ケ谷は立ち上がり、さっともろはずになったが、相手は左右からひっかかえて、ぐんとのしかかってきた。みるみる腰がくだけかかるのをがまんにがまんを重ねて、引き分けに持っていくまでの時間の長かったこと、気もおぼろになりかけたが、大関というプライド、歯をくいしばって乗り切ったのであった。

この場所について、梅ケ谷の弟子であった鬼ケ谷（最高位前頭筆頭、のちの年寄田子ノ浦）は次のように述懐している。

「師匠（梅ケ谷）は場所前からひどい『おこり』にかかり、とても相撲をとれる状況ではなかったようです。一方会所では一番人気で、大関梅ケ谷を見るために来るといわれている場所を、こう休まれては場所が持たない、どうでもこうでも無理して出てくれと矢の催促、師匠は高熱をおして出たが、溜りに入って控えている間も、土俵に上がっても体がガタガタふるえ、相手もこの異状に気づいたのでしたが、師匠が強くて仕掛けられず、だれ一人として師匠を負かす者はいなかったそうです。師匠も体に力がこもらず、自分から無理に仕掛けることができず、連日引き分けにしかできなかったということを言っておりました」

大関になって三場所目、まだ最優秀成績者にならない。梅ケ谷は心にあせりがあった。家に帰っても、温かく迎えてくれていた行は逝ってしまった。ガランとした家に、待ってましたとばかりおセンが飛び出してきて大きな腕に抱かれるのをせがむ。これが至福の時であったが、健康が優れなく、早く回復させねばと、そのことが気が気ではなかった。付人八名が身の周りのことは大概やってくれるが、大関としての公務は予想以上に多かった。力士を代表しての会議、公的な関連行事への代表参加、それに贔屓衆との会合、飲み会。酒は親ゆずりの酒豪ではあったが、この歳（三六歳）では二〇代の無茶はできない。健康管理は自分でやっていかねばならない。梅ケ谷は好きな酒を断って養生に努めた。

明治一三年五月夏場所、梅ケ谷はこの場所にそなえた養生の甲斐あって、体力の回復をみた。名誉なことには、相撲大名として知られた長州毛利家の召し抱えとなり、この場所の番付に長州の文字が冠せられた。

それまでは東京であった。召し抱えられた力士は「相撲衆」といって士分と同格の待遇であったが、一般には足軽クラスが多かったといわれている。待遇はどういうものであったか記録がないが、廃藩置県後のこと、扶持といっても二人扶持から四人扶持（一扶持は米六、七俵）というところで、それに小遣い、衣服代、刀、化粧まわしなどが支給された。

この場所の番付では、三役のあと、前頭は東西九枚目までが幕内となった。以前に比べて一、二枚多くなってきていた。

初日稲川（前頭八）、そして翌日より入間川（同七）、清見潟（同六）、勝ノ浦（同五）、荒角（同四）、浦風（同二）、響矢（同筆頭）、そして八日目小結手柄山、九日目関脇若島との対戦であったが、何とあっぱれ、終わってみれば九戦全勝で、五回目の最優秀成績者となった。九戦全勝は明治一〇年一二月冬場所以来であるが、明治九年四月春場所初日以来、連勝記録はずっと続いている。胸のわくわくする息づまるような大記録達成を、観衆は固唾を呑んで見守っていた。

一七　幕内連勝記録止まる

明治一四年一月春場所、この年も目まぐるしい一年が始まった。昨年五月場所九連勝と全勝を飾って迎えた今場所、近年にない充実感であふれていた。毎場所、下位力士との一番から始まる場所とはいえ、初日の島田川（前頭九）は油断のできない相手であった。それでも落ちついた前さばきで料理することができた。二日目入間川（同八）、そして高千穂（同七）、浦風（同五）と負けなしで進み、五日目は柏戸（同三）。このところ幕内上位に定着した柏戸には手こずり、引き分けてしまった。六日目響矢（同筆頭）、七日目手柄山（関脇）、八日目荒虎（小結）を手玉にとり、九日目幕内最後の取り組みは、東方張出に回った横綱大関境川にかわって、関脇から一気に東大関についた若島久三郎（のちの楯山）との対戦となった。梅ケ谷とは常にライバルであった若島との対戦は観衆を魅了し、釘付けにした。

相撲は予想にたがわず左四つになり梅ケ谷得意の取り口、攻め込まれて不利となった若島は外側から相手の差し手を小手に巻いて投げに出た。梅ケ谷の軀がくずれるとみるや、押しに押してみごとに勝ちを呼び込んだ。梅ケ谷にとっては幕内五八連勝で連勝が途切れた瞬間であった。それでも五八連勝とは偉大な記録である。明治九年四月春場所初日に投石に勝って以来、この明治一四年一月春場所八日目の小結荒虎まで、実に白星連続五八個の大記録は後々まで語り継がれることになるのである。一方見方を変えれば、今度の若島による一敗は一〇場所ぶりの唯一の黒星であった。

この時の模様を、後年梅ケ谷は、雷権太夫の年寄株を二代目にゆずり、悠々自適の境に入ってきていた七六歳の頃、『武俠世界』（臨時増刊号、大正六年一月五日）で次のように語っている。

「わたしたちの若い時分にはずいぶん相撲に熱心な人がおりまっした。若島という人は、ある時大関かなんかと顔があって、小手投げばうってみごとに勝ちまっした。うれしくってうれしくって有頂天になって場所からかえり、家にはいりざま出むかえた女房をみるなり、うれしさがまた胸にこみあげてきて、夢中になって女房の手をとり〝今日はこげんして勝ってやった〟とばかり女房の小手を取って投げ飛ばしまっした。ばってんたまりまっせん。亭主は力士でも女房はあたりまえの女でござっしよ。犬ころみたいに投げつけられ、おまけに腕を折ってしまった。さあたいへん。〝医者よ薬よ〟の大騒ぎ。勝ち相撲のよろこびどころじゃあござっせん」

「ところが、一方なかまのもんや若いもんたちは、今日は若島関がうまうま勝ったからお祝いにいって、あわよくば酒でも飲んでやろうと勘定つけて、ゾロゾロやってきてみまっすとこのしまつ。おめでたいやらおめでたくないやら、飲んでやるどころか、まごまごへどもどいったあんばいでござっす。ほんとに女房を投げ飛ばすほど相撲にうちこんだなんざあ、小気味のよいことじゃあなか……」

第三者のような言い方であるが、自分が負けた張本人でありながら、五八連勝という大記録がとぎれたことを微塵にも表に出さないで、相手をやんわりほめあげるなど、度量の深さを知らされるのである。

この場所、梅ケ谷は若島に敗れたとはいえ、七勝一敗一引き分け（引き分けは預かりともある）で幕内第一の成績であり、六回目の最優秀成績者となった。

東京相撲の第一人者横綱免許大関境川は、体調思わしくなく、この一月春場所（張出大関）後現役をしりぞいた。時に三九歳であった。この後年寄専務になり、多年の功績と信望により「相撲長《すまいのおさ》」にあげられるようになる。

一八　島津別邸相撲

一月場所一敗したとはいえ、梅ケ谷は絶好調であった。五月の夏場所直前、五月九日に天覧相撲が行われた。午前中に麻布四ノ橋、島津忠義公の別邸に行幸され、昼食後に相撲取り組みの天覧があった。梅ケ谷は大関若島と対戦したが、梅ケ谷が一方的に押し勝ち、弓の弦《つる》は梅ケ谷が賜った。

横綱大関境川は横綱土俵入りの後、結びで荒川と取り組み勝ちを得て、高千穂がその代名として弓を賜り、三〇番の相撲は終わったが、この時の相撲を名残りとして境川は引退した。

明治一四年五月場所

破竹の六回の優勝を弾みに梅ケ谷はこの場所に臨んだ。取り組みは、初日より島田川、入間川、高千穂、浦風、柏戸、響矢と六日目まで前場所とまったく同じ相手であった。勿論負けなしで七日目休場、八日目手柄山（関脇）、九日目若島（大関）に勝ち、八戦八勝一休で七回目の最優秀成績者となった。若島には、前回の二の舞はしなかった。十二分に研究を尽くして臨み、梅ケ谷は自分の信じる「相手の長所を知り相手を倒す」術に徹した。若島には前回の負けだけで、この後も彼に負けることは決してなかった（幕内取組一〇勝一敗一引き分け）。

七月に入り大阪難波、そして京都四条と合併相撲が続いた、八月には大阪南、大津、名古屋と巡業が続き、一一月、一二月は横浜、東京馬喰と実にめまぐるしい巡業が続いた。財政の悪化を防ぎ、興業による収益のアップを図ったのである。

この間、八月二五日、梅ケ谷の師匠玉垣額之助が多大な業績を残してこの世を去った。文京区大塚上町西信寺に今も眠っている。

玉垣額之助が明治一二年に会所筆頭及び年寄を引退し、部屋を長山勝五郎改め長山額之助が現役で襲名したが、急逝したのでその跡を緋縅力弥が現役で引き継いだ。彼も巡業中亡くなったので、浦ノ海光太郎が襲名した。浦ノ海の死後、唯一の幕内力士の弟子平ノ石辰五郎が跡を継ぎ、直系はここで断絶することになる。

何と多端な一年間であったろうかと息をはずませる梅ケ谷ではあったが、彼には二つの大きな慶事が待っていた。一つは、師匠・玉垣が亡くなり梅ケ谷は番付からいっても後継者の最も有力な候補者だったが、先輩を推してこれを辞退した。これを見ていた東京会所は、一代年寄的待遇で現役名のまま弟子を持つことを許した。高潔な人格、優れた指導力、抜群の相撲成績を周りは認めたのである。

もう一つは、貴美と再婚を果たしたことである。貴美について彦山光三によれば、静岡市本通り三丁目で明寿堂という薬局を営む林喜一（二代目梅ケ谷の実兄の長男）の話として、彼女は大阪の富豪鴻池《こうのいけ》の縁者で、どうした経路でそうなったか不明であると言っている。

また、池田雅雄「初代梅ケ谷藤太郎伝」（下）によれば、大阪市南区九郎右衛門町辻ツノの長女で、家付きの一人娘だという。

この年、梅ケ谷がいつ再婚したかは定かではない。いずれにしても、相撲に明け暮れた年であり、梅ケ谷藤太郎・貴美としては、簡略な披露宴ではなかったろうか。行の三年忌のあとのことであった。梅ケ谷の愛娘おセンは七歳となり、この後貴美の世話で成長していくのである。

一九　雨降って地固まる

明治一五年一月場所

梅ケ谷はこの場所全休となった。体調を崩したのであろうか。例のマラリアの再発だったのか。梅ケ谷も三八歳、多少肉体の変化を体感するようになっていた。この場所出場はできなかったが、弟子として大阪より一緒に上ってきた西前頭筆頭の鞆ノ平は、若島と引き分け、手柄山、武蔵潟も一蹴して八勝一引き分けの土つかずで、最優秀成績者となった。梅ケ谷にとっては、この弟弟子の優勝が何よりも嬉しかった。

明治一五年六月場所

体の復調につれて、心身共に意欲が湧きあがってきた。この場所より成績に応じて番付を編成するようになった。東大関は前場所同様若島改め楯山、西方は梅ケ谷であった。鞆ノ平は先場所の優れた成績が認められ一躍西関脇に抜擢された。

梅ケ谷は初日達ケ関（前頭八）と対戦、危なげなく処理して、二日目西ノ海と対戦した。西ノ海は初代高砂門下で京都相撲より東上、明治一五年一月場所に幕内番外でスタートし、この場所が二場所目。「客席」として出場したのであったが、梅ケ谷より一〇歳年下で、この後良きライバルとなる相手であった。鹿児島県川内市高城町麓出身であるが、固太りで筋肉隆々、力相撲にたけた取り口で、特に相手の腕を極める「泉川」を得意としていた。体は身長、体重共に梅ケ谷とほとんど変わらず、のちに梅ケ谷の次の横綱一六代を冠することになる。

しかしこの頃、西ノ海との対戦は梅ケ谷にとってはまだ強敵ではなかった。三日目浦風（前頭六）、四日目緋縅（同二）、五日目千羽ケ嶽（同筆頭）と勝ち、六日目武蔵潟（小結）との対戦は引き分けとなった。

この数場所、世代交替というか、ベテランの力士の引退が続き、梅ケ谷の存在が大きくクローズアップされてきた。多くの力士が混戦を続け戦績が伸び悩んでいる中、梅ケ谷だけが連勝記録をまた伸ばし始めていた。この場所、梅ケ谷は五勝一引き分けとし、八回目の幕内最優秀成績者となった。

この年の一月・六月場所以外に、東京では相撲興行が三回行われた。三月の浅草寺、馬喰町、久松町である。晴天六、七日の興行であったが、圧倒的な力を発揮して、いよいよ梅ケ谷は東京相撲の代表大関として名声を博するに至った。

二〇　日本相撲界の頂点に立つ

明治一六年一月場所

ついに梅ケ谷藤太郎は頂点に立った。東大関として一六年一月場所、東京相撲番付を飾った。思えば福岡藩筑前国上座郡志波村字梅ケ谷（福岡県朝倉市杷木志波梅ケ谷）を発って二一年、艱難辛苦の末に勝ち得た金字塔である。三九歳（三八歳一〇カ月）で初志貫徹、ここに頂点を極めた。

初日十両勢、二日目稲ノ花（前頭九）、三日目常盤山（同六）、四日目西ノ海（同五）、五日目清見潟（同四）、六日目番外磯風と対戦したが、六日間負けなしの六連勝であった。七日目から連続して休場し六勝三休で、最優秀成績者は幕内六枚目の高千穂で、七勝一引き分け一預かりであった。

この年は、一月場所が終わり五月場所まで、そしてその後のスケジュールはおだやかであった。梅ケ谷は既に一代年寄待遇となり、弟子を持つことを許されていた。したがって東大関となった今、自分だけの世話という過去の立場とは違っていた。近い将来部屋を持ち、引退の暁には指導者とならねばならない。それが相撲人生の宿命とも言うべき道である。それが相撲道の花道だ。

その岐路にある現在、梅ケ谷は後進の指導、育成には自己練磨と共に力を注いだ。朝稽古においても、幕内力士が八時、九時に土俵に出てくるのとはわけが違って、五時には稽古場に降り、若い力士に胸をかした。口だけの指導ではなく、実践の中から体になじませ、そして理を説いた。このような梅ケ谷の指導に信頼を寄せ、弟子志願者は徐々に増えていった。

　明治一五年六月、警視庁に提出した角觝業人名届の「相撲人別」には、「本所区元町三番地（現墨田区両国二丁目八あたり）　明治一五年一月一八日　警視庁　梅ケ谷藤太郎」とあり、関脇鞆ノ平、大鳴門ら一〇人の弟子と行司木村多司馬（後一一代庄太郎）、年寄六代藤島の名が書かれているが、一六年四月の「東京府内角力人名書上」の「相撲人員住所記」の「上等の部」には「本所区元町三番地　小江藤太郎事梅ケ谷藤太郎」とあり、関脇鞆ノ平、小結大鳴門、客席剣山ら一四人の力士と一人の行司の弟子が人名届け出をしているのである。

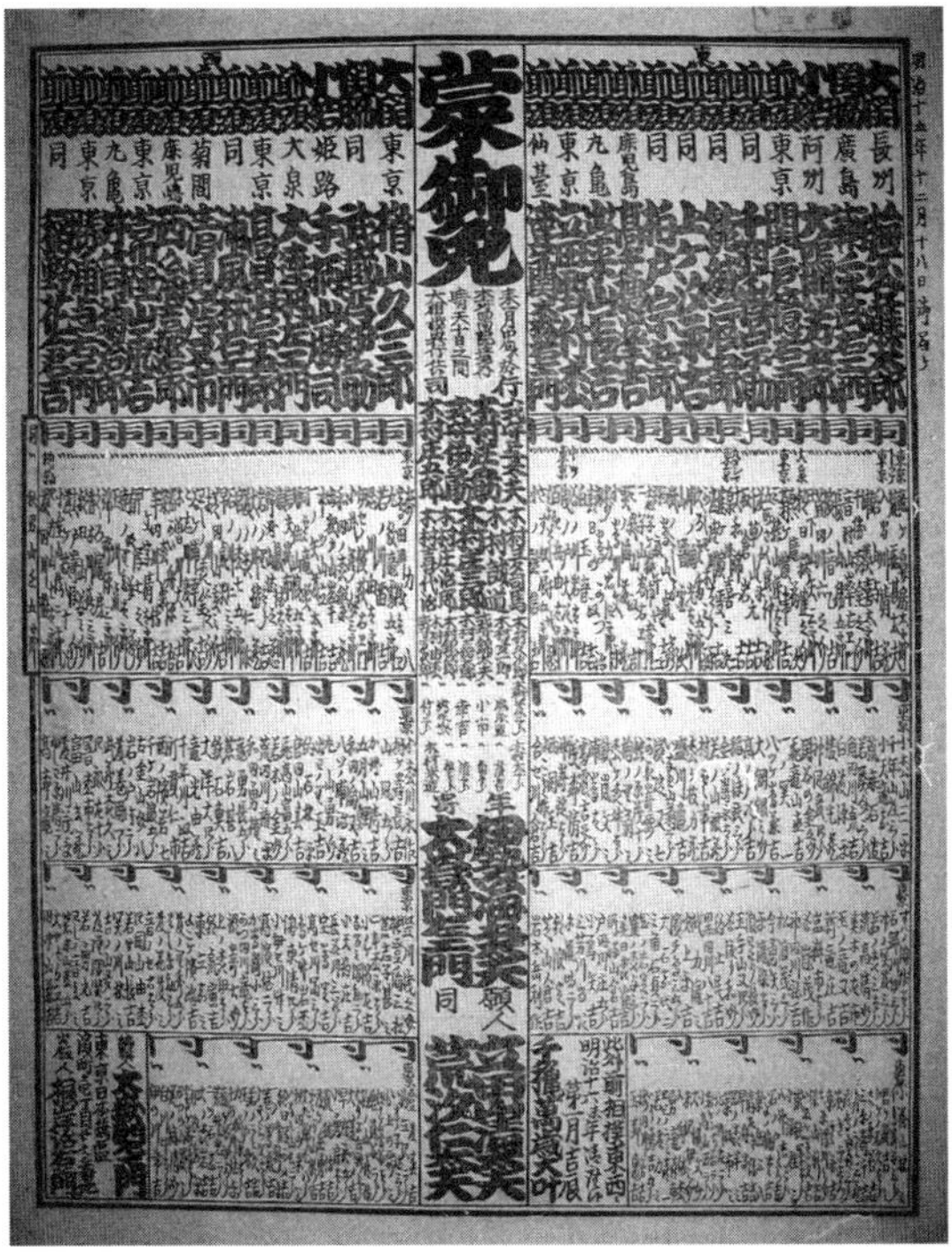

東京相撲，明治16年１月場所番付。東大関，日本相撲界の頂点に立つ（相撲博物館蔵）

　こうなると現代流に言えば、小企業の事業主である。社長は従業員の生活をみていかなければならない。いくら相撲会所が民主化されてきたと言っても、まだまだ江戸期の伝統としきたりは厳然としていた。十両以上の力士には給金が支払われても、幕下以下の力士には収入がない。おのずから、年寄親方は弟子の生活全般の面倒をみなければならないので、自分の生活が

明治16年，東大関の頃の
梅ケ谷（相撲博物館蔵）

裕福になることなどとうていあり得なかった。

明治一六年五月場所に、一四人の力士と一人の行司の弟子を抱えて臨んだ梅ケ谷であったが、体調が優れず、初日から連続五休場となった。六日目武蔵潟（前頭筆頭）、七日目磯風（三役格客席）と対戦して連勝した。磯風は京都相撲力士であったが、東京に上京し明治五、六年にかけて二段目三場所出場、京都に帰って大関となり、再度上京して前場所番付外で五分の星を残した力士である。この力士は気まぐれで、明治一七年兄の磯嵐吉五郎の磯嵐派に同調して各地を巡業し、二四年松ケ枝政右衛門の門人となり京都相撲に復帰した。八日目休場、九日目西大関若島改め楯山と対戦し、大熱戦の攻防の末勝利を収め三勝六休の戦績であった。

この場所、梅ケ谷部屋では、小結大鳴門が関脇に、関脇の鞆ノ平が小結にと入れかわった。客席として剣山が列したが、剣山はこの年梅ケ谷を慕って大阪相撲より上京し、剣山谷右衛門と改めて五月場所、大阪上りとしては異例の三役格・客席で初登場した。梅ケ谷部屋としては力強い助っ人で、大関楯山、前頭三枚目に上がってきた強豪大達《おおだて》らを破って実力を発揮し、期待どおりの活躍を示した。堅太りで筋肉質の体格、左差しからの寄りには既に大関の貫禄が十分そなわっていたという。

二一　相撲年寄と相撲会所

現在の大相撲のすべてを取り仕切っているのは財団法人日本相撲協会であるが、この相撲の中枢体も一朝一夕に出来上がったものではない。

平安時代、節会《せちえ》相撲の所轄は、初めは式部省であったが兵部省に移された。日田の鬼太夫こと大蔵永季等が活躍した節会の廃止後、戦国時代の武家相撲時代は、将軍家や諸大名が武技として相撲を奨励活用したにすぎなかった。

江戸時代になると勧進相撲が盛んになった。しかし相撲場で度々喧嘩や刃傷《にんじょう》沙汰が起こり、幕府は治安を乱すという理由から、しばしば取り締まりの対象として、慶安元年（一六四八）には大々的に勧進相撲禁止令が出された。

このような状況のもと、力士は困窮し、相撲浪人も出てきた。中でも現役を離れ老齢化した力士は相撲集団を監督し、取り締まり役をしていた。この相撲浪人中から、雷《いかずち》権太夫他大獅子十五太夫、中川浅之助、小車庄三、玉川佐左衛門、玉虫門太夫、難波佐兵衛ら計一五名は勧進相撲の興行の願いを社寺奉行に再三申し出るが、この延宝年間は大飢饉の続発で、餓死者も多数出る世相、さらに勧進相撲は諸制度が整っていないこともあり、許可は降りなかった。

鶴首した公許が寺社奉行・本多淡路守忠周より下ったのは、貞享元年（一六八四）六月のことであった。早速、この年七月一一日より二五日まで、深川永代寺（現江東区富岡）において、雷が勧進元となって勧進相撲が行われた。

以後、雷たちは江戸での興行を独占し、一種の株仲間（江戸時代に幕府・諸藩が許可した独占的な商工業の同業組合）形態を取り、興行許可を得て勧進相撲を続行した。

江戸勧進相撲が再開された翌年の貞享二年に「仲間法度之次第」が作成され、仲間同士の統制を図った。条文は一四条からなっており、雷権太夫を頭に二〇名が名を連ねた。

条文の一部は次のとおりである。

一、御公儀様御法度何事にも急度《きっと》相守《あいまもり》可申《もうすべく》候《そうろう》事《こと》

一、仲間吟味少も相背不申　年寄共次第に若キ者共不知ニ随ヒ可申候

一、御当地勧進相撲之内　一日も欠し不申相勤可申候

右相定之日数ノ内相撲場ニテ仲間之内　平ニ挨拶能相勤　尤喧嘩口論仕間敷候事

（以下略）

この「仲間法度」は、仲間（株仲間）の規約の原型が作成されたということで、現在の相撲協会のルーツとも言われている。規約の中で注目される点は、

一、相撲場では挨拶に努め、喧嘩や口論を禁じること。

一、何らかの支障のある者は、仲間内で吟味の上処分する。

一、木戸には仲間の他に素人を置かない。木戸では絶対に酒を飲んではいけない。
一、三〇歳を過ぎなければ、勧進相撲の勧進元や差添人になることができない。

「仲間法度」は仲間の掟であり、約束事として伝えられた。この仲間衆は、ほとんどが元武士身分であったが、仲間加入当初は浪人で、元々は相撲取りか行司であり、大名や旗本に抱えられていたのが現役を退き、大名などから離れ浪人となった者たちであったといわれている。また大名・旗本たちにとっては、相撲取りたちは力自慢で無法者も多く、治安上無視することができない状況があったし、統制を徹底する必要があった。

「仲間法度」の制定頃より、この「仲間」を「相撲年寄仲間」と呼称するようになり、年寄らは勧進相撲を興行するにあたり、奉行所と交渉事や、場所中の取り締まり、仲間や相撲取りへの収入金配分など、すべてを取り仕切っていった。したがって興行師的な面が強く、当初は年寄のほとんどが一代限りであったが、そのうち雷、小車（尾車）、中川、大竹（大嶽）、尾上、浅香山などは、後年になって年寄名跡として受け継がれていくことになるのである。

年寄制度はこのようにして出来上がってきたといわれているが、この相撲界の功労者であり、年寄制度のルーツを築き上げてきたのが雷権太夫であり、雷権太夫の名義は江戸時代において最高峰の年寄名跡となり、おいそれと襲名、継承ができない大名跡となった。梅ケ谷藤太郎は引退後、この雷権太夫の一〇代目となるのであるが、雷部屋については後述することとする。

相撲年寄が定着したのは宝暦年間（一七五一～六四）で三〇名程、一代年寄は二名だけで、他は現在までその名跡を伝えている。明和・安永年間（一七六四〜八一）には、現役中から弟子を養成して、力士名のまま年寄になる例が多くなり、弘化四年（一八四七）には横綱阿武松緑之助が現役名のまま年寄になっている。

その間、文政年間（一八一八〜三〇）には、相撲会所の役職は筆頭《ふでかしら》、筆脇《ふでわき》、組頭《くみがしら》、組下《くみした》、平年寄《ひらとしより》の五段階に区別され、筆頭・筆脇が権力を握って独裁的な運営をしていた。これらの相撲会所の年寄も天保・弘化年間には五四名と増えているが、相撲会所は明治二二年に「東京大角力協会」と改称して、年寄の名跡を八八家に限定している。

明治になって、大名などの庇護下にあった相撲は低迷状態となるが、そのような状況の中、相撲会所の運営や組織の腐敗をつき、相撲改革を唱えて立ち上がったのが初代高砂浦五郎であった。やがて相撲の実権を握った高砂は、江戸相撲の不合理を引きずってきた経営を改め、会所の組織については、筆頭以下の役職をそれぞれ取締、副取締、組長（旧組頭）、勝負検査役（旧中改め）、歩持《ぶもち》年寄（旧組下）、歩無《ぶなし》年寄（旧平年寄）として、選挙で選ぶようにするなど制度を整備していった。

制度の整備・改革は一気にではなく徐々に行われていった。取締役職の名称の変更は明治一六年五月夏場所からであった。ただし組長、勝負検査役などの役職については一九年二月からであった。

現役時代に果たせなかった改革を徐々に進めてきた高砂浦五郎は、この年筆頭改め取締に就任した。副取締には一四代横綱だった境川浪右衛門が就いた。

明治一七年一月場所

一六年より体調の思わしくなかった梅ケ谷は、大好物の酒も断って体の養生に努めた。地方巡業も欠場して、ひたすら体力の回復を待った。

一七年一月場所は、正月明け早々開幕した。番付では、東大関を梅ケ谷は死守し、西大関は変わらず楯山、関脇は大鳴門・西ノ海で、西ノ海が上がってきて、小結剣山・高見山と、実力者が三役を務めた。

梅ケ谷は立田野（張出前頭格）、伊勢ノ浜（前頭一〇）に連勝し、三日目一ノ矢（同六）と引き分け、四日目より常陸山（同五）、大達（同三）、海山（西幕尻格番付外出場、前年大阪関脇より上京し同じ玉垣部屋入門）、七日目休場、八日目高見山（小結）と勝ち進み、九日目西ノ海（西関脇）にも勝った。通算七勝一引き分け一休で無敗の場所を終え、九回目の最優秀成績者となり、抜群の力を発揮した。

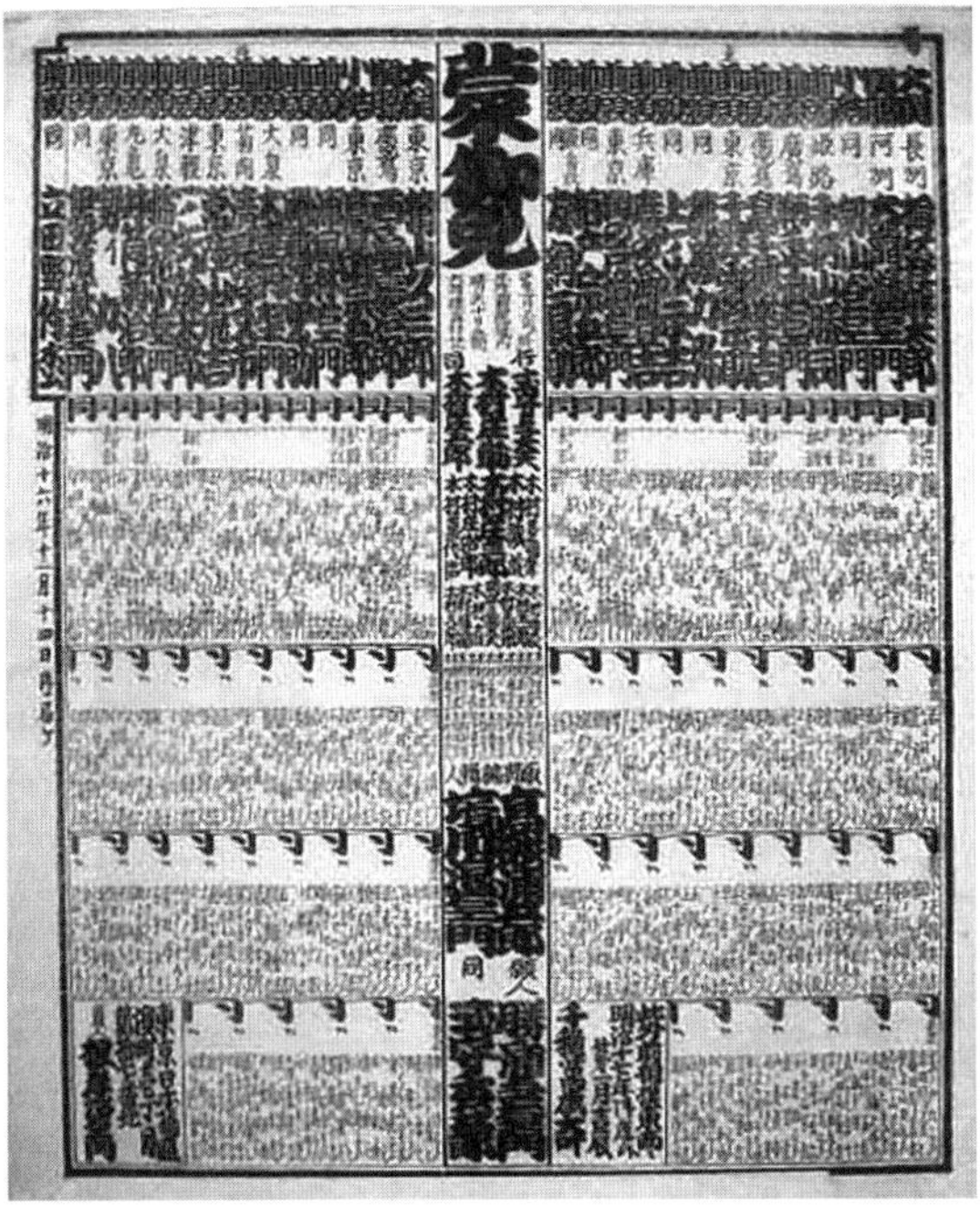
東京相撲，明治17年１月場所番付。東大関（相撲博物館蔵）

この場所は一月一六日に千秋楽で締め括ったが、梅ケ谷にとってどうしても優勝しなければならない場所であった。一ノ矢、大達、西ノ海と高砂浦五郎部屋が誇る強豪力士群に、玉垣一門は負けてはならないのだ。そしてもう一つ、この場所の成績いかんによっては、横綱免許の授与が噂されていた。梅ケ谷にはこのことは耳に入っていなかったが、四〇歳になり、体力的にも峠を越えてきたことを実感し始めた昨今、今しか横綱になれるチャンスはないことを悟っていた。

この場所は東大関梅ケ谷の圧倒的な強さと三役陣の充実、楯山、大鳴門、西ノ海、剣山、高見山、とりわけ梅ケ谷部屋の大鳴門（関脇）、剣山（小結）と東方三役を独占している強力布陣は、連日の熱戦で観衆の目を引きつけてやまなかった。梅ケ谷のライバル西大関楯山は一勝三敗一引き分け後六日目より休場と、体力の衰えは隠せなかった。虎視眈々と三役をねらっている前頭三枚目大達は、大鳴門、剣山らに勝ち、六勝一敗一引き分け一預かりと不気味な存在となってきていた。しかし、まだこの場所も梅ケ谷には勝てなかった。

またこの場所の経営状況について、新聞「郵便報知」紙は明治一七年一月一八日の紙面で次のように報じている。

「本所回向院境内大相撲は、一昨日にて晴天十日を取りきったが、この札《ふだ》（入場）数合計二万千八四四人にて、金二千百八四円一一銭、一日平均三八〇円四四銭のあがり高があった」

さかのぼって、明治九年五月六日「読売」紙では、

「両国回向院の相撲の初日は千四七人で、二日めには二千九四人はいりました」

と報じている。

明治一三年六月八日「東京曙」紙では、

「両国回向院に興行せし一〇日間相撲見物来客人の数は初日千二百人、二日目千六百人、（略）合計二万四千二百二人なりという」

と報じている。

これらの報道からしても、相撲人気が大いに回復し、盛況であったことを窺い知ることができる。それにしても、最も隠しておきたい台所の会計の内側まであからさまにする相撲会所の運営の明朗化は、力士にとっても活力と希望を抱かせるものとなった。

二二　天覧相撲の予兆

梅ケ谷は、この一月場所最優秀成績の祝宴が、相撲会所関係者、そして後援者と立て続けに続いた。

この頃、政界においては天皇の相撲天覧の話題が持ち上がっていた。明治初期、衰微の兆しを見せていた相撲界を復興させ、近年とみに相撲道の隆盛を招来する立て役者の出現、つまり梅ケ谷藤太郎を中心とする充実した相撲を相撲愛好の陛下にご覧いただこうというものであった。この催しについては、元老院の議官や大輔《たいふ》など行政界の中枢官僚の間で話が進められた。

明治一七年二月二〇日の「東京日日新聞」は次のように報じている。

「延遼館で相撲御催　きたる二七日、延遼館において、梅ケ谷以下の力士を招んで、相撲を催されるおもむき。この催し主は元老院議官長岡・海江田・柴原・鷲尾・渡辺の五君、吉田外務大輔・榎本公使の両君であって、松方大蔵卿・品川農商務大輔・山尾参事院議官等の諸君が、その賛成補助員となられ、同日は臨幸もあらせられるやにうけたまわっている」

新聞が報じたのは二月二〇日付であるが、一月場所が終わった時点で既に動きは始まっていた。二月上旬、梅ケ谷は政府参議で後の宮内卿（一七年三月二一任）の伊藤博文に突然招ばれた。梅ケ谷は長州の抱え力士であり、ひいきにしてもらっている伊藤博文はその藩出身であるので、毛利家と関わりのある話かと思って出かけたのであった。しかし話は梅ケ谷にとって喫驚すべき内容であった。

この時のいきさつは晩年になって、梅ケ谷自身が次のように語っていたという。「初代梅ケ谷藤太郎伝」

（池田雅雄筆『相撲』五号、昭和四八年）による。

「あの時、ひいきの伊藤博文公に呼ばれて、赤坂霊南坂のお邸に参りました。お邸といっても、どこかの大名屋敷のあとで、古ぼけて汚い家でした。それも書生の下男ばかりで、女中は一人もいなかったように覚えています。そこへ呼ばれて伺うと、〝オイ梅ッ、陛下が相撲を見たいと仰せられた。陛下に相撲を一番ご覧に入れろ〟といわれた。わしは、当時大関だったが、そのころ相撲取りはみんな貧乏して、わしも羽織、袴もなければ、きれいな化粧回しもない。伊藤さんは横綱土俵入りを陛下にお見せしろというが、第一横綱の回しは露払い大刀持ちと自分と三枚入用だし、古いのを取り揃えたのでは陛下に不敬になるから、御前相撲（天覧相撲）に出られません。横綱を張ることもお受けできませんと答えました。すると伊藤さんは、〝うんわかった。化粧回しをすぐこしらえろ、一日から二日でな。なにも金なんか心配するな〟とおっしゃった」

梅ケ谷にとっては、天覧相撲は寝耳に水であったが、横綱免許については、春場所後に相撲会所取締などの動きによって察知していた。

二三　日の下開山、第一五代横綱を張る

梅ケ谷の横綱免許願書の準備は一月場所を過ぎて活発になってきていた。これまで九回の幕内最高優秀成績（優勝）は近年まれであり、驚愕すべきことは五八連勝という大記録で、若島に一敗した後もまた連勝を積み重ねて現在二九連勝中、併せると八七連勝となるところであったし、今後まだどれだけ伸びるかわから

なかった。

このように無敵の偉大な関取、そして指導者としての手腕。加えて、多くの人々に信頼され、圧倒的人気を博し、しかも謙虚な人格。相撲の勤功において梅ケ谷に勝る者はなく、明治一四年より続いている横綱不在の解消も緊要な課題ではあった。このような状況の中、横綱推挙の機は熟していたのである。

相撲会所の横綱免許願書は、明治一七年二月一四日に出された。提出先は吉田二三代吉田善門と五条為栄《ためしげ》の両家宛であった。

願書の内容は次のとおりである。

願　書

本所区元町三番地
小江藤太郎事
業名
梅ケ谷藤太郎

右梅ケ谷藤太郎儀　年来業道相励勤功有之ニ付　方屋上横綱御免許御付与被成下置候様　年寄ドモ連署ヲ以テ奉懇願候也

明治十七年二月十四日

相撲取締年番

伊勢ノ海　五太夫（印）
同　大獄門左衛門（印）
年寄惣代
高砂　浦五郎（印）
境川浪右衛門（印）
根岸　治三郎（印）

吉田善門殿

願書の内容は「右梅ケ谷藤太郎儀、年来業道相励み勤功がありますので、方屋《かたや》上の横綱ご免許ご付与なし下しおかれますよう、年寄ども連署をもって懇願奉ります」ということで、東京相撲会所一丸となって推挙しているのである。提出が二月一四日であるが、その後の授与は実に迅速なものがあり、二月一九日であった。

横綱免許は吉田追風（元肥後熊本の細川家の藩士）家から授与されるのが恒例となっているし、野見宿禰《のみすくね》（当麻蹶速《たいまのけはや》との相撲に勝ち、日本相撲の始祖といわれている）の後裔である五条家からも与えられた。授与の場所は華族・長岡護美《もりよし》（熊本藩主細川韶邦の弟）邸宅であったが、吉田追風の代理清田直《すなお》、五条為栄《ためしげ》双方からの授与であった。

吉田家から授与された「横綱免状」、「持太刀免状」の写しを左に掲げる。

免　状

本所区元町三番地
梅ケ谷藤太郎

右者依相撲之位横綱令免許畢
以来方屋※入之節迄可相用者也
仍テ免状如件

本朝相撲之司
二十三代吉田追風代理

明治十七年二月十九日

清田　直（花押）

【内容】

右の者は相撲の位によって横綱を免許しおわった。以来方屋入りの節まであいもちうべきものなり。

よって免状かくのとおり。

※方屋とは相撲に出る力士が東西・左右に別れて集まる場所、つまり土俵場のこと。

免　状

梅ケ谷藤太郎

右者方屋入節迄
持太刀令免許畢仍テ
免状如件

本朝相撲之司二十三代
吉田追風代理

明治十七年二月十九日

清田　直（花押）

【内容】
右の者は方屋入りの節まで持太刀を免許しおわった。よって免状かくのとおり。

五条家から授与された免状の写し。

免　状

梅ケ谷藤太郎

積年煉磨之効相彰　実為海内無双之力士
依而自今横綱差許者也

明治十七年二月

為栄（花押）

【内容】

積年煉磨の効が相あらわれ、実に海内無双の力士になった。よって今日より横綱を差し許す。

吉田司家からの免状はその後、杷木町が梅ケ谷藤太郎の孫岸子の養子辻巖より譲り受け住民へ供覧していたが、現在他の数点と共に朝倉市に移管し、市の指定文化財となっている。吉田家からの免状は吉田司家二三代追風代理清田直となっている。この代理については、吉田司家二四代長善の話として、仮免許の時など、細川家家扶が吉田司家の代理として仮免許を下付していたとのこと。会所からの請願はすべて細川家の江戸詰（江戸留守居役）を通して提出されていたようであるが、明治期になってもそのならわしは続いていた。

清田直は江戸末期細川藩の家扶であり、二三世追風善門の妻の里方であった。この度の免状について言えば、二月一四日に会所が願書を出したが、許可を天覧相撲の手数入りに間に合わせたいという会所や周りの思惑もあり、迅速な措置が必要であったと思われる。したがって、吉田司家の裁可を得て仮の免状となったのである。後日となるが、梅ケ谷は直々熊本に赴き、正式に免状を受領している。

二四　相撲の家元吉田司家

相撲の家元といわれる吉田司家は、長い間相撲会所をも牛耳る存在であった。相撲司家の第一九代吉田追風が寛政元年（一七八九）に幕府に提出した祖先書に、聖武天皇の神亀三年（七二六）の相撲節会の折に近江

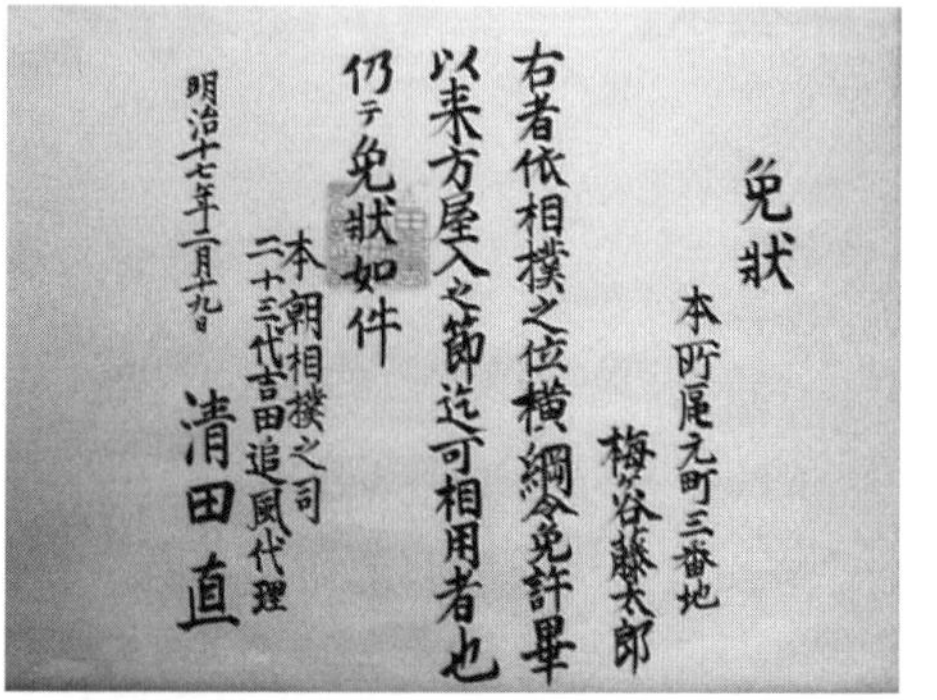

免状
本所尾え町三番地
梅〻谷藤太郎
右者依相撲之位横綱令免許畢
以来方屋入之節迄可相用者也
仍テ免状如件
明治十七年二月九日
本朝相撲之司
二十三代吉田追風代理
清田直

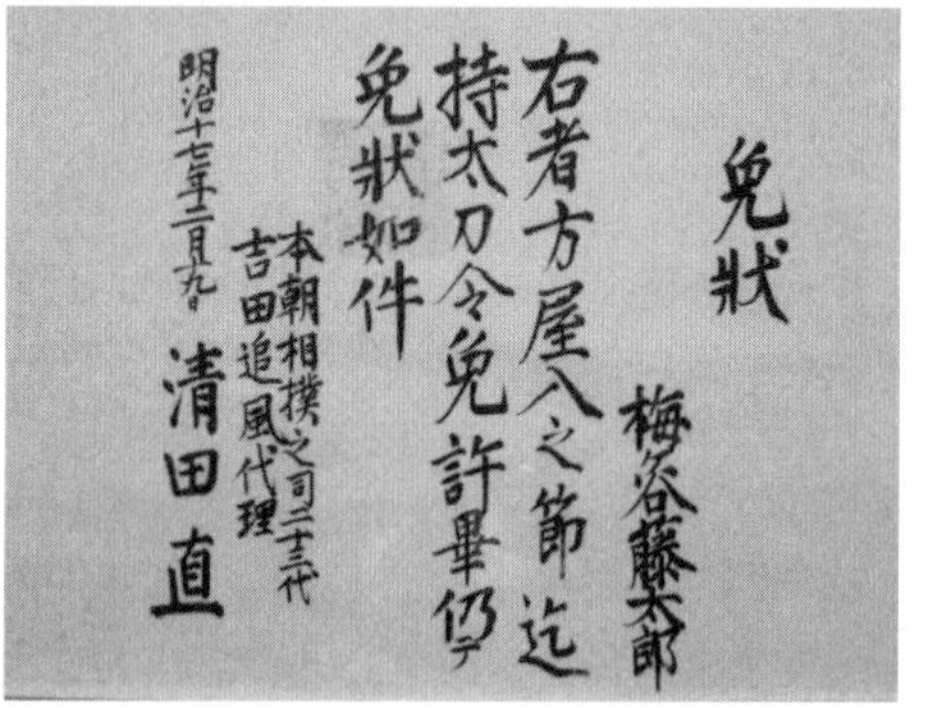

免状
梅谷藤太郎
右者方屋入之節迄
持太刀令免許畢仍テ
免状如件
明治十七年二月九日
本朝相撲之司二十三代
吉田追風代理
清田直

上＝横綱免状，下＝持太刀免状（相撲博物館蔵）

国（滋賀県）の人志賀清林が相撲司に任命され、相撲の行司を務めたとされる記述がある。志賀家は二十余代続くが、家は断絶した。のち後鳥羽天皇の文治二年（一一八六）に相撲節会再興の沙汰があり、志賀家の伝を受けた越前国（福井県）の人で、相撲の道に詳しくその名が高かった吉田家次（木曾義仲旗下の士で、後に致仕して越前に退居していた）が呼び出されて、初代追風の名を下付された。第一三代は、天正年間（一五七三～九二）には織田信長に召され武家相撲の式を定めて、同家の中興の祖といわれた。吉田家は一四代まで京都にいたが、寛文元年（一六六一）頃第一五代が肥後国（熊本県）の細川家の家臣となって熊本に移った。寛政元年（一七八九）、第一九代吉田追風が横綱土俵入りの演出を考案しているが、以降大藩の権力をバックに相撲司家として、全国の力士・行司を支配するに至り、故実門人の証状を与え、相撲作法を厳守させるなど、宗家である五条家（野見宿禰以来その血脈である菅原家さらにはその流れを継ぐ五条家が相撲道の主管で、吉田家は五条家の目代であった）を凌いで、相撲界の元締として多大な功績があった。

その後五条家が相撲の家としての実権を放棄したため、吉田家は名実共に宗家として君臨していたが、昭和二六年（一九五一）その権限が大きく制限され、横綱の免許権などを大日本相撲協会に移譲し、現在ではただ形式的な存在となっている（窪寺紘一『日本相撲大鑑』他による）。

時に、梅ケ谷の免状の授与は幸運な面もあった。吉田司家の当主は明治一〇年の西南の役で西郷隆盛に加担し、謹慎処分となった。そのためしばらく吉田司家からの免状は出せなくなっていたが、梅ケ谷の横綱免状の話が持ち上がった頃には謹慎がとけており、西南の役後最初の免状授与となったのである。

二五　横綱の起源と梅ケ谷の決意

安永二年（一七七三）に行司の式守五太夫が、相撲宗家の五条家の文書を引用して書いた記録によれば、宮殿・城郭・社寺を建てる際の地鎮祭に相撲の最手《ほて》（大関）二人を招き、お祓いの地踏みの儀式に参加する資格を与えることを「横綱の伝を免許する」といったとされる。この時力士は、心身を清める意味の注連縄《しめなわ》を身につけて「天地長久」という地固めの法《のり》を行った。この地鎮祭用の儀式を勧進相撲の土俵へ転用したのが、相撲故実家の吉田家であった。このことが、梅ケ谷への免状の文面にも窺える。

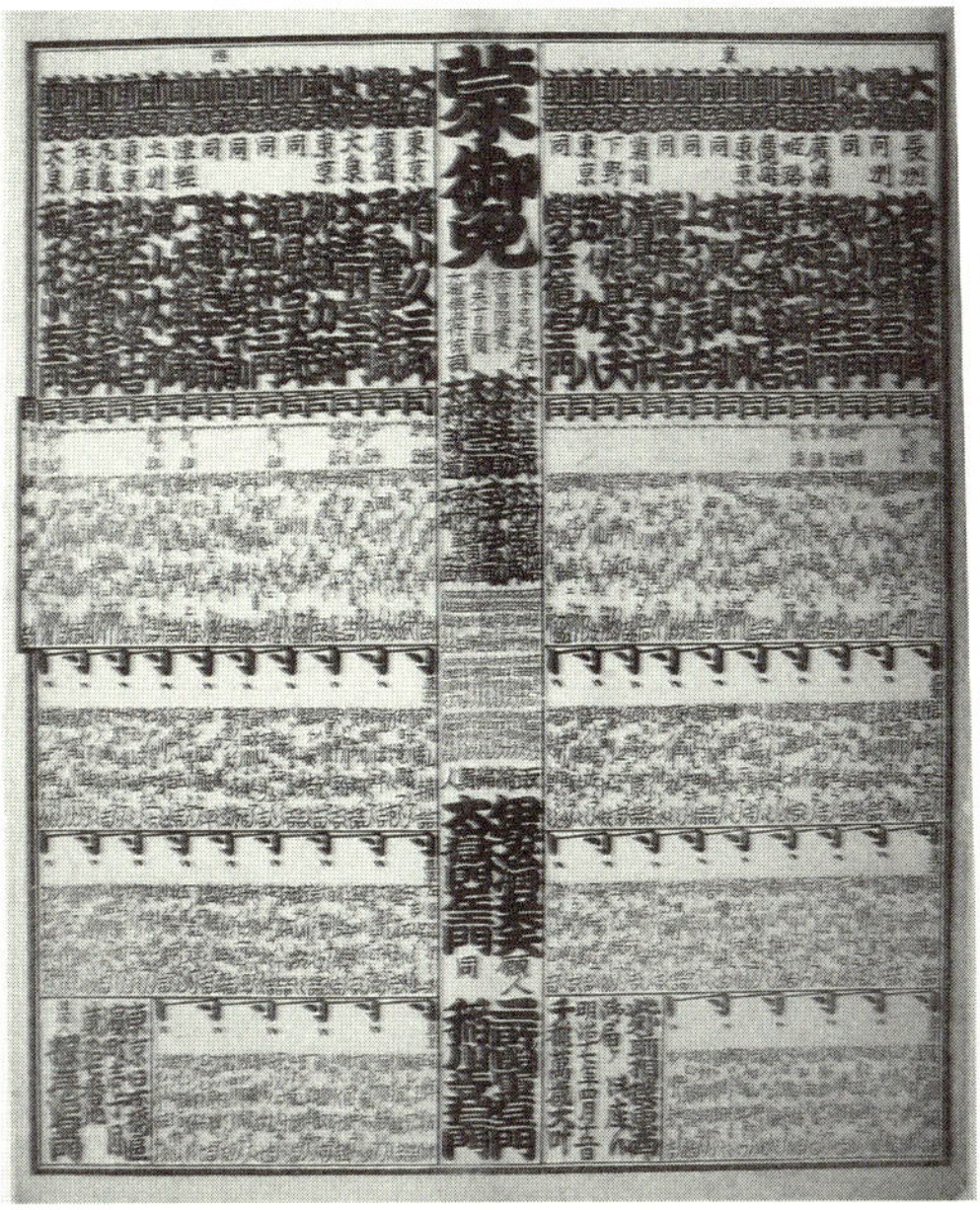

明治17年５月場所番付表。東横綱・大関となる（相撲博物館蔵）

当時の横綱とは、現在のような力士の最高位を意味したものではなかった。江戸期から明治時代にかけて、横綱は単なる称号であって、番付上の地位ではなかった。したがって、梅ケ谷の明治一七年五月場所から、そして引退の場所となる一八年五月場所に至るまで、番付上は大関とだけ記され、横綱という文字は書かれていない。横綱の文字が出てくるのは、明治二三年三月に第一六代横綱を免許された（本免許状は二五年四月）初代西ノ海嘉治郎からであるが、番付外に張り出され、張り出し大関と区別するため、横綱として記されている。

横綱を免許されたとはいえ、梅ケ谷にその感激にひたっている暇はなかった。横綱としての手数入りを始めとして、諸々の相撲作法を身につけなければならなかった。それはそれとして覚悟ができていたが、天覧相撲については青天の霹靂、にわかには信じがたいことであった。天覧相撲がどのように行われるか、何も知らない中での申し渡し、光栄なことなので、今は前向きに進むしかない。幸いなことに、新聞で報道された二月二七の天覧相撲は、都合により三月一〇日となった（「大雪のための順延」との記事もある）。

梅ケ谷にとっては猫の手も借りたい超過密のスケジュールの中、まして、天皇の御前で日本大相撲の最高位の頂点に立つ者としても、責任をもって立ち振る舞わなければならない。衰退しつつあった相撲道を世間に再認識させ、興隆のバネにする絶好のチャンスでもあった。そう考えると、梅ケ谷一人の問題ではない。これまでは日本一の相撲取りになるという梅ケ谷個人の問題として頑張ってきた。目的はそうであった。そのためにどんな苦しみにも、屈辱にも耐えてきた。しかし考えてみると、日本一の相撲取りになるということは、日本の国技としての相撲道を代表して背負っていく責務があり、そのリーダーなのである。その責任を実務として背負わされ、託されたのである。

横綱とはこんなことなのか。今からは梅ケ谷藤太郎という個を捨てなければならない。公の相撲人でなければならない。よし、今からは公人として相撲道のために身を粉にしよう。そう梅ケ谷は固く決心した。

二六　天覧相撲

梅ケ谷は横綱免許を受けた後、早速天覧相撲の準備にとりかかった。梅ケ谷にとっては相撲人生でも最高の栄誉であり、万全の用意を心がけなければならなかった。

後年雷権太夫となった梅ケ谷はこの頃を述懐して、「伊藤博文公から金をもらったので早速吉原の青楼甲子《きのえね》屋の主人にたのんで、立派な化粧まわしをつくり、また公から場所入りの紋付はかまでこしらえて頂きました。力士が羽織はかまを着て場所入りしたのは、この時がはじめで、それまではたいてい、はでな着物の着流しで歩いていたものです」と言っている。

相撲会所の取締や年寄・力士三役、それに行司などと天覧相撲のスケジュールとその内容などについての打ち合わせが連日続いた。当日は少なくとも三種類の取り組みをこなさなければならない。横綱の手数入りや相撲の取り組みに、終日常時、天皇への畏敬と力士の最高位の者として威厳を保持しなければならない。精神的にも肉体的にも、一年間で最も疲労困憊の日になるのではと思われた。

二月に入って一八日より一〇日間の臨時興行が行われた。この興行は三月に行われる展覧相撲のリハーサルの役目をなしていた。このリハーサルについて、二月二四日付「朝野新聞」は、

「比度相撲天覧あらせられるに付、其の筋にて古式を取り調べらるる由なるが、相撲の節会は久しく絶えけるにより、旧記等も急にまとまり兼ねる故、この度は年寄りの願に依り、総て回向院勧進相撲の式を行ふ事になりたりと聞けり」

と、急遽行われる勧進相撲について述べている。この興行でも梅ケ谷はただ一人全勝となり、「よって、行司は大関にかなう長州萩の梅ケ谷と名乗りをあげ弓を与う。小金山、大関にかわってその弓を受け、すなわち弓取りの役を勤め、この相撲興業の千秋楽になりぬ」と、明治一七年二月二八日付の「郵便報知新聞」は伝えている。

天覧試合は明治一七年三月一〇日であったが、明治天皇が相撲を観戦したのはこの時が初めてではなかった。慶応四年（一八六八）四月一七日に大阪の座摩神社（現大阪市中央区久太郎町）で、錦御旗捧持役で供奉《ぐぶ》していた京都相撲があり、明治五年六月六日、大阪造幣寮（現大阪市北区天満）で大阪力士による天覧相撲が行われている。東京相撲は、九年一二月に麻布四ノ橋の島津別邸で天覧相撲が予定され準備が進められていたが、九州西南の役で中止となり、改めて一四年五月九日に同じ場所で行われた。この場所では他の興行物も併催されており、相撲観戦だけの行幸は、この一七年三月一〇日の相撲が明治期最大の天覧として歴史に残っている。

この延遼館天覧相撲は、一般の興業相撲とは違って、相撲史上特記すべき盛事であり、当日の模様を記したものには、新聞報道を始め、『古今相撲大要』（明治一八年）、「大相撲黒白草紙」（彦山光三筆）、『相撲史伝』（三木愛花筆）など多く語り継がれているが、その記事は、主に「角觝秘事解」（松木瓶喜知編輯、明治一七年）より抄録したものだといわれている。

この「角觝秘事解」、『明治時代の大相撲』（加藤隆世著）などを中心に、当時の模様を要約してみる。

天覧の記

ここに明治一七年三月一〇日御浜離宮相撲天覧の模様を記す。

天皇は午前九時三〇分皇居を出発された。ご陪乗は徳大寺宮内卿、有栖川親王、小松、伏見の両宮をはじめ米田侍従長その他の侍従たちが従った。

場所は延遼館で、門を入り、西洋風の館の庭園の方を向いた亀甲形入口の一だん高い所に玉座を設け、敷台の左右及び玉座の前に横襖《ふすま》を置き、すべて金無地の屏風《びょうぶ》を立て連ね、赤地錦で敷き覆われた卓上を備え、その正面にむかって土俵をきずいた。四本柱は赤白の絹で手綱《たづな》巻きにし、水引は赤白三幅の唐緞子《とうどんす》にして、注連縄が張ってあった。

すべてそなえは古実に則って、土俵より二間程へだたって青竹をもって、三方に埒《らち》を結いまわし、往復の道も同様青竹で作ってあった。左右の花道は四つ目結いにして、一本ごとにさし添えした菊と桜の造花は誠に美しいものであった。

花道の中央に下座場を設け、赤縁《へり》の畳を入れ、その左右は諸官吏の観覧所である。芝原には白砂七、八寸（二一～二四センチ）敷きならし、莚《むしろ》の上に赤の毛織《けっと》を敷きつめ、土面は少しも見えなかった。双方には玉座より一段低い桟敷があり、およそ地面より三、四尺（〇・九～一・二メートル）も高く左右三棟ずつ建て連らね、紫ご紋付の幔幕《まんまく》を打ち、後ろ正面は紫ご紋付の幔幕を二段にひき、両方の入口には警視官が出入を監視した。

相撲関係者は、今日の晴れ着と羽織袴《はおりはかま》に靴を踏みならし、実にかたじけなく有難き仕合わせかなと各々勇み立ち、同日午前六時迄に同館へ出頭し、御苑内梅林の中に東西力士、行司、年寄達の控所として、天幕を三カ所に張り設け諸般の準備にあたった。

準備がかたづくと、まず土俵固めとして番外二九番の勝負を行った。取り組み後半一〇組のみを記す。

行司　木村鬼永造	行司　木村米造	行司　木村小市
若ノ森　古金山	千勝川　浦島	白藤　小松川
一ノ関　白川	西ノ浜　綾錦	大綱　二本松
石部川　栗柄	高瀬川　鬼ケ嶽	三嶽山　角田川
吉ノ山　松緑		

以上番外二九番を取り行い、土俵固めは終わった。すると立付袴をはいた三人が出てきて、砂をまとめ、幣束および弓、神酒などをそなえて去った。

一同陛下のお着きを待った。一〇時頃お着きになったむね連絡があったので、角觝長《すまいのおさ》高砂浦五郎、同境川浪右衛門は東西の御前近く、土俵に向かって熨斗目《のしめ》麻上下《あさかみしも》のいでたちで控えた。一段後には、羽織袴の世話掛、年寄、肩衣《かたぎぬ》を付けた言上行司ほか水役その他が例によって坐った。

しばらくして幕外で拍子木を打ちならし、ややあって木村庄三郎侍烏帽子《さむらいえぼし》熨斗目勝色の素袍《すおう》姿で東の花道よりしずしずあらわれ、下座場で拝礼し、土俵に進み溜《たま》りに入って控えた。さきの如く拍子木と共に東の花道より式守与太夫、西の花道からは木村庄五郎が前同様に進み出て一様に礼を終わり、東西入口に跪いた。

この時天皇が玉座につかれた。木村庄三郎は行司溜りより福草履《ふくぞうり》をはいて、土俵場へのぼり、拍手をうち、「風雨順治・天下泰平・五穀成就」の祈念を奏したあと、一対の神酒を両脇の行司に分け渡した。両脇の行司は、これをささげて、四本柱に三度ずつ注いだ。その後庄三郎は三宝を庄五郎に、弓と白羽の矢、それに弦《つる》を与太夫に渡した。これを相ささげて玉座に向かって拝礼し、あとずさりになり土俵をおりた。世話係がこれを受け取って、かたのとおり処理した。与太夫、庄五郎両人は双方の花道で拝礼して退いた。庄三郎もおなじく土俵をおりて、東の下座場で再び拝礼して退場した。

時を同じくして、幕外で拍子木をうちならしたのを合図に、東の花道より木村直、軍配団扇《うちわ》を眼八分にささげ、ひき続いて力士九人が出て、おのおのの下座場で拝礼し、合進んで行司溜りから土俵へのぼり、入り口より左方手前より順に先へ四人並び、五人目は右の方へ先より手前へ順に四人並び、残る一人ねじろにのぼって礼をして、時に一斉に声をあげて四股をふんだうえ、あとずさり三足しりぞいて順に引き、右の方は丸土俵に踏みこみ、三足しりぞいて順に引き、東土俵入りは残らずあいすんだ（これは揃い踏みの描写である）。

二七　横綱・手数入り

揃い踏みの後続いて、梅ケ谷藤太郎一生一代の手数入り《でずい》（横綱の土俵入り）となるのであるが、「角觝秘事解」の抄録はわずか二行の描写であるので、「郵便報知新聞」（明治一七年三月一一日付）や「夕刊フクニチ」の連載「波乱の人たち（83）」その他を総合して記述してみる。

横綱としての初の手数入り、それも誰もが渇望してなし得ない明治天皇の御前での歴史に残る手数入りな

天覧相撲土俵入り。中央梅ケ谷，太刀持ち大鳴門，露払い剣山（相撲博物館蔵）

のである。梅ケ谷はこの手数入りを、念入りに何回も何回も稽古した。昼間は行事や部屋の指導で私事は何もできないので、家庭に帰った食後の夜更けであった。後妻の貴美は気丈で物わかりがよく、敏捷で、梅ケ谷部屋を陰から支えていたが、そんな貴美と一〇歳になった愛娘おセンを伴って近くの隅田川河畔まで降りていった。満月に近い月明かりの中、淡いシルエットを残しながらの稽古に、貴美もおセンも、御前での晴れ姿を想像しながら、寒風の中、手をたたきながら見入っていた。梅ケ谷にとっては、小江藤太郎という本名に戻れる数少ないひとときで、郷愁と温かい母親の姿を貴美とおセンにダブらせていた。

いよいよ本番、横綱梅ケ谷の手数入りが始まった。拍子木の乾いて澄んだ音を合図に、梅ケ谷は東の花道から進み出た。軍配団扇を両手で拝持した木村庄三郎を先頭に、露払い剣山《つるぎさん》（小結）、そして梅ケ谷。

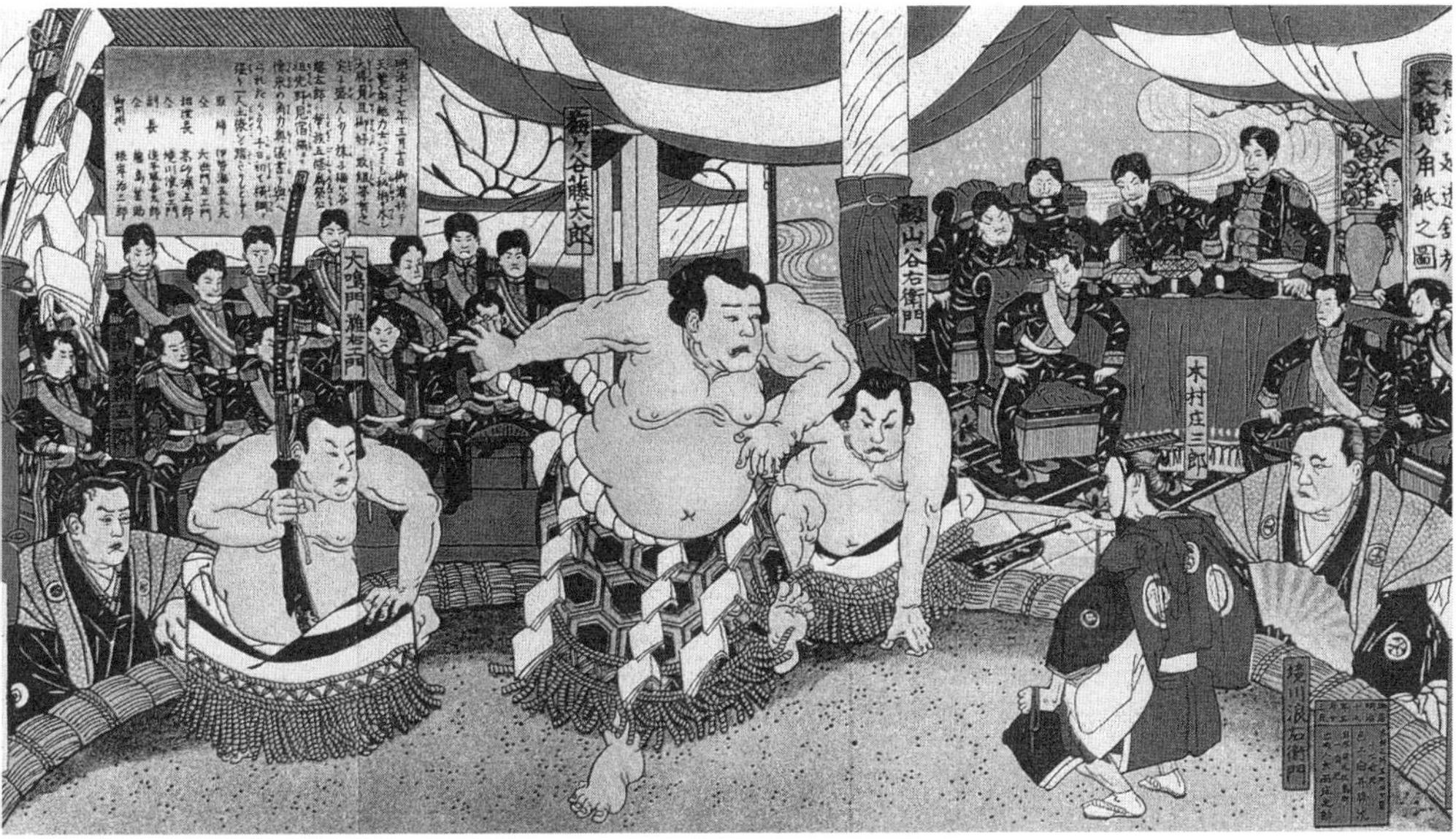

明治17（1884）年３月10日，延遼館天覧相撲，梅ケ谷の手数入り（国梅筆，相撲博物館蔵）

梅ケ谷は紫羅沙に白の亀甲《きっこう》つなぎの模様を浮き出させた豪華な化粧まわし。これは伊藤博文の引きたてにより毛利公爵が贈ったものである。その上に真っ白の横綱をきりりと締めている。その後ろに太刀持ち大鳴門（関脇）が従ったが、捧げる太刀は銀造りで、鞘は梨《な》子地《しじ》に九曜星《くようせい》の金蒔絵が施されている。しかも化粧まわしは三人同じ揃いのもので、絢爛豪華な装いは参列者一同をあっといわせた。関脇、小結を太刀持ち、露払いに従えるというのも例をみないことで、梅ケ谷一門の人材の充実を如実に示す機会となった。

土俵に上がった梅ケ谷は、二字口で二度の拍手を打って、広げた手の平を返す。土俵中央に進み出て、正面に向かい、また柏手を二つ打ったあと広げた手の平を返す。次に右足を高々とかかげて右の四股を力強く踏みしめる。次に下段の構えで左手を胸に当て、右手を横やや斜め前方に広げ、両足をすって中段の構えを経て上段の構へとせり上がっていく。土俵入りのクライマックスである。そこには、国技としての相撲の技術が凝縮されている。下段の構えは防禦の姿勢で「仰せもっとも有難し」、中段の構えは攻撃の姿勢で「国土成就」、上段の構えは本然の姿勢で「開く世はめでたし」の意味を持っているとされている。せり上がった後、左・右の四股を踏み、二字口までもどり二回柏手を打ち、土俵を降り玉座に向かって両手を下げ拝礼し花道を引きさがった。この手数入りは郷土福岡県の大先達雲龍型で行われたのであった。

手数入りの様は天皇をはじめ、皇族、大臣、参議、各省勅任官、華族など諸公参列者をして、その華麗さに眼を見はらせた。と共に、うわさに聞く梅ケ谷の威風堂々の風格が相撲道への再認識へと傾斜させた。特にこの天覧相撲の開催に尽力した伊藤博文にとっては、満足するものがあった。

梅ケ谷は、この光栄の手数入りの思い出を後の取締時代、

「その時の太刀持ちは今は故人の八角（大鳴門）、露払いは武蔵川（剣山）が勤めました。玉座は土俵と三、四間しか離れていませんし、それに向こうは見てはならないと、かねて役人から注意されておりましたが、唯嬉しさ、もったいなさに胸がおどっていましたので、竜顔を拝するどころではない。全然眼がくらんだような気持がしました」

と語っている。

後日、この横綱免許・天覧相撲のための、豪華絢爛の頂戴品について、梅ケ谷藤太郎が福岡の加勢某（藤太郎が酒男として奉公したという酒屋加世屋か?）に報じたというところによると、

一　内閣顧問黒田清隆公により
　化粧廻し

鴬茶に唐草模様これに三国一の富士山、東京一の隅田川、百本杭シュウビの松に桜花、黒田家の定紋藤巴但し富士山に霞の掛けた処の化粧廻し

一　長州公より頂戴

化粧廻し

紫羅沙に並亀甲を縫いつけたもの

一　外務大輔吉田清成君より頂戴

化粧廻し

鴬茶の七五三御定紋揚羽の蝶六つ

一　この外三組　佇《あつらえ》之中

前書の品々は実に金銀にて難出来品にて都下の諸人驚く許り御座候

一　山田参議・伊藤参議・井上参議・山県参議の四公より

刀一振

中身は梅の彫物にて、胴から錺《かざり》までことごとく金、鞘は金の梅ちらし唐草

一　黒田内閣顧問より

刀一振

金作りに丸に立葵のちらし。是は徳川四天王本多公の所持し給いし刀

一　三菱会社岩崎弥太郎君より被下

刀一振

銀造りの鞘、梨子地に九曜星の金蒔絵施し

五月一三日

小江藤太郎（本名）
梅ケ谷藤太郎

梅ケ谷の土俵入りが終わった後、拍子木と共に、東西より力士一人ずつ双方で六人が揃ったところで、肩衣をつけた言上行司、東西等しく御前に進み、東の方や谷渡《たにわたり》、西の方や中田川《なかたがわ》と双方呼びあげた（最初の取り組みの力士の呼びあげ）。行司木村市之丞入口（徳俵）で団扇（軍配）を指して、「谷渡」方や「中田川」と名のりをあげると、力士御前に向かって四股を踏み、入口にさがって塵を払う（昔、野天で相撲を取った時、水がないので、手を清めるため草を切って手の塵を清め、同時に手に武器を持っていないことを相手に示すのが始まりという。手を打って両手を左右に開く動作）。

これより取り組みとなる。あと次の取り組みとなるが、勝った力士へ行司は、団扇の上に御花（東方菊、西方桜の造花、昔は葵《あおい》と夕顔）をのせ、頭の上に勝角觝なにがしと呼びながら二足ひきさがり差し出す。力士はその花を頂き、頭に差して引きさがるのである（この日は造花「剪綵《せんさい》」の代わりに金一円だったと「郵便報知新聞」は報じている）。次の力士は下座場で御前に向かって拝礼をして土俵に上がっていくのであった。

この取り組みは二一組である。最後の五番の勝負を記す。

行司　木村銀次郎

玉　桂《シタテナゲ》　朝ノ戸　　栄松《ヒツカケ》　百瀬嶽

鷲ノ森《フミキリ》　白　玉　　頂《オシキリ》　若　湊

明治17年３月天覧相撲の折，毛利公より贈られた紫羅沙に並亀甲の化粧まわし（国明筆，相撲博物館蔵）

内閣顧問黒田清隆公より拝領した化粧まわし（相撲博物館蔵）

八ノ浦　マキオトシ　達ノ里

頂と若湊の勝負が終わった後しばらく、三段目飛付勝負を行う。三人に勝った者一〇名。この後行司は木村太一郎がつとめ、三九組の取り組みが始まった（幕下からの取り組みである）。この先の取り組みについて、諸誌、諸著者によって、「行事進行次第」がまちまちである。いずれにしても、幕下の取り組みが終わった頃午餐があり、幕内・三役の相撲は午後の取り組みであったと思われる。

木村庄之助病中であったが、行司として土俵に上がった。侍烏帽子、薄柿色に丸の内立《うちたて》澤瀉《おもがた》紋付の素袍に熨斗目合赤《あいあか》の重ねを着ていた。この時、幕外で拍子木を打ちつづけ、打ち終わると声高らかに、「番数もおいおい取り進みましたる故に古例にしたがい、是より三役」と言って、拍子木を三つ打ち、言上行司が土俵に上がり、東の方や剣山、西の方や大達《おおだて》、と呼び上げると、場中がどよめいた。

木村庄之助しずしずと土俵に出て剣山剣山、方や大達大達と名のりをあげると、さしもどよめいていた場中、水を打ったように静まった。剣山（小結）に大達（前頭三）が突っかけてしばらく小手先にせり合っていたが、左四つとなり揉み抜いて水となった。再度取り組み左四つが崩れて突っかけてまた左四つとなったが、この組手で勝負がつかず取り疲れで引き分けとなった。

大鳴門・西ノ海（西関脇）はもみ合い、右四つとなってもみあい、土俵際で大鳴門下手投げにいったが突き倒れたとの物言いがつき、預かりとなった。

梅ケ谷対楯山（若島改め）の横綱対大関の対戦は、楯山が突き合いで前に出て、ひと押しの後ふたたび突っかけて前に出たが、梅ケ谷ははたき込みに見事しとめた。中昔の例にならって、今日の角觝最手《ほて》役に適う梅ケ谷、と名のって御花、弓を渡すと、梅ケ谷は御花を頭にかざし、弓を持ち玉座に向かって進み、敬礼し、賜った弓を高く頂き左手で抱え込み、後ずさりに土俵際で再拝し退場した。

これで定められた正式の取り組みを終了したが、幕内取組上位一〇組の成績は左記のとおりであった。

行司　式守与太夫　　行司　木村庄三郎　　従是三役
稲ノ花《ヒネリダシ》　広ノ海　　鞆ノ平《ソクガラミ》無勝負　海　山　　行司　木村庄之助
一ノ矢《ヨリミ》　緋　縅　　千羽ケ嶽《ヨリミ》　浦　風　　剣　山《トリツカレ》引分　大　達
友　綱《オシキリ》　清見潟　　高見山《オシダシ》　手柄山　　大鳴門《シタテナゲクヂゲタオレ》預り　西ノ海
高ケ穂《ギャクナゲ》　常陸山　　梅ケ谷《ハタキコミ》　楯　山
結

二八　歴史上の大一番、梅ケ谷対大達

正式の取り組みが終わった後、陛下は、日頃特に興味を持たれている力士同士の取り組みを所望された。そこで所望の御好み《おこの》二番・一番勝負が始まった。特に一番勝負七組では、梅ケ谷に対して大達を所望された。

一番勝負、剣山・西ノ海の後、行司は木村庄三郎に代わった。千羽ケ嶽対楯山であったが、仕切りも充分に突っかけて互いに組もうとして、千羽ケ嶽は相手の左をタクリながら引き廻した。その内楯山は踏み切り、千羽ケ嶽の勝ちとなった。

この後の一番こそ、未だに絶えることなく語り継がれている、古今未曾有の大相撲となったのである。結びの一番となったのは、当代随一の大大関・横綱免許梅ケ谷藤太郎。対するは当時破竹の勢いで勝ち昇ってきた、新進気鋭、生きた金剛力士といわれ、血気盛んな前頭三枚目の大達羽左衛門が、特にあてられた。

この一番の経過は次のごとくである。

木村庄三郎団扇を引いて、梅ケ谷・大達は仕切も十分に立ち上がると、声を掛けて互いに突っかけ合い、組みも組まれもしないで、しばらくは小手先に突きかけ合っていたが、左四つとなり梅ケ谷は左下手、右上手を取った。左は十分であったが、右はまわし一枚しか引けない。組手不十分で、へたには前に出られない。天覧試合ということを考えると、一五代横綱の名をけがしてはならない。絶対この権威は保たなければならない。一方大達にしても、相手は大横綱、まして得意の左四つになられている。ここで持ち前の荒技に出ていくわけにはいかない。両者もみ合い、果てしなしと認め水入となる。

水を入れたのち、元の態勢に組み合わせ、声もろともにもみ出したが、梅ケ谷右差手に相手まわし一枚のまま引きつけて出ていこうとするが、大達は左を引き抜き、梅ケ谷の右上手を切ってしまおうとする。梅ケ谷出るのをやめ、右手一枚まわしをもう一枚取りに行こうと試みるが、大達は腰をひねって許さない。そこで右手の殺し合いとなった。

大達は梅ケ谷の右上手不十分を見て、寄って出ようとするが、梅ケ谷の足は微動だにしない。一呼吸おいて、今度は梅ケ谷が寄り立てる。大達が必死に寄られまいと、梅ケ谷のまわしに手を食い込ませる。一進一退の激しい肉塊の応酬に諸公、参列者は時の流れを忘れている。両人の大きい腹が波打って、口から吐く息が早鐘のように聞こえてくる。

角觝副長の追手風喜太郎（雲龍久吉）が、そっと高砂浦五郎角觝長のところに行って、何か耳打ちした。高砂はうなずいて、玉座のそばの侍従に近づき、神妙に小声で話して離れた。侍従がややあって陛下に協会としての「引き分け」のお伺いをたてた。陛下は「いましばらく」とお許しにならない。土俵は凄絶をきわめ死力を傾けてのもみ合いが続いたが、ついに二度目の水入となった。

三たび勝負は始まった。梅ケ谷は陛下の前で失態だけは絶対に演じられないと思った。今日は相撲道集大成の日だ。藤太郎、何のために今日まで相撲をやってきたか。日本全国の人々がおまえの相撲を見たがっている。そこで負けてどうする。有終の美を飾れ。気を失うまでやめてはならぬ。頑張るんだ。さあ、力をふりしぼって血の一滴まで頑張れ！　梅ケ谷は自分自身に言い聞かせて大達に立ち向かった。

二人は密迹《みしやく》金剛・那羅延《ならえ》金剛であった。真っ赤に血走った様はこの世のものとは思えなかった。大銀杏《おおいちよう》がくずれ、がっぷり四つに組み合った体は動きが鈍くなり、時々痙攣が走ってきていた。それでも渾身の力をふりしぼって前に出ようとするが、力の伯仲している二人にとっては、決定的な結果には結びつかない。もはや気力だけで、眼がうつろになりかけているのが他目にも見えてきた。

これ以上続行すれば、両力士とも失神して醜態を御前にさらすようになる。見かねた角觝長は「恐れながらこれ以上は……」と再び陛下に裁断を伺うと、「それならば引き分けてよい」とのお言葉を賜った。即座に木村庄三郎が二人の間に入って、天覧相撲結びの大一番は終わった。

後年、梅ケ谷が雷権太夫となっての取締時代、この明治一七年三月一〇日の天覧相撲、御好み一番死闘の思い出を次のように語っている。

「御好みは前頭三枚目の大達と私とでした。大達は位置こそ下ですが、当時素晴らしい勢いで昇ってきた時で、なかなかの強敵でした。左四つになって、私は右で上手まわしを引きましたが、大達はまわしを引かず、さて一重まわしを引いたのみで力が入らず、今一枚を引いたら勝ちに行かんものと、しばしば指先を二重へかけましたが、大達が腰をひねって引かせず、私もいかんともしがたい状態で、遂に水入になりました。組み直して、私はまたなんとかして二重まわしへと指をかけようとしたが、大達またも腰をひねって取らせません。今度も動かずいる内に、呼吸がはずんで、耐えがたく苦しくなってきました。この時はまるで一時間も取り組んでいたかと思われたくらいでありました。こんな大相撲を取ったことはありません。これは真剣の相撲で、決して前から分けようなどという考えがあったわけではありません。負けないという自信はありましたが、陛下にお尻を向けてはならないと、ただそればかりを考えていましたので、随分取りにくい相撲でした」

以上は梅ケ谷の後日談であるが、この一番の相撲の行司を勤めた木村庄三郎（のちの庄之助）は、「引き分けを宣しましたが、がっぷり四つに組んだ両力士の体が離れないので、分けようとしましたが、梅ケ谷の両まわしを固くつかんだ大達の指は、あまり長いこと力を込めて握っていたため、指の関節が硬直して開かなくなっていました。そこで、大達の指を一本一本折るようにまわしからとき離して、ようやく体を引き離すことができました」と述懐している。

この御好み二番勝負・一番勝負の内、二番勝負については省略し、一番勝負の結果を記載する。

「御好み一番勝負」

行司　木村誠道

高見山《ハタキコミ》　高千穂

行司　木村庄五郎

鞆ノ平《ヒネリコミ》　一ノ矢

清見潟《オシキリ》　手柄山

行司　式守与太夫

大鳴門《カケタフレ》　海　山

剣　山《カケタフレ》引分　西ノ海

千秋万歳

行司　木村庄三郎

千羽嶽《コテヨリ》　楯山

梅ケ谷《二度水入》引分　大達

梅ケ谷にはほっとする間もなく、次の取り組みが待っていた。「御好み二段目飛付三番勝負」一〇組と「御好み稽古」五組である。

加藤隆世著『明治時代の大相撲』より「御好み稽古」の模様を転記してみる。

「二段目飛付三番勝を行はれしに、ひときは花やかなりければ、おそれ多くも竜顔ことにうるはしく渡らせたまふ。勝負終わりて、梅ケ谷、西ノ海、大鳴門、大達等に地取稽古（御好み稽古）の技を御覧にそなふべき旨おほせをこふむる。もっともめざましかりしは梅ケ谷が増位山、友綱を手玉のごとく取扱しは、人々皆その剛力には舌をまきたり」

梅ケ谷は大達との二度の水入の相撲を取った後、地取稽古でも見事な横綱相撲を披露したのである。いかに梅ケ谷がけたはずれのスタミナの持ち主であったかが分かるのである。

「御好み稽古」

大達――藤ノ森、響松

鞆ノ平――若湊、浪渡、平ノ戸、鹿島山

西ノ海――羽衣、菊ケ浜

大鳴門――早虎、泉瀧

梅ケ谷――友綱、増位山

角觝協会取締　伊勢ノ海五太夫

同　大嶽門左衛門

角觝長　高砂浦五郎

同　境川浪右衛門

角觝副長　追手風喜太郎

同　藤島甚助

御用係　根岸治三郎

陛下はこの稽古も全てご覧になり、ご還幸は午後六時三〇分頃であったという。梅ケ谷にとっては、一瞬たりとも気の抜けない一日であったが、これまでの横綱中、比類のない名誉を担って、歴史に残る天覧相撲、そして横綱土俵入りを行うことができたことは、四〇歳までの人生の中で、最大の感激の日であった。

延遼館天覧相撲の盛況は東京で評判となった。いつの世も同じであるが、その道に真摯に取り組む姿勢が観る者の心を感動させた。その中心に梅ケ谷藤太郎がいた。相撲界の頂点を極めた梅ケ谷であったが、謙虚に冷静に、そして義理がたく周りの人への気配りを忘れなかった。

回向院での夏場所は五月一八日からと決まったが、梅ケ谷は、その前に横綱免許の披露祝宴を催して、お礼と感謝の気持ちを表したかった。宴はすぐにはできず、延び延びとなって五月六日となった。相撲関係者を残らず招待して、盛大なものであった。

この時の模様を五月八日付「読売新聞」は次のように伝えている。

「梅ケ谷藤太郎は此たび日下開山《ひのしたかいざん》となり、横綱を免されたる祝ひとして、一昨六日、三十間堀の尾張屋へ、相撲に関係ある者を残らず招きて、一大盛宴を張り、新橋柳橋よし町の芸奴数十名取り持に出で、また表へは酒五樽の鏡を抜いて、往来の者に勝手次第に飲ませたりとぞ」

梅ケ谷はねんごろに一人一人の席を杯を持って回った。元来酒には自信のある身、それは血筋（特に母トメは酒好きであった）、そして酒処福岡で鍛えられたものではあったが、退参する最後の一人を送り出すまで、くずれることはなかった。

帰りしな、先妻の岳父大嶽門左衛門（会計取締）は愛娘行の早世を悔み、そして自分の体の衰えを梅ケ谷に伝え、東京相撲会所を近々託すことを告げた。

明治一七年五月場所

梅ケ谷は横綱免許の挨拶・御礼廻り、祝宴の開催、その後始末に時間を取られ、場所前の稽古が十分ではなかった。疲労もかなり蓄積していた。そんな中の五月場所となった。

五月一八日の初日は立田野（前頭格）、二日目稲ノ花（同一二）、三日目広ノ海（同一〇）、四日目海山（同七）、五日目一ノ矢（同六）、六日目武蔵潟（同五）、六日間負けなしのあぶなげない順調な勝ち方であった。横綱として初の場所だけに、気力も爽快であったし、気力も充実していた。取りこぼしがないように慎重に、そして機を見て果敢に攻めることを心がけた。「常に目標を！ 目標が達成された時が最大の敵」。先人の言葉を深くきざみつけてこの場所に挑んだ。

そしてもう一つ気にかけていなければならないことがあった。相撲会所の大御所、高砂一門の力士には、ライバルの梅ケ谷部屋を撃破すべく檄《げき》が出ていた。「高砂三羽ガラス」と謳われた西ノ海（関脇）、大達（小結）、一ノ矢（前頭六）は、東方の梅ケ谷（大関横綱格）をはじめ大鳴門（関脇）、剣山（小結）の梅ケ谷陣営には異常なまでの執着と闘争心でしかけてきていた。それは楯山一門のあの明治一四年（一八八一）をしのぐものがあった。

この場所、小結に昇進した剛力大達と対戦したのは七日目、五月二四日のことであった。この時梅ケ谷は一七六センチ、一二〇キロで、ほぼ互格の体軀であったが、歳は大達の方が八歳若かった。梅ケ谷は四〇歳、不惑の歳になっていた。どちらも筋肉質で取り口も似ていたが、大達は中腰のまま相手の目の前にゲンコツを突き出すという無茶な立ち合い仕切りをやっていた（現在の仕切りは、必ず双方双手を土俵に着けなければ立てない）。そのため、徳利投げの荒技を見せたりして、傍若無人と評されたりしていた。

その大達は嘉永六年（一八五三）年一二月一五日、山形県西田川郡播磨（現鶴岡市）に生まれ、明治六年同郷庄内出身の朝日嶽鶴之助（のち立田川）の弟子となったが、豪放な性格が祟って脱走し、放浪中を高砂浦五郎の改正組巡業中に拾われて一行に参加した。一一年五月改正組が東京相撲に復帰すると、彼もこれに従い、一二年一月幕下格に付け出された。一五年入幕、一七年五月、この場所で三役小結に昇進したのであった。

維新後の相撲界は相撲廃止論などにより落ち目であったが、豪華な相撲式典や、死闘を繰り返す真っ向勝負は市民の共感を呼び込んだ。特に梅ケ谷については、若島に一敗した後負けなしで、この場所六日目までに連続三五連勝と圧倒的な成績であり、この梅ケ谷を倒すのは大達以外にはいないと、この一番を観たさに、回向院に来た客も多かった。「この勝負を観ざるは好角家千秋の遺憾なり」と新聞に書きたてられるなど、フィーバーと化して午前中には満員札止めとなった。後の日の話であるが、普通は三〇〇〇人ぐらいが定員の相撲場に、その三倍以上も詰めかけたことは維新後初めてだったという。

この日の梅ケ谷・大達の取り組み一番も天覧試合と同様に、まれに見る結びの一番となった。拍手、歓声すさまじい観衆の贔屓の「梅ケ谷！」、「大達！」と入りみだれての甲高い声。行司木村庄三郎が二人の中を分け入り、さっと軍配を引く。大達は例によって中腰で手を下ろさず中仕切り。梅ケ谷は立ち合い重視で立ち遅れしないことに注意を払い機先を制する。素早く立ち上がると突っ張って出た。大達これに応じ、喉輪の強襲から双差しとすると猛然と寄る。梅ケ谷はこれを閂《かんぬき》にきめて振り回すと、解けて手四つ。睨み合ってから左四つになると、息もつかさぬ攻防となる。寄れば寄り返す。投げを打てば打ち返す。一進一退の力の応酬は極限となり、拮抗と見た検査役から声がかかってついに水入となった。

藤太郎は日頃の疲労が蓄積していることに気付いた。四〇歳という年齢と共に、横綱という重責の重さを、汗を拭き取りながら感じていた。

行司は両者の組み手を確認し、軍配を引いて相撲を再開させた。大達が組み手をはずし、梅ケ谷の首を掻き右腕をナタにして攻めたてたが、梅ケ谷はこれを突き放して手四つに。梅ケ谷はそのままジリジリと行司溜りに追い詰めるが、大達耐えて数呼吸、梅ケ谷もこれ以上追い込めない。この時、東溜りの力士柏戸と四本柱の検査役勝ノ浦らが手を挙げて「引き分けよ」と叫んだ。控えの力士も一斉に叫んだが、観衆の雷鳴のような歓声に掻き消されて、行司庄三郎の耳には届かない。ノコッタ、ノコッタと叫び、土俵上に神経はくぎづけであった。チャンス到来と見た大達は、手四つをふりほどきざま、すかさず梅ケ谷の左脇へ右をハズにかけて押し進み、梅ケ谷が廻り込もうとするが、大達は左手も入れて、双筈《もろはず》にかけ、猛然と東土俵に押して出る。梅ケ谷が必死に耐え再び廻り込もうとするところを、大達はさらにつけ入って激しく突きたてる。梅ケ谷は弓なりになってふんばり意地を見せるが、遂に東溜りへ突き出されてしまった。

梅ケ谷が土俵を割ると、ほとんどの観衆が総立ちになり座布団が投げ込まれ、帽子や羽織が舞った。判官びいきか、大達の大殊勲を称える声。あるいは、英雄視していた大横綱、その偶像が一瞬にして失墜したことへの八つ当たりの怒号が桟敷に渦巻いた。

翌翌日の「東京日日新聞」は「大達、梅ケ谷を喰う」との見出しで、この結びの一番取組を詳細に報じている。

「土間の看客は惣立ちとなり、これを誉《ほむ》る声はさながら百雷の一度に落ち、大山の砕くるやと疑わるるごとくなり」

としめくくり、不敗・稀有の大横綱の敗戦を、大達の大金星的扱いで掲載している。

落胆の一夜が明けた翌日、八日目も梅ケ谷は、高砂一門の高見山（前頭二）に敗れた。悶々の内に千秋楽となり、関脇西ノ海には勝てたが、この場所は七勝二敗で、最優秀成績者は八勝一引分の大達であった。あの傲慢な大達に勝を譲ったことが悔やまれてならなかった。

それにしても、明治一四年一月春場所、若島に五九連勝を阻まれて以来、また連勝を続けること三五番。若島への一敗がなければ、九四連勝となるところであった。後の六九連勝という双葉山の大記録を凌駕するところである。角界の歴代連勝記録は、双葉山の六九連勝、次が江戸時代の大横綱谷風の六三連勝、そして梅ケ谷の五八連勝。今日までまだ破られていない歴代第三位の記録である。

梅ケ谷はこの度の二敗でかなりのショックを受けた。常々考えていた「横綱は負けるもんじゃごわせん」という信念がちらっちらっと頭をよぎった。決断すべき時期は近いと思ったが、五月場所以降休む間もなく興行の申し込み依頼が殺到してきた。梅ケ谷を頂点とする相撲人気が一気に爆発した形となった。それは、新聞をはじめ、講談や読本、錦絵などにおいて相撲の話題が取り上げられ、庶民の中に浸透してきたおかげでもあった。花相撲や地方巡業、神社や商店街まで、一七年後半は東奔西走のあわただしい日々となった。

一〇月大阪合併相撲では、鬼ケ谷、綾瀬川、九紋竜、猫又の四人と梅ケ谷は相対したが、綾瀬川に勝った以外は引き分けてしまった。

一一月京都祇園で三都合併興行相撲が行われ、東京方は梅ケ谷、西ノ海。大阪方は八陣、真鶴。京都方は磯風、小柳の各力士が出場した。梅ケ谷は大阪の九紋竜、真鶴、八陣、京都の磯風、小柳と、全取組五日間の引き分けとなった。

同月はこの後、名古屋での地方巡業があり、若ノ浦、岩ケ谷、六ケ峰、綾瀬川、猫又、西ノ海と初日より連続七勝した。千秋楽の八日目は五人掛であったが、疲労の極限、鷲ノ森に一敗地にまみれた。大阪、京都、名古屋と晩秋の関西・東海地方を回った梅ケ谷であったが、新聞報道などでその名は知れ渡っており、特に大阪での合併相撲では、「おらが横綱」と旧贔屓に大歓待を受けたのであった。

明治一八年一月場所

春場所は一月二〇日に始まった。先場所限りで大関楯山が引退したので、西ノ海が西の大関に抜擢された。東方は大鳴門、剣山と関脇・小結は変わらなかったが、西方は高見山、高千穂で、小結だった大達は位付《くらいづけ》がなく張出（関脇格）となった。大達としてはどうしても腹の虫が収まらない。前場所最優秀成績をあげたし、当然大関への昇格を確信していた。番付発表の一月二日、師匠高砂にその理非を尋ねた。常識的に見て、前場所関脇の西ノ海が大関に上がったのだから順当というところである（五勝二敗一引き分け一預かりでそれほど悪い成績ではなかった）。

高砂はやんわりと「お前はいつでも大関になれるのだから、今度は我慢しろ」となだめたが、カーッとなって血走った大達はいきなり高砂の頭をポカリとなぐった。高砂は即刻大達を破門としたが、大達は伊勢ノ海部屋に身を寄せた。収まらない高砂は稽古場に張り紙をして、弟子中一同の大達方への出入りを禁じ、違反者があればその者も断然破門させると宣した。

その明治一八年一月場所の梅ケ谷は、一日目清見潟（前頭七）、二日目海山（同六）、三日目広ノ海（同五）と三連勝し、四日目一ノ矢（同三）と引き分けた。疲労は色濃く残っていて、最後まで負けてはならないと、その一念の精神力で戦っているように見えた。この後三休をした後、因縁の大達との戦いとなった。ここ一年間、何回となく対戦している相手であり、お互いに取り口は熟知している。

軍配の後立ち上がると、今までのパターンで大相撲となった。左四つで寄り合ううち、離れて手四つになったが、また左四つに組み揉み合う中に水となった。水入後互いに突き合ったが、雌雄決し難く引き分けとなった。

梅ケ谷の成績は三勝三分三休となったが、最優秀成績者は七勝一敗一引き分けで、梅ケ谷一門の剣山と大達の二人であった。梅ケ谷は、いよいよ自分の身の処し方を考えていた。「横綱は不敗たるべし」の信念は、益々脳裡にこびりついてきた。急激に肉体の衰えを感じ、それにつれて闘争心も次第に希薄になってきた。持病のマラリアも完治してなく、体は万全ではない。必死で引き分けに持っていっている状態である。これでは、今まで勝ち得た強豪大関・大横綱の評価は地に落ちてしまう。

それにしても、幼少の頃から夢見た相撲人生。「ごきつぶし」と大食漢をあざ笑われた一〇代、体よくこき使われた下男時代。文久二年（一八六二）暮れ、大志を抱き、松屋重兵衛に連れられて上坂、何も恐れるもののなかった大坂相撲時代。世の中の現実を知らされながら、その厳しさの中に飛び込んだ東京相撲。その一念は何だったのか。初志貫徹は相撲に克つことであった。頂点を極めた今、目標が見えなくなった。次の人生を考える時期だっだ。

悶々としている内に、明治一八年五月場所が近づいた。番付作成は一月場所の終了後三日以内に行われた。決定した番付は厳重に保管され、番付版元根岸治三郎が木版刷として製作し、夏場所十数日前に発表された。

明治一八年五月場所

番付では東大関梅ケ谷、関脇剣山、小結大鳴門と、剣山と大鳴門が入れ替わった。西方では大関西ノ海、ここで正式に大達が関脇となり、高千穂はそのまま小結であったが、関脇高見山は前頭一枚目と落位になった。

梅ケ谷は春一月場所終了後、伊勢ノ海、大嶽取締に進退の心境を相談したのであるが、せっかく東京相撲が盛況を取り戻した現状からして、看板横綱にはどうしても残留してもらわなければ困ると、強力に慰留されたのであった。

明治18年５月場所番付表。これが公式最後の場所となった（相撲博物館蔵）

「東京日日新聞」五月一四日付は、いちはやくこのことをキャッチして、残留を嘱望する記事を掲載している。

「相撲社会に一才子の名ある梅ケ谷は、功成り名遂げて身を退くとの古語に基づき、当場所限り最手の位置を剣山に譲り、其身は雷権太夫となりて年寄にならんと計画あるを、他の年寄連は、今日相撲道に声価あるは、梅関の力多きにありと言ふも不可なからん。然るを今身を引きて年寄と成られなば、一身は潔しとするも、比の社会に幾分の影響を与ふべきは眼前なり。せめては今二場所も勤め呉れられよと抔《など》、協議中なりとか言ふ。善哉此議や。既に馬琴没して読本流行《はや》らず。種彦死して合巻地《ごうかん》に堕ち、豊国世を去りて錦絵売れざる等の例比々あり、心すべき事なりかし」

梅ケ谷は髻《もとどり》を切ることを決意していたが、番付表も発表され、東大関として位置付けられている以上、その任は果たされなければならないが、けじめも大切である。梅ケ谷は場所が始まる前に休場を申し出た。場所中は横綱としての土俵入は努めた。雄風華麗な手数入りだけに、実土俵の取り組みがない寂寥感は否めず、看板を失った場所のその痛手は大きかった。

この場所を全休した梅ケ谷は、この後の地方巡業には梅ケ谷部屋の年寄として采配を振るった。一一月上旬、東京相撲は北海道を巡業したが、寒風の中、各地とも初めての巡業で、珍しいことも多かった。四角の土俵や魚類の格安さ。観客の来入りは実に十分で、見物より勝負の判定にまで口を出す仕末。「土俵には食物を投げ、土俵の埋まるばかりなり」と新聞は報じている。

二九　梅ケ谷最後の土俵

引退を公にすることもできず、この年明治一八年もわずかとなった一一月二七日、芝三田の黒田清隆邸において天覧相撲が行われた。「東京日日新聞」一一月二八日付は、当時の模様を次のように伝えている。

「兼ねて仰せ出されたるごとく、昨日午後二時赤坂仮皇居御出門にて、三田なる黒田内閣顧問の邸へ行幸あらせたもう。御陪乗には、徳大寺侍従長、供奉には杉宮内二等出仕、香川宮内少輔、堤宮内大書記官、岡田、片岡、北条の三侍従、広幡侍従試補、伊東一等侍医等の方々で参らせたる。吉井宮内大輔、三宮宮内大書記官には、御先着として出張せられたり」
「また昨日同邸に於いて催されたる相撲の組み合わせは一八番にて、別に御好み四組あり、その中重なる勝負を左に記す」

勝　負　　三　役
平ノ戸　千年川　　勝　負
綾瀬川　鬼ケ谷　　大鳴門　高見山
鞆ノ平（預）一ノ矢　　大　達　剣　山
四ツ車　綾　浪　　西ノ海　梅ケ谷
友　綱　常陸山

御　好
勝　負
千年川　浪　渡
平ノ戸　小　錦
鞆ノ平　四ツ車
鬼ケ谷（預）高見山

（一部『日本相撲史』中巻より）

十八番の取り組みの前に梅ケ谷は横綱手数入り（土俵入り）を演じた。この時の化粧まわしは、天覧相撲の折、黒田清隆公より頂戴した豪華な品であった。

結びの一番は、西の大関・西ノ海嘉治郎との対戦であった。西ノ海は立ち合い早く、左を差して一気に寄り進み、梅ケ谷が必死にこらえるのを、腰を落として梅ケ谷の右足を抱え、渡し込み、ついに寄り倒した。

この時の模様を酒井忠正『日本相撲史』（中巻）では、

「梅ケ谷は少し立ち遅れ、粗忽《そこつ》の立ち合いであったとはいえ、西ノ海としては、でき過ぎた取り組みであった」

と記述している。

三〇　遂に髻《もとどり》を切る

黒田邸での天覧相撲で西ノ海に破られた梅ケ谷は、それから間もなくして自分の手で髻を切った。後年、『相撲新書』（上司子介編）はこの時の状況を次のように伝えている。

「明治一八年の冬、梅ケ谷は感ずるところありて、廃業の上年寄専務とならんとせしに、衆年寄はかくと聞くや、大いに打ち驚き、如何にしても、その意をひるがえさしめんと梅ケ谷に向いていえるよう、今や東京相撲の隆盛なるは、足下（貴殿）と大達の立合いあるによれり、しかるを足下が今にわかに土俵に上らざるに至らば、全体その影響を蒙り、不利少なからねば、なお両三年間は是非勤続あらんことを望むと、たっての頼みに、さすがの梅ケ谷もほとんど困《こう》じ果てしが、さりとていったん思い立ちし事を、今更止むべきにあらざれば、断然廃業と意を決し、ある夜一室に閉居して、自ら髻を切り、翌朝起き出でたる家内の驚き一方ならず、早速かくと協会へ通報したるより、各年寄も大いに驚きしが、今はせんかたなしとて、ついにその意に任せ、年寄専務を許したり」

天覧相撲において西ノ海に負け、梅ケ谷は面目をなくしてしまった。第一人者を自負してきた己が、天覧の場で敗れた。己のプライドが許さなかった。この天覧相撲の一敗が決定的な決心となり、髻切りの非常手段にまで自己を追い詰めたのであった。

梅ケ谷は一二月二一日引退届を出し、雷権太夫の名跡を正式に襲名した。晴れて第一〇代雷権太夫となったのである。

一二月二二日付「東京日日新聞」は「梅ケ谷引退年寄となる」の見出しで引退を報じ、その偉大な業績を称えた。

新聞などが述べていることは、梅ケ谷にはわかっていた。わかっていたからこそ、昨年から今まで悩み続けてきた。一つには自分のプライドがあった。幕内五八連勝、三五連勝、それほどの数字は、過去に谷風の六三連勝以外には誰も達成し得ていない。勝数は、東京に来て幕内一一六勝、負け六つ。横綱としてまだ誰一人としてなし得ていない、勝率九割五分一厘の記録だ。雷電の記録があるが、雷電は大関どまりであった。最優秀成績だって九回を数えている。これも上位に入る成績である。

これらの実績だからこそ、「歴代最高の横綱」だとも言われている。これ以上力士でいたら、梅ケ谷という偶像は壊滅してしまう。歴史に名を残したい。いや、それは自分のためではない。相撲道に真摯に生きた証として名を残したい。そして、それは自分だけではない。本当に相撲を愛し、真摯に相撲に向きあっている者、それは会所の取締・年寄・力士は勿論、行司・呼び出し・床山・新聞記者等々、それらの人々が実在していたことを刻銘しておきたい。それができるのは、誰なのか。もはや、自分は力士としてはやっていけない。ならば、会所の頭となってそれをやり遂げよう。

しかし、今は何よりもこの目の前の現実を改革していかなければならない。現在の相撲の隆昌を維持していくには、健全・公正・皆に喜ばれる場所作りを心がけなければならない。幸いに明治一四年（一八八一）より一代年寄を許可され、梅ケ谷部屋も着実に充実させてきた。番付でも東方三役を独占できているし、他の年寄に負けない部屋作りができてきた。まずは会所運営に参画し、一般庶民に愛着が持てる相撲文化を創造することが、自分の使命ではないか。とすれば、周りの要請に応え現役に三年居座って、相撲の人気を落とすより、一刻も早く引退すべきではないか。そして窮余の策として、断髪を決意し引退届の提出となったのである。

梅ケ谷には将来を見越す要件がもう一つあった。梅ケ谷は既に明治一七年には、江戸時代から名門中の名門と謳われた雷部屋・雷権太夫の名跡を継ぎ、そして一代年寄との二枚鑑札を受けていたのである。このことが、今後の方向を決定づけた要因でもあった。

三一　梅ケ谷の相撲の足跡

梅ケ谷藤太郎のプロとしての相撲人生は、文久三年（一八六三）六月大坂相撲から始まる。一九歳の彼は、番付外で初土俵を踏み、翌元治元年（一八六四）六月、五段枠の番付表、下から二段目尻より一三枚目に顔を出す。次の年慶応元年五月夏場所、一気に東二段目二四枚目、慶応二年五月夏場所では幕内に上がり、東中頭三枚目となる。明治元年に大阪相撲は独立し、梅ケ谷は、明治二年三月春場所東小結に昇進、八月秋場所東関脇、明治三年三月春場所待望の東大関に登りつめた。時に二六歳であった。

期するところあって、東京相撲に身を投じたのは、明治四年三月春場所からである。不本意な本中番付外を二日間取って、三日目幕下格付出でのデビュー、初土俵であった。いきなり七勝一敗の優れた成績で、実力を実証し、同四年一一月冬場所、西十両格張出で六勝二引き分け二休負けなしの成績ながら、番付は意外に上がらなかった。大阪相撲への偏見とも思われた、実に三年九カ月に及ぶ下積みの相撲であった。

実力が認められたのは明治七年一二月場所で、初入幕西前頭六枚目であった。この時、梅ケ谷三〇歳になっていた。明治一〇年六月場所で西小結の三役入りを果たし、同一〇年一二月場所で西関脇、明治一二年一月場所待望の西大関となり、明治一六年一月場所東大関となった。日本一の相撲取りになり、初志を貫徹した記念すべき年である。時に三九歳の時。

大関六年目、明治一七年二月第一五代横綱を免許され、三月には天覧相撲を披露するなど、相撲界の第一人者として相撲の隆盛に貢献した。頂点をきわめた翌年、明治一八年一二月四一歳、ついに明治の巨星、歴代一の大横綱梅ケ谷藤太郎は引退した。

大阪相撲八年、東京相撲一五年、苦難・屈辱、そして栄光の二三年間、土俵寿命の長かったことは特筆に値する。これも、幼少の頃からの作男や、酒男として重労働の奉公で鍛えた強靭な体力と、初志貫徹を目指した負けじ魂の賜ではなかっただろうか。

大阪相撲が独立したのは明治元年であるが、それまでは、東京・大阪・京都合併相撲であったり、京都相撲との二都合同であったりと、勝負の記録は全体的な評価となり得るかどうか疑わしい。

富岡八幡宮にある横綱力士碑

横綱力士碑の裏面。最上段左より２番目に第15第梅ケ谷藤太郎の名が見える

富岡八幡宮にある超五十連勝力士碑。谷風の右側に梅ケ谷の名が見える

慶応四年六月相撲で九勝一敗、明治二年三月場所での六勝一敗一引き分け、同八月の六勝一引き分けなどの成績があるが、九割（九〇％）以上の勝率だったことは間違いない。

東京相撲幕下・十両（この期十両の正式名称はなく、前頭以外は幕下前頭何枚目の呼称）三年九カ月の七場所は、四二勝八敗で勝率八割四分（八四％）。全勝一回、引き分けを含む全勝二回という成績であったが、この時期初日より二、三日あたりは大関境川や関脇雷電、前頭筆頭高砂幕内上位に当たらされているし、幕内と同等の対戦であったことを考えると、優れた戦績を残していることになる。

東京相撲幕内、実に一二年二二場所（全休二場所を含む）、総取り組み数一四二、勝星一一六、負星六、引き分け一八、預かり二、勝率九割五分一厘（九五・一％）は歴代横綱第一位の勝率で、現在、初代明石志賀之助より六九代白鵬翔まで、まだ誰も破ることのできていない不滅の大記録である。ちなみに二位は谷風梶之助の九割四分九厘（九四・九％）、三位陣幕久五郎九割四分六厘（九四・六％）となっている。

余談となるが、月刊誌『大相撲』特別号（読売新聞社、昭和三八年八月二五日発行）は「古今二〇強力士選権大会（仮空大座談会）」と銘打って、古今最強豪二〇傑による選抜大相撲選士権大会という紙上座談会を催しているが、ここでも、初代梅ケ谷は優勝という結果を打ち出している。

梅ケ谷は最高の勝率を残しているが、連勝記録にも特筆すべきものがある。明治九年四月場所初日、投石に勝って以来、明治一四年一月場所九日目、大関若島に負けるまで、五八連勝の記録は、昭和の大横綱双葉山定次の六九連勝、江戸時代の四代目横綱谷風梶之助の六三連勝に次ぐ記録である。

優勝回数は九回で、現在までの三傑は大鵬幸吉の三二回が最多で、千代の富士貢の三一回、北の湖敏満二四回であるが、梅ケ谷の当時は、年二回開催で現在のように場所数は多くなかった。明治四二年（一九〇九）

二月の優勝制度確立以前では第三位の記録になる。

梅ケ谷の得手としたのは鉄砲で、決して自分のまわしに手をかけさせなかったといわれている。強烈な押しと共に、寄りでも相手を圧倒した。特に左四つになると盤石で、それだけに、梅ケ谷にとって苦手力士は一人もいなかった。強いていえば、好敵手として、腹櫓を得意とした境川（一四代横綱）と、押しを主体とした堅実な取り口の若島であろう。境川には明治五、六年の十両時代に三連敗しているが、入幕後は一回も負けなしで、五勝一引き分け二預かりであったし、若島には不覚の一敗はあったが、一〇勝一敗一引き分けで、実力には雲泥の差であった。梅ケ谷が幕内で負けたのは僅か六回であった。二敗の勝ノ浦、あとは一敗ずつしかしていない。それは、雷電、若島、大達、高見山である。あの大達にも一勝一敗一引き分けで、梅ケ谷がもっと若い時期であったら負ける相手ではなかった。このように、研究熱心で、常に相手の長所を学び、それに打ち克つ相撲を考え抜いた智将であった。

＊巻末に大阪相撲及び東京大相撲の全取組成績表を掲載しているので参照されたい。

第三部　取締雷権太夫、その後

第一章　第一〇代雷権太夫の名跡を襲名

明治一九年〜明治末期

梅ケ谷藤太郎は自ら断髪を行い、引退届を明治一八年（一八八五）の暮れに提出し、正式に第一〇代雷権太夫の襲名を受けて、いよいよ年寄親方としての第一歩が始まった。明治一九年一月、両国橋東のたもと、本所元町三番地の自宅に「雷権太夫」の看板を掲げた。

雷の名跡は江戸時代初期より存在し、年寄株最大の大名跡であったが、梅ケ谷は雷権太夫として、役員改選に臨み、組長（以前の組頭、つまり一門の頭で現在の理事にあたる）に推挙された。

明治一九年二月八日、警視庁に届け出た改正「角觝仲間申合規則」の届人は、取締根岸治三郎、同境川浪右エ門、組長高砂浦五郎、同大嶽門左衛門、同藤島甚助、同雷権太夫、同宮城野馬五郎以下年寄七七名となっており、引退して二カ月の間に、梅ケ谷は東京相撲会所、トップより六番目にランクされ、義父である大嶽に肩を並べたのである。

会所役員は、明治一八年春限りで伊勢ノ海がしりぞき、その後ついに大嶽門左衛門が正取締になり、宮城野馬五郎が副取締に昇格した。一九年春、大嶽は病気が悪化の一途をたどり、根岸治三郎と境川浪右エ門に取締を譲った。大嶽は自分のいくばくもない余命を悟っていたし、内務は雷（梅ケ谷）にやらせ帝王学を学ばせていた。

梅ケ谷は雷部屋を立ち上げると共に、玉垣部屋に預けていた、剣山、大鳴門、鞆ノ平などの弟子たちを自分の部屋に呼び戻した。

明治一九年一月場所は梅ケ谷の引退で、代わって東大関は剣山が昇格した。関脇大鳴内、そして、あの上田楽斎に連れられ梅ケ谷と師弟の盃を交わして上京した梅ノ森こと、現在の鞆ノ平武右衛門が念願かなって小結についた。鞆ノ平は梅ケ谷より四歳年下であったが、上京して一六年間、よく梅ケ谷を支え、又梅ケ谷は鞆ノ平を引き立て励まし、師弟の絆がようやく結実した年であった。鞆ノ平は後に年寄大嶽を襲名している。

大関剣山は徳島県麻植郡鴨島町出身で、初め大阪相撲の第一人者として明治一五年九月まで大関を務めていたが、その後梅ケ谷を慕って上京してきた。以後の活躍については前述しているとおりであるが、後に年寄武蔵川を襲名した。

関脇大鳴門は兵庫県津名郡津名町出身で、初め大阪の小野川の弟子となったが、明治一二年一月梅ケ谷を頼って上京し、二段目付け出しとなり、一三年五月に入幕した。この後二三年五月、ようやく大関となった。後の年寄八角である。

雷部屋では、前頭二枚目友綱良助（後の年寄友綱）、四枚目知恵ノ矢寅太郎（一八年一月上京）、五枚目綾瀬川三右衛門（一七年九月上京）と、東方幕内一一人中六名を擁し、黄金のメンバーで一月場所に挑んだのである。

梅ケ谷はこの一九年一二月、勝負検査役（現在の審判委員）兼務となった。

一　歴代の雷権太夫（第一〜一〇代）

梅ケ谷藤太郎は第一〇代雷権太夫となったが、ここで雷権太夫のルーツをたどってみる。

前述したように（「二　相撲年寄と相撲会所」二四五ページ参照）、年寄雷の名跡は江戸勧進相撲再興の時期から存在し、江戸時代においては長老、あるいは相撲会所のトップに立つ人物が名乗ることを許されていた大名跡であった。

初代雷権太夫

出身地・生年月日などは不明、延宝八年（一六八〇）相撲浪人一五人の筆頭に名が見える。貞亨元年（一六八四）七月勧進元、同四年六月勧進元、元禄元年（一六八八）六月差添《さしぞえ》、同三年六月差添、同年一〇月、同四年三月勧進元、この年没か。没年月日、行年・戒名・墓所など不明。いずれにしても、この時代トップの角界人であった。

二代雷権太夫（初代音羽山峰右衛門）

江戸相撲再興の功労者であった初代の跡目を受け継ぐ人物は、しばらく現れなかったという。その後、相撲会所の世話役・筆頭《ふでがしら》を務めていた初代音羽山峰右衛門が二代目を継承した。出身地、生年月日など角界入り前の履歴は不明。正徳二年（一七一二）九月、西前頭二枚目。最高位前頭筆頭。享保二（一七一七）～八年頃引退し、年寄専務。寛延二年（一七四九）には筆脇を務め、宝暦初め頃に雷権太夫に名跡変更。宝暦七年一〇月にはすでに筆頭に就任していて、安永六年（一七七七）に亡くなるまで世話役・筆頭の座にあった。安永六年三月一五日没。墓所は東京都豊島区高田一丁目南蔵院。

三代雷権太夫（戸田川改め玉垣鷲之助・額之助）

先代没後、雷の跡名は空席となったが、二代目以降、雷の名義を名乗ることができた人物は、相撲会所の世話役クラスで、なおかつ功績が認められた者に限られた。たとえ直弟子、血縁者、養子などであっても、おいそれとは襲名できない、一種の称号のような大名跡となっていた。

宝暦七年（一七五七）一〇月二段目付け出し、戸田川鷲之助として八年一〇月入幕。明和三年（一七六六）三月、玉垣と改名して年寄兼務。四年三月小結、六年四月、下の名を額之助と。七年三月限り引退し、年寄専務。最高位小結。寛政三年（一七九一）一一月、雷権太夫に名跡変更。寛政七年九月七日没。墓所は東京都品川区上大崎の本願寺。

四代雷権太夫（三代音羽山峰右衛門）

二代雷権太夫（元初代音羽山）の弟子に迎えられた。後に世話役（筆頭）になった折に受け継ぎ、四代目雷となる。姓は渡辺。出身地、生年月日不明。前歴は不明であるが、事務能力に長けていた。

安永八年（一七七九）夏の花相撲で音羽山峰右衛門として勧進元を務めた。寛政一一年（一七九九）二月、

雷権太夫に名跡変更。文化一二年（一八一五）一二月八日没。墓所は南蔵院。

五代雷治右衛門（三河屋治右衛門）

安永六年（一七七七）四月、四代三河屋治右衛門を襲名。文化九年（一八一二）一一月に出来山岸右衛門を襲名し、勧進元として初登場。以後勧進元、差添をたびたび務め、一五年二月に雷治右衛門襲名。文政四年（一八二一）一二月二二日没。行年不名。墓所は東京都台東区寿二丁目本法寺。

六代雷権太夫（矢車福五郎）

武蔵国北葛飾郡惣新田村（現埼玉県幸手《さって》市惣新田）字中新田出身。明和五年（一七六八）生まれ。寛政三年（一七九一）四月、矢車で新序。翌年一一月序ノ口、下の名は留五郎。一〇年三月、三段目で下の名は福五郎。一二年四月限り引退。年寄粂《くめ》川福五郎専務。最高位三段目一七。のち、下の名は信右衛門。文政五年（一八二二）閏正月に筆脇。七年一〇月筆頭となる。一三年三月、雷権太夫に名跡変更。天保九年（一八三八）五月一三日没、七一歳。墓所は南蔵院二・四・七・九代目も同墓所）。

七代雷権太夫（鍬形粂蔵）

武蔵国葛飾郡下吉羽村（現埼玉県幸手市下吉羽）出身、姓は金子。生年月日は不明。

先代の甥で、また弟子でもあった三段目の鍬形粂蔵《くわがたくめぞう》が、年寄玉ノ井（三代目）から立田川（五代目）、さらに粂川（三代目）を継承したのちに、雷の大名跡を襲名した。

寛政一一年（一七九九）二月序ノ口。享和二年（一八〇二）二月三段目。文化六年（一八〇九）二月九日、玉ノ井と改名して年寄兼務。天保九年（一八三八）一〇月雷権太夫を襲名して、筆脇。弘化二年（一八四五）一〇月筆頭。安政五年（一八五八）一二月二五日没。墓所は南蔵院。

八代雷権太夫（黒柳松治郎）

相模国津久井郡小淵村関野（現神奈川県津久井郡藤野町小渕）出身。本名佐藤松次郎。生年は寛政六年（一七九四。寛政一一年ともある）。

同郷の先代追手風喜太郎（元幕下二段目、和田ケ原小太郎）の弟子で、文化一四年（一八一七）一〇月、由良湊岩五郎の名で序ノ口初出。文政七年（一八二四）一〇月入幕。天保二年（一八三一）二月逐手風（追手風）喜太郎と改め、年寄兼務。天保七年一一月大関昇進。同一〇年三月限り引退し年寄専務。文久二年（一八六二）一一月に突然、雷権太夫に名跡変更したが、弟子に雲龍、小野川などの名力士を擁していた。二年後の元治元年（一八六四）四月、雷の名跡を返上して、元の追手風喜太郎に戻る。慶応元年（一八六五）閏五月四日没。墓所は東京都文京区向丘二丁目の海蔵寺と和歌山県伊都郡高野町高野山の高野山墓地（宿坊は北室院）。

九代雷権太夫（七代音羽山峰右衛門）

六代目雷の遺弟子であった幕内十万ノ海剛右衛門改め音羽山峰右衛門が、名跡変更で九代目雷を襲名した。同郷の二代粂川新右衛門（後の六代雷）の弟子となり、文政一二年（一八二九）二月、照渡り倉之助で、幕下二段目一〇枚目付け出し。象ケ鼻と改名し、天保七年（一八三六）一一月入幕。同一〇年一一月、音羽山と

改めて年寄兼務。弘化二年（一八四五）二月限り引退し、年寄専務。最高位前頭三枚目。元治年間（年月不明）に雷権太夫襲名。明治二年（一八六九）四月一一日没、六四歳。墓所は南蔵院。

一〇代雷権太夫（梅ケ谷藤太郎）

九代目の没後、雷の跡目を継承する者はなかった。なかったというよりも、継承できなかった。それだけ雷という名義は偉大なものであり、相撲会所の取締や長老格だけにしか口に出せない名跡であった。

歴代中、世話役クラスの人物によって受け継がれた雷の名義は、主として音羽山、粂川系の弟子たちが襲名してきたが、九代目の直弟子たちの中には、年寄として経験・実績などにより、師匠の跡名を相続することは不可能であった。九代目の弟子、元関脇平石が候補に上がったが、叶わなかった。結局、平石は音羽山八代を襲名した。したがって、明治二年九代雷権太夫・音羽山が死去して一七年間、雷部屋は年寄不在であった。

ここに至り一〇代目梅ケ谷が候補の第一人者として浮かび上がったのである。既に梅ケ谷は現役大関時代から一代年寄株を与えられ、相撲会所の中で役員としても着実に地歩を固めていたのであったが、一門の大御所・義父大嶽のバックアップも大きかった。

以上、雷歴代については小池謙一著「雷代々の巻」（『相撲』平成一三年七月五日）を参考にさせていただいた。

二　諸制度の改革と役員・取締

東京相撲会所内の改革は、明治一一年（一八七八）五月に和解し会所に年寄として復帰した高砂を中心に、一気に進められた。選挙による役員選出が明治一六年五月場所から実施され、再三にわたって内部「申合《もうしあわせ》規約」は改変されていった。筆頭・筆脇は「取締」二名に、組頭は「組長」、中改めは「勝負検査役」に、他に部長・副部長の役員を定め、年寄名跡は八八家に限定するとともに、給金制度、番付作成法、益金の配当法など、年を追って力士の待遇改善などがなされ、それは、二〇年五月の「角觝組中申合規則」として実現した。会所も「東京大角觝協会」、そして二二年には「東京大角力協会」と改変されていった。

このような改変にあって、明治一六年五月場所、明治一七年一月場所は高砂が取締として選出されたが、その後しばらくは取締に選出されなかった。しかし協会の裏面では、高砂の独裁ワンマンぶりが続き、力士たちの反発を招いていた。

三　取締に就任

明治二〇年（一八八七）、東京大角觝協会と改称されると共に、一月、取締は根岸が退き境川が昇格、五月場所後、副取締に雷が抜擢選出された。長老で雷にとっては義父の大嶽門左衛門は病状の悪化が著しく、娘婿の雷に後を託したのである。大嶽は雷らの手厚い看病もむなしく、この年一〇月四日、「後を頼む」と言い残して黄泉へと旅立っていった。

正取締の境川は、就任したものの、大嶽門左衛門より一八日前の九月一六日に急逝していた。協会は順次規則の改変を進めている重要な時期に、次々と重鎮を亡くしていき、現役時代から絶大な信頼を集めている雷は、正取締へと推挙され、編輯《へんしゅう》人も兼務することとなった。

明治二一年一月一六日の改選で、雷は取締・編輯人に再び推されたが、辞退した。大御所的存在で、政治力に長け、改革に意欲を燃やしてきた高砂の存在が、雷の念頭にあった。それに、高砂は、大達、西ノ海、一ノ矢、小錦と、錚々《そうそう》たる一流力士を養成している実力者である。雷は今、前に出ればたたかれる。それに、自分はまだ経営には未熟で、裏の裏まで熟知していない、人望だけが先走りしている、今は自重の時期だ、と考えた。

この時期の相撲界の状況を、明治二一年三月一〇日付「毎日新聞」が「角界はゴタゴタ続き」との見出しでスッパ抜いた。

「かつて相撲社会を改良し、新会社を起て、大いに成す処あらんとせし、雷、高砂発議の原案もついに多数の賛成を得るあたわず、折角賛成せし同意者の記名調印さえ、この頃発起人よりそれぞれ返付せしとのことなり。これらに原因せしものか、今後雷権太夫は突然取締を辞退せしかば、現今多くの年寄も、出稼中、組長のみにてはその諾否を答うるあたわずと言いたるも、再三再四辞退の儀組長に迫り、よんどころなく、当五月の場所に一同帰京するまで、取締就職の儀、雷へ説諭あらんことを、組長一同より、本所元町警察署へ願い出で、この節双方召喚中なりという。また聞く処によれば、何故か当五月の靖国神社奉納相撲済み次第、高砂の部屋にて頭立ちたる力士一同並びに、海山、八幡山、真鶴、常陸山、鶴ケ浜等は、みな表面を雷

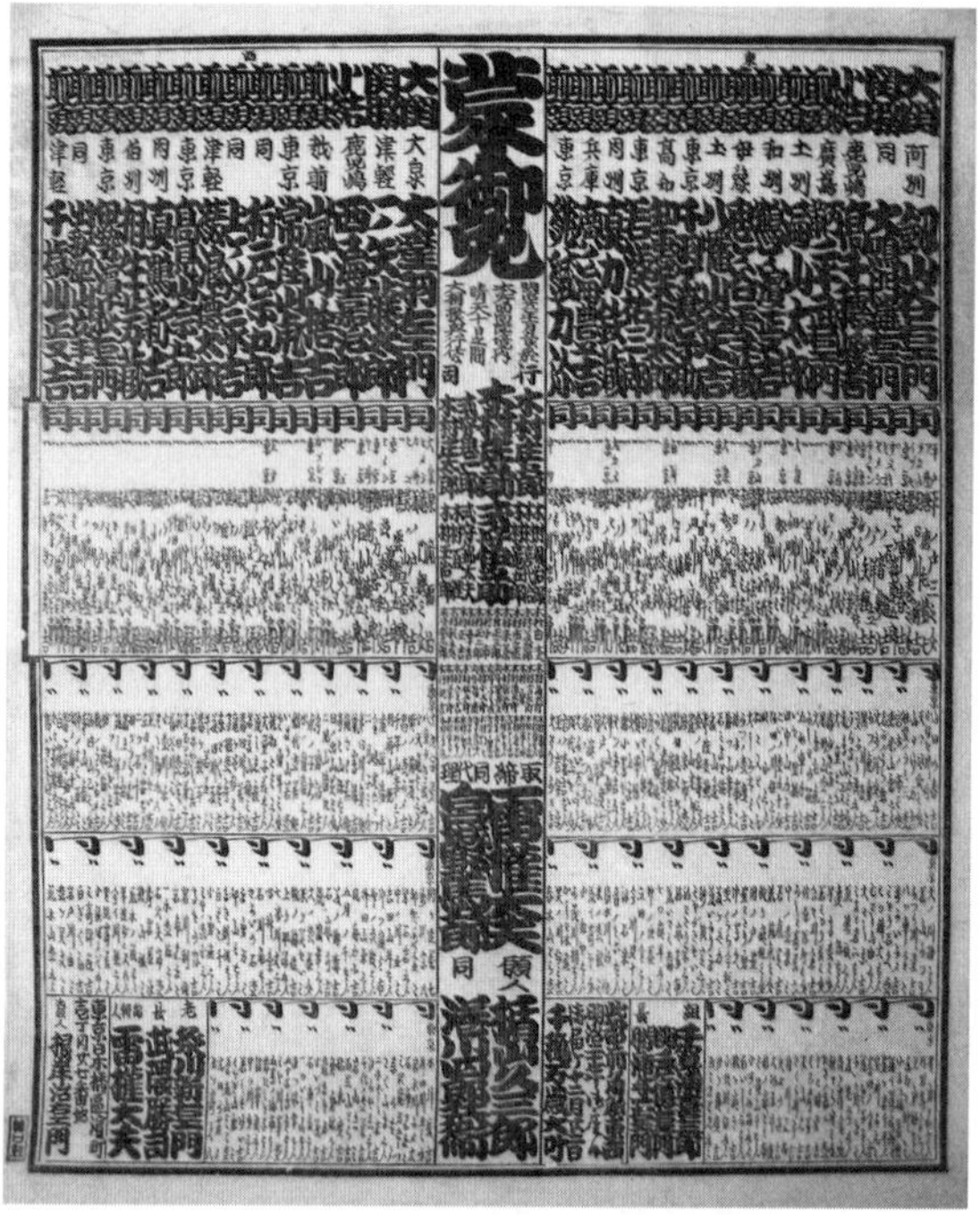

明治21年1月場所番付。取締に雷権太夫の名が見える（相撲博物館蔵）

の門人ということに改め、東もしくは西の一方にそれぞれ番付の位置を占め、何かなす処あらんとの風説なるが、果たしてしからば、一方に好力士多く、一方に好力士少なき訳なれば、不完全の番付を見るに至るべし。これらは皆その途の不繁昌を招くに近き理なれば、まさか真事とは思われず。何に致せ、相撲社会の紛議は常のごとし。さて気の毒のことなるかなと、或る人の話なり」

このことから察するに、この節、角觝協会と相撲力士の間には相当に意見の対立があったと窺える。前述したように、改変は順次行われており、力士の要求にも無理難題のものも多々あり、一気の改変もままならず、条文の変更もその都度行われていったのではないかと思われる。高砂は改革を急ぎながらも、ままならないことにもどかしさと自己矛盾を感じながら、一段とワンマンの度合を強めていった。

このような状況の中、雷は固辞した取締を「揺るぎない指導力を持つ高砂が最適」と推挙し続けた。それでも雷には、役員会及び力士会での後押しは強かった。二一年五月場所まで、雷は正取締を続け、その後辞退を再び申し出たが、本所元町署長の説得に応じて取締に残った。

明治二二年一月一五日、この年の役員改選で、正取締に高砂浦五郎、副に雷権太夫が推挙された。ごたごた続きの役員人事はくすぶりながらも一応の鎮静は見たのであった。

いろいろな改革の案が飛び出してきたこの年の六月、相撲常設館建設計画が持ち上がった。雨天でも営業ができるような常設館で、周囲を煉瓦石で築造し、その上に天幕の屋根で覆うというもので、翌年の一月場所には間に合わせるというものである。

当時は、雨嵐などの時は延期となり、晴天の十日間が一カ月もかかった場所もあった。地方巡業ともなれば尚更で、大阪相撲が佐賀市新馬場で、二二年四月一九日初日で行った場所は二七日までかかったが、六日間晴天での計画であった。つまり計画の三分の一の順延を余議なくされている。

その後常設館の計画は流れ、三七年に新しい計画が具体化していくことになるのである。

明治二三年五月場所

番付面で、初めて西ノ海が横綱で登場する。高砂部屋の逸材で、梅ケ谷以来四年間横綱免許不在であったが、やっと看板の横綱が誕生し、紙面欄にも文字がはっきりと載せられた。

そんな明治二三年（一八九〇）八月初め、突然郷里より兄弥平危篤の電報が届いた。雷は五月場所を終え地方巡業に出ていて、協会の運営計画の作業や力士会との折衝で、暇を取ることもままならない多忙の真最中であった。早速帰郷の日程を調整中、追っかけるようにして、「ヤヘエーシス」の電報が届いた。六三歳を一期としての別れとなった。生前の弥平の便りでは、前年二二年、筑後川が大洪水に見舞われ、上座、下座、生葉など筑後平野八郡が大湖と化し、堤防は寸断され、弥平の田畑も山崩れや土堤の崩壊で、壊滅的な打撃を受けていること、そのため、老いた母や妻のカメヨ、長男の弥太郎夫婦共々に徹夜の修復工事にかかっていることを知らせてきていた。梅ケ谷は帰郷もできず、復旧資金を送った矢先の兄の急死であった。

相変わらず実家では困窮が続いていることを実感させられると共に、幼い自分を可愛がってくれた兄の愛を感じていた。荷ない棒に突きさす馬草の束を、そっと自分の束に移して、草の荷を減らしてくれていた兄。作男で、「ごきつぶし」とののしられた己をかばってくれ、「がまんせろ、見返してやるんだ。立派な人間になれ！」と口ぐせのように言ってくれていた兄。兄のためにも、あの田舎から出てきた貧乏男がこの東京大角力協会の改革のため立派に運営していっているんだと、皆に認めさせるためにも、ここは一つ頑張らなければと心に誓うのであった。

明治二四年になると、高砂はいよいよ独善的色彩を強め、「永久取締」を口に出すに至り、反対派の年寄、尾車、友綱らは穏健な雷に加担して、高砂取締と対立した。篤実な雷取締は高砂の非を認めながらも、彼の業績を高く評価し、ある面ではそのプランに追随している面もあり、どうかして力士も常識に徹して妥当な解決はできないものかと仲裁役を演じていた。

四　巨漢大砲の台頭

明治二五年一月場所

この場所、とてつもない力士が登場した。尾車部屋所属の大砲《おおづつ》（この場所まで大炮）である。身長一九四センチ、体重一三二キロ。入門当時はまるで弱かったが、体格を活かす取り口をおぼえてからは、巨体を生かす突っ張り、叩き、右四つ、がっぷり組めばどんな強敵も攻められなかった。

彼は十両筆頭（貧乏神）であったが、幕内力士と初日から当たった。初日綾浪（関脇）、二日目一ノ矢（小結）、三日目響升（前頭筆頭）といずれも勝ち、四日目東大関小錦との勝負となったが、見物は四〇〇〇人余と大人気を呈した。

両力士はしばらく揉み合ったが、下手に仕かけると墓穴を掘るので、互いに動きは慎重で、行司が水を入れ、さらに立ち合わせると、大砲相手の三つを取りに行くところ、小錦は左を差さんと試みるが、竜虎の争いで遂に勝負がつかず、引き分けとなった。向かうところ敵なしの小錦と引き分け、一躍ヒーローとなった。大砲はその次の二五年六月場所に小結となった。

雷が密かにこの大砲に関心を抱き始めたのは、この頃からである。由緒ある雷の名跡をこの男に託してみたいと考えたのである。一人娘おセンには、やはり雷名跡のおかみになってもらって、後々まで名を残して欲しかった。大名跡を絶やしたくなかった。大砲は大器である。横綱には確実になれる、と踏んでいた。

しかし、雷には迷いがあった。去る二三年夏、雷・高砂部屋合同の大相撲一行が富山市を巡業した折に、雷の大弟子・大関剣山が見出した押田音次郎を入門させたら、という話が一方であった。剣山の目に狂いはないとみた雷は、音次郎の父喜平にかけ合った。その父は売薬と質商を業とし、全国に売薬の行商人を送り込む元締で、近在の資産家であった。

音次郎は四男坊であった。甘やかされて育っている一三歳のボンボンで、体格は一一二キロはあろうかという、けたはずれの肥満体で、物になるかどうか半信半疑ではあるし、特に祖母は可愛い末孫を絶対離さないと、かたくなに拒みつづけた。それでは梅ケ谷家の養子ということではどうかということで、二三年一二月上旬、固めの杯《さかずき》を交わした経緯があった。

明治二六年一月場所の後の役員改選で、僅差ではあったが雷は高砂を押えて正取締となった。しかし高砂のワンマン振りは収まらなかった。

五　母の死

明治二七年になると、高砂は雷の正取締を不服として、永世取締を自ら宣言して、正取締を明記させた。このようにして、高砂の独裁的振る舞いは度を過ぎたものとなり、協会と力士会との溝は益々深くなるばかりであった。

こんな騒動の内、四月上旬、またまた郷里より電報が届いた。「ハハトメキトク」の知らせで、先般亡くなった弥平の妻カメヨからのものであった。母トメは八八歳の米寿を迎え、いたって元気で、こよなく好きであった酒もまだまだチビリチビリやっている、との便りを受けていたのだが……。

雷のところには、近年次々と訃報が届くようになった。甘木からは、幼小の頃長らく世話になった、あの染物紺屋の相川卯兵衛の訃報が届いたし、何より陰日向になり支援してくれた大石高見、弥吉酒場の岩次旦那が二〇年一〇月に亡くなったとの訃報を受け取っていた。そして、作男として働いていた佐賀県崎村の名医兵働龍潜は、岩次旦那の一年前。世話になった人々が次々に世を去り、雷自身も天命を知る五〇歳となった。世の無常を感じる年頃になったが、やり抜かなければならないことが山程ある。今しばらく許し給えと、日夜西に向かって手を合わせる日々であった。

丁度この頃、力士会の幹部三〇名余と規約の改正、つまり待遇の改善や運営の明朗化、そして力士会の協会運営権について渡り合っている時であった。この機を逃したら、協会は分解してしまう。私事で、話を遅らせてはならない。

〝今しばらく、おっかしゃん頑張ってくれ、きっと帰るから、頼む。親不孝の息子を許しておくれ。あんなに大坂行きを拒んだおっかしゃん。でも、甘木まで送ってくれ、出発に後を向いて泣いていたおっかしゃん。今は痛いほどわかる。きっと帰るから。頑張って命を長らえて。もうちょっと待ってくれ〟

西の空が夕暮れに染った隅田河畔に一人佇んで、雷は一心に手を合わせていた。その一瞬、ゴーッと竜巻に似た突風が、雷の体軀を浮かさんばかりに砂埃を巻き上げて西の空に去っていった。雷は体軀をよろつかせながら、今までに体験したことのない異様な光景に戸惑いを感じながら家に戻った。

母トメが四月一九日に亡くなった、との電報を受け取ったのは、数日後のことであった。雷は人知れず隅田川の橋下で涙を流した。未だかつて見せたことのない涙であった。

この後雷は、早速両親の墓を建立することを、弥平の長男弥太郎に頼んだ。

明治二八年正月、心の傷も癒えぬまま一月場所開幕となり、雷は母の面影から多少解放されるようになった。大砲万衛門（後の一八代横綱）が小結となり、それとなくおセンとの相撲談義の中で洩らしてきた大砲のことを「女婿《むこ》さんにどうか」と切り出した。雷夫婦の会話の中でそのことを察していたおセンは、遂にやってきたなと心を構えた。

おセンは迷っていた。大砲は相撲人としては立派な人である。弁も立つ。しかし男としてはどうか。あの一八〇センチを優に超す巨体。細長の大きな顔の容貌。どう見ても好きにはなれなかった。そうでなくても雷部屋には、容貌といい、性格といい、ほれぼれする力士は選べるだけいる。現に、この人だったらという心を寄せている人もいる。

けれども、自分には他に兄妹がいない。雷の名跡を考えると、そしてこの相撲界を考えると、どうしてもその娘の自分が、何らかの形で関わらなければならない。でも周りを見渡すと、うまくいっていない例が沢山ある。まして、今関わっている弟子たちのまかないだけでも終日の仕事で、自分の時間はなく、もう頭が狂いそうである。

おセンはあいまいな返事でその場を取りつくろった。雷はそれをいいことに、横浜の後継者を通じて意向を打診した。事は順調に進んだかに見えたが、内輪からくすぶりが出た。大砲は尾車部屋・文五郎年寄の愛弟子である。何も他の部屋の者を大名跡の跡取りに持ってこなくてもいいんではないか、雷部屋には大関を始め、錚々たるメンバーがそろっている……弟子たちの気持ちはおだやかではなかった。単なる小江藤太郎家の後継とは誰もが思っていないのであった。

大砲はこのことがあって、尾車部屋内でも、また巡業先でも肩身の狭い思いをし、とうとう後援者のところに入りびたりとなってしまい、この縁談は御破算となった。

明治二九年一月場所は、一一日開幕の予定であった。ところが、初日の取り組みで、西方前頭筆頭鳳凰を東方に回して、東横綱との取り組みをはずそうとした。当時は東西対抗制で、東方の力士は同じ東方の力士と相撲を取ることはなかったのである。

この場所、高砂部屋一門の東横綱西ノ海は、当然西方鳳凰とは当たることになる。しかし、鳳凰はめきめき力をつけてきており、西ノ海が勝つ保証はなかった。そのための策とも勘ぐられた。実は前の二八年五月場所でも騒動が起きていた。六日目、二人は対戦し、寄り切りで鳳凰に軍配が上がったが、高砂は「西ノ海の足が俵に残っている。西ノ海の勝ち」と文句をつけ、とうとう預かりとなった。自分の意が通らず、立腹した高砂は翌日から西ノ海を休場させた経緯があった。

このような今場所の状況の中、西方の力士はこれを聞いて、その理不尽さに怒りを爆発させ、初日総休場を申し合わせた。西方が場所入りしないのを知って東方の力士も出てこなかった。東方は高砂一門が主力を占めているため、幕内相撲を行うことができなくなった。雷はじめ役員たちは対策に窮したが、「本日は強風のため入れ掛け」と取り組み中止の立ち札を出して、休場の申し訳にした。高砂との仲裁役を任じていた温厚な雷も、事ここに至ってはと、事態の収拾に乗り出した。一方、西方力士、大関大戸平以下の力士たちが立ち上がり、「中村楼」に集結し、檄文を協会に突きつけ高砂の退陣を迫った。これに対して、雷を中心とした協会は、二月に協会規定を全面的に改正し、相撲近代化の道を開くということで紛争を終焉させた。一方高砂は、「永世取締」を撤回し、専制政策は終わりを告げようとしていた。この頃より高砂は病気がちとなり、影響力も弱体化して

明治31年５月場所番付。取締雷権太夫（相撲博物館蔵）

きたし、取締の正・副の区別の名称は撤廃された。

六　取締・雷のゆるぎない地位

明治三一年（一八九八）、高砂の協会での影響力は、病気の悪化と共に衰え、失脚し、五月には役員・力士に信望を集めている雷が正取締に就いた。この後雷は正取締の座をゆるぎないものにしていった。

明治三二年、雷の愛娘おセンは二四歳となった。雷は己も五五歳となり、後継者のことも脳裏にあった。おセンについては大砲との縁談がうまくいかず、心のあせりを感じていた。いろいろ思案をめぐらせながら、夜床についても目がさえて仕方なかった。妻の貴美とも相談するのだが、お互いに多忙を窮め、落ち着いて話をすることもそう多くはなかった。おセンにしても、実母でないことが心のどこかでひっかかってか、貴美との意見の対立もしばしばあった。貴美は男勝りの気性で、仕事は手早かったが、それだけに独善的で、かかあ天下のところがあった。雷夫婦の床中での会話で、おセンと婿合わせを誰にするかが度々出てくるようになった。養子縁組をしている押田音次郎がどうかと貴美は推めた。貴美は意図的におセンを近づけるように試みているのだが、おセンの気持はそれほどでもなかった。

音次郎とは明治二三年に養子縁組すると、その年から、当時最も雷が信頼していた番頭格の鬼ケ谷才治（明治一九年一月場所五日目、強豪の大達を蹴手繰で破り名をあげ、のちに最高位小結）を専任コーチとして付けていた。

明治二五年六月、音次郎は梅ノ谷音松の四股名で序ノ口デビューをしたが、一五歳の若さであった。番付に出てしばらくは五日間の相撲に二番ほどしか勝てず、序ノ口に三場所の後、二七年一月、師匠の縁故とあって特別に序二段に昇格した。五月場所三段目、二九年一月場所幕下と順調に番付を上げ、三〇年一月場所二〇歳の若さで十両入り、三一年一月場所一躍西前頭五枚目に新入幕した。二一歳の時である。

音次郎は新入幕早々から活躍し、三二年一月場所では小結と三役入りを果たした。五月場所には関脇になった。この時の「力士の体格調査」によれば、身長五尺五寸四分（一六八センチ）、体重三六貫五百匁（一三七キロ）とある。短軀肥満型で（この後体重は一五八キロまでになる）、横にもろい欠点を、鬼ケ谷の懸命な指導で克服した。取り口は性格を表してか、慎重で正攻法に徹し、突き押し、師匠雷に似ての左差しからの寄り、巨腹を利しての腹櫓《はらやぐら》を得意とした。また、立ち合いのうまさがあり、悠然と構えて相手の虚をつく呼吸は天下一品といわれ、実に絶妙で技能の進歩は著しかった。雷そして剣山、鬼ケ谷と、手塩にかけての指導がようやく実を結び大器として開花しようとしていた。

明治三三年

角界の織田信長とも称された高砂浦五郎が四月八日、六一歳で亡くなった。横綱西ノ海（初代）・小錦、大関大達・一ノ矢・朝汐（初代）など多数の幕内力士を育てあげ、輝かしい実績を残しながら、晩年は「盛《じょう》者《しゃ》必衰の理《ことわり》をあらわす」のたとえのごとく息絶え、一番弟子阿武松に後を託した。

雷は東京大角力協会の最高責任者として、「和」の精神で運営を軌道に乗せるべく全智を傾けていた。高砂の協会葬を終えた雷は、己が執ってきたここ三、四年の足跡を顧みていた。あれはいつ頃のことであったろうか。古里志波政所の円清寺で聞いていた黒田騒動の話である。栗山大膳が主君黒田忠之の驕奢《きょうしゃ》な悪政を正さんとして公儀に言上したくだりであった。雷はこの方法を近年使ってきたのである。明治初代の首相伊藤公にと、雷は協会の現状と高砂の独走を訴えて、問題解決の取り持ちを願い出たのである。栗山大膳は志波の地を追われ、南部山城守預かりとなった。自分にもどんな仕置が来るかもしれない。それは協会のためなら喜んで受けよう。そうやって今までやってきた。腹はできている。何も恐れるものはなかった。

明治三四年

大砲は一月場所後、横綱に推挙された。天性の巨体を生かす突っ張り、右四つ、叩きには益々磨きがかかったが、不器用で慎重すぎて勝ちが遅いのは相変わらずであった。

大砲の快挙を祝しながら、雷は身内の固めにかかった。おセンと梅ノ谷音松（本名押田音次郎）は七月めでたく結婚にこぎつけた。おセン二七歳、音次郎二四歳であった。おセンが三つ上の姉さん女房となったが、名跡の娘として婿選びはなかなかスムーズにいくものではなかった。音松は昨三三年に大関に推挙され、女婿の条件が整ってきた暁の挙式であった。

七　二代目梅ケ谷藤太郎の襲名

明治三五年

一月、雷は梅ノ谷音松に二代目の梅ケ谷藤太郎を襲名させた。雷は自分の名跡を譲り、自分は取締として協会の運営に全力を傾注することにした。

二代目梅ケ谷と常陸山の雌雄決戦。雷（初代梅ケ谷）は右端で審判（玉波画，相撲博物館蔵）

この襲名については逸話がある。まだ大関以前のこと、梅ノ谷音松が「早く梅ケ谷を名乗らせてください」と頼んだことがあった。しかし雷はぐっと梅ノ谷を見すえて、「梅ケ谷を今名乗ったら、その次は何と名乗る。梅ケ谷を名乗りたかったら、それ相応の実力をつけてこい！」と強くたしなめている。

慶事は続き、雷にはこれ以上ない至福が訪れた。おじいちゃんになったのである。五八歳にしてやっと初孫の誕生。それも男の子で、次の次まで跡目は続けると、〝雷大国〟への夢はふくらんだ。雷は早速金太郎と命名した。

明治三六年

五月場所、横綱は大砲、二代目梅ケ谷は東大関、西大関常陸山、張出大関朝汐と、横綱・大関陣は実力伯仲し互いに拮抗していて、毎場所満都の人気を集め、大いに場所を沸かせていた。

五月場所九日目、二代目梅ケ谷と常陸山が全勝対決となった。竜虎相譲らず、まさに初代梅ケ谷対大達の天覧相撲の再現かと思われた。二代目梅ケ谷は負けはしたが、この時の実力が認められ、常陸山と同時推挙で横綱免許を受けた。常陸山谷右衛門は一九代、二代目梅ケ谷藤大郎（本名押田、小江《こえ》音次郎）は二〇代目である。梅ケ谷はこの時二六歳（満二五歳二カ月）、当時史上最年少記録で、昭和一七年六月の照国（満二二歳五カ月）まで三九年間破られないのである。

この二、三年は雷一家、特に雷にとっては、生涯で一番幸せな時期ではなかっただろうか。去年の初孫についで、二人目の孫岸子が生まれたのである。自分には一人しか子どもを授かることができなかったが、二人の孫にめぐまれた。金太郎が一歳、目に入れても痛くない二人の孫であった。

八　九州巡業と龍潜の墓参り

明治三六年五月場所が終わって、東京大相撲は大阪大相撲と合同で全国巡業に出た。まず、ぜひ来て欲しいとの懇請があった九州佐賀新馬場において、晴天十日間、六月一七日より合併相撲が行われ、その後一行は名古屋、京都、神戸、岡山、広島と巡業を重ねたが、九月一五日東京大相撲は大阪大相撲と分かれて、三田尻で九月一六日より四日間、下関で九月二一日より二七日まで。そしていよいよ九州に上陸した。博多で九月三〇日より一〇月一二日までの晴天十日の興行を張ったが、連日大入り満員御礼の大人気で、相撲どころを発揮した。この場所、二代目梅ケ谷は一〇戦全勝で勧進元より懸賞金杯を受けた。

この後一行は唐津、武雄と予定のコースを回った。どこに行っても横綱の仮免許状を授与された常陸山、二代目梅ケ谷の相撲は注目の的で、一目見ようと贔屓でごった返した。二人は五月場所後仮免状を授与されたが、熊本の吉田司家には一一月に直接出向いて受け取る手筈であった。計画では、武雄の後、早岐《はいき》、長崎と回り、その後海路熊本に入ることになっていたが、長崎ではコレラ蔓延の兆しがあり、興行物、その他集会が禁止され、急遽早岐の後は熊本と決まった。

正取締である雷は、東京に残って、三七年初場所の準備に携わっていたが、武雄から一行の巡業に加わった。常々雷は、幼少の頃お世話になった兵働龍潜の墓参りをしたかった。龍潜は明治一九年七月に没したが、雷は協会の取締として日夜の激務が続き、どうしても仕事をはずすことができず、機会を逸していた。この年の六月の佐賀での合併相撲の折にと思っていたのだが、体調をくずし果たせなかった。したがって、前々から計画にあがっていた武雄の巡業から参加し、兵働龍潜の墓前に積年の業績を報告し、感謝の一端を表したかった。

長崎巡業が順延となって熊本入りが早まり、二代目梅ケ谷の横綱本免状授与式への参列と吉田司家への協会としての挨拶を兼ねて、熊本までは同行することとした。

武雄の巡業は四日間で終わったが、翌一〇月二四日は早岐初日ということで、龍潜の墓参りには、早岐の後に一日暇をとることに雷は決めた。早岐は二六日千秋楽で、二七日早朝、雷部屋一行は早岐を発って佐賀に着いた。

佐賀に着くと、早速手配していた人力車で、二キロ程東方の巨勢牛島の贔屓にしてもらっている下村酒造業辰右衛門の家に身を寄せた。そこからまた東へ約七キロ、雷取締を先頭に幕内力士一同は崎村へ出発した。

龍潜の墓は千歳村崎村（現神埼市崎村）にあるが、兵働家が見渡せる裏手二〇〇メートル程の所にあった。兵働家では龍潜の長男松太郎が七代目の医院を開業していたが、明治二八年に没し、次男である茂次郎が後目相続していた。

雷にとって赤煉瓦塀で囲まれた懐かしい医院であったが、その一室を借りて、土俵入りの準備を整えると、

兵働龍潜の墓

二代目梅ケ谷、谷ノ音らを従えて墓に向かった。家前の街道から左に折れ、クリークの続く里道を歩いていくと、辺り一面田圃となり、小道の先に小高く築かれた兵働家の墓域があり、龍潜はそこに眠っていた。どっしりとして、きれいに磨かれた切石には、吉嗣拝山（南画界の巨匠）の秀麗な筆の墓碑名が刻まれていた。

雷はかねて龍潜より引出物として贈られていた金蒔絵の重箱に紅白の餅を盛り、自分の手で台座にうやうやしく供えた。一旦引きさがり、露払いに谷ノ音、そして太刀持ちには二代目梅ケ谷を従え墓前に進み出て、横綱手数入りを沈重にして壮麗に行い、これまでのご加護に感謝し今後の相撲道の繁栄を祈願した。

雷はこの手数入りの化粧まわしに、一七年三月の天覧相撲に用いた、あの紫羅沙に白の亀甲つなぎの模様を浮き出させたものを使用した。

東京大相撲の大横綱雷権太夫を一目見ようと集まってきた崎村、そして蓮池、あるいは宿泊している牛島辺りからの見物人は、初めて見る本物の手数入りに圧倒された。

雷一行は兵働家に小休止させてもらって家を発った。雷は奉公の時代からあった門脇の楠木に手触りながら、もう二度と訪ねられないかもしれないと、少年の頃の感傷に一瞬浸った。

佐賀の牛島に戻った一行は一泊して、二八日早朝佐賀を汽車で発ち、熊本に向かった。三〇日より熊本での巡業が始まったが、翌々一一月一日には横綱免状授与式に臨み、二代目梅ケ谷は晴れて第二〇代横綱の免

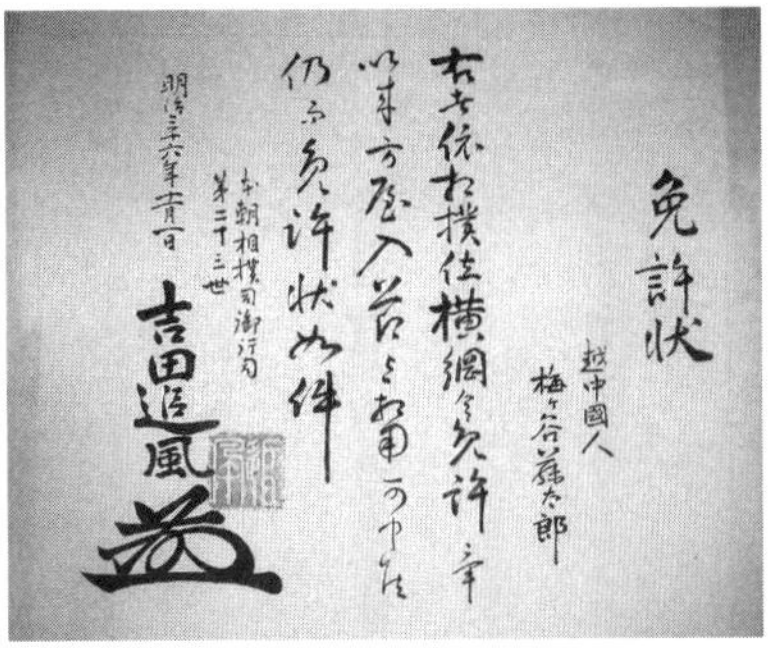

二代目梅ケ谷の横綱免許状（朝倉市蔵）

熊本吉田家での常陸山との相撲（相撲博物館蔵）

許状を、相撲司二三世吉田追風より拝領した。手数入りは雲龍型であった。手数入りに使用する横綱以外の化粧まわし及び太刀は、初代梅ケ谷が毛利家及び黒田家より贈られた二組より使用した。

後日談になるが、雷一行が牛島の下村辰右衛門の家に宿泊した時の模様を、下村湖人の長女・晴代は自著『次郎物語と下村湖人』の中で次のように述べている。なお、下村辰右衛門の家は、後に下村湖人の妻となる菊千代の実家である。菊千代六歳位の頃の話である。

「二階は客間になっていて、外づらのよかった祖父が断わり切れずに泊める客で、ほとんどいつもふさがっていた。（略）当時、人気の中心にあった梅ケ谷関を二人引きの人力車で迎え入れた日の騒ぎは、特に大変なものであったらしい。黒ちりめんの着流し姿で、大勢の弟子を従えて、二階への階段をみしりみしりと大きくきしませながら、上って行く錦絵さながらの堂々たる風貌を、母はよく私たちに話してくれたものである」（注＝この時の梅ケ谷関は二代目で、雷は先に到着していた。）

明治三七年

一月初場所で、二代目梅ケ谷は初の横綱土俵入りを行ったが、

二代目梅ケ谷，横綱土俵入り（水橋郷土資料館蔵）

雷親方は入念な雲龍型の指導をした。雷の喜びもひとしおであったが、一番この日を待ちわび喜んだのは、鬼ケ谷（この年前頭一〇枚目、最高位小結）であった。鬼ケ谷は五〇歳の現役であったが、二代目梅ケ谷の入門時から専任コーチを務めたあの力士である。彼の薫陶によって二代目は大成したし、ぜひ二代目の土俵入りには自分を使ってくれと申し出たほどで、自分の愛《まな》弟子の晴れ姿に感涙したのであった。

二代目の土俵入りは評判となり、後々横綱の中でも最も秀れていると言われ、流れるような身のこなし、特に片手をスッとのばした時の美しさには目を見はるものがあり、場内からは思わず溜め息がもれるほどで、江戸っ子の噂になった。

二代目梅ケ谷の恩人鬼ケ谷は、この後明治四〇年一月惜しまれながら引退するが、年寄田子ノ浦を襲名し、検査役も務めることとなる。

この年悲しい出来事といえば、雷の生涯のライバルであった大達羽左衛門が、八月一七日他界したことである。五〇歳であった。高砂との諍いの後、横綱を目前にして健康を害し、大関も陥落、大器といわれた彼も平幕で現役を終えた。引退後は年寄千賀ノ浦を名乗り、門弟の育成に情熱を注いだが、自己表現が苦手で不遇の内に没したのである。

九　大相撲常設館「国技館」の建設

二代目梅ケ谷と常陸山が同時に横綱を張り、空前の相撲黄金時代を現出したが、旧態然とした小屋掛け興行、それも晴天一〇日、風雪雨天と悪天候ともなれば、延期延期で一カ月近くにもなる場所もあったし、十日間できちんと終わる場所はほとんど皆無と言ってよかった。

前々から計画を練り、明治三七年（一九〇四）より相撲常設館の建設計画の具体化を進めていた雷は、三九年には両国、現在の回向院境内に敷地を定め、設計及び資金の段取りにかかった。

明治三九年

三月、第二二回帝国議会に「大相撲常設館国庫補助に関する建設案」を上程した。衆議院は通過したが、貴族院で否決され、補助の見込みがなくなり、協会独力で建設する腹を決めた。六二歳となった今、これが自分の最後の仕事になると覚悟を決めた。設計を東京帝国大学教授辰野金吾工学博士に依頼した。建坪九〇六・五坪四階席、総坪数一九六六坪、屋根は円形ドーム。桟敷数一六段、六〇人詰の桟敷千枡、収容人員一万四五〇〇人（一万三〇〇〇～一万六〇〇〇人など諸説がある）、当時としては超モダンで、東京の新名所になり得る建造物であった（『大相撲人物大事典』、『物語日本相撲史』、『日本相撲史　中巻』より）。

雷取締が建設委員長を務め、早速資金の調達に奔走した。総工費三五万円（この金額については二七～四〇

国技館建設中の骨組み（相撲博物館蔵）

万円といったさまざまな説があり、定かでない）。ほそぼそと積立をしてきたものの、到底自前では賄いきれるものではない。雷はタニマチ（パトロン）の元本所区長飯島保篤などを動かし、安田銀行、あるいは川崎銀行から融資を受けた。銀行の頭取に担保を聞かれた時、雷は「私のこれです」と自分の右腕を差し出した。雷はこの時、自分の命を賭けていたし、何も恐ろしいものはなかった。無担保の融資は一五万円とも二〇万円ともいわれている。当時は米一升一二、一三銭の頃であり、これは現在では大変な額である。

明治四〇年、施工は石川島重工
　八月　基礎工事
明治四一年
　八月三一日　大合掌組立開始
　一一月二五日　鉄骨工事完了
明治四二年
　五月　相撲常設館竣工

なお、明治四〇年五月場所より明治四二年一月までの四場所は、両国橋下の河川敷東両国元町空地で行われた。

明治42年6月，国技館の全景と建設に携わった協会役員の顔ぶれ（相撲博物館蔵）

明治四二年六月二日、「国技館」開館式

国技館の命名は、協会役員尾車文五郎の提案を承けた江見水蔭（硯友社同人・小説家）によってなされた。

雷は午前二時には羽織・袴の正装で会場に居た。午前三時、吉田追風の地鎮祭、後増上寺住職堀尾貫務師が大導師となり、僧侶四〇人を率いて土俵に面して読経。本堂に引き上げた後、亀戸神社社掌今井直他神職七名、伶人四名祝詞を奏して地鎮祭を行い、午前八時三〇分をもって、午前中の行事を了った。午後の開館式にそなえ、午後は正午過ぎ、雷取締をはじめ役員、三役力士は羽織・袴、あるいはフロックコートで来賓を迎えた。

午後一時四五分、吉田追風は烏帽子狩衣でマカロウの団扇を捧げつつ、東花道から出て土俵に上がり、開口式の辞を述べ、その後三段構えの式を行った。

暫時休憩し二時一五分、開館式の委員長を務める伯爵板垣退助の式辞に続き、平田内務大臣、長谷部衆議院議長、阿部東京府知事、尾崎市長、星野東京実業家団代表、中野商業会議所会頭、全国新聞記者を代表して星野錫万朝報社

竣工なった国技館（相撲博物館蔵）

主らが祝辞を述べた。

これが済むと、全幕内力士の御前掛り土俵入り。続いて露払い小常陸、太刀持ち大ノ川を従えた東横綱常陸山の横綱土俵入。露払い司天龍（後の大鳴門）。太刀持ち玉椿を従えた西横綱二代目梅ケ谷の横綱土俵入が行われた。この式の後、十両以上の余興相撲が行われたが、三役の取り組みは次のようであった。

西ノ海　引　分　国見山
太刀山　下手投　駒ケ嶽
常陸山　引　分　梅ケ谷（二代目）

この日の主な招待客は、閑院宮、朝香宮、伏見宮、山階宮の四宮殿下が正面貴賓席に、それに陸海軍人少将以上、そのほか、英米など外国大使、公使など貴顕三千余名で古式豊かに挙行され、無事に式を終了することができた。

雷はこの常設館「国技館」建設の心労で、体重が六キロも減った。けれども、開館式とその成功は、何にも代えがたい一生の宝となり、一心に呈したその現実に安堵した。

六月三日の各新聞は一斉に国技館の完成を写真付きで報じた。雷の貢献度は相撲史上に特筆されるもので、「相撲道中興の祖」であると称えられている。

一〇　制度改革、その後

国技館の開館と同時に、土俵を取り巻くさまざまな制度改革が実行された。東方・西方の幕内で勝ち星数を競う東西対抗の優勝制度の廃止、そして、幕内個人最優秀成績者には時事新報社（後の毎日新聞社）より優勝額が贈られ、これを館内に掲げた（正式に個人優勝制度が確立したのは大正一五年（一九二六）一月場所）。また、千秋楽（十日目）には幕内力士は土俵入りだけだったが、幕内力士も取り組むようになった。なお明治四二年六月場所では、東前頭七枚目高見山西之助が七勝三引き分けで初の優勝掲額者となった。このほか、土俵上での作法の改正、関取以上の羽織・袴での場所入り、投げ祝儀《はな》の禁止、炊き出し制度の廃止、力士幟は地方巡業のみ、行司装束が裃《かみしも》姿から烏帽子・直垂《ひたたれ》姿に、そして、相撲控えが東西変わり、正面より見て左側が東、右側が西となった等々、現在に至ってもそのしきたりは多くが残っている。

明治四三年

一月、大阪力士大木戸森右衛門の横綱昇進が時期尚早にもかかわらず、独自の横綱免許を大阪相撲協会が与えたことに、吉田司家及び東京相撲協会は共に絶縁状を送付し、東西の関係は決裂した。大阪相撲の評判は下落し、大阪力士の動揺は大きく、有望力士が次々と東京相撲に加入していった。

明治四四年

一月春場所を前に、東京相撲では「新橋倶楽部《くらぶ》事件」と呼ばれる紛擾が発生した。国技館の建設によって興行制度は一応安定したが、力士の生活が向上したわけではなかった。もともと力士の生活は、主としてその師匠が負担していた。各々給金はあっても、きわめて微々たるもので、食事を除く平素の生活費は相変わらず贔屓客に仰ぐありさまであった。

この事件は、場所前に力士一同から協会に対して配当金や養老金（退職金）などの待遇改善の要求を出したが、交渉は難航し、関脇以下十両以上の五四名が「新橋倶楽部（社交クラブ会館）」に籠城したのであった。力士対協会の直接交渉になったが、ストライキ態勢に入った。この時、相撲愛好家の三宅碩夫、高橋義信、黒岩周六が調停に入り解決を見るに至った。

雷にとっては、協会の健全化と力士の生活、福祉改善との板挟みになって苦慮の毎日であった。二代目梅ケ谷や太刀山、国見山など大関陣を使って調停に努めたが、なかなか合意に達しなかった。

当時、前頭筆頭だった玉椿は要求側力士で、苦悩に苦悩を重ねていた。二代目梅ケ谷を頼って、富山市水橋から上京した玉椿富太郎は、身長一五九センチの小兵で、死に物狂いで稽古に励み、やっと三役を張れる位置まで這い上がってきたのであった。雷親方、そして二代目梅ケ谷には多大な恩義があり、この紛擾にたてつくことはどうしてもできなく、争議からの脱退を余儀なくされた。このことがあって、彼はつまはじきにされ、大正五年一月場所後引退し、年寄白玉を襲名し、平年寄で終始する運命をたどった。

一一　明治末期のセン

二代目梅ケ谷の女房となった雷権太夫取締の娘センは、普通「おセンさん」と呼ばれていた。品のよい小型の丸髷を結い、ちりめんの羽織がけで、ひきもきらずの来客に愛想よく如才がなかった。

「生来《せいらい》こんなですから、常陸関のおかみさんのように切って回すことができません。私なんか人気商売の女房には向きませんよ」

こんな話を新聞記者にしたのは明治四三年、彼女三六歳、女盛りの頃の話である。金太郎九歳、岸子八歳の一男一女の母親であり、幸せの絶頂にあった。日常生活では、

「私は本場所にはちょっとも顔を出しません。よくよくの用事でもなければ行かないんです。で勝負もわかりませんが、心のうちではもうはらはらして場所の方でワッワと人がかっさいするたびごとに胸がどきどきします（おセンの住居は回向院の国技館前の道路をはさんだ向かい側にあった）。それはもう勝たせたいのは山々ですもの。弟子でも帰れば、飛びついて聞きたいのですが、それもあまりたしなみがないようですから、だまって顔色に出さず、四方山の話の間に勝負を知って、やっと安堵するような次第で……。また弟子にしても、お前さんの勝負はと聞きません。万一負けてたら気の毒ですからね」

と、雷に似て鷹揚とした中に、デリケートな心情を持ち気配りをする女性であった。

おセンの唯一の写真

おセンの子息金太郎と岸子，大正元年の頃（水橋郷土史料館蔵）

「梅ケ谷は雷と一緒で決して酒をいただきません。すぐご飯です。お客の時はつとめてビールを少し頂きますが、なるべく飲まぬことにしております。毎晩お客まわりで、寝るのが一二時過ぎになりますから、朝は少し遅く、七時ごろ起きます。弟子どもは六時頃から起きて、二、三けいこ場に出るころ、梅ケ谷はご飯を食べて、それからけいこに掛かります。けいこがすんで湯などにはいっているとじきにお昼。それから好きな小説を読むのです。新小説が好きですが、講談もときどきは読みます。一年中ひまさえあれば小説好みで、私どももそんなに面白いものかと思うほどですよ。お客まわりのひまがあれば、芝居か寄席です。寄席は義太夫が好きで、下町の方だったら、どこにだれだれが掛かっているくらい暗記しておりますよ。芝居も大好きです。一体に人情がかってシンミリ聞かせるようなものを好いていますね」

これは、明治四三年一月九日付「毎日電報新聞」の記事であるが、二代目梅ケ谷藤太郎の日常生活をあますところなく表現している。彼は文学肌の関取としてつとに有名であるが、後年ラジオ番組などにも出演している。

続いて、四五年一月一四日付「時事新報」では、おセンの四方山話として次のような記事が載っている。

「今年は父親（雷取締）が勧進元でございますので、なにやかやとこの通り忙しいのでございます。それで、私も昨年八月から三カ月間目を病んで、今でも片方判明いたしませんところへこのさわぎで、ごひいき様方も今年は大分総見をしてくださいますし、それについても茶屋の方へは落ち度のないようにといちいち注意してやらなければならないし、まったく私もこんな忙しい目にあったことがございません。父親もとかく引っ込み勝ちの性質ですが、勧進元になってみれば、そうとばかりもしておれませんので、このごろはあちらこちらとかけまわっております。それにつれて関取（夫・二代目梅ケ谷）も、これがまた父親に増し、引っ込み性でございますが、父親が勧進元でございますからなおさらのこと静止してはおれませんので、毎日諸方をまわっております。土俵の上のことばかりでなく、少しは世間のことも知っておくのがようございますのさ、オホホホホ」

四方山話のさりげなさの中で、雷の人間性や、相撲道の帝王学を学んでいる二代目梅ケ谷の、多忙な日常を窺い知ることができる。

それにしても、裏方を守るおセンも想像以上に神経をすりへらしているし、小言の一つでも言いたげな話しぶりである。わかって欲しい私の気持ちも、というところだろうか。

第二章　大正時代

大正元～一四年

一　雷権太夫の引退

大正時代に入り、東京大相撲は、関脇以下の力士が待遇改善を求めて、毎年のように協会を突き上げてきていた。取締の雷は、協会の経営基盤の整備と健全な発展を目指す一方、力士の待遇改善にも理解を示していた。このような柔軟な姿勢には、根気と辛棒強さが必要で、問題解決には時間がかかるものであるが、大正四年（一九一五）、またもや力士の待遇改善で大紛擾が起きた。雷の強靭な体も七一歳と年には勝てず病気になってしまった。

その頃、二代目梅ケ谷は張出横綱をしていたが、糖尿病のためか、場所での成績もあまり振るわなくなってきていた。ライバルの常陸山が前年（大正三年）五月場所限りで引退し、太刀山《たちやま》が看板横綱として角界をリードしていたし、大関の鳳《おおとり》と同じく西ノ海が人気を博するに至っていた。

このような状況の中、雷は決意して、四年の五月場所（六月四日より）が閉幕すると引退を表明し、女婿・二代目梅ケ谷に跡目を継がせ、年寄第一一代雷藤太郎（のち下の名は権太夫）を襲名させた。住所は本所区小

大正４年６月，雷権太夫取締最後の場所（相撲博物館蔵）

泉町八番地（現墨田区両国二丁目一七）で変わらなかった。なお、二代目梅ケ谷一行約四〇名はこの四年秋アメリカ興行を行った。

これで梅ケ谷藤太郎は本名小江《おえ》藤太郎に帰ることができた。長い相撲人生であったように思っていたが、角界を去ってみると、あっという間にこの歳になったと感じた。

顧みると、明治一八年暮れに現役の引退届を出し、同二〇年九月境川取締を継ぎ、短期間であったが正取締となり、高砂が正取締を固執する明治二〇年代後半を経て、明治三一年よりこの大正四年六月まで実に一九年六カ月、東京大相撲の正取締として、副取締を含むと二八年二カ月間、九〇〇人に及ぶ大世帯を切り盛りし、牽引し続けてきたのである。

性格は温厚、不言実行で、力士・年寄はもとより、政財界、一般市民の人々からも敬慕され、この後協会は彼の多年の功労を謝し、その恩に報いるため、特に元老の待遇を与え、「大雷《おおいかづち》」の尊称をもって何かと相撲道に関する教えを乞うた。尊称については、大正四年一二月二三日、二代目梅ケ谷の断髪式後の披露宴の中で、瓜生海軍大将が「梅ケ谷来場所から雷権太夫を相続するにつき、今の雷は『大雷』と今後呼んでもらいたい」と挨拶したことによるものだともいわれている。何はともあれ、明治四二年六月に完成した両国国

二代目梅ケ谷断髪式。左端が初代梅ケ谷（水橋郷土資料館蔵）

技館の建設、そして国技としての相撲を文化として位置づけ、一般社会の中に確固として根付かせたことは特筆すべきものがあり、力士時代のずば抜けた実績はもとより、引退後における身命を賭して尽力した貢献度と併せて、相撲道中興の祖として今なお敬慕をもって仰がれている。

二　相撲記念碑

雷の大名跡を譲り受けた二代目梅ケ谷は、大正五年（一九一六）五月場所後、検査役尾車文五郎の死去（三月一三日）のため欠員になっていた勝負検査役の重積を担い、一年を通しての地方巡業の統括をすることになり、ほとんど家に居ることはなかった。

新雷となった二代目梅ケ谷（水橋郷土資料館蔵）

一方大雷は、昨年から思い立っていた相撲記者碑を、大正五年六月、回向院境内に建立した。平成五年、東京相撲記者クラブ会友会は「ペンを持つサムライたちへの鎮魂歌」とのタイトルで相撲記者碑建立八〇周年記念文集を刊行したが、この文集で、長年「報知新聞」で相撲記者をしていた加藤進は、次のように当時の模様を記載している。

「この相撲記者碑なるものは、大正五年に初代梅ケ谷（のちの大雷と呼ばれた雷権太夫）が『相撲をここまで隆盛にしたのは全く筆の力である』と、多年記者として文筆を通じて相撲道の発展に貢献したこれらの故人の霊を慰め、かつ記念する目的で、当時の回向院本道の左側に幅四尺、高さ一間半の石碑を建立し、六月五日に除幕式に始まる祭祀式を行い」

とある。この式に参列した相撲協会の境川理事長は、

「相撲界のリーダーとしての大雷の数々の業績に感謝するとともに、記者碑建立にみる大先輩の先見の明にいまさらながら私は感じ入る」

と、先人大雷の遺徳をしのんで挨拶をした。大雷は実に相撲人として「自分を生かしてくれた人々への恩義」を大切に、生涯のモットーである「春風以て人に接する」、一人一人を大切にする不言実行を貫いたのである。

大雷は相撲記者碑と時を同じくして、「法界萬霊塔」を建立した。塔の裏面には、

筑前産梅ケ谷
七代目雷権太夫事

大正五年五月建之小江藤太郎

と刻鏤《こくろう》されているが、これらの碑、塔は、昭和一一年（一九三六）に歴代相撲年寄の慰霊のために建立された「力塚」の一郭に移設され、現在に至っている。

回向院の碑群の完成の後、大雷は、菩提寺である大田区池上実相寺の墓域に寿碑と共に多数の遺弟子たちを弔って、供養塔をも建立するのである。

三　大雷の身辺多事

大正六年

東京大相撲が巡業に出払っている時、国技館に一大事が起きた。建物が炎上したのである。

国技館は年二回の大相撲以外は、種々の催事に貸与し、会場費を稼いでいた。

一一月二八日、国技館では大菊花大会の最終日で、菊人形見物などでにぎわっていた。その七段返しの正面には多くの食堂が出店していたが、客が帰った後の午後一〇時頃、食堂「福井軒」のボーイが七輪の残り火を十能《じゅうのう》（炭火を入れて運ぶ器具）で三杯ばかり、鉄の火消し壺へ入れ、店の隅にある三尺（一メートル）ばかりの台の下に置いて帰ってしまった。その台はペンキ塗りで、そのすぐ上には、紅白の幕が垂れ下がっていた。そのうち加熱した火が台に燃え移り、台から幕へ、そして周りへと伝わった。丸い天井まで這いあがった火は、折から西からの強風で火勢を増し、国技館は炎上してしまった。霜月二九日早朝のことであった

回向院境内にある力塚

法界万霊塔，相撲記者碑を建立した
功労者雷権太夫（相撲博物館蔵）

法界萬霊塔。左が表，右が裏。

相撲記者碑。右側が
大正５年に梅ケ谷が
建立した第１基碑

（小島貞二筆「土俵百年裏がえ史」『大相撲』による）。

大雷の落胆は筆舌に尽くせないものがあった。最後の仕事と命を賭けた、引退後も毎日欠かさず通った国技館。それがまさか消滅するとは、予想もしなかったことである。

大相撲はこの後、大正七年一月場所より大正八年五月場所まで、九段の靖国神社境内で行われた。

大正七年

第一次世界大戦の主要参戦国ではなかった日本は、戦争での損害は少なかった。それ故強力な軍事力を保存し、北は樺太から南洋群島に至る委任統治国となった。ロシア革命が起こり、軍事力の強化と共に、領土拡張の路線に沿ってシベリア出兵が始まった。

大雷の郷里、福岡県の志波村においても召集される軍人が増えたが、前年末の洪水による田畑の被害は甚大で、米価も六年一升二一銭だったのが、七年には四五銭と二倍まで急騰した。富山県での米屋襲撃に端を発した米騒動は福岡県にも波及し、若者の就職口も急激に減少した。

当時一七歳だった梅ケ谷地区の小江塑七は、同僚の林辰五郎、小野光蔵ら五人で職を求めて東京に出た。お目当ては梅ケ谷出身の大雷・小江藤太郎であった。志波を代表する出世頭の大雷に会えば何か職を斡旋してもらえると思ったのである。

「志波では紙漉き、小百姓、山仕事では食べていけません。何でもいいから職を紹介してください」と五人は泣きついた。

大雷は「中途半端な人間は東京では何もできん。帰ったがよい」ときびしく諭した。

食いさがる彼らを、大雷は回向院のねずみ小僧（義賊）の碑の前に連れていき、「何であれ日本一の人間になれ。中途半端ではえらい人にはなれん。命を賭けられるか！」と喝を入れた。

塑七はその後、東京で新聞配達や人力車夫をしながら、電気学校で学び、昭和一〇年代初頭満州に渡り、西松組に入社し大成した。林辰五郎は昭和八年一二月〜一三年二月、志波村の村長を務めた。大雷の教訓は今もなお志波の里に生き続けている。

大正八年

国技館では再建の槌音が響いていたが、四月五日大鉄傘が竜巻のため崩壊した。ここで弱音をはいてたまるかと、協会は一致団結して建設に総力を結集した。そして、大正九年一月に見事再建され、九段靖国神社で仮設されていた大相撲も、この一月より両国国技館に戻ってきた。

大正一〇年五月場所が終わった五月二三日、取締の友綱貞太郎は年寄名を矢筈山に譲って相撲界を引退した。取締は従来二名であったが、友綱の引退を機に正副三名を定め、正に出羽海、副に入間川、そして雷（二代目梅ケ谷）が選出された。雷は副取締となり、いよいよ本領を発揮すべき年となった。また協会は資本金六〇万円の株式会社組織となり、役員や関係者が株主となった。

大正一一年

突然というか、正月の一月場所を終えた一月三〇日、大雷の後妻貴美が亡くなった。大雷の孫娘岸子は、この祖母から大変可愛がられ、父である雷取締の補佐を貴美とこまめに務めていた。貴美には子どもがなく、岸子を里の辻家の養女にして辻姓を名乗らせていた。

　それにしても、大雷は眼前が真っ暗となり、思考も停止したような虚脱感で一杯であった。葬儀の段取りも周りに任せ、床に伏せていた。伏せていても心の闇は消えず、悶々として貴美を思いやった。大阪から嫁に来て、大阪女らしく気丈で小さいところまで気配りを見せてくれた。本場所はもとより、ほとんど一年中巡業する先々に電話や電報をくれ、協会を裏から支えてくれた。関係諸機関との連絡や業者との遣り取り、贔屓への挨拶廻り、力士の世話と、朝から晩まで雷部屋の屋台骨を支え続けてくれた。そして孫を心から可愛がり、雷部屋の行く末を安じてくれていた貴美。先妻行、そして今貴美に先立たれる自分の行先に、一抹の不安と寂寥を禁じ得なかった。

晩年の初代梅ケ谷藤太郎夫妻（相撲博物館蔵）

　貴美の遺骨は、実相寺の大雷の寿碑の中央に大きく刻まれた「梅ケ谷藤太郎」の文字左脇に、
　大正一一年一月三〇日　妻貴美女
と刻され、安置された。諡号「本量院妙温日貴大姉」である。
　もっと悲惨な出来事が三月二〇日に起きた。大雷の愛娘センの夫、二代目梅ケ谷が本所区役所に離婚届を提出したのだ。

センは自分の生き方に疑問を持つようになっていた。岳父大雷の雷部屋に小さい時から仕え、結婚後も二代目の夫のもとでと、二代にわたり大名跡の雷部屋を盛り立ててきた。裏方の仕事は大変な気苦労とハードな労働を強いられた。四歳の時に実母を亡くしてその温もりも味わえず、また何よりも頼りにしていた義母貴美も今は亡く、父大雷は七八歳と老境も著しい。夫である親方は協会の幹部として、部屋のことには構う暇がない。考えれば考えるほど、どうしようもない自分の未来に不安と失望を感じた。

新聞などでは、力士の女房内では一番恵まれていると書かれたりする。しかし実際は、七〇名を超える先代そして現在の親方の弟子の母親役として面倒を見なければならなかった。体調が優れなくても、どんなに高熱があっても、おかみさんとして、一門や他の部屋との付き合いや部屋の会計、後援会との連絡、挨拶廻り、そして子どものこと、まして、妻としての親方の身の周りのことは、場合によっては等閑になっていたかもしれない。今まで大方は義母と二人でこなしてきたが、今後は誰からも加勢はしてもらえない。義母を亡くして、一遍にその思いが吹き出してきていた。以前記者に語った、「私なんか人気商売の女房には向きませんよ」と語ったのは、ただのお世辞ではなかったのである。

力士の妻の離婚は、女性の地位が低かった、そして一人で生きていく術を持たなかったこの時代では、勇気の要ることであった。金太郎・岸子の二人の子どもを残して女の自立を目指したセンの胸中は如何だっただろうか。有名力士の離婚話は現在でもあるが、華やかな表舞台の裏で人知れず苦悩している一人の人間の姿が垣間見れるのである。

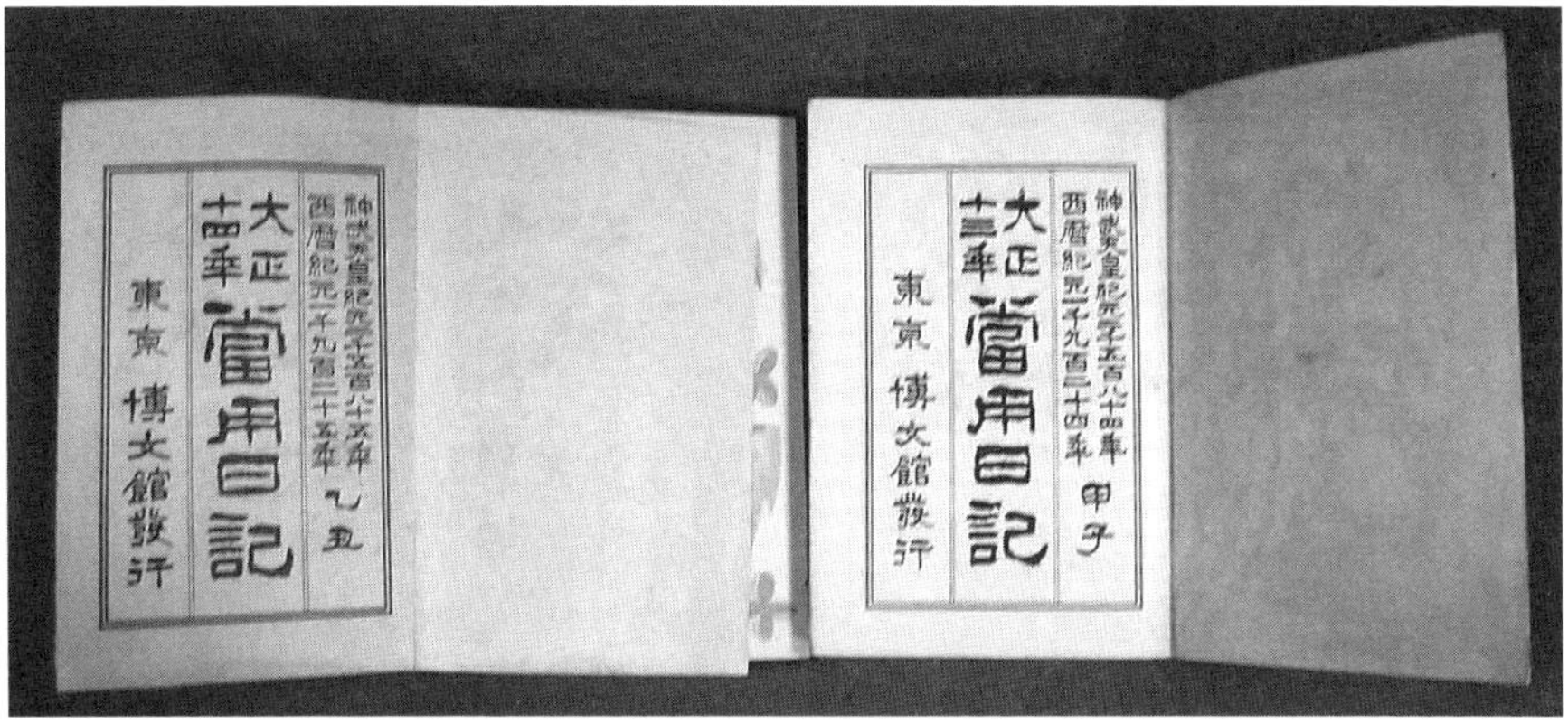

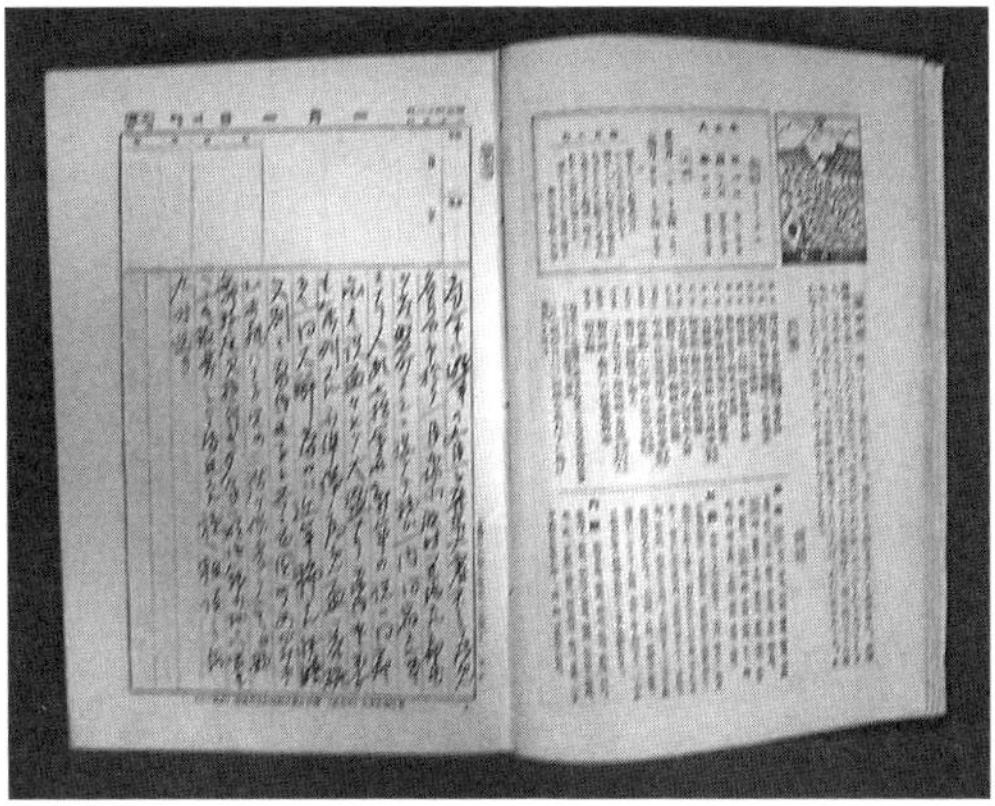

二代目梅ケ谷の大正13,14年の日記（朝倉市蔵）

四　二代目梅ケ谷の日記

今ここに、朝倉市が保有している二代目梅ケ谷の大正一三年（一九二四）、一四年の日記がある。この日記は、一年間の相撲巡業の日誌になっている。離縁の二、三年後の日誌である。

大正一四年、一年間の巡業地を記してみるが、一月、五月の本場所以外は一年中日本、そしてこの年は隣国の朝鮮・中国へも巡業しているのである。

一月　一月場所（両国国技館）
二月　神戸・熊本・鹿児島
三月　鹿児島・久留米・博多・都城・宮崎
四月　延岡・中津・姫路・神戸・枚方・大阪・後東京へ
五月　五月場所（両国国技館）
六月　沼津・藤枝・名古屋・朝鮮釜山・

群山・光満・京城・仁川
七月　元山・平壌・奉天・長春・旅順
八月　駿河・金沢・高岡・中条・燕町・長岡・塩治・栃尾・高田・長野
九月　野沢・二日市・飯田・伊那・甲府・栃木・宇都宮・安し川・静岡・松坂
一〇月　松坂・久居・江崎・池田・備中高次・広島・萩・山口・笠岡・東京へ
一一月　東京明治神宮大角力・茨城宗道・島田・京都相撲・松山
一二月　高松・高知近郊二カ所・豊橋・由比

巡業地は記している以外にも場所のわからない所が少々あるが、一カ月に一〇カ所も巡業している月があり、一年中国内外をそれこそ飛び回っている。東京それも自宅にくつろぐ暇は皆無に等しい。そんな生活を大雷も、二代目も長い年月やってきたのである。取締・幹部としての協会の経営は並大抵ではない。巡業地との交渉や、協会内のもめごと、そして経理のこと。晴天で何日、雨が降れば順延か中止。大入りかと思えば、不入りで途中打ち出し引き上げの日もある。昨日はいくら上がり、今日は揭高無しの欠損続きと、一喜一憂で心身の苦労の絶えない毎日だった。

その二代目梅ケ谷と大雷親子の間にも、二代目が協会の取締になった頃から、溝が徐々に広まっていた。協会年寄連は、旧雷を敬慕して相談役格に扱い、出羽海、友綱取締らは、何か問題が起きると、大雷に意見を聞いてその教えを仰いでいたのである。

大正一二年

一難去ってまた一難どころか、これでもか、これでもかと災難は大雷家（小江家）を襲ってきた。その一つは、世にいう三河島事件である。相撲界は不景気の低迷期に入った。この年、力士会が再び協会に待遇改善を求めて、三河島の工場に籠城した。横綱・大関を除く力士が養老金の増額、本場所の収入の内一割五分の要求、一度十両になった者は、陥落しても相当の処置を執ることなどの要求を突きつけた。なかなか妥協に至らないことに業を煮やした協会は、どうにかならないかと大雷に相談を持ちかけた。大雷が老体に鞭打って双方の和解に奔走、裏方に徹し、最後は警視総監の調停でやっと和解したという事件である。副取締の二代目梅ケ谷の心労も想像を絶するものとなり、この頃から、時々唾液に血が混じるようになった。

五　関東大震災

大正一二年（一九二三）九月一日正午直前、烈しい地震と共に、煙突や家の壁がひとたまりもなく崩壊していった。マグニチュード七・九の大地震が東京を襲ったのだ。丁度昼食の用意時で、あちらこちらで火の手が上がり、大雷の両国本所小泉町の家も、家が傾き半壊の状態となったが、どうにか家族は無事であった。大雷は、家に居た孫の岸子に家を頼んで、道向こうの回向院の国技館に走った。自分は走っているつもりだが、老体のため肩を左右に揺らしての鈍走であった。

深川方面の火が南風にあおられ、まともに国技館の屋根を焦がした。続いて相生町、松坂町方面からの飛び火が加わり、館の内外から火の手が上がった。協会は巡業で出払っており、伊勢ノ海、八角他数人の年寄連が留守を守っていた。大雷は二代目の代わりに指揮を執り、一三年一月場所の新番付の下書や協会の重要書類の持ち出しなどの指示と共に、消火活動の手筈に大声を張り上げた。大雷にとって国技館は自分の分身であり、自分そのものでもあった。

火の手は小泉町に迫ってきた。大雷は家族が心配になって家に戻り、岸子や家族を連れて回向院方面に避難した。後でわかったことであるが、近くにある横網町の陸軍被服廠跡の広大な空地では避難した三万八〇〇〇人が焼死したことを知った。国技館は、大鉄傘の骨格とその外部を支えるコンクリートの外殻が残って、崩壊だけはまぬがれた。

大雷の家も倒壊した後、飛び火によって、一切が灰塵に帰してしまった。天覧相撲、そして九回の最高優秀成績者として頂いた数々の品々。化粧まわしや金杯・銀杯、郷土の弥吉酒場の旦那や中津留の恩師からの化粧まわし、佐賀の典医兵働龍潜が蓮池藩から頂いた家宝の一つを贈ってくれた金蒔絵の重箱。それら諸々は現実の世界から消えうせてしまった。

龍潜が贈った金蒔絵の重箱について、龍潜の孫の貞夫は、「私の母は折にふれて、あの拝領物はその後どうなっただろうか」と案じていたことを語っているが、藤太郎が知る由もない後々のことである。

家財を亡くしたショックはあったが、家族が生きのびることができたのは不幸中の幸いであった。相撲関係者の各部屋は多くが国技館周辺にあり、八十余人が家を焼かれ、家族を失ったという。

国技館の損壊は相撲界にとっては死活の問題であった。

大正一三年一月場所は、長年の禁を破って、名古屋中区大池町（現中区千代田町二丁目）の空地に〝仮設国技館〟と銘打って開催した。一方、国技館の再建は急ピッチで行われ、一三年五月場所は、五月一六日より「両国国技館晴雨不問一一日間での日程」で取り行われた。

副取締二代目梅ケ谷の日記を見ると、大正一三年五月一六日初日は快晴で、午後五時四〇分打ち出しとなっている。この日は役員と力士三役とで、前年来の課題であるまわしのゆるみについて、規則をどうするかを協議している。

二日目五月一七日は朝から快晴であったが、この日大地震が起こるとの流言があり、協会は一日中市民と共に相撲二日目を心配したことを記している。大地震の恐怖は八カ月以上過ぎても相当なものであったことが窺える。

大正一四年

四月二九日、摂政宮（のちの昭和天皇）の誕生日の祝賀相撲が、赤坂の東宮御所において行われた。その時の下賜金で優勝賜盃が作製され、一五年一月場所より優勝賜盃と賞金の授与が行われるようになった（現在の賜盃は昭和三年五月場所から）。

第三章　巨星が逝く　昭和時代

一　二代目梅ケ谷の客死

昭和二年

東京・大阪両協会が一月に正式に合併して「大日本角力協会」が成立し（認可は大正一四年）、新しい時代に向かって組織の充実と数々の制度改革を進めた。なお協会の名称は、昭和三年五月場所より「大日本相撲協会」と、「角力」が「相撲」に改められて掲載されるようになった。

東京・大阪相撲の合併には、二代目梅ケ谷の尽力が多大であった。しかし激務のためか梅ケ谷は体調がすぐれず、二年一月には取締の辞任を申し出た。

体調不良が続く中、八月より北陸方面への巡業を重ねていた。九月一日は新潟県三島郡与板町で巡業相撲を開催、二代目梅ケ谷は宿泊していた塩甚旅館から通常どおりに相撲場へ向かった。その途中、急に胸の激痛に襲われ、倒れて旅館に戻り手当を受けた。一度回復したが、午後になって苦痛は一層激しくなり、処方、処置がただちに行われたが、虚血性心疾患で翌二日午後二時に息を引きとった。五〇歳（満四九歳六カ月）

二代目梅ケ谷の葬儀。あぐら座が初代梅ケ谷，その後ろが金太郎。常ノ花，入間川の献花が見える（朝倉市蔵）

の若さであったが、大阪相撲と合併した協会中枢として、今一番必要な人材を亡くしてしまったのである。

遺体は現地で荼毘《だび》に付され、三日午後与板を出発、四日午前九時上野駅に到着し、小泉町の自宅へ戻った。九日に自宅で告別式が行われ、本葬は一二月二八日、自宅で行われた。その後、大田区池上実相寺に葬られたが、大雷の寿碑（のち墓碑）の大車院妙遊日行信女（大雷の先妻・行）の右側に、「本義院謙徳日音居士　昭和二年九月二日　横綱一九代」と刻され、永遠の眠りについたのである（「横綱一九代」とあるが実際は二〇代）。

二代目梅ケ谷藤太郎は、諡号《しごう》に一字あるように、幼名を押田音次郎と言い、後に小江音次郎となり小江の籍に入っている。ここに略歴を記し、その業績の偉大さを忍ぶことにする。

明治二四年（一八九一）一月、一四歳で梅ケ谷音松と名乗って初土俵を踏み、翌年序ノ口。入幕は明治三一年一月場所。最終場所は大正四年（一九一五）六月場所。最高位横綱（第二〇代）。幕内在位二六場所。幕内成績一六八勝二七敗四七引き分け二預かり、一一六休。勝率八割六分二里、優勝四回。身長一六八センチ、体重一五八キロ。得意手突き出し、左四つ、腹櫓。年寄名雷権太夫（第一一代目）、大正五年勝負検査役。大正一〇年五月場所後副取締就任、昭和一年まで。

彼の人生は五〇歳と短かったが、幼少の頃から、初代梅ケ谷の養子となり、養父の厳格な薫陶と自己の不撓の精神によって、表街道を突っ走った一生であった。梅ケ谷・常陸山の横綱相撲が一時代を画し、明治末期の相撲道隆盛に貢献したことは言うまでもなく、現役引退後は協会の中枢として相撲の興隆に全力を注いだだけに、親方として、弟子の指導に手が回らず、弟子運にも恵まれなかった。

二代目の死去により、大雷は自分の後継者を亡くし、大名跡の雷一門の行く末を安じなければならなくなった。愛娘のセンは離婚して家を出て、一七代木村庄之助の家に身を寄せ、家に寄りつかない。寄りつかないというより、寄りつけなかったのかもしれない。二代目梅ケ谷は、大正一四年頃には、かねて雛妓時代から長いなじみになっていた新橋の芸妓家朝ノ家の女将フジ子を部屋に迎えているし、日記の中にも「家内、太郎、岸子、玉子、三千代、フデ子一同等ト浅草活動ニユキ（後略）」と記している。また富山市水橋郷土史料館編の「押田家家系図」の中にも玉子は次女として記載されているなど家庭内の複雑さがあったと思われる。

最愛の孫金太郎は相撲取りとしての体軀ではなく、相撲にはあまり関心を持たなかった。実業界への進出を志して、電気技師の勉強に没頭していた。

この頃の国状は、明治三七年中国をめぐっての日露戦争に勝利し、韓国併合の日韓条約が明治四三年に調印されるなど、アジア大陸へと活路を見出していった。第一次世界大戦への参戦により赤道以北のドイツ領南洋諸島や青島を占領し、日本政府は中国への利権拡大を図ってきていた。

相撲界では、二代目梅ケ谷日記にあるように、大正一四年には六月、七月と朝鮮全土及び中国（長春、旅順など）と巡業しているが、その間、海外進出の土地の確保も進めており、それに関わる取締としての二代目梅ケ谷の画策もあった。父親・二代目梅ケ谷の巡業の話を聞くにつけ、金太郎の夢は大陸での事業に心は傾いていた。

大雷はこうなると、孫娘岸子に託するしかないと考えた。二代目梅ケ谷は一世を風靡した横綱ではあったが、どちらかというと文学肌で自己中心的、お客廻りの暇さえあれば歌舞伎や寄席、それに小説を読むのが大好きで、芝居や寄席の評はNHKでも取り上げられたほどの通《つう》であった。そんなわけで、協会での激務とも重なり、弟子は一人減り二人減り、この年にはわずかな愛弟子だけとなってしまっていた。

今後、部屋の再興を託するのは岸子だけである。岸子は、母親ゆずりというか、大雷の後妻貴美の影響かてきぱきと物事を判断し、気丈で実行力もあった。

「大相撲黒白草紙」を書いた彦山光三は、昭和二年（一九二七）一二月、この大雷と岸子に会っているが、その時の模様を次のように記している。

「小泉町の停留所のあたりを左へまがって小半町すすむと家は左側にあった。関東大震災（大正一二年九月一日）後のバラック建てだった。いかにも気さくな、はきはきしたものいいの二三、四ぐらいの娘が取りつぎに出た。（これが二代目梅ケ谷の長女岸子だったかもしれない。）

あがってとっつきの座敷で待っていると大雷は裏の方からゆっくりあらわれた。こっちがすわっていたせいか、背は少しまがりかけていたが、六尺ぢかいかとおもわれる。がっちりたくましい大親爺。襟のついた藍っぽいつむぎの半纏《はんてん》を着こんでいた。むんずと座った格好は、肉はすっかり落ちて太い骨ばかりだったが、〝あご〟がわりにまるく全体にゆったりした感じ。しゃがれかげんのおもおもしい〝けい古〟声が腹から出てきた。

養子の二代梅ケ谷の雷が三カ月前の九月二日、新潟県の巡業地で急死したばかりでもあり、前々から二代梅ケ谷の妻女・彼の娘のせんのふしまつやら、なにやらかやら、それともわしの気のせいか、なんとなく、家のなかが暗く寒々としていたけれど、彼はこれといって目だつほど傷心のさまはにおわせなかった」大雷は「傷心のさまはにおわせなかった」とあるが、「座った格好は、肉がすっかり落ちて骨ばかりだった」とあるよに、老体というばかりでなく、大事な跡取りをなくした落胆と雷の名跡が絶えることの無念さが、体軀をむしばんでいたに違いない。

二　五蘊盛苦《ごうんじょうく》　初代梅ケ谷、天寿を全うする

昭和三年

世情は一段と暗雲となる状況であった。若槻内閣のあとを受けた政友会の田中義一内閣は、銀行でのモラトリアム（支払猶予）の勅令を発するなど金融恐慌のきざしが漂っていた。

雷部屋は二代目梅ケ谷の急逝により幕を閉じた。二代目はセンとの離縁の後まもなくしてフジ子と再婚したが、雷部屋の後目として新弟子の鞆ノ海一男（のち三段目）を養子としようという話もあった。しかし、二代目本人の死去により実現しなかった。

大雷は二代目の遺弟子たちを、これも兄弟弟子の年寄白玉（元関脇玉椿）に預けることにした。

大雷は近頃足もとが危なく、足腰の弱ってきたのを実感し、二階の部屋から一階の裏庭に隠居部屋を移していた。二代目の遺弟子たちも昼間は白玉の所で稽古に励んでいたし、雷部屋は森閑として淋しいものとな

っていた。外への出歩きも億劫となり、大雷は道向こうの国技館にも足を運ばなくなった。

寒い冬、墨田川からの北風が吹き、夜の眠りをさまたげた。寒さも身にしみたし、眠りも浅く、よく夢を見た。それは、多くは幼少の頃のふるさと志波梅ケ谷の夢だった。

ある時は馬草刈りに裏の黒山に行き、崖から馬もろともに落ちるところでハッと目がさめた。ある時は紙漉きのカゴ（楮《こうぞ》）たくりで、谷川に浸けたカゴの皮を足で踏みつつ麻氏良山の向こうの鉛色の空を見つめていた。寒さが身にしみ耐えられないところで眼がさめた。布団がめくれて足先が外に出てしまっていた。眼がさめると、奉公の頃のあれやこれやが思い出されてなかなか寝つかれなく、闇の中で時が止まっていた。

がむしゃらに働いた幼少の頃、空腹に耐えかねて水ばかり飲んで腹を満腹にしていた作男の頃、ゴキツブシ（大食漢）とののしられ、負けるものかと二倍も三倍も働いた酒蔵でのこと。楽しかったのは、宮相撲で三人抜き、五人抜き、一〇人抜きといくつもの賞品をもらい、家に帰ると、おとっちゃん、おっかしゃんが眼を細めて喜んでくれたこと。走馬灯のように幼少の頃のことが脳裏に浮かび上がり、それは、次の思い出と移り変わり浮かび上がり、そして消えてオムニバスのようでもあった。眠れない夜が続き、そして朧げな思惑の中で、なぜかしきりにふるさとのことがかけ巡るのである。

自分をとりまく家族が一人減り二人減り、寂寥が身を包み、全身を倦怠感が襲い、食欲もすすまなくなった。

寒い長い冬が明け、墨田川の川べりには若草が彩りを添え、そして菜の花の黄におぼろ月夜の影がうっすらとかかる春半ばのこと、突然ふらふらとしてまっすぐに歩けなくなり、めまいが来た。身の回りの世話をしている岸子がびっくりして医者を呼んだが、絶対安静が必要だということで床に臥す身となった。

五月晴れの季節が過ぎ、梅雨がやって来た頃、無性に道向こうの回向院に行ってみたくなった。しかし軀全体に力が入らなくなり、自分のふがいなさを態度に表わそうとするが、どうにもならず死期が近づいているのを実感した。そして今何をなすべきかを考えていた。

自分の墓は寿碑として、大田区池上本門寺内の実相寺に建立している。愛弟子で、亡くなった一九名の供養塔も建立した。東京相撲記者碑、そして相撲界の人々のための法界万霊塔（すべての霊位を回向するもので、己が生かされていることへの深い感謝の表明塔）も回向院内に出来上がった。己と一緒に苦労した相撲界の仲間には、後の世に生きていた証が残せた。何千万と生きている日本の名もない民人、そして人知れず亡くなっていった何億、何十億と計り知れない人々のそれぞれの人生。喜びや感激があり、悲しみや苦しみ、そうやって八苦の人生を終えていった者々。空しいといえば空しいが、確かに生きていたことにはまちがいない。

己を振り返れば、何がなんでもと初志を抱いて大阪へ上った一〇代後半、頂点を目指して東京へ発った明治三年暮、そして想像を絶する大阪上りの力士への偏見。耐えに耐え抜いての大関・横綱への昇進。そして協会取締へ。引っ込み思案で臆病者の己が、よくもここまでやってこれた。倒れても倒れても、耐えに耐えた。すべてを犠牲にして打ち込んだこの相撲界。今は虚無というか、空しささえ感じる。この淋しさは何だろう。

考えれば、ふるさと志波梅ケ谷にもとんと無沙汰のしどおしであった。自分の家族にもそうであった。ふるさとをないがしろにしたのではなかった。家庭を顧みなかったわけでもなかった。できなかった。ふるさとの山河に飛び込んでいきたかった。センや孫の金太郎や岸子ともっと戯れたかった。頰ずりして抱きあげてやりたかった。日常的な触れ合いがつくれなかったのが悔やまれる。初志貫徹を成し遂げた相撲界ではあったが、犠牲にしたものも大きかった。この犠牲こそ、今込み上げてきている淋しさなのであろう。今は、犠牲にしてきた家族、そして己を育んでくれた回帰の念やまないふるさとをどうすることもできない。

己も一人の人間、この先この己の生きざまを誰が知ってくれるだろうか。己のような人生があったことを今生《こんじょう》の者は忘れ去ってしまうだろう。草が茂り花を咲かせ、樹木が実をつけ、枯ちていく。輪廻の中の自然界、人間も同様に長い歴史の中に埋没していく。思えば長い人生であったようにも思うが、これでよかったとも思える。

ここまで考えが及んで、諸々の面影は霞の中に漂い流れ、何か力が抜けていくような気がした。幽咽《ゆうえつ》が聞こえるような気がしたが、もう何の音も聞こえない。静かな、実に気持ちのいい静寂の世界である。辺り一面が金色に輝き、虹となって光る中、ただ仰向けに身を置きながら一切のものから解放され、ゆったりと安楽に、舟に揺られているような空寂の中に漂いながら意識は消えていった。

五蘊盛苦から逃れ、とらわれない空の世界を超越していった。

昭和三年六月一五日午前八時、老衰のため八四歳を一期として、相撲界古今最高の巨星は天寿を全うした。

翌日六月一六日付各新聞は、大横綱初代梅ケ谷藤太郎の訃報を大きく掲載した。郷里福岡では、「福岡日日新聞」が「相撲界で名高い初代梅ケ谷逝く　福岡県朝倉の出身後年は雷権太夫てひゞく」との見出しで、早速「東京電話」の速報を掲載し、大相撲興隆の偉大な功労者と称えている。

「初代梅ケ谷　廿五年間の角界生活に　八度しか敗けぬ名力士　三月から老病で寝てゐた初代梅ケ谷の大雷（本名小江藤太郎）は十五日午前八時つひに死去した。享年八十四、二十三日午前十一時から十二時まで

本所の自宅で告別式を行ひ池上本門寺に葬ると（下略）」（「毎日新聞」六月一六日付。原文のまま）
「毎日新聞」の記事には本人の顔写真も掲載されているが、三段扱いで、生い立ちから主な業績までを紹介している。
「初代梅ケ谷　遂に逝く　大雷として　衆望を擔ふ　先に一度危篤に陥りその後静養中であった明治初年の東京角力横綱初代梅ケ谷事小江藤太郎翁は又も病勢昂進し十五日午前八時本所区小泉町八の自宅で遂に永眠した。病名は老衰病との事である（下略）」（「朝日新聞」六月一六日付。原文のまま）

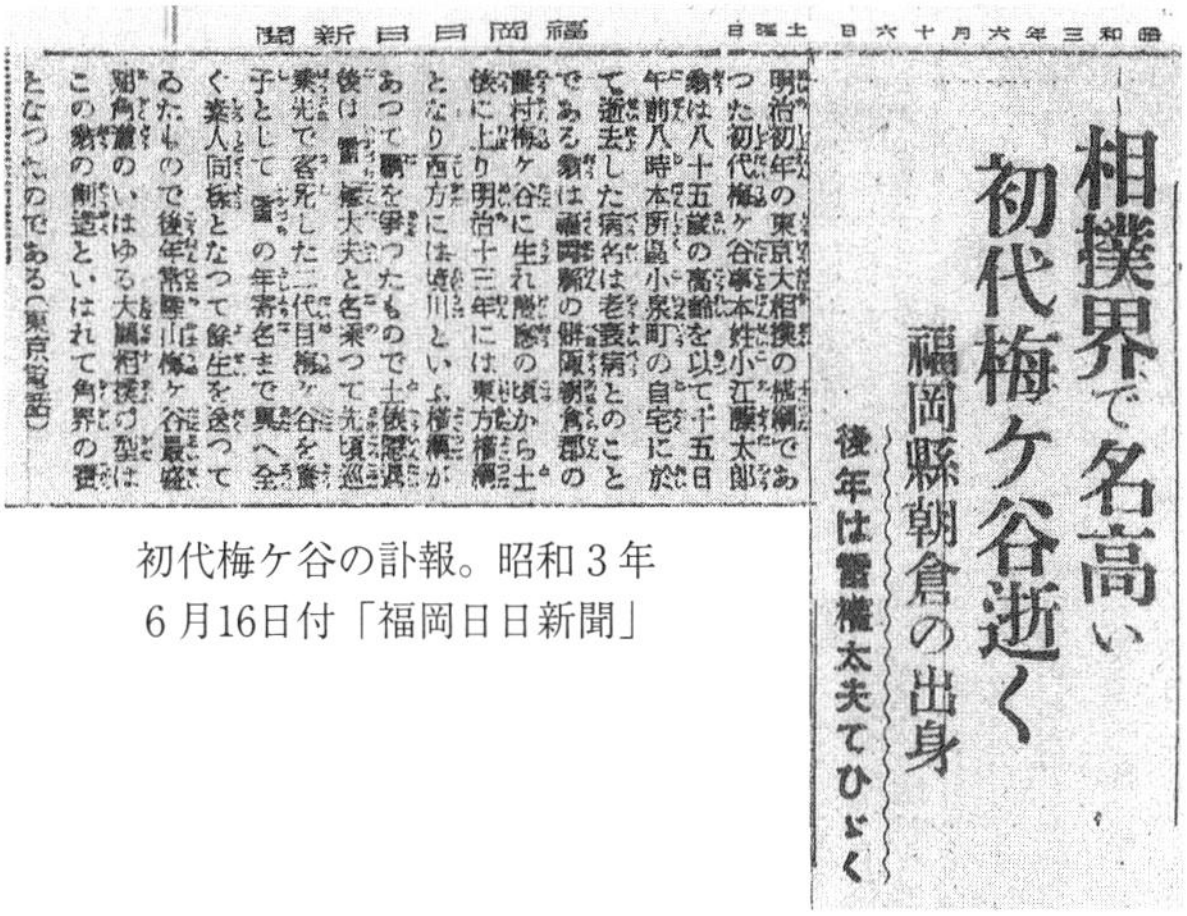
昭和三年六月十六日　土曜日　福岡日日新聞

相撲界で名高い
初代梅ケ谷逝く
福岡縣朝倉の出身
後年は雷権太夫でひゞく

明治初年の東京大相撲の横綱であつた初代梅ケ谷事本姓小江藤太郎翁は八十五歳の高齢を以て十五日午前八時本所區小泉町の自宅に於て逝去した病名は老衰病とのことである翁は福岡縣の朝倉郡の杷木村梅ケ谷に生れ幼少の頃から土俵に上り明治十三年には東方横綱となり西方には境川といふ横綱があつて覇を爭つたもので土俵を隠退後は雷権太夫と名乗つて先頃巡業先で客死した二代目梅ケ谷を養子として雷の年寄名まで與へ全く素人同様となつて餘生を送つてゐたもので後年常陸山梅ケ谷最盛期角觝のいはゆる大關相撲の型はこの翁の創造といはれて角界の雷となつたのである（東京電話）

初代梅ケ谷の訃報。昭和３年６月16日付「福岡日日新聞」


葬儀は協会を始め、政財界の要人、一般都民を問わず多数が参列し、盛大に取り行われ、大雷はかねて墓地と定めていた、大田区池上二丁目一〇番一七号実相寺に葬られた。

実相寺は日蓮聖人の師孝第一の日朗上人によって開かれた名刹で、大本山池上本門寺内にある。

天文一九年（一五五〇）江戸馬喰町に法華山実相寺として創建され、明暦三年（一六五七）浅草新寺町矢先に移転。文化三年（一八〇六）に焼失した。大正一二年（一九二三）、池上妙玄庵と合併、現在に至っている。

墓域は実相寺本堂右手に大坊坂《だいぼうざか》があり、その石段を一三段登ると踊り場となっている。それより右手が広い墓域となっていて、その中央域に二間（三・六メートル）四方程の石柵で囲まれた大雷の墓碑群がある。正面奥左側が大雷・梅ケ谷藤太郎の墓である。墓碑は、棹石の高さ一間（一・八メートル）、横幅四尺（一・二メートル）程の見事な自然石である。右側にサンゴジュ、左側にシュロの木が植えられている（現在はなくなっている）。この墓碑は生前に建立されたもので、大雷つまり梅ケ谷藤太郎が死去した時には、それまでに死去していた一族の諡号、俗名が刻されていたので、本人の諡号は碑の一番左隅に、

「本雄院大雅日藤居士　昭和三年六月十五日　横綱十四代」（実は横綱一五代）

と刻されているのである。中央には「梅ケ谷藤太郎」と太文字で刻されているが、その右に岳父の俗名「小江藤右衛門　慶応三年卯六月二十二日」が見える。その右側に太字で「大車院妙遊日行信女」、多少右側に空白があって、その横に「明治十一年寅年九月廿八日」とある。これが最初の妻・行の諡号である。一番右側中程より下に「本義院謙徳日音居士　昭和二年九月二日　横綱十九代」とあるのが、第二〇代横綱・二代目梅ケ谷藤太郎（押田音次郎）の諡号である。後妻貴美の名は中央の梅ケ谷藤太郎の太文字のすぐ左側に、行の諡号と同じ太さで、「大正十一年一月三十日」、「妻貴美女」と刻されている（他に男女各二名の諡号が見える）。

かくして、初代梅ケ谷藤太郎（本名小江藤太郎）は波瀾万丈の生涯を閉じた。彼の育てた剣山・大鳴門両大関を始め、鞆ノ平、知恵ノ矢、谷ノ音、鬼ケ谷、鬼鹿毛、平ノ戸、小松山、唐辛、梅ケ崎、松ノ風など、その後の養子梅ケ谷（二代目）、玉椿、梅ノ花、鳴門龍など群雄ひしめく一大部屋の総帥、第一〇代雷権太夫として、後の世に名を残す相撲界の指導者を多数輩出させた。双葉山、羽黒山の師匠である立浪（元緑島友之助）も、雷部屋で汗を流した同系統に属する一門の力士であった。

墓がある大田区実相寺

弟子たちの慰霊碑

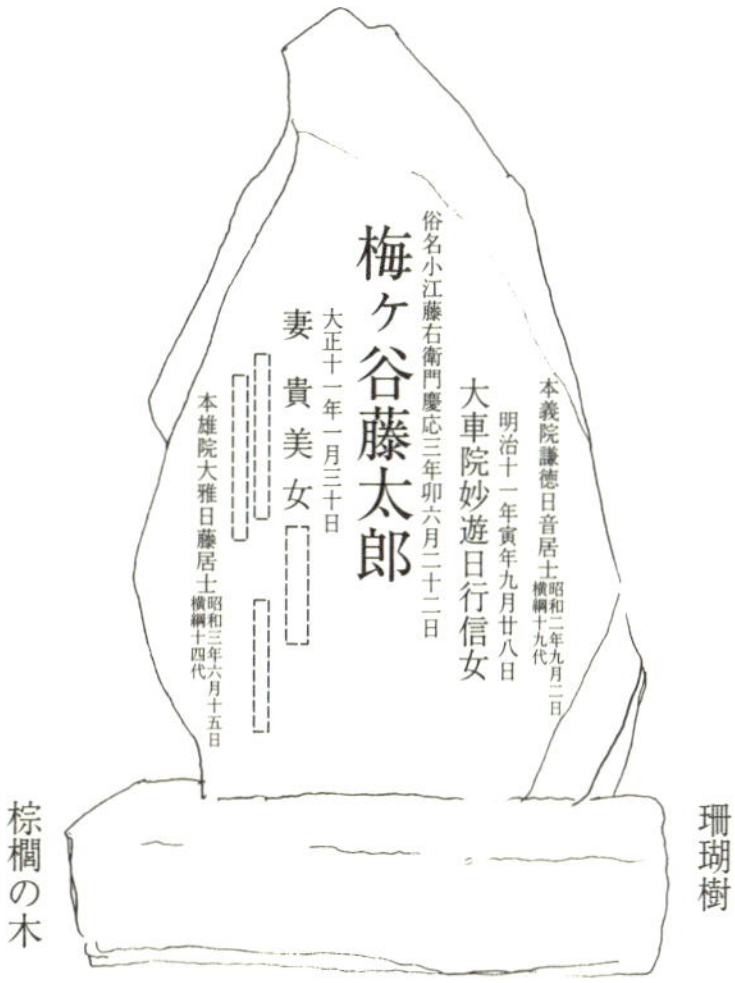

◀初代梅ケ谷の墓

梅ケ谷一族及び相撲関係者慰霊碑群

三　岸子の願い

彦山光三は、初代梅ケ谷藤太郎の孫辻岸子に昭和三八年八月に会った時のことを、
「五九とはとてもおもわれない岸子は、全体的に大がらだがどちらかといえば痩せがた。ふとりたいふとりたい――念願なのにちっともふとらないそうな。それでも顔だちはふくよか、目つきは二代目梅ケ谷にそっくりで、どこかに気丈なにおいがただよっていた。声はやや低音。おさえるような話し方には〝よどみ〟がなかった」
と言っている。

祖父の初代梅ケ谷が亡くなって三五年程経ってのことであるが、雷の年寄名跡をいちばん心配してきたのは岸子であった。母親センが相撲界の世話を去り、父親には急逝され、そして頼りにしていた兄金太郎は満州へ渡り、実業家として名をあげようとした矢先、紛争に巻き込まれて帰らぬ人となってしまった。

雷の名跡は、岸子の父・二代目梅ケ谷の遺弟子幕内番神山政三郎が継いだ。岸子がまだ二五歳、父が亡くなる直前に初土俵を踏んだ気鋭の番神山は「横綱太刀山の再来」とまで評され、将来を嘱望されていたし、岸子も誰よりも頼りにしていた力士であった。しかしその後、胃腸障害で昭和一六年三三歳で引退し、一二代雷を襲名したのであった。襲名はしたものの弟子はなく、伊勢ケ浜部屋、その後立浪部屋の所属となった。昭和三二年に弟子が一人入門したが、三六年にその弟子が部屋を去り、再び立浪部屋所属となり後進の指導に当たっていたが、五六年九月に脳血栓で倒れ、翌年一月に亡くなってしまった。岸子の落胆はひとしおで

あった。人生の糸の流れはスムーズにはいかなかった。

　雷の名跡はその後、宮城野部屋の宇多川勝太郎、そして立浪部屋の羽黒岩智次郎と引き継がれていった。岸子は四面楚歌の中、偉大な祖父、父の大名跡を守るべく身寄りのない中で苦悩していった。対支功労者伝記編纂委員の内池文哉と結婚した後、自分の夢を絶たれたという諦観の中、住居を引き払い、北区中十条に引き越すと共に、過去を払拭するかのごとく、祖父の遺品の多くを焼いてしまった。勿論、大正大震災、昭和の大空襲で焼失したものが多かったのだが。

　岸子には子がなかったが、晩年養子の巌は病気になった岸子を青森県南津軽郡藤崎町に呼び寄せた。岸子が平成七年七月に亡くなった後の整理品の中から、彼女が終生手元から離さなかった祖父・父の横綱免状（免許状）、写真、日記帳などが杷木町に譲渡された。杷木町（現朝倉市）は二代にわたる偉大な業績を称え町の重要文化財に指定して、一般に供覧していたが、現在は合併した朝倉市の文化財として甘木歴史資料館が保存している。

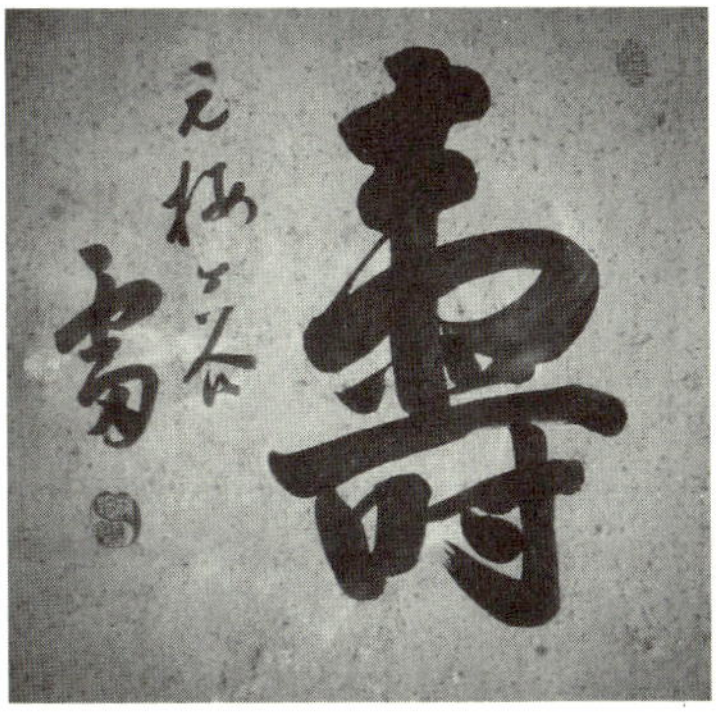

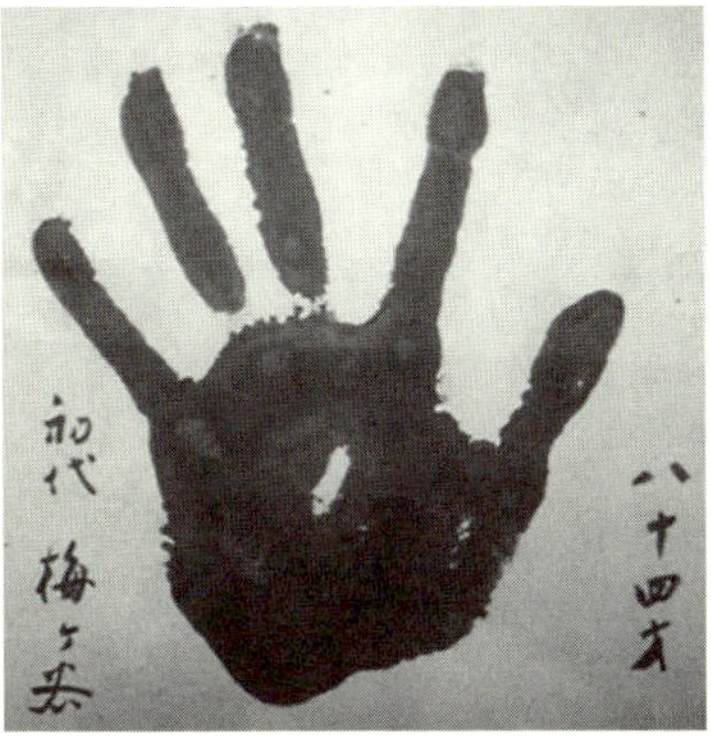

保存されている遺品の品々。還暦時の直筆と手型（相撲博物館蔵）

　辻巌は母岸子を偲んで
「母は明治の女性という感じで、いつも着物で、背筋のシャンとした母でした。厳しいというよりもやさしくて、責任感が強く、たくましく生きてきた印象です」
と述懐している。岸子で一五代横綱梅ケ谷藤太郎（小江藤太郎）の直系は途絶えてしまったが、小江家に関わる、小江一族や雷部屋、立浪部屋、その他相撲関係者、そして遺徳を称え偲び、大田区池上の実相寺に足を運ぶ姿が今もある。

墓城には正面に初代梅ケ谷一族の碑、右に小江家、そして現役で亡くなった弟子たちの供養碑三基、左手に辻岸子一族の墓と栄華を偲ぶ卒塔婆が並び、住職酒井智章の供養の読経は絶えることはない。

なお、初代梅ケ谷藤太郎の墓碑の右側の小江家の墓は、子孫にあたる小江誠（東京都八王子市寺田町）が長年守ってきたが、平成一八年、死去によりその子息に引き継がれている。

一方郷里福岡では、初代梅ケ谷の兄・弥平の子ども、ソメ、弥太郎、虎吉の子孫が遺徳の継承に気遣いながらも、それぞれの家庭での生活に追われ、取り立ててどうすることもできなかった。

嫡男の弥太郎は何としても梅ケ谷の土地・家屋を守らなければと頑張ったが、子息がなく、妻タツの甥七熊謹介が跡地を継承した後、生計を他の地に求めて梅ケ谷を離れ、その後廃屋となった。

次男の虎吉は筑豊の地に家を構え、子孫は添田《そえだ》の地を中心に活躍している。

長女ソメの孫、梅ケ谷在住の誠之助は、偉大な先達としての梅ケ谷藤太郎の人跡を記録に留めるため、掲揚に取り組まなければとその機会を窺っていたが、後に旧杷木町の第一五第横綱初代梅ケ谷藤太郎顕彰会副会長となり、顕彰に乗り出した。

四　大雷没後の雷部屋

雷部屋は一〇代雷、一一代雷と立て続けの死去により、元関脇玉椿の白玉年寄が預かったが、当年昭和三年九月一九日、大雷・梅ケ谷藤太郎を追慕するかのごとく亡くなった。一門の八角（元大関大鳴門）が後を預かったが、副業に没頭したのでうまくいかなかった。

一二代年寄・雷権太夫は、遺弟子の幕内・番神山政三郎（本名長谷川政三郎、最高位前頭二枚目）が襲名した。新潟県刈羽郡柏崎町（現柏崎市）番神出身。明治四二年一月一七日生まれ。昭和二年一月初土俵、東前頭二枚目が最高位。一六年五月、幕下一〇枚目限りで引退し、跡目を引き継いだ。四九年一月一六日、定年退職。

一三代目は宮城野（元横綱吉葉山）部屋の元幕内・宇多川勝太郎（本名宇多川秀男）が引退後に中村→楯山→大鳴戸の各名跡を借り受けた後、一時的に引き継いだ。東京都足立区小台大門町（現江北町二丁目）出身。昭和一四年一二月三日生まれ。昭和二九年九月、初土俵。前頭三枚目が最高位。四二年七月、年寄中村。五〇年一月二八日、雷権太夫襲名、五二年一〇月二六日、廃業。

一四代目は立浪部屋の小結羽黒岩盟海《ともみ》改め雷智次郎（本名戸田智次郎）が襲名した。宮崎県延岡市柚の木田町出身。昭和二一年六月三〇日生まれ。羽黒山の立浪部屋入門。昭和三六年五月、初土俵。東小結が最高位。五三年一月、西十両一三枚目で引退、一四代年寄雷を襲名し現在に至る。

なお、雷一門の部屋は現在雷（羽黒岩）、立浪（旭豊）、玉垣（若浪）などで運営されている。立浪部屋の初代は梅ケ谷の好敵手だった鬼ケ崎綱之助であった。

第四章　大雷・梅ケ谷をとりまく伝説・逸話

一世を風靡した大横綱初代梅ケ谷藤太郎について、彼の死後その人間像が新聞、雑誌はもとより伝説や小説、講談、芝居そして浪曲、歌謡、相撲甚句等々で広く語り継がれてきている。それは、我々を引きつけてやまない人間としての魅力を梅ケ谷が持ち、生き続けた証拠でもある。ここにいくつかを列記し、彼の人間としての魅力に迫りたい。

一　歴代横綱で最強は誰か

『大相撲』（昭和三八年九月増刊号）には「古今二〇強力士選士権大会」との命題で、仮空大座談会を掲載している。古今強力士二〇名とは、文久年間（一八六一～六四）より昭和三八年（一九六三）にかけて最強豪と謳われた各時代の横綱級（一部大関）から選抜された力士のことである。実況放送に見立て、アナウンサー役が司家一九世吉田追風、解説谷風梶之助同雷電為右衛門という設定である。

仮空大座談会ということで興味本位とも思えるが、一読してみると、二〇名それぞれの個性をあまねく取り入れた実にリアルな座談会風実況放送形式になっている。大会の結果は左記のとおりであるが、トーナメント形式で対戦し、優勝は初代梅ケ谷（一五代横綱）となっている。

梅ケ谷は二次戦から登場し、梅ケ谷押し出しで東富士（四〇代横綱）を破り、三次（準々決勝）では梅ケ谷押しきりで栃木山（二七代横綱）。準決勝は梅ケ谷押し倒し双葉山（三五代横綱）。

この準決勝の時の吉田アナの言。

「双葉山の四つ身か梅ケ谷の押しか、たがいに得意の体勢をとった方に分があると見てい申したが、立ちあがりざまいちはやく双葉山右からおっつけようとしたとき、梅ケ谷左をきかして突きはなしておいて、とっさにアゴを引き、右へまわって右の上手前まわしを引き申した。双葉山やむなく左をのぞかせ申したが、勝手悪く、強引に攻めて右ノド輪で攻めたてようとし申した。アゴを引いている梅ケ谷、手順に左からおっつけて攻め上げたかとおもうと、右まわしを引きつけ、そのままどっと東赤房前に攻めこみ申した。双葉山必死にこらえ申したが、なにぶん左差し手をしぼられているために腰が浮きかげんとなり、やむを得ず左からむりやりすくい投げを打ち申した。そのためかえって体勢くずれるところを、梅ケ谷とっていた右上手まわしを右外ハズにかけかえてぐっと押すとともに腰をつきつけざま、右ハズをのばして押し倒し申しました」

決勝——梅ケ谷押し出し太刀山（二二代横綱）。この決勝戦の吉田アナの言。

「立ちあがりざま太刀山猛然もろ手突きにいって、一挙に突き飛ばそうと、両かいなをひいた瞬間、低く出た梅ケ谷ぱっともろハズ、そのままいっさんに押しせまって東土俵へ押し出し申した」

双葉山の右四つの完成された型。寄り、上手投げ、粘りの二枚腰、六九連勝は歴代一位であり、太刀山の「四五日一突き半（ひと月半と懸けている）」と呼ばれた猛突っ張り、「仏壇返し」と言われた呼び戻しの荒技、五六連勝及び四三連勝の実績があり、歴代随一といわれる特技を持つそれぞれの横綱を、梅ケ谷は強烈な押し、寄りを中心とした万能の技を駆使して圧倒している。

この選士権大会の様は誰が一読しても納得いく結果であることだろう。

前述した『大相撲』誌には「古今強豪七〇傑物語り」（相撲評論家・三宅充筆）と題して、力士の星取表がすべて明らかになった宝暦一一年（一七六一）一一月場所以降、昭和三八年当初までの全力士から、強豪七〇傑を選抜して簡単に紹介している特集もあり、その評価として強さの程度を「AAA」、「AA」、「A」、「B」、「C」、「D」級と六段階にランク付けしている。このランク分けは、三宅充筆者がいろいろな成績をもとに熟慮した上でのものであるが、それによると、「AAA」の最上級の評価を得た力士は六名いる。谷風梶之助、雷電為右衛門、梅ケ谷藤太郎、常陸山谷右衛門、太刀山峰右衛門、双葉山定次である。雷電以外は横綱であるが、横綱では現在（平成二〇年まで）梅ケ谷藤太郎の幕内勝率九割五分一厘は破られていない。連勝記録の五八連勝一敗をはさんでの三五連勝も、双葉山、谷風に次いで傑出した偉大な記録である。

最強の横綱は誰か。相撲に興味を持つ者としては、一度は誰もが抱く命題であろう。今まで列挙した以外でも、『古今横綱大辞典』（読売新聞社、昭和六一年八月）の「各界名士に聞く歴代横綱六〇人のベスト5」アンケートでは、谷風、太刀山、初代梅ケ谷、常陸山、栃木山を挙げている。

また『大相撲への招待』（講談社、平成四年五月二〇日）の中で、三宅充は「古今最強力士一二傑」と題して、約二世紀の大相撲の歴史の中で最強といわれる力士を厳選し、「ふるいにふるいをかけて残ったのが一二名」

と前置きして、谷風、小野川、雷電、稲妻、陣幕、初代梅ケ谷、常陸山、太刀山、栃木山、双葉山、大鵬、千代の富士を挙げている。

時代が変わり、科学の進歩、経済の発展と共に、食文化や体格の大型化・重量化、そして国際化など、一律に推し量ることはできない面は多々あるが、相撲は日本の国技である。相撲文化は少なくとも、心・技・体を一体と考えるべきではないだろうか。最強の横綱はこの心・技・体を備えていなければならない。

こう見てくると、何のかけ引きなしで、梅ケ谷藤太郎の最強は疑いない事実であろう。このことに加え、相撲協会正・副取締二八年二カ月にわたっての数々の実績は刻苦精励の結晶であり、「相撲道中興の祖」と仰がれる所以である。

二 「梅ケ谷江戸日記」

浪曲界屈指の二代目鹿島秀月が演ずる「梅ケ谷江戸日記」は、彼が最も得意とする演題でもあるのだが、大阪から江戸へ出てきた上方相撲あがりの梅ケ谷が、ふとしたことで江戸の新門辰五郎の贔屓するところとなり、江戸（東京）相撲で大活躍、横綱にまで昇進する物語である。

新門辰五郎との関わりは、「俠艶出世幟」の作品と中身が類似している点はあるが、そこで語られているのは、大雷・初代梅ケ谷の辛苦に耐え、どん底からはいあがる強靭な根性と負けじ魂、そして人間として弱者をいたわり、分け隔てなく接していく博愛の精神、己に厳しく、他者にはどんな時でも春風つまり誠意をもって接する、ある意味では帰依した仏者に劣らない姿である。

そうした人間性は後の世の人々が今なお多く語り継いできているように、梅ケ谷藤太郎の生きざまであり、人間としての魅力の偉大さなのである。

三　幸助餅

「幸助餅」は、講談や芝居で有名な出し物の一つである。

大阪阿波座の乾物屋の主人幸助は大の梅ケ谷のファンで、大阪相撲時代から熱狂的な贔屓にしていた。梅ケ谷が上京して東京相撲に入り出世していくと、もう大阪にじっとしておれなくなり店の商売もそっちのけで、ありったけの金を持ち出して東京へ来て金をばらまいた。その内家運が傾いて破産してしまい、下町の裏長屋に住む始末となってしまった。女房のお玉の説得で目ざめた幸助は、家運を挽回しようとするが資金がない。女房の昔芸者をしていた富田屋から五〇両の金を借りて、女房の実家の商売である餅屋を始める段取りとなった。

幸助は以後、決して相撲には関係しないという条件で富田屋から五〇両を借り受け、帰宅途中道頓堀の丸万という料亭の前まで来た時、ばったり大阪巡業中の梅ケ谷外付人数人に出くわした。梅ケ谷は幸助が零落しているとはつゆしらず、付近の料理屋に誘った。酒もまわった頃梅ケ谷は「今度三池通りで相撲をやるが、昔のよしみで御支援をお願いしたい」と持ち出した。幸助も早く自分の現状を明かせばよかったのだが、今更言い出しにくく、宴の後、今借りてきた大金で勘定を済ませ、四〇両ばかりが残ったので祝儀として与えてしまった。

家に帰った幸助から事の顚末を聞いた女房はかんかんに怒り大喧嘩となった。この騒ぎに驚いて駆けつけた大家の吉兵衛や隣家の清水善吉が仲に入り、それでは梅ケ谷の宿に行ってその祝儀を取り戻して来てやろうということになり、南の岸沢屋を訪ねて「あの祝儀を返してやって下さい」と二人は懇願した。

「いまお話を聞いて初めて事情がわかりました。しかし御祝儀は返すわけにはまいりません。あれは力士として御祝儀に頂いたお金です。御祝儀といえば力士がお客様方から頂戴する食碌で、昔ならば大名の扶持米なのです。これをいちいちお返ししていたのでは、力士の生活が立ちません。私自身としてはお返ししてもよろしいのですが、といって今お返しすれば、相撲取り仲間に悪い例を残します」

これを聞いた二人はカンカンになって悪態を残して帰っていった。二人はいろいろ相談の末、奉賀帳を作り、幸助の旧知を尋ねて金策に奔走したところ約五〇両程の金が集まり、幸助は辛うじてその金で餅屋を開店させることができた。

開店の日は大変な景気で、午後三時頃には売り切れとなった。吉兵衛、善吉、幸助夫婦が大喜びで奥の間で祝の酒宴をやっている処へ、羽織・袴の礼装した梅ケ谷が弟子・力士ら三〇人程を連れて「今日は誠にお目出度うございます」と挨拶をし、あっけにとられている吉兵衛らに、

「このあいだは、おいで戴き、祝儀を返せと仰せられたからおことわりしたのですが、ただ貸してくれとおっしゃるのなら御恩になった幸助旦那のこと、五〇両はおろか、一〇〇両、一〇〇〇両でも都合つけましたものを、あなた方は私が引きとめするのを振りきり怒られてお帰りになられましたので、どうすることもできず私としても残念でした。どうか先日のことはご勘弁下さい」

と真心を込めて謝罪し、水引きの金包みと、大八車数台の餅米、砂糖、あずきの俵を差し出した。祝辞の後、

力士一同が持ってきた明荷を開き、化粧まわしを締め、店先で梅ケ谷を頭に力強い四股を踏み固め、目出度く手締めの式を行って幸助餅の前途を祝福した。

この梅ケ谷の祝儀のうわさは大阪中の評判となり、その後幸助餅は非常な繁盛を続けたという。

この美談は既に講談や芝居、浪曲などにも脚本化されているが、後日談として、梅ケ谷はよくこのことを尋ねられ、

「昔はのぼせた相撲好きの人がいましたね。相撲取りの方も応援してくださる方にあまり無理をさせないようにしないといけませんよね」

と語ったという。

第五章　初代梅ケ谷藤太郎没後の動き

初代梅ケ谷藤太郎追善相撲興行

梅ケ谷藤太郎は昭和三年（一九二八）六月一五日に没したが、地元福岡でも偉大な横綱の死は深い悲しみで受け止められた。夜空にきらめく一等星が突然流れ星となって消滅した感があった。偶像として常に民衆の中にあった実像がなくなり、心の中にぽっかりと空洞ができてしまった郷里の村人も、何か寄りかかっていた柱が急に抜けてしまった感じであった。

翌昭和四年、東西合併して三年目の大日本相撲協会の相撲巡業は飯塚、後藤寺の興行の後、一〇月一八日から五日間、博多呉服町小学校跡で興行を行い、二二日の千秋楽では、呉服町出身の故福柳（最高位関脇。大正一五年フグ中毒で死去）の追善式も計画されていた。このことを察知していた、梅ケ谷を恩師として仰いでいた大濱光三（相撲協会九州目代）を中心とした関係者たちは、呉服町の巡業のあとを継いで、昭和四年一〇月二八日、梅ケ谷の地元杷木昭和橋通り南の大石放水路で日本大角力「恩師初代梅ケ谷追善興行」を挙行した。そこは奇《く》しくも梅ケ谷の少年時代の奉公先・弥吉酒場へと続く道筋にあった。

番付は東方横綱常ノ花、大関常陸岩・同張出大ノ里。西方横綱宮城山、豊国・同張出熊代潟をはじめ総勢五百余名、勧進元大濱光三であった。前売券六拾銭・当日壱円の木戸通券は飛ぶように売れ、盛況の一日となった。

梅ケ谷藤太郎の追善式は賑やかな裡にも厳粛に行われた。桟敷の正面高くに安置されていた故人の大位牌は写真と共に正面の溜りに迎えられ、午後二時頃、普通であれば一〇枚目（十両級）の取り組みに入る頃から、尊師を始め衆僧の読経で始まった。遺族・近親の焼香は、地元の兄弥平の子孫、縁続きの人々などであり、続いて勧進元・大濱光三が重恩をこめて焼香した。来賓の焼香では紋付袴の井筒、高砂取締以下年寄連の焼香があり、二時半過ぎ、東西幕内力士の土俵入りと共に力士が一人ずつ溜りに降りたって焼香した。続いて横綱常ノ花・宮城山が壮厳華麗で重厚な土俵入りを行った。一瞬空気の流れがやみ、場内のざわめきは水が引くように止まった。

井筒取締のあと、大濱が再び霊前に進み出て、恩師の偉大な業績を、壮重に、そして哀惜の情を込めて弔辞を述べた。それは改めて梅ケ谷藤太郎の、相撲界での実績と貢献の大きさをまざまざと思い知らされる一瞬となった。地元の観衆は、忘れかけていた福岡県を代表する相撲界の大先達がいかに壮絶な人生を歩んだかを想起させられた。

記念碑の建設

梅ケ谷藤太郎の碑の建設は、彼が没した昭和三年の翌年から持ち上がってきていた。七年に発起人大濱光三、設立者蔵内次郎兵衛（築上郡築上町上深野生まれ。父保房の炭坑の事業に携わった後、公共の事業に多大な貢献をした）、世話人志波村長林辰五郎、永野貫一（のちの村長）、梶原藤一（紙商）など九名が立ちあがり、具体的な計画案を作成していった。

場所は志波村梅ケ谷の生誕地にという考えもあったが、地元はもとより、広く、そして気安く訪れて、横綱梅ケ谷の業績、遺徳を偲べる場所として、観光地であり福岡博多の奥座敷ともいわれる志波原鶴温泉街北側入口が選ばれた。

発起人大濱光三は、記念碑を梅ケ谷の郷里・志波の里に何が何でも建立し、恩師に酬いようとしたのであった。碑には梅ケ谷を陰から支えた頭山満の雄渾な筆で「初代梅ケ谷藤太郎之碑」と揮毫された。

頭山は黒田藩馬廻り役筒井亀策の三男として福岡西新に生まれ、民権伸長に発した玄洋社を平岡浩太郎らと興し、国権主義をとなえたが、日本大相撲に関しては、朝鮮・満州方面への巡業開催に支援を惜しまなかった。また、孫文などアジア各国の独立運動家たちを支援するなど、波瀾万丈の人生であったが、昭和一九年秋に九〇歳で亡くなった。

除幕式は当地原鶴で、昭和九年三月二七日に挙行される計画であったが、種々の事情で延期となり、昭和九年一一月三

梅ケ谷公園記念碑除幕式。中央は第32代横綱玉錦三右衛門（『杷木町50周年記念写真集』より）

日横綱玉錦を迎え梅ケ谷の偉大な業績を称えると共に記念碑の禊《みそ》ぎの式であた。玉錦は三二代横綱で幕内成績三〇八勝九二敗一七休、優勝九回。昭和一三年一二月四日、現役三四歳の若さで没した。

除幕式当日の模様について、昭和九年一一月四日付の「福岡日日新聞」は次のように伝えている。

初代梅ケ谷記念式除幕式　碑前で玉錦一行の土俵入り

明治時代の横綱初代梅ケ谷藤太郎関の記念碑除幕式は三日午前十時より梅ケ谷の出身地福岡県朝倉郡志波村原鶴で興行小野神官の修祓《しゅうふつ》の後志波小学校児童除幕をなし奏楽裡に降神行事あり次で浮羽郡大石村で興行中の横綱玉錦一行が記念碑前で土俵入りをなし小野神官の祝詞《のりと》銘酒梅ケ谷醸造元主人の祝辞あり郡内各町村長幕内力士相撲協会代表等恭《うやうや》しく玉串を捧げ次いで餅搗き行事後昇神あり正午閉式したが参列者多く盛大であった。

（原文のまま）

記念碑は台座・碑合わせて四メートル余の高さで、見事なものであったが、昭和二八年六月二五日の筑後川大洪水による原鶴堤防の決壊によって碑域は荒廃してしまった。

記念碑の改修再建

九州場所が始まった翌年、つまり昭和三三年（一九五八）一一月、福岡における大相撲九州本場所打ち上げ後、たまたま日本相撲協会理事長の時津風定次は九州本場所の地元役員上野浪男、前田正徳と相携えて、前田が経営している原鶴温泉前田荘に泊った。

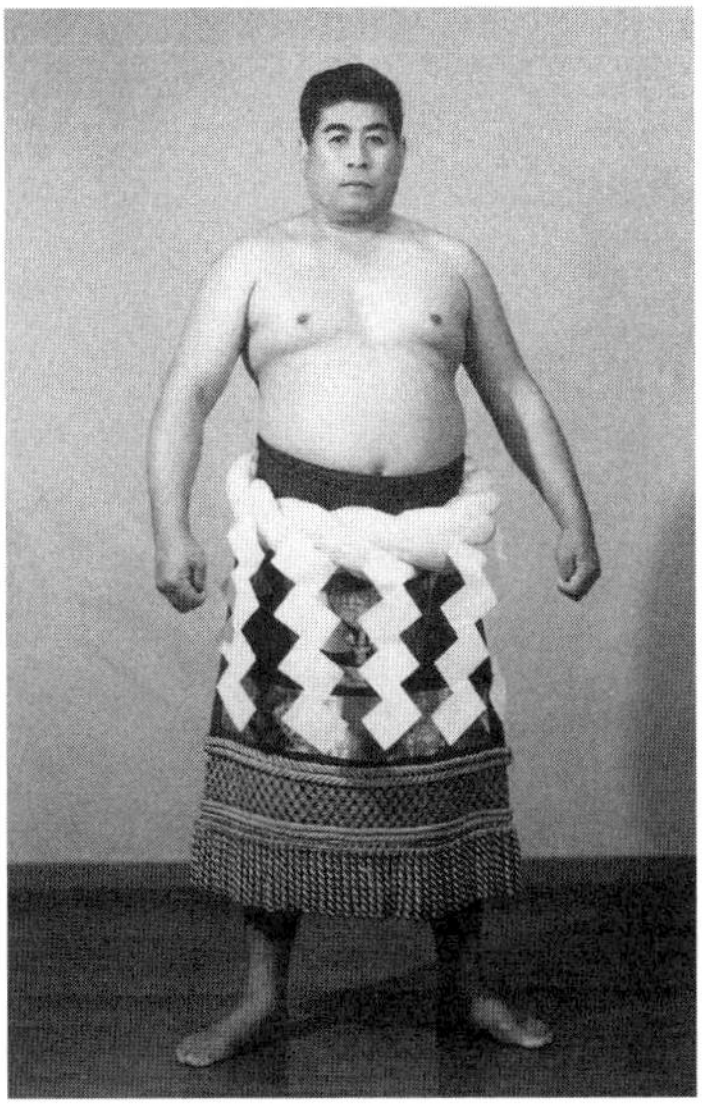

地方相撲でならした横綱前田正徳・福岡県相撲協会理事（前田家提供）

双葉山と原鶴前田荘にて。後列左から２番目が双葉山（前田家提供）

上野は、大相撲九州場所の興隆に寄与している福岡溜《たまり》会副会長で、昭和三二年一一月の初九州場所の誘致に尽力した立役者であった。本人も若い頃は出身地田主丸の宮相撲で活躍した根っからの相撲好きで、双葉山との親交が深い福岡市中洲中島町料亭老松の当主であった。前田も若い頃は宮相撲の横綱を張っていたし、福岡県相撲協会理事を務め、溜会の幹部でもあった。

この原鶴に逗留中、時津風理事長は、相撲界の大先達である一五代横綱梅ケ谷の碑のあまりにも荒廃した様を目のあたりにして、必ず早急にこれを改修再建することを上野・前田両人と固く誓ったのであった。

時津風は六九連勝の偉業をなしとげた、あの三五代横綱双葉山定次である。時津風にとって、大横綱梅ケ谷とは「常に精進研鑽し、精神と土俵を一体化した相撲道の聖人」として崇拝し、目標としてきた人物である。しかも所属していた立浪部屋は、雷部屋つまり、梅ケ谷部屋とは一門という切っても切れない縁があった。福岡と大分という同じ北部九州出身の大先輩としての梅ケ谷の実績に対する畏敬の念と追慕の情は、改めて碑に接することによって熱いものとなったのである。

時津風の連勝記録六九連勝が不滅であるように、梅ケ谷の幕内勝率九割五分一里（九五・一％）の記録もまた不滅なのである。その精神の根源の地は、この両筑平野と筑後川に抱かれた杷木志波梅ケ谷なのである。

時津風は、東京に帰ると、直ちに相撲協会の役員会並びに力士一同と相図り、国技館開創五〇周年記念事業の一環として、財団法人日本相撲協会のもとに、大横綱梅ケ谷藤太郎記念碑を再建することを決議した。

顧みると、梅ケ谷の尽力により明治四二年（一九〇九）に建設された国技館も、菊花展での火災をはじめ、再建途中での台風、そして震災、戦災、敗戦による接収、蔵前への移設、そして両国に戻ってきた新国技館と、これら流転の歴史は、これまた梅ケ谷の人生そのもののように思えるが、梅ケ谷のゆるぎない相撲道に対する信念が礎となっていることを相撲関係者は今でも認識しているのである。

再建の気運は地元においても常々あったわけで、この千載一遇の好機にあたり、前述の上野浪男、前田正徳の発起により、広く地方有士の協賛を得て、横綱梅ケ谷記念碑再建委員会を結成した。

建設委員長には地元選出国会議員中島茂喜、副委員長に福岡県会議員で福岡県相撲協会長である佐藤徳次郎、地元志波選出県会議員森高健一、甘木より県会議員森田欽次、杷木町長飯田鉄次その他一二名の世話人を選出した。

明けて昭和三四年大相撲夏場所終了後の五月三一日、財団法人日本相撲協会は東京蔵前国技館において、第一五代横綱梅ケ谷藤太郎追善相撲大会を開催したが、当代横綱栃錦・若乃花・朝汐をはじめ、全力士の出場により、本場所以上に盛り上がる大会となり、興行としても大成功を収めた。

この興行には、唯一の直系子孫愛孫の辻岸子も来賓として招待された。また梅ケ谷の名声にあやかり、商標権を得て現在なお操業を続けている福岡県嘉麻市大隈の老舗より銘酒「梅ケ谷」が献納された。

この日本相撲協会の追善相撲による拠金、及び地元杷木町はもとより、九州その他各地の有志の多大な協力、志波生産森林組合、原鶴観光協会などの支援を受け、横綱梅ケ谷記念碑は旧地の南方一〇〇メートル余の地点、筑後川のほとり原鶴温泉街の北入口の景勝地に、昭和三四年一一月に移設・改修し完成した。

三横綱と銘酒「梅ケ谷」。初代梅ケ谷追善相撲興行。於国技館。左から若の花，栃錦，朝汐（永富保一郎氏提供）

志波宮舟地区出身の建築家太部友之の設計に基づき、基壇を土俵に見たてて象《かたど》り、中央に昭和九年建設の碑石、頭山満筆の「初代梅ケ谷藤太郎之碑」を据え、その前面に文学博士和歌森《わかもり》太郎の撰文銘板石を配した。和歌森（大正四年～昭和五二年）は歴史学者・民俗学者で専門は日本史・民衆史・修験道史などであるが、相撲を愛好し、日本相撲協会内の相撲教習所開設に尽力し、同教習所の相撲史講座を晩年まで担当した。

撰文で彼は、

「今や角界隆昌のうちに国技館開創五〇周年を迎え、日本相撲協会は追慕の情やみがたく、その郷里に碑を建てんとし、余に文を請う。余も亦深くこれに賛同し因って略伝を叙し、永久に銘ぜんとす」

と梅ケ谷を称えている。

碑の右前に時津風理事長（元双葉山）が揮毫した「初代梅ケ谷之碑標」の標石を設置し、前回及び今回の建設に協力した人々の芳名標を左前方に配した。この芳名標の中に敷地寄贈者田中幸多郎・梶原藤一・矢野玄三・吉瀬豊吉（矢野玄三は昭和九年は友吉ともある）の名がある。この公園の建設は石工・小田部安兵衛、基壇施行・林一二三、園地の整理及び樹木は内山緑地建設によって行われた。なお四九年八月には、初回の建立からの碑の建設の経緯について記述した志波生産森林組合の説明碑が建てられている。

現在、この公園内の基壇には、頭山満揮毫の碑石を中心に、五基の碑が配置され、日々訪れる町人はもとより、今なお敬慕やまない梅ケ谷巡歴の人々は、その偉業の陰にあるたゆまざる梅ケ谷の努力に肯顧《こうこ》し去来していくのである。

梅ケ谷公園

公園内にある双葉山揮毫の碑標

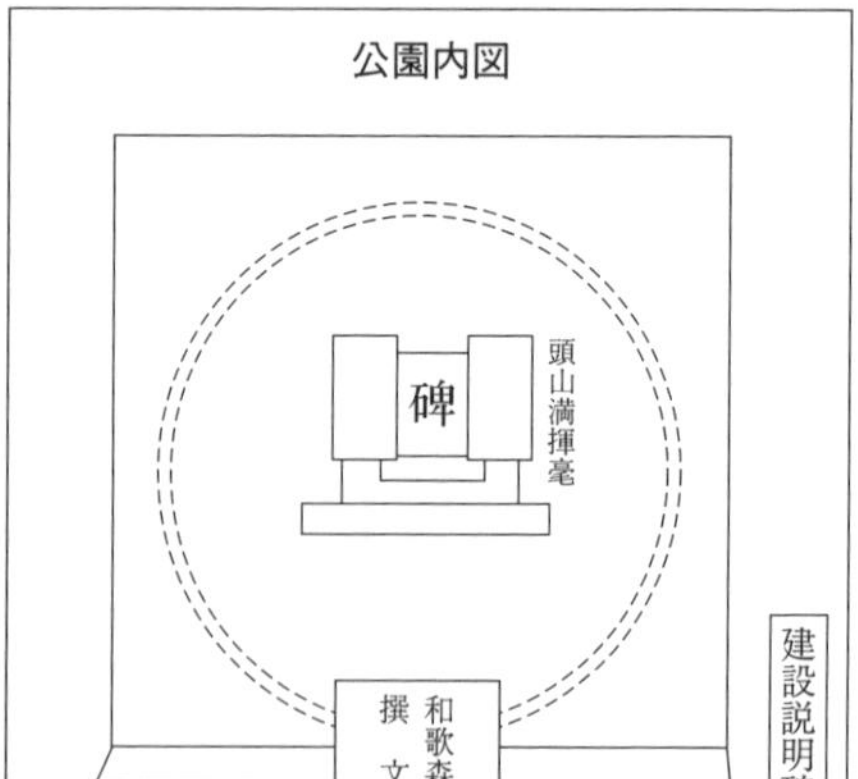

顕彰会の努力

梅ケ谷藤太郎は、福岡県が輩出した二人の横綱の内の一人であることは知られていても、その全体像を知る人は地元でも少なくなってきていた。そんな中、地元では、梅ケ谷地区選出の町議会副議長の田篭政美を中心に顕彰の気運が昂まり、梅ケ谷の地区常会、そして町に提出する地区の要望にも、記念像や記念館建設の声があがってきた。

平成六年一一月二日、愈々梅ケ谷地区の顕彰会を結成し（発足は平成七年三月二五日）、会長に藤太郎の兄弥平の末裔小江誠之助を選出した。実行委員長に田篭政美を据え、副会長二名、実行委員七名、会計一名を選出し、早速活動を開始した。

この後、町のイベント「日迎《ひむかえ》の里フェスティバル」において、「町おこし塾」、「どすこい」のメンバーなど共に梅ケ谷顕彰キャンペーンを行い、気運は盛り上がった。

平成七年三月には町内二カ所に横綱梅ケ谷の錦絵大看板が設置され、四月にはかねがね準備が進んでいた「日迎の里杷木」と銘打って杷木町観光陶板レリーフが出来上がった。杷木町の観光をPRする陶板絵で、横綱梅ケ谷、原鶴温泉の鵜飼、高山《こうやま》の昇龍観音像をモチーフとしたもので、杷木町の中心街・杷木バス停前に設置された。陶板絵は縦二メートル、横一〇メートルのすばらしいレリーフである。

町の顕彰会立ち上げ

梅ケ谷地区の顕彰会活動は広がりを増し、町全体の活動へと発展し平成七年九月一九日、杷木町の「第一五代横綱初代梅ケ谷顕彰会」が結成された。会長は町長熊谷昭巳、副会長に町議会議長井手信彦と小江誠之助他二名、理事には議会副議長の田篭政美を筆頭に町行政役員をはじめあらゆる団体の長を網羅した三五名、監事二名（一名は兼任）とがっちりとした基盤が確立された。

町顕彰会の目的を「郷土が誇る第一五代横綱初代梅ケ谷藤太郎の輝かしい功績を広く顕彰することで、地域の活性化と文化の振興に寄与すること」と位置づけ、この事業目的に従って事業の活動を開始した。

一一月四・五日開催の「日迎の里フェスティバル」では、顕彰会推進委員、「町おこし塾」、「どすこい」、朝羽高校相撲部ＯＢなどによる様々なイベントを展開し、福岡相撲甚句会、あじわいクラブ、久喜宮保育所児童、友綱部屋魁皇関と多彩な出演でフェスティバルを盛り上げた。

このような顕彰会の活動に伴い、梅ケ谷の生家跡を訪れる人も増えてきたため、この年の暮れ生家跡地及び駐車場の整備を行った。爾来活動の幅も広がり、平成八年二月には杷木町社会教育総合センター・らくゆう館落成式に合わせ、顕彰会手持ちの資料約二〇点に吉井町壇浦店所蔵の錦絵を加えた展示会を行ったが、来観者に大好評であった。

八月には杷木町相撲甚句会（林益實会長）が誕生し、福岡相撲甚句会や大和相撲甚句会と三味線に合わせた発会式では自慢ののどを披露したが、益々顕彰の熱は昂揚していった。

ひと月前の七月、原鶴温泉ではハーブフェスティバルが行われ、これに合わせて「初代梅ケ谷の足跡」と銘打って資料展示と顕彰のアピールに努めている。

この時の展示会場となったのが、故前田正徳（前福岡県相撲協会理事）が設立したホテル「前田荘」であった。前田は横綱故双葉山とも親交があったので、双葉山にまつわる品々も展示された。

鵜飼いの漁を終えて

原鶴温泉といえば、福岡県有数の温泉地で、泉源は志波村の里人橋本徳平、小野長作によって明治一四年（一八八一）一一月に発見された。早速、戸長権藤七作は福岡県令渡辺国武に官地借用と試掘願いを提出し、何回かの掘削を試みた。大正四年（一九一五）には五八メートルまで掘削し、六〇度の泉脈を得た。マグネシウム、鉄を主泉質とした単純泉で、リューマチ、神経痛、皮膚病、婦人病及び疲労回復に効果があり、大分県の久住の温泉脈が二日市温泉に通じている中間をなしているのでは、と言われている。現在は河原だけでなく旧畑地にも一〇〇メートル余のボーリングがなされ、五〇～五八度の熱湯が湧出し、九州一円はもとより、全国に「いやしの里湯」として知られるに至った。

一方、「くぐり鵜《う》の頭うちぶる火の粉かな」（内藤春甫）との作句があるように、長良川と並ぶ鵜飼（町指定文化財）の名所としても知られ、五月二〇日の筑後川の川開きから秋一〇月まで、旧来伝統の漁法に魅了されて、客の絶え間がない。この漁法は江戸初期から盛んに行われているが、既に霊亀二年（七一六）には朝廷に鮎を貢進したと木筒は伝えている。

伝統を代々引き継いでいるのが筑後川北岸宮舟地区の梶原・赤星両家、それから川向こうの臼井家である。川岸梶原家の西側には筑後川鵜匠一同による「鵜の墓」があり、傍には杷木露草俳句会による「鵜達の心通へる綱捌《つなさば》き」（三猿子）の碑がある。

現在、原鶴温泉では地域おこしに懸命で、ハーブフェスティバルは地元の「湯里おこし会」が主催しているが、域内の梅ケ谷藤太郎公園の整備や、福岡県第一号（平成九年四月開設）となった道の駅「原鶴」通称「バッサロ」では、顕彰会のチャンコのバザーや初代並びに二代梅ケ谷の「横綱免許状」、「太刀持免状」、その他梅ケ谷の遺品などの資料展示にも積極的な支援を惜しまないでいる。

この横綱免状などは貴重な文化遺産であるが、これらの蒐集には、二代目推進委員長田篭政美の尽力が大きかった。顕彰会草創期、田篭らは初代梅ケ谷の資料を求めて八方手を尽くしていた。東京の相撲博物館にも足を運び、当時の館長若乃花（四五代横綱）にも資料の蒐集協力を願い出ている。町おこし塾長溝田繁和、塾推進役で顕彰会推進委員の高倉久年、平田悌子、金子雪枝、どすこい会の伊藤まゆみなども協力して調査研究、資料の蒐集が進められたのである。

わんぱく相撲選手権

昔から筑前・筑後一帯は相撲の盛んな地域である。それは、神仏に対する五穀豊穣への祈願や感謝の表現であったし、無病息災への祈りでもあった。そんな年の節目節目の祭りの中で、相撲は奉納という形で営まれてきた。それは大人だけのものではなく、健やかでたくましく生きる願いを込めて遊びの少なかった子どもにも幅を拡げ、村落構成の一員である自覚認識をも植え付けていた。しかし、時代の推移と共に村祭りの中で相撲は次第に姿を消していった。

町や顕彰会では横綱梅ケ谷の地元として、彼の輝かしい偉業と、その人間としてのすばらしい生き方を子どもたちに伝授していく立場から、久喜宮日吉神社、松葉の神田山神社、松末の野津手八幡宮などの宮相撲における支援を続けている。

わんぱく相撲

日本大相撲九州場所開催に多大な貢献をした福岡の「溜会」は、発会三〇年記念事業として、昭和六一年一一月二四日に「わんぱく相撲九州大会」を九州本場所土俵で開催したが、このような状況にあって、福岡県の相撲連盟主催の第一六回わんぱく相撲選手権大会が、平成一〇年九月に杷木町町民グラウンド相撲場で行われた。この開催にあたり、杷木町の教育委員会、体育協会は勿論であるが、顕彰会の尽力も見逃せなかった。

福岡県相撲連盟会長永岡厳は、

「第一五代横綱、初代梅ケ谷藤太郎生誕の地杷木町で県わんぱく相撲選手権大会が盛大に開催されることは誠に意義深いものがある」と述べ、青少年の健全育成に一層の尽力を誓ったが、この後毎年、町顕彰会は九月第一日曜日（後年、時期の変更あり）に町内はもとより、近隣在郷の子どもを集め、盛大にわんぱく相撲大会を開催している。

平成一一年、顕彰会会長に新しく町長となった林隆信が就任した。林は町おこしの一環として梅ケ谷顕彰に積極的な姿勢を示した。一方、初代推進委員長だった小江誠之助が三月に退任し、田篭政美にバトンをタッチした。四月の統一地方選を期に人心の一新を計ったのである。

小江誠之助は退任にあたって、

「去る平成七年、初代梅ケ谷顕彰会設立準備時より四年余にわたり、私はその重責の座にあって非才ながら皆様の温かいご指導を賜り、お蔭をもって大過なく今日を迎えさせて戴きましたことを心より感謝申上げます」と述べ、傍系ながら、地元に住んでいる末裔として、自らも初代梅ケ谷藤太郎に関する小冊子を作成するなど顕彰の先陣を切ることができたことを、ひとまず安堵したのであった。

顕彰会の事業はソフト面ではかなりの成果をあげてきていた。毎年の日迎の里フェスティバルの催しは、年々盛況をきわめ、特に当代人気力士らのフェスティバルへの招待は見ものであった。一〇年には横綱曙、関脇高見盛、一一年旭鷲山と、桐山部屋の力士と日頃接することの少ない町民らは相撲世界への関心を高めたのであった。

一二年一〇月、顕彰会は町外への資料の公開を開始した。早速大相撲九州場所中である福岡国際センター正面ロビーに梅ケ谷藤太郎の資料を展示するのであるが、この時の顚末を推進委員の高倉久年は「アクロス福岡での資料展示の波及効果がてきめんに現れ、杷木町志波出身の梶原氏より、福岡国際センターに展示したらとのお話で、即手配して戴きました」と前置きして、次のように「梅ケ谷顕彰会だより」(五号)で述べている。

「展示中は、桐山親方(元黒瀬川)も立ち寄られましたし、秀ノ山親方(元関脇長谷川)も免許状を珍し気に見ておられました。梅ケ谷が現役時代に物語にもなった有名な大一番(略)大達との天覧相撲時の一時間近くの熱戦のことをよく話して頂いた方は、行司の木村さんだったそうです。九州場所中、大半の力士や大勢の観客の方に、杷木町と一五代横綱梅ケ谷をＰＲできたのではないかと思っています」

待望のブロンズ像建立

顕彰会悲願の一つ、ブロンズ像建立の気運が高まってきたのは平成一一年頃からである。かねがねこのことについては、羽黒山をはじめ双葉山、雲龍の生誕地などを視察するなど、記念館や顕彰像建立の構想は徐々に固まりつつあったのであるが、莫大な資金調達が必要なためそのチャンスを窺い続けていた。

梅ケ谷藤太郎顕彰におけるハード事業は、昭和三四年の原鶴公園内での記念碑群の建設以来、生誕地整備以外にはとりたてて大きなものはなかった。

昭和六二年、藤太郎の生家は老朽化で倒壊の恐れが出たためやむなく解体された。復旧保存がなされなかったことはかえすがえすも残念である。彼の生きざまである象徴的遺産がまた一つ消えてしまった。

跡地は解体の後整地され、一部は駐車場となり空漠としていたが、その跡地に手数入り姿の石像を建立した。この石像は原鶴温泉街にあったものであるが、杷木町顕彰会が生誕地に移設した。一・六メートル四方の基壇には土俵をあしらい、側前面には伝説ともなった碾き臼の同形のものをはめ込み、その上の堂々として四股を踏む雲龍型手数入りの雄姿は、はるか東方東京を眺望し、その顔貌は初志貫徹を果たした晴れ晴れとして自信に満ちた男の魂の輝きがある。像が完成したのは、平成八年六月一五日、彼の六九回忌命日であった。

像の左隣には「初代梅ケ谷藤太郎出生地」と刻した黒御影石（棹一・七メートル）の碑を配している。建之は昭和五七年五月で、志波生産森林組合である。

また生誕地には平成一一年三月一〇日、初代若乃花（本名花田勝治）より梅の木が寄贈された。これは梅ケ谷藤太郎生誕一五〇周年を記念したもので、杷木町議会が国会陳情の折、町長をはじめ議員で相撲博物館長であった若乃花を表敬訪問していた経緯があっての縁である。

若乃花は戦後の相撲界が生んだ名力士で、栃錦と数々の名勝負を演じ、「土俵の鬼」との異名をとった。引退後は二子山部屋を一代で大部屋に築き上げ、その後理事長を務めたが、訪問時は引退して相撲博物館長に就任していたのである。

この頃、町長林隆信をはじめ、議員ら町政の幹部は、停滞している町の活性化・地域おこしの目玉を模索していた。かつて甘木－日田を結ぶ日田往還の中間に位置する杷木町は、交通の要衝であり、政治・経済の重要な位置を占めていた。歴史的に重要な史跡、文化遺産も多く観光資源にも恵まれていたが、今や都市集中型の社会構造の波によって往時の面影は薄れて来ていたし、人口の漸減や産業の停滞はどうしようもなく、これらの閉塞感からの脱却を目指していた。

平成一三年には一町三村（杷木・松末・久喜宮・志波）が合併し、杷木町が誕生して五〇周年記念の年で、丁度二一世紀初頭の転機を標榜するのにふさわしい節目の年であった。

この時期を目標にして、町の顕彰会は組織の拡充と募金活動を促進することを決め、早速会員獲得の趣意書が作成された。顕彰事業はブロンズ像建立一本にしぼられ、杷木町出身者を中心に広く寄付の賛同者を募った。しかし目標額には程遠く、町内外有志の浄財寄付を目指して特別寄付の趣意書を作成し、戸別訪問など精力的な寄付活動を展開していった。林隆信会長をはじめ二代目推進委員長田篭らの決意は固かった。どうしてもこの期にブロンズ像の建立だけでも完成させたかった。このような草の根運動が効を奏し、顕彰会の会員数も一三〇〇人を超えた。

平成一二年、ブロンズ像建設地を原鶴地域振興センター・サンライズの玄関左側、国道386号線沿いと定めて以来、像は宇佐市にある双葉山の立像・台座を参考にすることとし、早速夜須町の彫刻家塙《はなわ》和道に製作を依頼した。

ブロンズ像は平成一三年一〇月に完成し、一一月三日、除幕式典が行われた。町政施行五〇周年記念行事に合わせた顕彰会の一大イベントであった。顕彰会役員はもとより、長年にわたり積極的に活動をしてきた推進委員の感激はひとしおであった。式典に招待された日本相撲協会時津風理事長（元大関豊山・本名内田勝男）は、梅ケ谷藤太郎の業績を称え、

「日本相撲界において、数々の偉大な業績を残された梅ケ谷藤太郎大先輩が、こんにちのような形で故郷の方々に再認識されていますことに感謝と敬意を表します。故人のこれらの業績を鏡として、今後町の活力とされようとしている姿は、きょうの雨のように『雨降って地固まる』のたとえの如く一層町の発展に寄与することでしょう」

との祝詞を述べた。

この当日の梅ケ谷藤太郎ブロンズ像除幕式及び祝賀会の模様について、推進委員の土谷朝子は次のように報告している。

平成一三年一一月三日は、第一五代横綱梅ケ谷藤太郎顕彰会推進委員にとりましては、忘れることのできない思い出深い一日となりました。

町政施行五〇周年記念行事と同時に、サンライズ広場に待望の梅ケ谷藤太郎銅像の完成。雨の中、相撲協会理事長（元大関豊山）時津風親方をお招きし、顕彰会会長林町長、推進委員長田篭さん、元気な

地元こども力士のかけ声と共に幕がひかれ、除幕式がおこなわれました。輝く雄姿を皆様の前にご披露でき、「感無量」とても嬉しゅうございました。

式典は、サンライズ大ホールにて行われました。相撲協会理事長さんご挨拶の中に、雨降って地固まる、今日のこの雨はすべての生命に欠くことのできない大切なものだと言われ、杷木町発展の将来につながるであろう、と蘊蓄《うんちく》のある祝辞をいただきました。

我が町が生んだ偉大な横綱、梅ケ谷藤太郎の顕彰が、青少年の健全育成、また地域活性化につながればと、林町長、推進委員一丸となり、会員募集、ブロンズ像建立のための特別寄付などのお願いに努力致しました。多くの方々のご理解、ご賛同を頂き、多額の浄財をたまわりましたことは、皆様が郷土の「杷木町」を愛して下さっていることだと心強く感じました。この大切な郷土が益々あたたかな微笑のある、心ゆたかな町になればと希望しております。

式典の後は原鶴温泉スカイホテルにて、ご賛同ご支援いただきました皆様と粗宴でありましたが祝杯をあげることが出来ました。懐かしい顔、顔、町内外の皆様と和気あいあいのなか幕を閉じることができました。ありがとうございました。

最後に、林顕彰会会長、田篭推進委員長を先頭に皆様方の頑張り、努力に心より尊敬と感謝を申し上げます。

（「梅ケ谷顕彰会だより」六号より）

ブロンズ像建立で一段落した活動のお礼を、顕彰会推進委員長田篭政美は「顕彰会だより」（六号、平成一四年）の中で述べている（季節の挨拶の部分省略）。

梅ケ谷顕彰会発足以来八年目を迎え、会員数もお陰をもちまして一三〇〇名を超えましたことを改めてお知らせし、感謝申し上げます。

「さて昨年は二一世紀のスタートの年であり、また、町政施行五〇周年という本町にとりましては忘れることのできない意義深い年でありました。この意義ある年に、梅ケ谷顕彰会事業の一環であります横綱初代梅ケ谷藤太郎のブロンズ像が杷木町を始め、町内外の会員各位のご理解ご協力によりまして、道の駅『原鶴』横のサンライズ杷木広場に昨年、一一月三日（文化の日）に我が町が誇りとする第一五代横綱梅ケ谷藤太郎のブロンズ像建立除幕式を執り行うことが出来ました。これもひとえに会員皆様のご協力の賜物と深く感謝しお礼申し上げます。

なお、当日は日本相撲協会の時津風理事長を始め、町内外多数の方々のご臨席をいただき盛大な除幕式でありました。今は亡き横綱梅ケ谷藤太郎もさぞかし喜んでいることと思います。

除幕式後、ブロンズ像周辺整備を行い、梅ノ木の記念植栽や夜間照明を取り付け、本年四月末日を以って立派に完成いたしました。会報発行を機にご報告申し上げ、哀心より厚くお礼申し上げます」

初代梅ケ谷のブロンズ像

ブロンズ像建立事績

建立日　平成一三年一一月三日

建立者　杷木町梅ケ谷顕彰会

製作者　彫刻家　　塙　和道

碑文書　顕彰会副会長　田篭政美

石　工　日野組　　日野義章

立　像　ブロンズ仕上げ

　　高さ　二・五メートル

　　重さ　七〇〇キログラム

台　座　御影石仕上げ

　　幅　　一・七メートル

　　奥行　一・四メートル

　　高さ　一・六五メートル

土　俵　御影淵石・御影石俵・砂利敷

　　縦　五・七五メートル　横　五・七五メートル

　　高さ　〇・二五メートル

なお除幕式では、杷木出身で日本相撲協会甚句会全国師範の大勇（池田正則）が「一五代横綱梅ケ谷」の甚句を朗々と詠んで花を添えた。

　一五代横綱梅ケ谷

筑前原鶴出湯の町ヨー
アー杷木志波生まれの快男児
一五代なる横綱を
かざりし初代梅ケ谷
大阪相撲で名をあげて
幾多の難関乗り越えて
忍耐努力と実力で
優勝九回快記録
全勝八回輝いて
無敵の五八連勝
展覧相撲の土俵入り
威風堂々晴れ姿
郷土自慢の名力士
のちに一〇代雷は
大雷とうたわれし

国技相撲の功労者
本日記念の除幕式
あげてお祝いヨーホホイ
アーもうしますヨー

顕彰会はブロンズ像建立のあと英気を温め、次の目標に向かって着々と準備を進めているが、平成一八年、杷木町は甘木市・朝倉町と合併し、新市・朝倉市となった。新市となった環境の中で如何に顕彰を進めていくか、現在盛り上がった焔を絶やすことなく会委員一同は認識を新たにしているところである。

資料編

■初代梅ケ谷藤太郎の年表

＊取り組み成績の表記　分＝引き分け　休＝休場

元号（西暦）	年齢	記事	相撲界の動き
弘化2年（1845）	1	3月3日　小江藤太郎、後の第15代横綱梅ケ谷藤太郎は、筑前国上座郡志波村梅ケ谷1882番地（現福岡県朝倉市杷木志波梅ケ谷）に、父・小江藤右衛門（51）、母・トメ（39）の次男として生まれる。兄・弥平（18）姉・アサノ（10）。 7、8カ月になると、母親は野良仕事に困り、16キロもある碾《ひ》き臼（石臼）にくくり付けていたが、そのまま庭をひきずり這い回っていた。	天保11年11月に横綱免許を受けた宇土市出身の不知火諾衛門は、帰坂して、頭取湊由良衛門となり、大坂相撲再興に尽力し、内弟子の育成につとめていたが、後の藤太郎の大坂時代の師匠の先代にあたる。
弘化3年（1846）	2	この年の暮れ、甘木庄屋町（現朝倉市甘木）相川卯兵衛・藍染紺屋に両親の夫婦奉公に連れられていく。	
嘉永3年（1850）	6	身長、体重共に同年輩の子どもたちを遙かに凌駕して、宮相撲などで圧倒的な強さを発揮する。 村内の処々で作男の傍ら、寺子屋・塾で学び始める。	
嘉永4年（1851）	7	この頃より小野幾太郎、山鹿主計などから読み書き、そろばん、習字などを学んだが、学ぶことで貧乏から抜け出そうと、必死の努力を重ねる。	2月　本中力士百余名が取り組み日数の不公平に抗議して回向院念仏堂に籠城する。
嘉永6年（1853）	9	3月　甘木の不取川清助（大坂相撲頭取・湊由良衛門の「目代」）と父親は上方力士にすることを約する。	6月　ペリー浦賀に来航し、江戸相撲は親善余興の場で相撲を披露する。

安政3年（1856）	12	筑後国大石（現うきは市大石）の弥吉酒場（造り酒屋）へしこみ男として奉公する。米谷米搗き場でも働く。	
安政5年（1858）	14	佐賀蓮池藩崎村（現神埼市）の兵働医院へ奉公する。作男の傍ら宮相撲で頭角を顕わす。冠者宮での力石担ぎ大会で優勝する。	
安政6年（1859）	15	筑後の宮相撲、草相撲の雄、四股名「小桜」こと中津留伴三郎と覇者を争う。以後中津留伴三郎に指導を請う。	
文久元年（1861）	17		9月　雲龍久吉、第10代横綱になる。
文久2年（1862）	18	晩春、江戸・大坂合併相撲の梅ケ枝・天津風一行が甘木に巡業で来た折、「梅ケ谷」の四股名で飛び入り活躍する。 12月下旬　大坂相撲入門をめざして出立する。甘木の紙商　松屋重兵衛と同道して瀬戸内海を東進、大坂雑魚場港橋に着く。	
文久3年（1863）	19	1月10日　大坂相撲頭取・湊由良衛門を堂島に訪ね、不取川清助からの紹介状と共に入門を請う。 1月　湊部屋に入門する。 6月　大坂相撲番付外で初土俵。	3月　不知火光右衛門、第11代横綱になる。
元治元年（1864）	20	6月　初めて番付の東下から2段目尻より13枚目に四股名が付く。	

慶応元年（1865）	21	5月　東二段目24枚目。	
慶応2年（1865）	22	5月　東中頭3枚目。	
慶応3年（1867）	23	6月　東中頭4枚目。近畿地方世情不安定で九州巡業続行。 6月　父・藤右衛門（73）死去。 11月　大坂相撲、地方巡業で郷里筑前国山田恵蘇宿に来る。東方大関を張る。	10月　陣幕久五郎、12代横綱になる。 12月　江戸相撲横綱・陣幕久五郎帰坂する。
慶応4年 9月8日 明治元年（1868）	24	6月　西中頭1枚目（9勝1敗）。 9月　西中頭1枚目（興行中止）。	4月　大坂坐摩神社で天覧相撲が行われる。 4月　大坂相撲独立、2場所制興行になる。
明治2年（1869）	25	3月　東小結（6勝1敗1分）。 8月　東関脇（6勝1分3休）優勝。	この場所から東西別々の2枚「番付」だったのが、東京と同じ1枚番付となる。 2月　鬼面山谷五郎、13代横綱になる。
明治3年（1870）	26	3月（延期して4月）　東大関（病気休場）。この場所、上位陣の休場者が多数出たため京都方を迎え、大阪東方、京都西方で取り組む。 9月　大阪・京都合併相撲、西大関（9勝1預かり。1敗	

		ともある）。 12月　大阪相撲を辞し、東京相撲を目指して上京する。	
明治4年（1871）	27	2月　平戸出身、筆頭（現理事長）・年寄・玉垣額之助の門に入る。 3月　東京相撲、初土俵2日目まで本中、3日目より幕下格付出（7勝1敗）。 11月　西十両格（7勝1分2休）。	
明治5年（1872）	28	4月　西十両9枚目（9勝1休）。 11月　西十両7枚目（3敗6休）。	この頃より春・冬2場所制となる。女性の2日目以降入場可となる。太陽暦採用（12月3日）。
明治6年（1873）	29	4月　西十両5枚目（6勝2敗1分）。 12月　西十両4枚目（6勝2敗1休）。	高砂浦五郎は相撲改革を迫り、相撲会所より除名され、改正組を組織する。
明治7年（1874）	30	3月　西十両筆頭（7勝2分）。 東京大相撲初土俵より十両までの戦績 （7場所〔3年9カ月〕） 総取り組み数＝64 勝ち数＝42、負け数＝8、引き分け＝4 預かり＝0、休場＝10 最優秀成績（優勝）＝3回、勝率＝8割4分 9月　年寄大嶽の娘・行と結婚する。 12月　新入幕、西前頭6枚目（8勝1分）。幕内初優勝	

		（最優秀成績者、以降同呼称）。堅忍不抜、歯を食いしばっての精進、初志貫徹の悲願に一歩近づく。	
明治8年（1875）	31	4月　西前頭5枚目（6勝1敗2休）。 長女センが生まれる。	
明治9年（1876）	32	1月　西前頭4枚目（5勝2敗1分1休）。 4月　西前頭2枚目（3勝1分5休）。 4月20日　東京都武蔵国本町元町2番地に転居。 10月　甘木で地方巡行。 10月31日　「秋月の乱」で反徒の逮捕に協力、大活躍する。	相撲禁止論の中、社会奉仕のため力士たちが「消防別手組」を組織する。この頃より春夏2場所制となる。 12月　境川浪右衛門、14代横綱になる。
明治10年（1877）	33	1月　西前頭筆頭（8勝1休）2回目優勝。 6月　新三役西小結（7勝1分1休）3回目優勝。 12月　西関脇（9勝0敗）4回目優勝・3連続優勝。	
明治11年（1878）	34	6月　西関脇（4勝1分1預かり3休）。 9月28日　妻行、死去。	3月　押田音次郎（後の2代目梅ケ谷）生まれる。 5月　会所・改正組合体する。 角觝営業内規できる。
明治12年（1879）	35	1月　初大関・西大関（6勝3分）。 6月　西大関（5勝1預かり3休）。	春夏2場所制となる。 師匠・玉垣額之助、引退。
明治13年（1880）	36	1月　西大関（4分5休）。 5月　長州藩の「抱え」を番付に冠する。	

		5月　西大関（9勝0敗）5回目優勝。	8月　玉垣額之助、死去。
明治14年（1881）	37	1月　西大関（7勝1敗1分）6回目優勝、58連勝（明治9年4月春場所初日投石に勝って以来この場所8日目小結荒虎までの連勝記録。9日目、東大関・若島に敗れる）。 5月　西大関（8勝1休）7回目優勝、3連続優勝。 5月　東京会所より一代年寄待遇で現役のまま弟子を持つことを許される。 5月　辻貴美と再婚する。	
明治15年（1882）	38	1月　西大関（全休）。 6月　西大関（5勝1分3休）8回目優勝。	
明治16年（1883）	39	1月　東大関（6勝3休）日本相撲界頂点に立つ。 5月　東大関（3勝6休）。	5月　角觝営業内規則改正（筆頭↓取締、筆脇↓副取締、組頭↓組長、中改め↓勝負検査役）。高砂浦五郎が相撲会所の取締となって全実権を握る。
明治17年（1884）	40	1月　東大関（7勝1分1休）9回目優勝。 2月19日　第15代横綱・吉田追風・五条為栄両家より横綱免状及び持太刀免状を授与される。 3月10日　天覧相撲。お浜離宮遼遠館において行われ、梅ケ谷の土俵入りは、太刀持＝大鳴門、露払＝剣山が務める。天覧相撲正取り組みの横綱・梅ケ谷対大関・楯山	3月　天覧相撲が行われ、東京市民の相撲への関心が高まる。

年	年齢	事項
		（若島改め）では、はたき込みで梅ケ谷の勝利。その後梅ケ谷対大達の「御好み一番」では二度の水入りとなり、壮絶な死闘を繰り返し、左四つのまま引き分けるという歴史に残る大一番となる。 5月　東横綱大関（7勝2敗）。
明治18年（1885）	41	1月　東横綱大関（3勝3敗3休）。 5月　東横綱大関（全休）。 12月21日　引退、正式に第10代雷権太夫を襲名する。 東京大相撲、入幕以降の戦績（22場所（12年間）） 総取り組み数＝142 勝ち数＝116、負け数＝6、引き分け＝18 預かり＝2、休場＝56 最優秀成績（優勝）＝9回（全勝8回） 勝率＝9割5分1厘（歴代横綱第1位） 連勝記録＝58連勝（歴代第3位。富岡八幡宮境内に「超五十連勝力士碑」あり。この時点で第2位）。他に35連勝がある。 プロフィール＝身長176cm／体重124kg／得意手はハズ押し・突っ張り・左四つ・寄り
明治19年（1886）	42	1月　両国元町3番地（現墨田区両国2丁目17番地）の自宅に、雷権太夫の看板を掲げる。 2月　年寄・組長。

		12月　勝負検査役。	
明治20年（1887）	43	5月　副取締就任。 9月　境川正取締が死去のため、梅ケ谷が正取締に就任し、編輯人も兼務する。	5月　相撲会所を「東京大角觝協会」と改称する。給金、番付、昇降など力士の待遇改善、及び年寄名跡の限定などを改正する。 10月　義父・大嶽門左衛門死去。
明治21年（1888）	44	東京大角觝協会内の紛議で辞職を申し出るが、本所元町署長の説得で取締を続行する。	
明治22年（1889）	45	1月　取締改選で、正取締＝高砂浦五郎、副取締＝梅ケ谷藤太郎。	相撲会所を「東京大角力協会」と改め、年寄を88名とする。 相撲常設館建設計画持ち上がる。
明治23年（1890）	46	8月　兄の小江弥平（63）死去。 12月　夏の富山巡業で剣山が見出した押田音次郎と入門固めの杯をして小江家（梅ケ谷藤太郎）の養子とする。	5月　初代西ノ海嘉治郎が初めて番付面で横綱として登場する。
明治25年（1892）	48	6月　押田音治郎、序ノ口・梅ノ谷音松でデビューする。	
明治26年（1893）	49	1月場所後の取締改選で、正取締＝梅ケ谷藤太郎・副取締＝高砂浦五郎。	
明治27年（1894）	50	1月　正取締＝高砂浦五郎、副取締＝梅ケ谷藤太郎。 4月　母トメ（88）死去。	高砂「永世取締」を宣言する。

明治29年（1896）	52	正・副の取締の撤廃により、取締＝高砂・梅ケ谷。	1月　協会の「申合規則」、中村楼事件によって改正される。 3月　小錦八十吉、17代横綱になる。
明治31年（1898）	54	5月　5年ぶりに梅ケ谷、正取締になる。	高砂、取締を引退する。
明治33年（1900）	56	梅ケ谷、協会の立て直しに奔走する。 5月　養子・梅ノ谷、大関に昇進する。	4月　高砂死去。 11月　陣幕久五郎が東京深川八幡宮境内に横綱力士碑を建立する。
明治34年（1901）	57	7月　娘・セン、梅ノ谷音次郎と結婚する。	4月　大砲万衛門、18代横綱になる。
明治35年（1902）	58	1月　梅ノ谷音次郎、二代目「梅ケ谷藤太郎」を襲名する。センに長男・金太郎誕生する。 初代梅ケ谷は、取締・雷権太夫として、協会の運営に全力を傾注する。	
明治36年（1903）	59	6月　女婿の二代目梅ケ谷、20代横綱となる。 10月　雷（梅ケ谷藤太郎）は少年時代の恩人・兵働龍潜の墓前で土俵入りを果たす。 センに長女・岸子誕生する。	梅・常陸の相撲黄金時代の到来。 常陸山谷右衛門、19代横綱になる。
明治37年（1904）	60		8月　天覧相撲で初代梅ケ谷と大相撲を演じた大達が死去。

明治39年（1906）	62	大相撲常設館建設委員長を務め、資金の調達に奔走する。	帝国議会に「大相撲常設館国庫補助に関する建設案」上程する。
明治42年（1909）	65	6月　建設委員長として全力を尽くした悲願の「国技館」が両国回向院内に竣工する。開館式6月2日、板垣退助が委員長を務める。	5月場所より優勝制度設定される。千秋楽にも幕内力士取り組む。
明治44年（1911）	67	東京・大阪両協会が絶交状態となり、一方東京相撲では新橋倶楽部事件などで雷は事件収拾に没頭する。	新橋倶楽部事件で、力士側は協会に対して配当金、養老金などの改善を要求する。
大正4年（1915）	71	6月　雷（梅ケ谷藤太郎）、正取締引退。正取締19年6カ月、副取締8年8カ月　計28年2カ月にわたって東京大相撲の陣頭指揮を執り、大相撲の国技としての真価を世に示し、ゆるぎない隆昌の基盤を作りあげた。協会は、偉大な功績と人徳に対して、「大雷」の尊称を贈る。 6月　2代目梅ケ谷に年寄・雷の名跡を譲る。11代雷権太夫となる。	6月　2代目梅ケ谷一行、アメリカ巡業に出る。
大正5年（1916）	72	5月　相撲記者碑、法界萬霊塔を回向院境内に建立する。 6月　2代目梅ケ谷、勝負検査役に就任する。	
大正6年（1917）	73		11月　初代梅ケ谷建立の国技館が炎上する。
大正10年	77	5月場所後、2代目梅ケ谷副取締就任（この後、昭和元年	

(1921)		まで務める)。	
大正11年 (1922)	78	1月　後妻・貴美死去。 3月　娘・セン、2代目梅ケ谷と離婚する。 3月　初代梅ケ谷の青年時代の師・中津留伴三郎死去。	
大正12年 (1923)	79	9月　大地震により大部分の家財を消失する。	9月　関東大震災で国技館が損壊する。
昭和2年 (1927)	83	9月2日　2代目梅ケ谷藤太郎(50)死去。	1月　東西両協会が合併し、大日本相撲協会となる。
昭和3年 (1928)	84	第15代横綱初代梅ケ谷藤太郎(本名・小江藤太郎)死去。昭和3年6月15日午前8時、老衰のため、84歳(83歳3カ月)を一期として、東京都墨田区両国2丁目17番地の自宅で、家族に見守られ、相撲界古今最高の巨星は天寿を全うした。 諡号＝本雄院大雅日藤居士 菩提寺＝東京都大田区池上2丁目10番17号　実相寺	1月　ラジオの相撲実況中継放送始まる。 仕切りの制限時間設けられる。

■梅ケ谷藤太郎没後の関連事項

昭和4年（1929）	10月　杷木昭和橋通り南、大石放水路において、初代梅ケ谷追善相撲を開催する。勧進元は大濱光三。	
昭和9年（1934）	3月　福岡県朝倉郡（現朝倉市）杷木町志波原鶴の公園に「第15代梅ケ谷藤太郎碑」と「顕彰碑」を建立する。除幕式は11月3日、第32代横綱玉錦が土俵入りで花を添える。	
昭和16年（1941）	5月　番神山政三郎（本名長谷川政三郎）最高位・前頭2枚目が12代雷権太夫を襲名する。	5月　横綱一代年寄制が実施される。
昭和34年（1959）	5月　日本相撲協会は蔵前国技館で第15代横綱・梅ケ谷藤太郎追善相撲を開催する。 11月　昭和9年3月に建立した顕彰碑群を改修し、杷木町志波原鶴60番地の景勝地に移設する。時津風理事長（35代横綱・双葉山）揮毫の碑標など5碑を配置する。	
昭和50年（1975）	1月　宇田川勝太郎（本名宇田川秀雄）最高位前頭3枚目が、13代雷権太夫を襲名する。	12月　財団法人日本相撲協会設立50周年記念式典が東京会館で挙行される。
昭和53年（1978）	1月　羽黒岩盟海（本名戸田智次郎）最高位小結が、立浪部屋より移籍して、14代雷権太夫を襲名する。	
平成7年	3月25日　梅ケ谷藤太郎の地元で「梅ケ谷地区顕彰会」を設立する。	

（1995）	7月30日　梅ケ谷の孫娘・辻岸子（93）が東京都北区中十条2－6－9で死去。岸子の死去により、梅ケ谷藤太郎（本名小江藤太郎）の直系は途絶える。	
	9月19日　杷木町は「15代横綱初代梅ケ谷顕彰会」を結成する。	
平成8年（1996）	10月　杷木町志波梅ケ谷の生誕地に土俵入りの石像及び記念碑を建立し、併せて初代若乃花（45代横綱）寄贈の梅の木を植樹する。	
平成9年（1997）	9月　杷木町（現朝倉市杷木）の15代横綱初代梅ケ谷顕彰会は、梅ケ谷の横綱免状、持太刀免状、その他の遺品を社会教育総合センターに展示する。	
平成10年（1998）	9月　福岡県わんぱく相撲選手権大会を杷木町民グラウンドで行う。この後毎年、顕彰会はわんぱく相撲大会を開催する。	
平成11年（1999）	3月31日　「15代横綱初代梅ケ谷藤太郎の横綱免状、持太刀免状」が杷木町・現朝倉市文化財に指定される。	
平成12年（2000）	11月　福岡国際センターでの大相撲九州場所で15代横綱初代梅ケ谷藤太郎の資料を展示する。	
平成13年（2001）	10月　杷木町梅ケ谷顕彰会は「第15代横綱初代梅ケ谷藤太郎」のブロンズ像（高さ立像2・5ｍ、台座1・6５ｍ）を、杷木町原鶴「サンライズ杷木・原鶴地域振興センター」玄関横に建立する。同地に日本相撲協会は銅像建立記念樹「梅の木」を寄贈する。この年以後においても顕彰会は色々な事業を企画し、郷土の偉大な力士の顕彰活動を続けている。	
平成19年（2007）	8月　梅ケ谷藤太郎関連の遺品「横綱免状」などを朝倉市に移す。	

■第一五代横綱初代梅ケ谷藤太郎東京大相撲本場所取り組み全成績表

○＝勝ち　●＝負け　×＝引き分け　△＝預かり　休＝休場　最優秀成績＝優勝

元号	年	月	番付	勝敗	初日	二日目	三日目	四日目	五日目	六日目	七日目	八日目	九日目	十日目（千秋楽）	備考
明治	四	三	幕下付出	七勝一敗	（番付外 木中と取る）	（番付外 本中と取る）	○真崎	○藤ノ戸	○達ケ崎	○投石	○玉風	●武蔵潟	○達ケ関	○甲	
〃	四	一一	西十両格	七勝一分二休	○達ケ崎	×武蔵潟	○達ケ関	休	○一文字	○八雲潟	○四方山	○境野	○烏帽子岩	休	
〃	五	四	西十両九	九勝一休	休	○達ケ崎	○達ケ関	○真崎	○一文字	○甲	○四方山	○荒獅子	○烏帽子岩	○藤ノ戸	
〃	五	一一	西十両七	三敗六休	●境川	●高砂	●投石	休	休	休	休	休	休	（千秋楽は幕下以下の出場）	
〃	六	四	西十両五	六勝二敗一分	●境川	●手柄山	○立神	○弥高山	○一力	○投石	○松ケ枝	○真崎	×達ケ崎		
〃	六	一二	西十両四	六勝二敗一休	●境川	●雷電	○投石	○達ケ崎	○達ケ関	○小野ケ崎	○真崎	○弥高山	休		
〃	七	三	西十両筆頭	七勝二分	○投石	○勝ノ浦	×雷電	○四海波	○若島	×手柄山	○荒虎	○真崎	○小野ケ崎		
〃	七	一二	入幕 西前頭六	八勝一分	○朝日森	○投石	○境川	×雷電	○佐ノ山	○若島	○四海波	○勝ノ浦	○荒虎		最優秀成績
〃	八	四	西前頭五	六勝一敗二休	休	休	○佐野山	○境川	○若島	●勝ノ浦	○手柄山	○四海波	○投石		
〃	九	一	西前頭四	五勝二敗一分一休	○出釈迦山	○達ケ関	○浦風	●雷電	○境川	○若島	●勝ノ浦	×手柄山	休		
〃	九	四	西前頭二	三勝一分五休	○投石	○荒角	○小野ケ崎	×雷電	休	休	休	休	休		
〃	一〇	一	西前頭筆頭	八勝一休	○上ケ汐	○荒角	○勝ノ浦	○若島	○浦風	休	○清見潟	○小野ケ崎	○投石		最優秀成績
〃	一〇	六	西小結	七勝一分一休	○白山	○上ケ汐	×勝ノ浦	休	○若島	○四海波	○浦風	○境川	○投石		最優秀成績
〃	一〇	一二	西関脇	九勝	○白山	○藤田川	○上ケ汐	○藤ノ川	○清見潟	○若島	○勝ノ浦	○境川	○浦風		最優秀成績
〃	一一	六	西関脇	四勝一分一預三休	○荒角	○清見潟	×藤ノ川	○上ケ汐	休	休	休	△境川	○若島		
〃	一二	一	西大関	六勝三分	○荒角	×藤田川	○上ケ汐	○藤ノ川	○阿武松（雷電改）	○手柄山	×若島	○浦風	×境川		
〃	一二	六	西大関	五勝一預三休	休	休	休	○藤田川	○響矢	○勝ノ浦	○阿武松	○武蔵潟	△境川		
〃	一三	一	西大関	四分五休	休	休	休	休	休	×勝ノ浦	×響矢	×武蔵潟	×阿武松		
〃	一三	五	西大関	九勝	○稲川	○入間川	○清見潟	○勝ノ浦	○荒角	○浦風	○響矢	○手柄山	○若島		最優秀成績
〃	一四	一	西大関	七勝一敗一分	○島田川	○入間川	○高千穂	○浦風	×柏戸	○響矢	○手柄山	○荒虎	●若島		最優秀成績
〃	一四	五	西大関	八勝一休	○島田川	○入間川	○高千穂	○浦風	○柏戸	○響矢	休	○手柄山	○若島		最優秀成績

〃	一五	一	西大関	全休	休	休	休	休	休	休	休	休	休		
〃	一五	六	西大関	五勝一分三休	○達ケ関	○西ノ海	○浦風	○緋縅	○千羽嶽	×武蔵潟	休	休	休		最優秀成績
〃	一六	一	東大関	六勝三休	○勢	○稲ノ花	○常陸山	○西ノ海	○清見潟	○磯風	休	休	休		
〃	一六	五	東大関	三勝六休	休	休	休	休	休	○武蔵潟	○磯風	休	○楯山（若島改）		
〃	一七	一	東大関	七勝一分一休	○立田野	○伊勢浜	×一ノ矢	○常陸山	○大達	○海山	休	○高見山	○西ノ海		最優秀成績
〃	一七	五	東横綱大関	七勝二敗	○立田野	○稲ノ花	○広ノ海	○海山	○一ノ矢	○武蔵潟	●大達	●高見山	○西ノ海		
〃	一八	一	東横綱大関	三勝三分三休	○清見潟	○海山	○広ノ海	×一ノ矢	休	休	休	×大達	×西ノ海		
〃	一八	五	東横綱大関	全休	休	休	休	休	休	休	休	休	休		

■大阪相撲及び東京相撲外場所の主な成績表

○＝勝ち　●＝負け　×＝引き分け　△＝預かり　休＝休場

元号	年	月	場所	番付	勝敗	初日	二日目	三日目	四日目	五日目	六日目	七日目	八日目	九日目	十日目
文久	三	六	大坂天満砂原	初土俵											
元治	元	六	大坂〃	東下二段尻三											
慶応	元	五	大坂〃	東二段二四											
〃	元	九	京都	西二段一〇	七勝〇敗										
〃	二	三	京都天神	西二段三	六勝〇敗										
〃	二	五	大坂天満砂原	東中頭三	不明										
〃	二	六	京都中相撲	東関脇	二勝八休	○長良	○兜潟	休	休	休	休	休	休	休	休
〃	三	六	大坂天満砂原	東中頭四	不明										
〃	四	一	大坂中相撲	東大関	不明										
〃	四	六	大坂	西中頭一	九勝一敗										
明治	元	九	大阪難波新地	西中頭一	興業中止										
〃	二	三	大阪〃	東小結	六勝一敗一分	○荒馬	○玉桜	○黒雲	●熊ノ岩	○熊鹿毛	○一ノ谷	休	×高越山	○長龍	
〃	二	八	大阪〃	東関脇	六勝一分	○玉椿	○懸車	休	○山田川	○和田	○甲形	×八陣	休	○大勝	
〃	三	三	大阪〃	東大関	全休										
〃	三	九	京都（三都合併）	西大関	九勝一預	○松浦潟	○戸田川	○立縄	○釈迦嶽	○駒嵐	○草風	△嵐山	○滝ノ瀬	○兜潟	○和田ノ森
			この後上京												

〃	七	九	京都（三都合併）	西前頭五	六勝一分二休	○駒嵐	○阿武松	○手柄山	○注連ノ松	×立縄	○鹿島崎	休	休	○音羽山
〃	七	一〇	大阪（東京大阪合併）	西前頭五	四勝一分四休	○一ノ戸	休	○日本嶽	休	×大錦	○高越山	○松ノ音	休	休
〃	八	九	〃	東前頭一	八勝一分	○西ノ森	○象ケ関	○岩見潟	○響矢	×黒岩	○南海	○大錦	○松尾崎	○谷風
〃	八	一〇	京都（三都合併）	東前頭一	二勝七休	○注連ノ松	○磯嵐	休	休	休	休	休	休	休
〃	一〇	一一	九段（三都合併）		五勝一敗二分	○八尾ケ関	○兜潟	○稲妻	○若島	×境川	×浦風	●武蔵潟	○浦風	
〃	一一	九	大阪（東京大阪合併）	片番付 東京関脇	六勝二敗一休	○黒神	○九紋竜	○播磨灘	●君ケ浜	○八陣	○松ノ音	○八尾ケ関	●響矢	休
〃	一一	九	京都（合併）		五勝一敗一休	○紅ケ嶽	○響洋	○勇灘	○西ノ海	●磯風	○小柳	休		
〃	一四	七	大阪（東京大阪合併）	片番付 東京関脇	七勝二休	○御所車	休	○猫又	○真鶴	○海山	○八陣	○松ノ音	○真力	休
〃	一四	七	京都（三都合併）		五勝二分二休	○黒岩	○真鶴	○有馬山	○真力	○八陣	×磯風	×響矢	休	休
〃	一四	八	大阪（東京大阪合併）		四勝一分	○黒威	○勢力	○松ノ音	×響矢	○八陣				
〃	一四	八	大津（〃）		一勝二分	○小柳	×響矢	×磯風						
〃	一四	八	名古屋（〃）		六勝一敗	●真鶴	○海山	○君ケ嶽	○八陣	○不知火	○松ノ音	○響矢		
〃	一四	一二	横浜（〃）		四勝一分一休	○猫又	○海山	○八陣	○不知火	休	×響矢			
〃	一五	三	東京浅草（〃）		四勝一敗一預	△高ノ戸	○君ケ嶽	○八陣	○不知火	●猫又	○響矢			
〃	一五	七	東京馬喰（〃）		五勝一分	○高ノ戸	○猫又	○真鶴	×海山	○響矢	○君ケ嶽			
〃	一五	七	東京久松（〃）		七勝○敗	○高ノ戸	○不知火	○猫又	○海山	○君ケ嶽	○大達	○剣山		
〃	一七	一〇	大阪（〃）		一勝三分三休	休	×鬼ケ谷	○綾瀬川	×九紋竜	×猫又	休	休		
〃	一七	一一	京都（三都合併）		五分二休	休	休	×九紋竜	×磯風	×真鶴	×小柳	×八陣		
〃	一七	一一	名古屋（東京大阪合併）		六勝一敗	○若ノ浦	○岩ケ谷	○六ケ峰	○綾瀬川	○猫又	○西ノ海	●鷲ノ森 五人掛		

初代梅ケ谷藤太郎の家系図

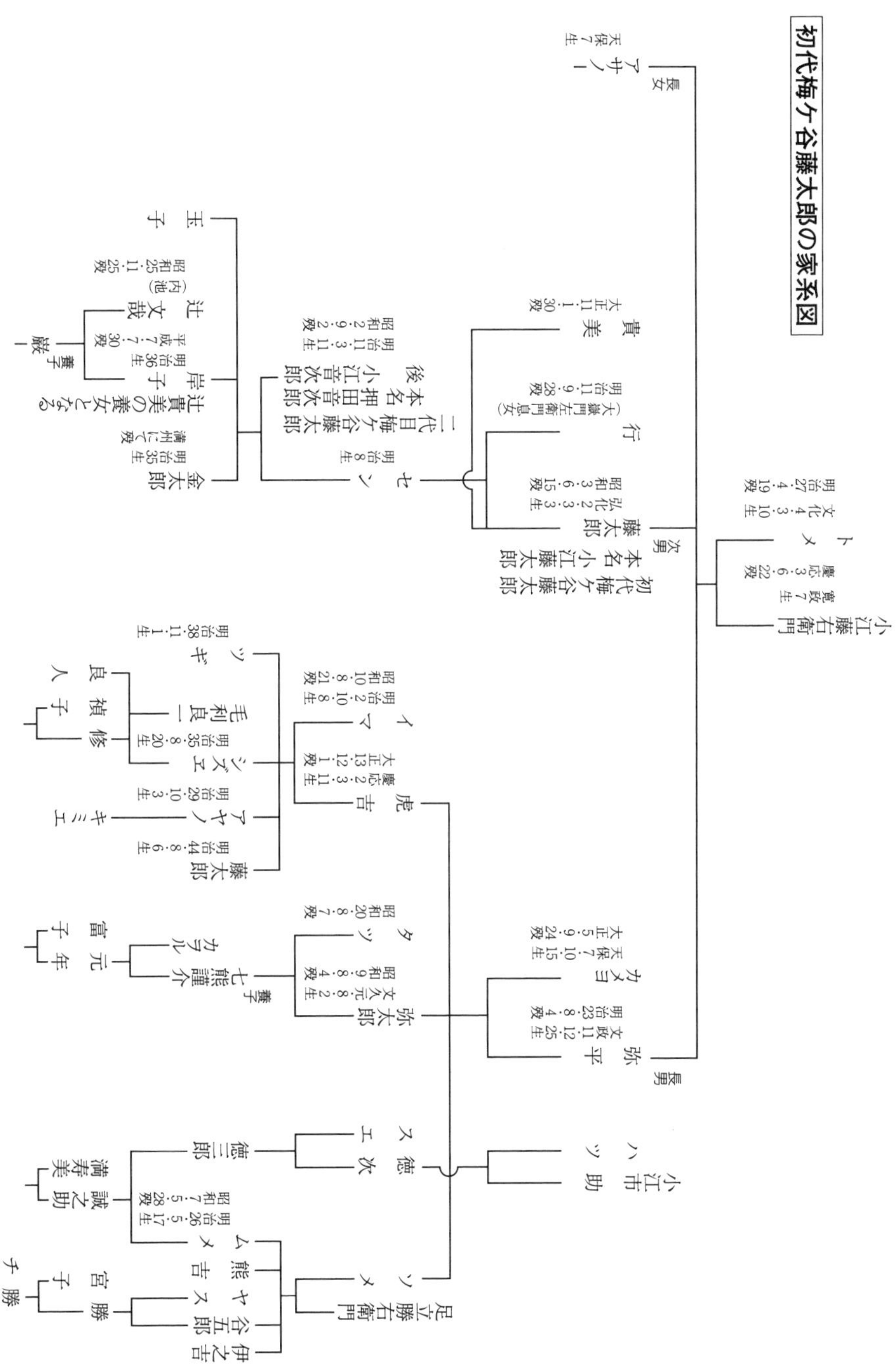

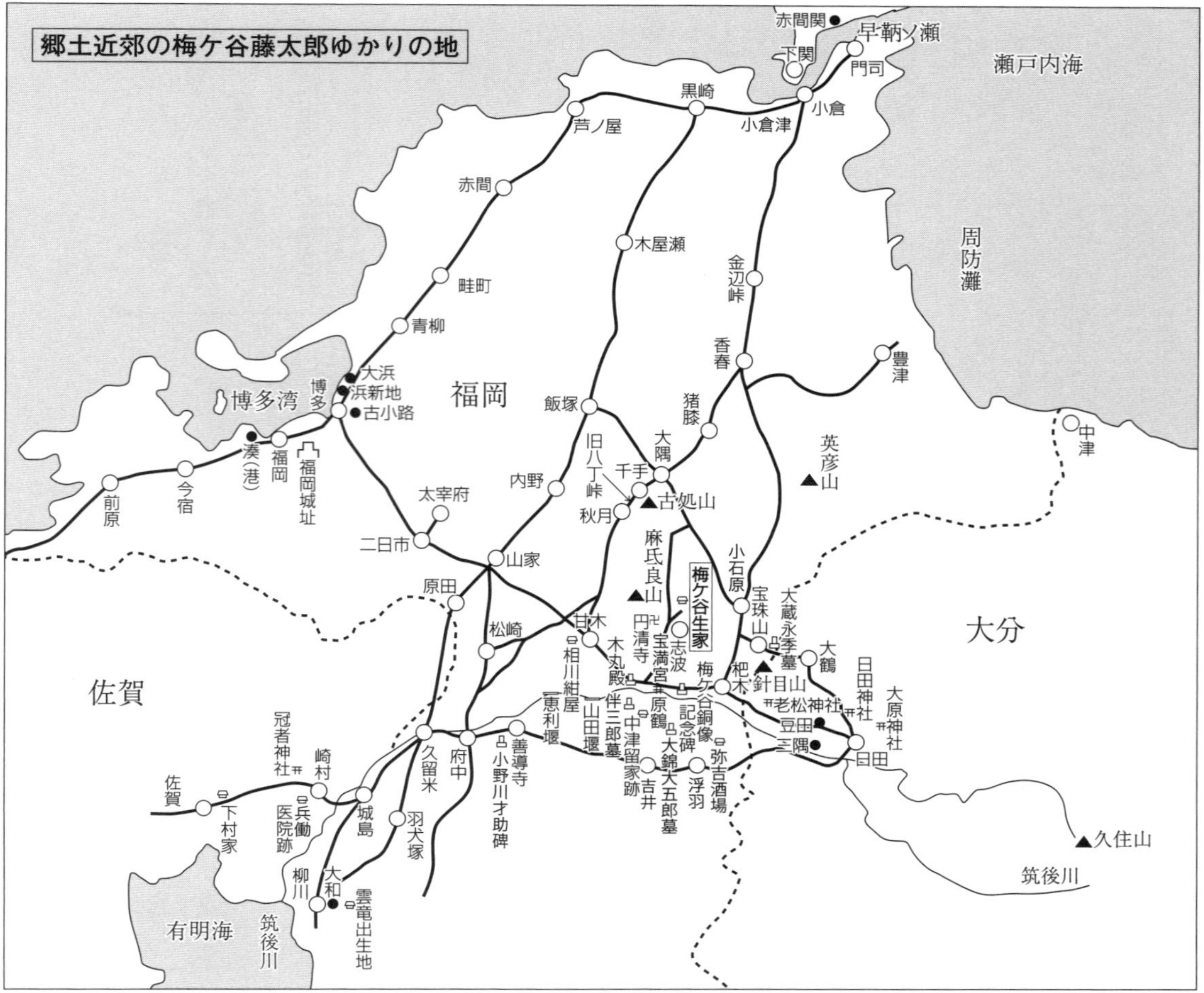
郷土近郊の梅ケ谷藤太郎ゆかりの地
赤間関
早鞆ノ瀬
下関
門司
瀬戸内海
小倉
黒崎
小倉津
芦ノ屋
赤間
木屋瀬
金辺峠
周防灘
畦町
青柳
香春
豊津
大浜
浜新地
古小路
博多
博多湾
福岡
飯塚
猪膝
湊(港)
福岡
福岡城址
今宿
前原
大隈
旧八丁峠
千手
古処山
英彦山
中津
内野
太宰府
秋月
二日市
山家
麻氏良山
梅ケ谷生家
小石原
宝珠山
大蔵永季墓
原田
甘木
円清寺
志波
大鶴
大分
松崎
相川紺屋
木丸殿
宝満宮
梅ケ谷銅像
杷木
針目山
日田神社
佐賀
恵利堰
山田堰
伴三郎墓
原鶴
記念碑
老松神社
大原神社
豆田
冠者神社
崎村
久留米
府中
善導寺
中津留家跡
大錦大五郎墓
弥吉酒場
三隈
日田
佐賀
下村家
兵働医院跡
城島
羽犬塚
小野川才助碑
吉井
浮羽
久住山
柳川
大和
雲竜出生地
筑後川
有明海
筑後川

参考文献・資料

「読売新聞」「秋月の乱報道」読売新聞社、明治九年一〇月二八日
「郵便報知新聞」「秋月の乱報道」郵便報知新聞社、明治九年一〇月三〇日
「読売新聞」「梅ケ谷の大盛宴」読売新聞社、明治一七年五月八日
「東京日日新聞」「大達梅ケ谷を喰う」東京日日新聞社、明治一七年五月二六日
松本瓶喜知編『角觝秘事解』明治一七年
伊藤房太郎『一五代梅ケ谷藤太郎』青眼堂、明治二〇年
「佐賀新聞」「大相撲の報道」佐賀新聞社、明治二一年四月一四日
「福岡日日新聞」「三府合併大相撲」福岡日日新聞社、明治二三年四月二三日
森　春樹『豊西説話』隆文舎、明治二二年八月
好　角生『角力新報　第三号』「伝記雷権太夫之伝」角力新報社、明治三〇年三月
伊藤房太郎『古今名誉力士伝』「一五代梅谷藤太郎伝」青眼堂、明治三〇年八月二九日
上司子介編『相撲新書』「梅ケ谷藤太郎の引退」相撲新書、明治三二年一月
山田伊之助編『相撲大全』服部書店、明治三四年一月一〇日
「佐賀新聞」「梅ケ谷常陸山横綱彙聞」佐賀新聞社、明治三六年六月二一日
「福岡日日新聞」「大相撲の報道」福岡日日新聞社、明治三六年八月三〇日～一一月一五日
武俠世界編『武俠世界　臨時増刊号・相撲特集』武俠世界、大正六年一月五日
「福岡日日新聞」「福岡での大相撲」福岡日日新聞社、昭和四年一〇月一七日

三木愛花『角力雑誌』「横綱一二代梅ケ谷藤太郎」
中山泰昌編『明治編年史　第五巻』「民論大弾圧期」財政経済学会、昭和九年一二月一〇日
加藤　進『大相撲鑑識大系　第二巻』「古今名力士列伝」国民体力協会、昭和一五年五月一五日
鈴木彦次郎『俠艶出世幟』輝文館、昭和一五年一二月二五日
加藤隆世『明治時代の大相撲』国民体力協会、昭和一七年一一月三日
横山健堂『日本相撲史』富山房、昭和一八年一月一〇日
酒井忠正『日本相撲史　上・中巻』大日本相撲協会、昭和三一年六月一日・三九年六月一五日
山田伊之助編『相撲大全』服部書店、昭和三四年一月一〇日
日本相撲協会・梅ケ谷公園保存委員会『初代梅ケ谷藤太郎』日本相撲協会・梅ケ谷公園保存会、昭和三四年一一月
山田　実『伝説と奇談　第二巻第一三号』「大相撲昔話」日本文化出版社、昭和三五年二月一日
北川晃二「夕刊フクニチ新聞」「波乱の人たち（梅ケ谷藤太郎）」夕刊フクニチ新聞社、昭和三七年五月二九日
彦山光三『大相撲　昭和三八年一月号～四〇年三月号』「大相撲黒白草紙」他、読売新聞社、昭和三八年一月～四〇年三月
江馬　盛『大相撲　相撲鑑賞読本　昭和三八年九月号』「古今二十強力士　選士権大会」読売新聞社、昭和三八年八月二五日
シーボルト著／斎藤　信　訳『江戸参府紀行』平凡社、昭和四二年三月一〇日
北川晃二「夕刊フクニチ新聞」「九州名力士伝」夕刊フクニチ新聞社、昭和四四年六月
小島貞二『大相撲　昭和四五年一二月号』「土俵百年裏がえ史第二六話」読売新聞社、昭和四五年一二月一〇日
池田雅雄『相撲』「歴代横綱正伝・初代梅ケ谷藤太郎伝」、「歴代横綱正伝・二代梅ケ谷藤太郎伝」ベースボール・

マガジン社、昭和四八年四・五・六月、四九年五・六・七月
保田武宏『大相撲　昭和四八年八号』「明治相撲繁盛記(27)〜(30)」読売新聞社、昭和四八年八月
筑前国続風土記拾遺刊行会『筑前国続風土記拾遺(中)』筑前国続風土記拾遺刊行会、昭和四八年一〇月一日
能見正比古『横綱物語』講談社、昭和五〇年一一月二〇日
財津永延『日田記史料編(三)』「相撲の紋所と日田一族」文献出版、昭和五二年四月四日
吉井町誌編纂委員会『吉井町史　一・二・三巻』吉井町、昭和五二〜五六年
杷木町史編さん委員会『杷木町史』杷木町史刊行委員会、昭和五六年三月三〇日
甘木市史編さん委員会『甘木市史　上巻』甘木市史編さん委員会、昭和五七年二月二八日
明治ニュース事典編纂委員会『明治ニュース事典　Ⅰ・Ⅱ・Ⅲ・Ⅳ・Ⅶ』毎日コミュニケーションズ社、昭和五八〜六〇年
古賀益城編『あさくら物語』聚海書林、昭和五八年九月二五日
相撲起顕『相撲名著選集復刻版』ベースボール・マガジン社、昭和六〇年一月
堀田次修編『梅ケ谷伝』「郷土が生んだ二十代横綱」水橋郷土資料館、昭和六〇年八月一〇日
朝倉町史刊行委員会『朝倉町史』朝倉町教育委員会、昭和六一年三月三一日
熊抱道雄『中津留家系図』「写石井新太郎所蔵本」私家版、昭和六二年一月
熊抱道雄『小家の伝統』「小江の歴史・八幡神社年表」私家版、昭和六二年一月
浮羽町史編集委員会『浮羽町史　上・下巻』浮羽町、昭和六三年三月三一日
大刀洗町郷土誌編纂委員会『大刀洗町史』大刀洗町、昭和六三年九月三〇日
窪寺紘一『日本相撲大鑑』新人物往来社、平成四年七月一〇日

東京相撲記者クラブ会友会『ペン持つサムライたちへの鎮魂歌』東京相撲記者クラブ会友会刊行委員会、平成五年三月三〇日
下中 弘 編『日本史大辞典（四）、（五）』平凡社、平成五年八月一八日
川端要寿『物語日本相撲史』筑摩書房、平成五年一一月
第一五代横綱初代梅ケ谷顕彰会推進委員会編「第一五代横綱梅ケ谷顕彰会だより　一号〜六号」第一五代横綱初代梅ケ谷顕彰会推進委員会、平成八年二月〜一三年
小江誠之助「横綱梅ケ谷」編集委員会『横綱梅ケ谷』「横綱梅ケ谷」編集委員会、平成八年七月
木藪正道『豊後日田氏の興亡』芸文堂、平成八年一一月三〇日
西別府元日『大分県地方史　第一六七・一六八併号』「日田大蔵氏の祖・大蔵永季について」大分県地方史研究会、平成一〇年一月
小池謙一『相撲　平成一三年三月号〜八月号』「年寄名跡の代々・雷代々の巻」ベースボール・マガジン社、平成一三年三〜八月
「相撲」編集部『大相撲人物大事典』ベースボール・マガジン社、平成一三年四月三〇日
田辺聖子『姥ざかり花の旅笠――小田宅子の「東路日記」』集英社、平成一三年六月一〇日
郷土大鶴誌編集委員会編『郷土大鶴誌』郷土大鶴誌編集委員会、平成一三年九月九日
秋月街道ネットワークの会『秋月街道をゆく』海鳥社、平成一三年一一月一二日
兵働貞夫・兵働邦彦『兵働家の家系をめぐる人びと』私家版、平成一五年一〇月
渕上靖男・庄山善雄・熊抱昭夫他『郷土のたから中津留頼光伴三郎頌徳碑』中津留頼光伴三郎顕彰会、平成一八年一一月二六日

おわりに

今年は第一五代横綱初代梅ケ谷藤太郎が生まれて一六五年になる。歴代横綱の中で勝率九割五分一厘という記録は、未だに誰も破ることができていない。そのような大横綱が郷土では意外と知られていない。

心・技・体の一体化を目指し究極の相撲道を貫き、引退後も二八年二カ月に及ぶ大相撲協会の正・副取締、そして年寄名跡雷権太夫としての重責を担い、時代に即応した相撲改革を断行し、「国技館」の建設、更に「法界萬霊塔」あるいは多年にわたって文筆を通じ相撲道の発展に貢献した記者の霊を慰め、かつ記念して建立した相撲碑「角力記」など、相撲界を支えた全ての人々に感謝し、その証を塔として、あるいは碑という形にして残していった。

しかしながら彼の生涯は必ずしも順風満帆とは言えなかった。そんな波乱に満ちた生涯の実像に迫るために本書においては、第一に幼少期から青少年期をどう過ごしたか。第二に相撲道を邁進した現役時代の生き様。第三に引退後、大相撲協会及び雷部屋の運営を通じて相撲道中興の祖・大雷と称されたゆえんを探った。

我々は己自身どう生きるかを見つけることは容易ではないが、先達に学ぶことはできる。

本書では梅ケ谷の生き様をとらえ実像に迫るため、ご子孫や関係者に直接話を伺い情報収集を試みたのであるが、梅ケ谷の直系のご子孫は辻岸子さんの死去によって途絶えてしまっているので、身近な生の声を多くは聴くことができなかった。

したがって執筆にあたっては先学諸氏の文献を随分参考にさせていただいた。できるだけ本文中にお名前などを書き、かつ巻末に著者名、書名、発行所など掲載させていただいた。この場を借りてお礼を述べたい。中でも彦山光三氏の「大相撲黒白草紙」(『大相撲』読売新聞社)、「相撲」編集部の『大相撲人物大事典』(ベースボール・マガジン社)、酒井忠正氏の『日本相撲史』(上・中巻、大日本相撲協会)、日本相撲協会相撲博物館・朝倉市甘木歴史資料館の写真の提供、その他報道メディアの新聞・雑誌などから引用・転載をさせていただいたことに深く感謝申し上げる。

上梓したものの未だ不備の点や誤った認識による記述もあるかと思うが、これらについて読者諸氏のご教示がいただけるなら幸いである。筆者の意とするところは地元から見た梅ケ谷の実像を、ただただ書き残しておかねばという一念であったし、本書が今後何らかの参考になり、梅ケ谷の研究が一層進捗すれば望外の喜びである。併せて地元の顕彰会諸氏の息の長い顕彰活動に敬意を表するものである。

最後になったが、序文をいただいた、郷土の振興に力を注ぎ文化の発展に尽力され、県政の中枢として活躍されている林裕二氏と、本書出版にあたって大変なご苦労をおかけした海鳥社の別府大悟氏、宇野道子氏に衷心より深謝する次第である。

平成二一年九月一日

小野重喜

小野重喜（おの・しげき）
昭和12（1937）年，福岡県朝倉市杷木志波に生まれる。北九州大学米英学科卒業。昭和38（1963）年肥前中学校を振り出しに，郷里の朝倉市・郡内の中学校で英語教師として教鞭を執る。またこの間，スポーツの振興に努め，文武両道による生徒の健全育成を実践。甘木・朝倉広域圏総合教育センター次長，朝倉市・郡の中学校教頭・校長，県中学校長会教育部長，県青少年育成県民会議理事などを歴任し，平成10（1998）年３月に定年退職。その後，県教育委員会事務局嘱託員（児童生徒相談員），宝珠山村教育長を務める。「川波」，「アララギ」会員。

第一五代横綱《だいじゅうごだいよこづな》 梅《うめ》ケ《が》谷藤太郎詳伝《たにとうたろうしようでん》
史上最強《しじようさいきよう》の横綱《よこづな》――勝率九割五分一厘《しようりつきゆうわりごぶいちりん》

■

2009年10月10日　第１刷発行

■

著者　小野重喜

発行者　西　俊明

発行所　有限会社海鳥社

〒810-0072 福岡市中央区長浜３丁目１番16号

電話092（771）0132　FAX092（771）2546

http://www.kaichosha-f.co.jp

印刷　大村印刷株式会社

製本　日宝綜合製本株式会社

ISBN 978-4-87415-748-0

［定価は表紙カバーに表示］